DESCRIPTION

DU

DAUPHINÉ

DE LA SAVOIE, DU COMTAT-VENAISSIN, DE LA BRESSE

ET D'UNE PARTIE

DE LA PROVENCE, DE LA SUISSE ET DU PIÉMONT

AU XVIe SIÈCLE.

Grenoble. — Imprimé par F. Allier père & fils.

DESCRIPTION

DU

DAUPHINÉ

DE LA SAVOIE, DU COMTAT-VENAISSIN, DE LA BRESSE

ET D'UNE PARTIE

DE LA PROVENCE, DE LA SUISSE ET DU PIÉMONT

AU XVIe SIÈCLE ;

EXTRAITE DU PREMIER LIVRE DE L'HISTOIRE DES ALLOBROGES

PAR

AYMAR DU RIVAIL

Traduite, pour la première fois, en français, sur le texte original publié par M. Alfred de TERREBASSE ; précédée d'une introduction et accompagnée de notes historiques et géographiques

PAR

M. Antonin MACÉ

Ancien élève de l'école normale supérieure,
Professeur d'histoire à la Faculté des lettres
DE GRENOBLE.

GRENOBLE

CH. VELLOT & Cie, LIBRAIRES,	F. ALLIER PÈRE & FILS, IMPRIMEURS,
RUE LAFAYETTE, 14.	GRAND'RUE, 8.

1852.

AVANT-PROPOS DU TRADUCTEUR.

Le rapport que l'on trouvera reproduit quelques pages plus loin fait connaître comment m'est venue l'idée de traduire une partie du premier livre d'Aymar du Rivail, et quel jugement je porte sur l'ensemble de son ouvrage.

Je me contenterai de dire, brièvement, ici, de quelle manière j'ai compris la traduction que j'ai entreprise, et le but que je me suis proposé.

Aymar du Rivail n'est ni un artiste, ni un grand écrivain. Ce que l'on cherche dans son *Histoire des Allobroges*, ce sont des faits curieux et des renseignements historiques; on n'y cherche pas des modèles de style et d'élocution. Dès lors, j'ai cru que je pouvais, en le traduisant, me permettre quelques libertés qu'on ne peut ni ne doit prendre quand il s'agit de faire passer dans notre langue quelques-uns des chefs-d'œuvre de l'antiquité; par exemple, rendre ses phrases plus claires en les coupant, en les intervertissant quelquefois, et, dans d'autres occasions, en y ajoutant quelques mots. Cela peut changer la forme; mais, chez Aymar, la forme n'est rien; cela contribue à améliorer le fond, et le fond est tout chez lui. Du reste, même à cet égard, je me suis imposé la plus grande réserve, et j'ai même cru devoir, dans la plupart de ces occasions, en avertir mes lecteurs dans les notes que j'ai mises à la suite de chacun des chapitres.

Une autre liberté, que je me suis plus souvent permise, consiste dans de nombreuses coupures. Elles sont signalées, dans ma traduction, par des points de suspension. J'ai désiré n'extraire de ce premier livre que les renseignements utiles pour la géographie comparée du Dauphiné et des contrées voisines, dans l'antiquité et au XVIe siècle; les faits les plus curieux relatifs à telle ou telle localité, surtout lorsqu'Aymar parle en son nom et donne à sa description un caractère personnel; enfin les détails sur la géographie physique et sur les voies de communication qui existaient du temps de notre auteur. Ce sont là des points utiles à connaître; ce sont ceux que j'ai recueillis avec soin, sauf, quand il y avait lieu, à les contrôler, dans mes notes, par l'examen critique des textes, et à les compléter par l'indication de l'état actuel. Mais j'ai retranché toutes les fables qui avaient cours, au XVIe siècle, sur les origines des villes, et qui résultaient d'une tendance, alors presque générale, à expliquer les noms des villes et des peuples par des noms d'hommes, et à dresser des listes chronologiques de rois imaginaires, remontant, les plus récents, jusqu'à la guerre de Troie, les autres jusqu'au déluge. On ne trouvera, dans ma traduction, ni l'histoire d'Allobrox, ni celle du roi Léman, ni enfin celle de Vénéréus, de Delphinus, de Sabaudus, etc., etc. La suppression de ces passages ôte, je le comprends très bien, à Aymar du Rivail quelque chose de sa physionomie. Mais, je le répète, ce que je cherchais, c'était moins à reproduire Aymar du Rivail qu'à faire passer dans notre langue les renseignements utiles que renferme son premier livre, et assurément ces fables ridicules n'ont rien d'utile. Que les amateurs de légendes ne se plaignent pas trop, au surplus; même après les suppressions que j'ai cru devoir faire, il reste bien encore assez de fables dans ce que j'ai traduit.

J'ai cru devoir faire d'autres coupures encore. J'ai supprimé, par exemple, d'assez longues dissertations grammaticales sur des étymologies, notamment en ce qui concerne le nom des Alpes, celui d'Avignon, etc., et les citations très nombreuses et très fréquentes que fait Aymar du Rivail des auteurs apocryphes publiés par Annius de Viterbe, Bérose, Manéthon, Fabius Pictor, la vie d'Annibal par Plutarque, etc. Il y a longtemps déjà que la critique historique et littéraire a dévoilé et démontré, en ce qui concerne ces œuvres apocryphes, des supercheries dont furent dupes presque tous les savants du xvie siècle.

Je me suis donc efforcé de porter, même dans ma traduction, cet esprit de critique qui manquait à la plupart des savants du xvie, et même à quelques-uns de ceux du xviie siècle. Mais, on le comprend assez, c'est principalement dans les notes que j'ai pu développer mes idées, utiliser mes travaux antérieurs, et exercer sur mon auteur un contrôle qui ne sera peut-être pas sans utilité, non-seulement pour l'histoire locale, mais même pour l'histoire générale. Reprenant *ab ovo*, avec l'aide des textes originaux rapprochés et discutés dans des notes qui ont quelquefois la proportion de dissertations, des questions longtemps débattues, sur le passage des Alpes par Annibal, sur la situation géographique des Médulles, des Garucelles, des Tricoriens, des Allobroges, sur la voie romaine de Briançon à Grenoble, etc..., je suis peut-être arrivé à des résultats dont la géographie historique pourra profiter. Sans prétendre à la science et à la sagacité des d'Anville et des Walckenaër, j'avais sur eux, dans ces questions spéciales, un avantage dont je ne tire pas la moindre vanité, mais qui m'a été très utile, celui de me trouver sur les lieux ou d'être en mesure de les étudier par moi-même. Je puis dire, du moins, que je n'ai reculé devant aucune fatigue, ni aucun sacrifice, pour aller éclaircir par moi-même, et sur les lieux, les questions qui me semblaient douteuses. Je ne regretterai ni ces sacrifices, ni ces fatigues, si, comme je l'espère, mes travaux font faire aux sciences historique et géographique quelques progrès.

J'espère que ce travail aura encore une autre utilité. On a beaucoup écrit, il y a quelques années, contre ce que l'on appelait la centralisation littéraire. Paris, disait-on, absorbe tout; on ne tient compte que des œuvres littéraires et scientifiques qui viennent de Paris. Il y avait beaucoup de vrai dans ces reproches et dans ces plaintes; les provinces produisent et travaillent beaucoup; on ne tient pas assez de compte de leurs œuvres; cela est incontestable et très fâcheux, j'ajouterai même volontiers, très injuste. Mais aussi on me permettra, puisque j'écris en province, de le dire très franchement; c'est un peu, et beaucoup, la faute de ceux qui écrivent en province. Trop souvent ils ne voient que les questions locales ; ils ne savent pas les rattacher aux questions générales. Il y a vingt-cinq ans à peine que l'histoire est devenue l'objet spécial d'un des cours de nos lycées. Ceux qui écrivent aujourd'hui, dans la plupart des villes de province, n'ont pas pu profiter de cette utile amélioration. Les connaissances premières et générales leur manquent trop souvent ; le zèle, la bonne volonté, le désintéressement sont incontestables chez eux, et ces excellentes qualités ne se trouvent pas toujours chez les auteurs qui écrivent à Paris. C'est très certain, et, comme on le voit, je tâche de faire la part de tout le monde. On publie, en province, des pièces, des documents, parfois même encore, quoique malheureusement cela devienne plus rare, des dissertations. Mais, il faut le répéter, ces documents, exhumés d'archives, péniblement fouillées, ne méritent pas souvent la peine qu'ils ont coûtée. Tel document est inédit : publiez-le, s'il rectifie un fait mal compris, ou s'il jette un jour nouveau sur un point à peu près inconnu de notre histoire nationale. Mais, quoiqu'il soit inédit, à quoi bon le publier s'il ne fait que confirmer ce que nous savions déjà, ce qui se trouve dans toutes les histoires, la date bien constatée d'un fait, la naissance ou la mort d'un prince, le mariage d'un roi ? Trop heureux même, si ce document est inédit ; s'il ne se trouve pas dans les *Capitulaires* de Baluze, les *Ordonnances des rois*, les *Analecta* de Mabillon, le *Thesaurus anecdotorum* des Bénédictins, le *Spicilegium* de d'Achery, et tant d'autres admirables recueils que l'Europe savante nous envie, et que les hommes qui, en France, du moins en province, font de l'érudition, ne connaissent pas assez, parce que leur éducation première a été insuffisante et que les connaissances générales leur manquent ! Voilà, je dois le dire, ce qui, beaucoup plus que le dédain, souvent injuste, de l'orgueil parisien, discrédite l'érudition provinciale.

Toutefois, si je ne craignais de faire un paradoxe, la chose du monde que je déteste le plus, je dirais : Paris a sur les provinces, en ce qui concerne les œuvres d'art et d'imagination, un avantage qu'on ne lui enlèvera jamais. Ce n'est qu'à Paris que le poète et l'artiste trouvent les ressources, les encouragements et les relations qui les soutiennent et les animent. Mais les provinces ont sur Paris, en ce qui concerne les œuvres d'érudition, un immense avantage. L'artiste et le poète ont besoin de vivre dans un mouvement d'idées qui les anime; ils ne le trouveront pas en province; c'est trop évident. L'érudit a besoin, pour ses travaux, du calme et de la solitude. Sans doute, avec une certaine force de volonté, on les rencontre à Paris; mais ils viennent, pour ainsi dire, s'offrir d'eux-mêmes dans nos villes de province. Par conséquent, les provinces semblent plus favorablement placées que Paris pour les œuvres d'érudition; comment se fait-il donc qu'elles ne produisent que des œuvres éphémères et sans retentissement?

Je l'ai déjà fait pressentir; mais je ne puis trop insister sur ce point. En histoire, comme dans toutes les sciences, il faut partir d'une synthèse première et très générale, passer par l'analyse, et arriver enfin à une synthèse plus complète, plus sûre, plus détaillée. Je m'explique : il faudrait que les savants de province possédassent d'abord la connaissance de l'histoire générale, qui trop souvent leur manque; qu'ils vérifiassent ensuite ces connaissances premières par les documents et les ressources de toute nature qui sont entre leurs mains, ce que les savants de Paris ne font pas toujours; enfin qu'ils essayassent de tirer de leurs travaux des conclusions qui servissent à l'histoire générale. Ce n'est pas tout que de marcher longtemps et avec patience sur une route; il faut savoir d'où l'on part et où l'on veut arriver.

Tel est l'idéal que je me suis proposé. Je crois, par plus de quinze années d'enseignement dans deux des plus importants Lycées de province (Nantes et Lyon), au Lycée de Saint-Louis à Paris, et à la Faculté des lettres de Grenoble, enfin par des travaux qui ne sont pas inconnus, avoir acquis quelques droits à traiter l'histoire générale. Dans mes notes surtout, et même par l'ensemble de ma publication, je me suis efforcé d'apporter à l'histoire générale des renseignements nouveaux puisés dans l'histoire locale, et, réciproquement, d'éclairer l'histoire locale par des connaissances puisées dans l'histoire générale. D'autres feront plus et mieux que moi; j'en serai heureux;

mais j'ai essayé de frayer une voie que je crois féconde en résultats.

J'ai eu enfin, en entreprenant ce travail, un autre but que j'exposerai avec la même franchise. Ce n'est pas un ouvrage original que je publie ; ce n'est qu'une traduction avec des commentaires. Toutefois, cette œuvre modeste peut avoir des conséquences utiles, en ce sens qu'elle peut contribuer à appeler l'attention sur une des contrées de la France envers laquelle la Providence s'est montrée la plus prodigue de ses bienfaits et de ses beautés. En général, nous connaissons fort mal la France ; nous la connaissons moins que la Chine ou l'Océanie. Marco-Polo, Rubruquis, les missionnaires qui ont écrit les *Lettres édifiantes*, ceux qui rédigent aujourd'hui les *Annales de la propagation de la foi*, Cook, Rienzi, Dumont-d'Urville, ont su nous intéresser à des contrées qui nous sont étrangères ; on ne sait pas nous intéresser à la France. Comme, en France, nous savons rarement tenir un milieu raisonnable ; comme, par suite de la vivacité et de l'impétuosité de notre caractère national, nous passons toujours d'un extrême à un autre, nous n'avons, pour connaître notre pays, que deux sortes d'ouvrages : des livres secs et arides ou des livres d'une frivolité et d'une ignorance déplorables.

Je m'explique. Sous le Consulat et sous l'Empire, époques fécondes en améliorations de tout genre, le gouvernement voulut se rendre compte des ressources, des besoins, de la population, de l'agriculture et de l'industrie de la France, toutes choses que, même sous Colbert et Necker, l'ancienne monarchie n'avait connues que très vaguement, comme il est facile de s'en convaincre en lisant le compte-rendu de ce dernier ministre. En conséquence, les préfets durent rédiger des *Mémoires statistiques*, chacun sur le département qu'il administrait.

Si cette grande pensée de Napoléon avait été partout bien comprise et bien exécutée, nous posséderions, aujourd'hui, sur la configuration physique, les cours d'eau, les routes, la population, les mœurs, les coutumes locales, les patois, l'agriculture, l'industrie, enfin sur l'histoire de chacune des divisions administratives de la France, des renseignements que ne possède aucune autre nation...

Malheureusement, les nécessités de la guerre firent, dans beaucoup de départements, oublier les travaux de la paix. Plusieurs préfets ne trouvèrent pas les hommes instruits qui leur auraient été nécessaires pour les aider dans cette tâche difficile ; d'autres n'adressèrent que des renseignements insuffisants ; dans plusieurs départements même ces ouvrages restèrent à l'état de projets. Cependant, pour ce qui nous concerne, c'est à cette impulsion du gouvernement impérial que nous devons plusieurs des ouvrages que je cite fréquemment dans mes notes : *La Statistique du département de l'Ain*, par M. le préfet Bossi ; l'*Histoire des Hautes-Alpes*, par son excellent préfet M. Ladoucette. Il y a plus, c'est que là, où les préfets ne purent rédiger ces statistiques officielles, des citoyens, pleins de zèle et de science, entreprirent de publier des ouvrages qui pussent en tenir lieu. C'est donc encore à l'impulsion donnée par le gouvernement impérial que sont dus ces ouvrages, souvent fort utiles, que je cite fréquemment aussi : la *Description générale du département de l'Isère*, par Perrin-Dulac, publiée en 1806 ; le *Dictionnaire historique, littéraire et statistique des départements du Mont-Blanc et du Léman*, par l'abbé Grillet, publié en 1807, et que je désigne souvent sous le nom de *Dictionnaire de Savoie*. Enfin, même sous la Restauration, et surtout sous le gouvernement de 1830, les travaux de ce genre ont continué ; les uns entrepris et exécutés par de simples citoyens : telle est, par exemple, la *Statistique du département de la Drôme*, par M. Delacroix, dont la seconde édition, publiée en 1835, est, à mes yeux, un chef-d'œuvre et le modèle de ce genre d'ouvrages ; d'autres, aux frais des départements : telle est la *Statistique générale du département de l'Isère*, commencée en 1844, et rédigée, avec un rare mérite, par des hommes distingués et compétents : M. *Gueymard*, pour la géologie et la minéralogie, M. le docteur *Albin Gras*, pour la botanique ; M. le docteur *Charvet*, pour la zoologie ; enfin M. *Pilot*, pour l'histoire et les documents statistiques. C'est peut-être l'œuvre la plus complète de ce genre ; je ne lui connais même d'autre défaut que celui d'être trop complète et d'avoir trop embrassé.

Mais on conçoit assez que ces excellents recueils de

documents ne s'adressent pas à la foule; ils sont destinés à l'homme d'étude et à l'administrateur. Toutefois, la foule sent le besoin de connaître le pays où elle vit, d'apprendre son histoire, de se rendre compte, et des accidents que le sol peut présenter et des monuments qu'elle a sous les yeux. De là, bien des essais pour populariser ces connaissances, et la publication des *Guides du voyageur*. Par malheur, les ouvrages de ce genre ont été presque constamment d'une faiblesse déplorable, quand ils ne sont pas d'une pitoyable nullité. Le luxe d'impression et les *Illustrations* de plusieurs de ces ouvrages, le mérite même de quelques-uns des articles qu'ils renferment, ne peuvent faire oublier l'absence de plan et de méthode, la pauvreté de la plus grande partie du texte, le manque de connaissances et d'idées, enfin la nullité absolue de renseignements sur ce qu'il nous importe le plus de savoir, je veux dire la physionomie et la géographie physique d'une contrée, la nature du sol, les productions, les voies de communication, l'époque des monuments, l'histoire vraie et sérieuse, toutes choses qui ne peuvent être remplacées par des phrases prétentieuses, qui ne peuvent dissimuler la nullité du fond, ni par des légendes absurdes, qui singent le roman moderne, et qui n'ont pas même le mérite de la naïveté des légendes du moyen-age.

Nous avons donc deux classes de livres sur nos départements : ceux qui s'adressent exclusivement aux savants et aux administrateurs, et dont l'utilité n'est pas plus contestable que le mérite ; ceux qui s'adressent à la foule, qui n'apprennent rien à personne et ne peuvent que propager et entretenir de fausses idées.

Avec leur esprit pratique, les Anglais ont, dans leurs *Hand-Books*, d'excellents modèles d'une classe intermédiaire de livres que je voudrais qu'on imitat en France. Moins secs, moins arides, moins hérissés de chiffres et de tableaux que nos *Statistiques*, ils sont bien autrement sérieux et instructifs que nos prétendus *Guides du voyageur*. On y trouve des notions simples, précises, exactes, sur la géographie physique de chaque pays, c'est-à-dire sur les montagnes, les vallées, les golfes, les îles, les fleuves, les cours d'eau ; sur les canaux, les routes et leurs relais, les chemins de fer, les distances relatives des villes et même des villages ; les antiquités, les monuments, les souvenirs historiques ; le commerce, l'industrie, l'agriculture ; le tout accompagné de plans, de cartes, de vues admirablement exactes, et dans lesquelles l'art ne perd rien quoiqu'il n'emprunte rien à l'imagination.

Voilà ce que je voudrais voir imiter en France. En Angleterre, on vit toujours dans le monde réel ; en France, nous avons trop vécu, jusqu'ici, dans un monde idéal. Espérons qu'enfin, avec les grandes réformes qui viennent de s'introduire dans notre enseignement public, l'esprit pratique et positif se substituera chez nous à cet esprit spéculatif qui nous a fait tant de mal ! Alors, peut-être, le public préfèrera-t-il des ouvrages graves, sérieux, instructifs, à ces œuvres légères et frivoles qui nous font rougir, et à ces romans impurs qui abaissent l'intelligence et pervertissent le cœur !

J'ai essayé de contribuer pour quelque chose à ce progrès si désirable. La traduction et les commentaires que je présente au public ne répondent assurément pas à l'idéal que je traçais tout-à-l'heure ; mais ils peuvent fournir des matériaux et mettre sur la voie. Je dirai plus : même au milieu de ses légendes, de ses fables, tranchons le mot, de ses extravagances, l'auteur que j'ai entrepris de traduire renferme beaucoup plus de faits utiles et de renseignements instructifs qu'un grand nombre d'ouvrages modernes. On est tout surpris, quand on ouvre pour la première fois Aymar du Rivail, auteur savant, mais sans critique, du XVIe siècle, de trouver sur nos montagnes et nos vallées, sur les cols des Alpes, sur nos rivières et même nos cours d'eau plus modestes, sur les voies de communication, sur les monuments, des notions précises, des renseignements qui ont parfois besoin d'être rectifiés, mais qu'on chercherait vainement dans beaucoup d'écrivains du XIXe siècle, et qui sont cependant la partie vraiment curieuse et importante de la géographie et de la topographie.

Il me resterait peut-être maintenant à donner sur Aymar du Rivail quelques renseignements biographiques. Mais on trouvera des indications, sur ce qui le concerne, dans le rapport que je réimprime à la suite de cet avant-propos, et des détails plus nombreux encore, donnés par Aymar lui-même, dans le texte que j'ai traduit. Enfin M. de Terrebasse, dans les préliminaires de son édition, et M. Gariel, dans l'excellent rapport sur l'histoire des Allobroges, qu'il a lu à la société de Statistique du département de l'Isère, le 28 mars 1845, ont indiqué tout ce qu'il est possible de savoir de la vie de notre chroniqueur. Il résulte, de leurs recherches, qu'Aymar du Rivail était né, probablement, à Saint-Marcellin, vers l'année 1490, et qu'il appartenait à une famille occupant déjà, depuis assez longtemps, un rang honorable dans le Dauphiné, puisque l'un de ses aïeux, Pierre du Rivail, seigneur de Lieu-Dieu, avait fondé le couvent des Carmes de Vienne en 1394. Il nous raconte, lui-même, et ses études à Romans, et son mariage, et les fonctions judiciaires qu'il remplit, et les négociations dont il fut chargé auprès de plusieurs princes, notamment par François I*r*. L'histoire des Allobroges n'est pas le seul ouvrage d'Aymar du Rivail, et même ce n'était pas, sans doute, à ses yeux, son ouvrage important, puisqu'il était resté inédit jusqu'à nos jours. Son principal ouvrage était une histoire du droit civil et canonique (*Libri de historia juris civilis et pontificii*), imprimée à Valence, vers 1515, suivant MM. de Terrebasse et Gariel; en 1525, suivant M. Delacroix (*Statistique*, etc., pag. 367), réimprimée à Mayence, à Lyon, à Venise, et qui, jusqu'en 1551, n'eut pas moins de huit éditions. Quant à l'époque de la mort d'Aymar du Rivail, elle est ignorée comme celle de sa naissance; cependant, en rapprochant ingénieusement plusieurs circonstances, M. de Terrebasse présume qu'Aymar mourut vers 1560. Sa belle et nombreuse postérité mâle, dont il parle avec tant d'affection, joua un certain rôle dans le Dauphiné. Son fils Guillaume, seigneur de la Sône et autres places, décédé, à Forcalquier, le 19 décembre 1594, fut l'avant-dernier chef de l'illustre famille de la Rivallière, et, comme me l'ont récemment écrit MM. Gillet, curé de la Sône, et Gelas, curé de Saint-Hilaire-de-la-Sône, ce fut ce Guillaume du Rivail qui fit placer, en *ex-voto*, un tableau commémoratif d'une délivrance qu'il considérait comme miraculeuse, tableau qui existe encore aujourd'hui dans la paroisse de la Sône, près de Saint-Marcellin. Il résulte, enfin, d'un passage de Guy-Allard, cité par M. de Terrebasse, et des recherches de M. Giraud, ancien député de Romans, que la famille de la Rivallière s'est éteinte vers le milieu du XVIIe siècle.

Je me reprocherais de terminer cet avant-propos sans payer un juste tribut de remerciements aux personnes qui ont bien voulu m'aider de leurs renseignements et de leurs conseils. J'en cite quelques-unes dans mes notes; je voudrais pouvoir les citer toutes. Je dois beaucoup, d'abord, aux excellentes notes dont M. de Terrebasse a accompagné le texte d'Aymar du Rivail; c'est là que j'ai trouvé le nom français de la plupart des localités dont Aymar ne donne que le nom latin, et c'est un service immense. Parmi les personnes qui ont mis à ma disposition, soit les livres de leur bibliothèque, soit leurs connaissances de l'histoire locale, je dois signaler d'abord mes confrères de l'Académie delphinale, qui, dans les lectures successives que je leur ai faites de plusieurs chapitres de ma traduction, m'ont encouragé à poursuivre et m'ont donné de précieux renseignements; M. Gariel, bibliothécaire de la ville de Grenoble, dont la complaisance est infatigable, et dont tout le Dauphiné connaît la science bibliographique; M. le docteur Albin Gras; M. Viaud, sous-inspecteur des forêts; M. Emile Burnouf, professeur de logique au lycée de Grenoble; M. Albert, avocat; M. le docteur Chabran, de Briançon; mon ancien élève, aujourd'hui mon collègue, M. Ch. Lory, professeur à la Faculté des Sciences; un autre de mes anciens élèves, M. Farge, avocat et licencié ès-lettres, qui s'est imposé spontanément la tâche pénible de coordonner la table alphabétique qui termine cet ouvrage; enfin mon intelligent éditeur, M. Éd. Allier fils, qui n'a reculé devant aucun travail ni aucun sacrifice pour que cette publication fît honneur à ses presses et au Dauphiné.

Mais je dois des remerciements tout particuliers à mon collègue, M. Roux, professeur de littérature ancienne à la Faculté des Lettres, qui s'est chargé de revoir et de collationner la traduction des quatre ou cinq premiers chapitres de cet ouvrage, et à notre excellent doyen, M. Maignien, qui a bien voulu faire le même travail pour toute la dernière partie. Je ne dirai jamais assez combien j'ai dû à leur science philologique de bons conseils et d'utiles indications.

Antonin MACÉ.

Grenoble, le 31 octobre 1852.

Les notes sans indications, ou celles à la suite desquelles on lit ces lettres : (*de T.*), sont extraites ou traduites des notes de M. de Terrebasse.

Le signe [*N. du T.*] indique les notes qui appartiennent au traducteur.

INTRODUCTION.

RAPPORT SUR L'OUVRAGE INTITULÉ :

AYMARI RIVALLII
DELPHINATIS,
DE ALLOBROGIBVS
LIBRI NOVEM
EX AVTOGRAPHO CODICE BIBLIOTHECAE REGIS EDITI.

CVRA ET SVMPTIBVS
AELFREDI DE TERREBASSE.

VIENNAE ALLOBROGVM
APVD IACOBVM GIRARD, BIBLIOPOLAM.
CIƆ IƆ CCC XXXX IIII (1).

Lorsque, l'année dernière, l'Académie delphinale voulut bien me charger de lui présenter un rapport sur l'ouvrage d'Aymar du Rivail, notre excellent et regrettable confrère, M. Ducoin, en me notifiant cette décision, et en m'envoyant l'exemplaire qui appartient à l'Académie, m'écrivait : « A la vérité, cet ouvrage renferme bien des
» rêveries historiques, mais on y trouve aussi beaucoup
» de détails intéressants sur l'histoire du Dauphiné. »
Il est impossible de mieux formuler le jugement que

---

(1) Ce rapport, lu à l'Académie delphinale, dans sa séance du 2 avril 1852, a été inséré dans le *Courrier de l'Isère*, numéros des 22 et 29 avril, 1er et 6 mai de la même année.

l'on doit porter de l'ouvrage d'Aymar du Rivail, et les détails dans lesquels je vais entrer ne seront que la confirmation et le développement de cette judicieuse appréciation.

Aymar du Rivail vivait et écrivait vers le milieu du xvie siècle, c'est-à-dire à l'époque où la Renaissance était dans toute sa force et dans tout son éclat. Jurisconsulte, noble et savant, il se serait cru déshonoré si, dans ses ouvrages, il s'était servi de la langue vulgaire. Il ne pouvait écrire qu'en latin, et, autant que possible, dans le latin classique. Ce n'est pas à dire qu'il y ait réussi, nous serions trop facilement et trop fréquemment démenti par ceux qui ont étudié ou qui étudieraient les six cents pages d'Aymar du Rivail. Mais enfin, comme son contemporain Paul Jove, comme de Thou à la fin du siècle, il essayait d'imiter Tite-Live dans l'ensemble au moins, lors même que la langue lui faisait défaut. Châteaubriand, en énumérant dans la préface de ses *Études historiques* les traductions de nos chroniques publiées depuis trente ans, manifestait la crainte que nous ne fussions bientôt inondés de Tite-Lives et de Thucydides. Les Thucydides n'ont jamais été à craindre ; quant aux Tite-Lives, ils abondent dans la dernière moitié du xve et pendant le xvie siècle. C'est l'effet naturel de la mise en lumière, par la voie de l'impression, de tous les chefs-d'œuvre de l'antiquité ou complètement ignorés, ou partiellement connus, ou seulement accessibles à quelques riches familles, que les découvertes récentes mettaient en lumière et propageaient.

Là, comme en tout, le mal se trouvait à côté du bien. Tite-Live et Virgile étaient strictement suivis dans leur tendance générale, dans leur esprit, dans leurs expressions elles-mêmes. Or, l'embarras était grand ; depuis quinze cents ans le monde vivait d'idées nouvelles et avait dû créer des expressions nouvelles. Ces expressions ne se trouvaient pas dans les auteurs classiques ; on les évitait et on se tirait d'affaire par des périphrases qui étaient autant de non-sens et d'anachronismes. Chez les classiques de la Renaissance, l'Église s'appelait *Sacra concio*; l'assemblée des cardinaux, c'était *Patres conscripti*; la grâce se disait : *Deorum immortalium beneficia*, *etc*. En un mot, le classicisme de la Renaissance faisait revivre le paganisme au milieu d'une société chrétienne. Et tout cela était naïf, naturel, accompli de bonne foi. Partout Aymar du Rivail, qui n'est que l'un des représentants les plus obscurs et les plus modestes de cette tendance nouvelle, manifeste des sentiments très religieux et très catholiques; et toutefois un homme canonisé pour ses vertus, il ne l'appelle pas un saint; *sanctus* n'est pas de la bonne latinité; son expression est toute païenne : *inter Divos relatus est;* les religieuses s'appellent chez lui, quelquefois sans doute quand il copie un document, *moniales*, mais presque toujours *vestales;* son embarras est plus grand quand les périphrases lui manquent; le pape accorde des indulgences. Comment tourner la difficulté? Il faut bien se servir du mot propre; mais il demande grâce à ses lecteurs : *indulgentias, ut vocant; indulgentias, ut ita loquar.* Dans un autre ordre de faits, comment exprimer en latin classique l'idée de ces parlements dont Tite-Live et Cicéron n'avaient pas la moindre notion? Au moyen-âge, on avait inventé le mot *parliamentum;* mais le parlementaire Aymar du Rivail ne peut se résoudre à écrire cet horrible barbarisme. Il parle cent fois peut-être des parlements de Paris et de Grenoble; mais vous chercheriez en vain d'autres expressions que celles-ci : *Senatus parisiensis*, ou *Senatus delphinensis*. De même encore, les maires du palais, sous les Mérovingiens, s'appellent chez lui *magistri equitum* (pag. 353). De là encore ces expressions *Ballivus, ut vocant; Feuda, ut ita loquar*, et autres semblables.

Ce n'est là que le point de vue grammatical de l'influence de la Renaissance. Elle eut une autre influence, plus sensible peut-être encore dans Aymar du Rivail. Tite-Live et Virgile, suivant de vieilles traditions grecques ou latines qu'ils embellissaient, avaient mis en honneur les origines troyennes. Tout le moyen-âge déjà avait vécu là-dessus. Le continuateur de Grégoire de Tours, Frédégaire, et l'historien de Philippe-Auguste, Rigord, attribuent déjà l'origine des Francs aux Troyens, et ces idées vont se propageant de plus en plus jusqu'à l'époque de la Renaissance, où elles reçoivent un accroissement extraordinaire. Alors Annius de Viterbe, par supercherie suivant les uns, ou par enthousiasme et dupe lui-même de faussaires, comme le pensent d'autres savants, parmi lesquels j'ai entendu un jour se ranger M. Victor Le Clerc, dans une très belle leçon, publia des écrits apocryphes de Bérose, de Manéthon, de Fabius Pictor, d'autres écrivains anciens, et donna cours à une série de fables sur lesquelles vécurent les savants du xvi⁰ siècle beaucoup plus érudits que critiques.

Aymar du Rivail est au nombre de ses plus sincères adeptes. Déjà le premier de ses neuf livres renferme passablement de fables. Mais c'est dans son second livre qu'il se donne pleine carrière. On a trouvé, sous Louis XI, entre Crussol et Saint-Péray, en face de Valence, des ossements gigantesques. Aymar les a vus. Vite il bâtit là dessus toute une histoire. Ce sont, à n'en pas douter, les ossements du géant Briard, lequel gouvernait, avant le déluge, les pays qu'habitèrent plus tard les Allobroges et dont les sujets étaient aussi des géants (l. II, pag. 182). Tous les noms de lieux s'expliquent par des noms de personnages : les Allobroges tirent leur nom d'Allobrox, descendant de Samothès, fils de Japhet, qui régnait sept cent quatre-vingt-dix-neuf ans après le déluge (*ib.* pag. 197, cf. pag. 5). Le Dauphiné et la Savoie tirent leur nom des deux fils d'Allobrox, Delphinus et Sabaudus ; le lac Léman est ainsi appelé du roi Léman qui règne longtemps après Allobrox (*ib.*, pag. 67) ; Vienne doit sa fondation à Vénéréus, Africain, contemporain de David (pag. 8) ; Nîmes, Rouen, Rheims, Tours, Romans, Paris, doivent leur fondation aux rois, ou Celtes ou Troyens, Magus, Rhotus, Rhemus, Turnus, Romandus, Paris, etc., etc. (cf., pag. 187, 197 et seq.). Il faut même remarquer que, grâce à Bérose, à Fabius Pictor, à un Pseudo-Plutarque, auteur de biographies apocryphes, Aymar connaît parfaitement la généalogie et la succession de tous ces princes et leur date précise. Il va sans dire que les Troyens jouent dans tout cela un très grand rôle. Presque tous les peuples tirent leur origine des princes troyens ; les Bretons de Brutus, les Turcs de Turcus, les Francs de Francus, dont il connaît parfaitement la descendance : Sicambre, Buda, Teuton, Ambron, etc. ; tous fondateurs d'États ou de villes (pag. 203). Ajoutons, du reste, que le bon sens perce au milieu de toutes ces rêveries, et qu'il échappe parfois à Aymar du Rivail des réflexions et des aveux qui condamnent sa propre méthode. C'est ainsi que, après avoir affirmé que Cularo doit son origine aux Troyens, tout en donnant au nom de cette ville une étymologie qui ne peut être citée qu'en latin : *Et a Trojanis Cularonam fuisse conditam...... Cularona sive Cularo sic nomen accepit, quod culus et posterior et infima Alpium pars a Galliarum latere existat, aut quod in culo et extrema Galliarum parte versus Alpes collocata sit* (pag. 38 et 39) (¹), il ajoute que tout ce qu'il vient de dire des Troyens est une hypothèse sans autorité : *Quod tamen de Trojanis scribimus ex conjectura sine authore diximus*. Ailleurs, se condamnant lui-même et cela au moment où il vient d'énumérer tous les rois troyens et leur descendance, il ajoute que les historiens s'appuient plus souvent, pour cette haute antiquité, sur des conjectures et des raisonnements que sur des documents positifs, et qu'ils inventent des fables et des fictions quand ces documents leur manquent; ce qui, ajoute-t-il, est ridicule, indigne d'un historien, et ébranle toute confiance dans l'histoire : *Quod est ridiculum et ab historico alienum, et ex his gestorum fides diminuitur* (pag. 204). Il est impossible de mieux dire et de condamner plus nettement les hypothèses des savants de la Renaissance, mais aussi, nous venons de le voir, la méthode suivie par l'auteur lui-même.

Si, de ce coup d'œil d'ensemble, nous descendions à quelques détails, nous trouverions encore bien d'autres critiques à faire à l'ouvrage qui nous occupe. D'abord c'est un ouvrage fort mal distribué. Il y a des disproportions étranges entre les différents livres qui le composent; le premier, par exemple, contenant près de 200 pages, tandis que le VIIe n'en renferme que 15. Nous nous demanderions ensuite quel nom il faut donner à cet ouvrage. Est-ce une histoire? Sont-ce des mémoires? C'est un peu l'un et l'autre. D'une part, Aymar du Rivail re-

---

(1) On pourrait assurément désirer des expressions un peu plus convenables. Toutefois l'étymologie n'est pas aussi ridicule qu'on serait tenté de le croire. Il existe encore aujourd'hui, près de la source du Bréda et des Sept-Laus, dans la commune de la Ferrière-d'Allevard, un village qui s'appelle le C..-de-France.

monte jusqu'à la création du monde, et raconte l'histoire d'Adam et d'Ève, et presque toujours, ainsi que nous l'avons dit, il a le ton solennel et la gravité classique des Tite-Lives de la Renaissance. Mais, d'autre part aussi, il se met fréquemment en scène et nous raconte sa biographie. Ainsi décrit-il le Comtat-Venaissin et Avignon : il commence par remarquer que cette ville a donné le jour à des femmes d'une admirable beauté, et, comme preuves, il cite d'abord Laure, célébrée par Pétrarque, puis une jeune fille pauvre, mais honnête (*honestis parentibus at non divitibus*), nommée Margo ou Marguerite, tellement célèbre par sa beauté, qu'un poète avignonnais avait composé à son sujet le distique suivant :

> Si te, Margo, Paris nudam vidisset in Ida,
> Cedite, clamasset, Juno, Minerva, Venus.

Puis il nous raconte comment il l'épousa âgée de dix-huit ans; il nous fait connaître le nom, les parrains, l'histoire des cinq fils qu'il eut d'elle (1). Ailleurs il nous raconte comment, quand il ramena Margo chez lui, les habitants des campagnes accouraient à Valence et à Romans pour voir cette merveilleuse beauté; puis, déjà vieux, il s'arrête pour entrer dans des détails singulièrement intimes sur les qualités et les vertus de cette femme adorée (2).

---

(1) Pag. 110. — M. de Terrebasse, dans sa préface, pag. IX, cite plusieurs autres pièces de vers en l'honneur de cette beauté célèbre dans tout le midi. — Suivant l'exemple d'Aymar, je donne toujours à sa femme, dans ma traduction, le nom de Margo et non celui de Marguerite. Aux personnes qui seraient tentées de s'en étonner, je rappellerais que le nom de Margo était un diminutif d'affection très usité au XVIe siècle. C'est ainsi notamment que Charles IX appelle sa sœur Marguerite, qui épousa Henri IV, dans deux passages du *Journal de l'Estoile*, très connus, mais trop énergiques pour que je puisse les reproduire ici (Coll. Petitot, XLV, pag. 73 et 80).

(2) Pag. 136. — *Magnæ est amicitiæ et adeo mihi in moribus corporisque dispositione similis, ut ea me generatam credat, patremque me appellet. Et ultra trigenta mulierum pulchritudines, multas alias invenimus; media pinguedine et sanguinea est, et alba, oculos habens glaucos et capillos argenteos. Et tantus est inter nos amor, ut unus sine alio una hora esse non possit. Et suapte natura est frigidissima.* . . . . *aperte nobis ostendit, nunquam facto aut desiderio vel verbo aliquem præter me appetisse; et cum ejus castitatem laudarem, se eam nou*

C'est ainsi encore que, parvenu au terme de son ouvrage (pag. 593), il interrompt le récit des grandes expéditions de François Ier en Italie, pour nous raconter la maladie et la mort de son fils aîné, Laurent, mort à six ans, et pour copier la longue et louangeuse épitaphe qu'il lui a consacrée.

Tout cela donne, je le répète, à l'ensemble du livre quelque choses d'indécis. Évidemment ce n'est pas une œuvre d'art. Si, du moins, ce défaut était racheté par l'exactitude matérielle, on serait porté à l'indulgence. Par malheur les erreurs de détails, de faits, de dates, sont fréquentes même dans les parties de l'histoire générale, qui sont et étaient déjà le mieux connues.

Qu'Aymar, dans un passage déjà indiqué, prenne pour un squelette humain les ossements fossiles de quelque mastodonte trouvés près de Saint-Péray, cela n'a rien qui doive nous surprendre; les découvertes de Cuvier ne devaient se produire que près de trois siècles plus tard. Seulement il est étrange que, l'imagination travaillant, l'érudit ait bâti là-dessus toute l'histoire du géant Briard et de ses sujets, antérieurs au déluge. Que, dans le même passage, il ne doute pas qu'on ait trouvé près de Rome le squelette de Pallas, fils d'Evandre, avec les traces de la blessure que Turnus lui fit à la poitrine, lorsqu'il défendait Enée, pourquoi nous en moquer? Il y a encore aujourd'hui tant de gens, même instruits, qui refusent de voir et de comprendre les grands travaux géologiques de Cuvier, de MM. Elie de Beaumont et d'Orbigny ! Sur ce point, la science d'Aymar est au niveau de celle de ses contemporains, et sa crédulité n'est ni moindre ni plus forte que la leur; voilà tout. Ce n'est pas sur ce point que je veux insister; mais, comme je le disais tout-à-l'heure, sur des erreurs matérielles. Je ne m'arrêterai pas à le mettre en contradiction avec lui-même au sujet du pas-

---

existimare dixit, propterea quod non est virtus abstinere eo quod non appetitur. — M. de Terrebasse nous dit, en note, que ce passage a été ajouté en marge par l'auteur, avec une autre plume et d'une main affaiblie par la vieillesse. Or, comme Aymar parle au présent, cela réfute cette opinion dont l'éditeur parle dans sa préface (pag. XVI), qu'Aymar aurait contracté, vers 1540, un troisième mariage.

sage d'Annibal, une des questions les plus controversées et les moins résolues qu'il y ait en histoire. Ainsi (pag. 24) il fait venir le nom de Pénol, petit village près de la Côte-Saint-André, du mot grec *Pænopolis*, parce que, dit-il, en se rendant d'Espagne en Italie, Annibal passa ses Carthaginois (*Pœni* ou *Punici*) en revue dans la plaine près de ce village; tandis que, ailleurs (pag. 130), il lui fait traverser le Rhône à Saint-Paul-Trois-Châteaux, et que, plus tard encore (p. 227), il le conduit jusqu'à Lyon pour redescendre ensuite à travers le Dauphiné, vers la Durance et passer le col de l'Argentière; singulier détour, que rien ne justifie, mais qui n'est pas plus invraisemblable que beaucoup d'autres opinions émises sur ce point. Mais son patriotisme local l'entraîne parfois dans de très-singulières erreurs. Ainsi (p. 210) il refait à sa façon toute l'histoire déjà romanesque en beaucoup de parties dans Tite-Live, de la bataille de l'Allia et de la prise de Rome par les Gaulois. Dans l'histoire vraie, les Gaulois cisalpins vont assiéger Clusium, entraînés en Etrurie par le vin qu'on leur a fait goûter; puis, attaqués au mépris du droit des gens par les ambassadeurs romains, ils vont venger cette injure sur les Romains eux-mêmes. Aymar a changé tout cela. Ce ne sont pas les Gaulois cisalpins qui attaquent et prennent Rome; Brennus, leur chef, est le roi des Allobroges. Il va pour conquérir et non pour boire du vin; car *le vin épicé de Vienne était recherché chez les Romains, et sur les coteaux de Cularo et autres lieux, tant dans le pays des Allobroges que dans le reste de la Gaule, il y avait de meilleurs vins qu'en Italie.* Je traduis mot pour mot (¹). C'est ce qu'on remarque principalement dans le vii° livre. Ce n'est pas, du reste, la seule lance qu'il rompe en l'honneur des vins de Grenoble. Ainsi, plus loin, il combat à outrance les historiens qui ont attribué à Probus l'honneur d'avoir planté des vignes en Gaule, et, à ce sujet, il revient encore à l'excellence des vins du Dauphiné, et à sa façon personnelle de raconter l'histoire de *son roi* Brennus (pag. 317). Du reste, ce Brennus lui joue un mauvais

---

(1) *Et in costis Cularonæ et aliis locis, tam in Allobrogibus quam reliquis Gallis meliora vina quam in Italia crescunt* (pag. 211).

tour; sans égard pour la chronologie, c'est, suivant Aymar, le Brennus, roi des Allobroges et vainqueur de Rome, qui va combattre Ptolémée Céraunus et Sosthène, enfin piller le temple de Delphes, et tout cela quoique ces derniers événements soient de l'année 278 et la prise de Rome de 389; mais pour les rois des Allobroges, c'était peu de chose, sans doute, que de faire deux guerres à cent onze ans de distance!

Voilà bien des bévues dans lesquelles l'auteur est tombé par un zèle patriotique et provincial exagéré. Nous pourrions en citer d'autres exemples. Tout le monde sait qu'un des plus grands faits de l'histoire de France, d'Allemagne et d'Italie, est le traité signé à Verdun, en 843, entre les fils de Louis-le-Débonnaire. Aymar du Rivail place l'entrevue de Lothaire, Charles-le-Chauve et Louis-le-Germanique, dans une île du Rhône, en face de Vienne (pag. 365). Tout ce qu'il a de grand a dû se passer dans l'Allobrogie. Ainsi, encore, il n'y a pas de légende plus touchante que le martyr de la pauvre esclave Blandine pendant la persécution suscitée par Marc-Aurèle. Tous les actes placent ce fait à Lyon; Aymar, de sa propre autorité, le transporte à Vienne (pag. 315). Une seule fois, il ne se montre pas jaloux de disputer un personnage historique à des provinces voisines. Ponce-Pilate était-il né à Vienne ou à Lyon? *Quantum ad me attinet*, dit notre auteur (pag. 295), *eum liberaliter Lugdunensibus dono*.

C'est le même sentiment qui lui fait inventer les singulières aventures de Roland, à Grenoble. Avant de partir pour aller se faire tuer en Espagne, le prétendu neveu de Charlemagne vient assiéger, pendant sept ans, Grenoble, qui n'a pas encore embrassé la religion chrétienne; assertion qui, pour le dire en passant, est en contradiction avec la liste des évêques de cette ville qu'Aymar lui-même a donnée plus haut; enfin, pressé d'envoyer des secours à Charlemagne, il ordonne à toute son armée un jeûne de trois jours, et fait des prières. Le lendemain, une brèche se fait d'elle-même à la muraille, et Aymar en doute d'autant moins qu'on la voit encore, dit-il, auprès du couvent de Sainte-Claire. Les habitants se font chrétiens et Roland, avant de partir, fonde la tour de Pariset et le château de Beaucairon. Toutes ces merveilles, suivant notre chroniqueur, s'opèrent en l'année 800, date singulière, il est vrai, puisque la bataille de Roncevaux et la mort de Roland sont de l'année 778. Mais Aymar n'y regarde pas de si près (pag. 361-362).

Du reste, Aymar du Rivail n'est pas fort en chronologie. Il sait parfaitement la date de Sémiramis et de tous les descendants de Francus, ainsi que des rois des Allobroges depuis Samothès. Mais pour les dates de l'histoire positive, il trébuche à chaque pas. Ainsi, il place la mort de Charles-Martel en 701 au lieu de 741, l'avénement de Pepin au trône en 750 au lieu de 752 (pag. 357 et 358). C'est surtout en ce qui concerne l'histoire d'Allemagne qu'Aymar a accumulé les erreurs. Il s'agit du grand événement qui, à la mort de Rodolphe, le dernier roi de Bourgogne, fit passer le Dauphiné et les contrées voisines sous la suzeraineté de l'empire. Pfeffel (1) et Luden (2) ont parfaitement exposé comment ces faits s'étaient passés et combien étaient fondés, en vertu des lois qui régissaient les fiefs, les droits des empereurs. On conçoit qu'Aymar ne connût pas ces faits aussi bien que les connaissent les historiens modernes, grâce aux immenses ressources dont ils disposent; on conçoit parfaitement aussi que son patriotisme se révolte à l'idée d'avoir vu le Dauphiné subir la suzeraineté d'un prince étranger et qu'il conteste la légitimité des empereurs d'Allemagne. Ce n'est pas là ce que nous lui reprochons, mais bien les erreurs grossières dont tout ce récit fourmille. Il n'a pas observé que, dès 1016, Rodolphe avait entamé des négociations avec Henri II, le saint, le dernier prince de la maison de Saxe, et cet oubli l'entraîne dans une singulière confusion. Il lui faut un Henri; et alors c'est Henri III qui se trouve, suivant lui, hériter de Rodolphe à la suite des négociations entamées en 1034, tandis que Rodolphe est mort en 1033, et que, à cette époque, l'empire était occupé par Conrad II, fondateur de la maison de Franconie. De là bien d'autres erreurs. Henri III est, pour lui, le fils de Henri II; il confond perpétuellement Henri III et Henri

---

(1) Règne de Conrad, année 1038.

(2) Luden, Hist. d'All., trad. fr., l. XVI, § 10, et l. XVII, § 5.

IV, Henri IV et Henri V, Conrad II et Conrad III. En un mot, tout ce livre, très court du reste, puisqu'il ne renferme que 15 pages (pag. 391-406 ; *voir* surtout pag. 392, 397, 401, 405), est en entier à laisser de côté ou à refaire à l'aide de notes qui seraient aussi étendues que le texte.

Nous avons été jusqu'ici bien sévère à l'égard de notre chroniqueur. Faut-il donc le condamner absolument ? J'ai dit le contraire en debutant, et après avoir signalé toutes les parties faibles, mauvaises, souvent détestables, de cet ouvrage, je m'empresse de signaler les avantages qu'on peut en retirer, et les renseignements utiles ou intéressants qu'il offre pour l'histoire du Dauphiné.

Trois des neuf livres d'Aymar du Rivail me paraissent offrir un grand intérêt sous ce point de vue : le premier, le huitième et le neuvième. Le premier livre, le plus étendu de tous, puisqu'il forme à lui seul près du tiers de l'ouvrage (180 pages sur 594), contient une description très curieuse, non-seulement du Dauphiné, mais du Comtat-Venaissin, et d'une partie de la Provence et de la Savoie vers le milieu du xvie siècle. Sans doute cette description est mêlée de beaucoup de ces fables et de ces rêveries que j'ai déjà signalées, et de beaucoup d'autres que je pourrais signaler encore, par exemple, lorsqu'il nous dit (pag. 15 et 16) qu'on voit dans l'église de Saint-Maurice, à Vienne, une colonne de marbre noir qui est la mesure de Jésus-Christ et la colonne où il fut attaché par l'ordre de Ponce-Pilate, tradition qu'on retrouve également à Saint-Jean-de-Latran, à Rome ; lorsqu'il nous dit qu'on montre aussi dans l'église Saint-Pierre, au faubourg de Fuissin, à Vienne, les nappes sur lesquelles, le jeudi-saint, Jésus-Christ célébra la cène avec ses disciples ; sans doute on pourrait lui reprocher encore un luxe d'érudition pédantesque et inutile lorsque, par exemple (pag. 68), il s'épuise en longs efforts pour prouver que πολις veut dire *ville*, ou bien pour démontrer, par de nombreuses citations de Polybe, Plutarque, Tite-Live, que le Rhône a sa source non loin de celle du Rhin, et qu'il se jette dans la Méditerranée par plusieurs embouchures, toutes choses qui n'ont pas besoin d'être prouvées ; sans doute on pourrait lui objecter qu'il n'est pas d'accord avec lui-même, puisqu'il entreprend seulement d'exposer l'histoire des Allobroges, et que, d'autre part, suivant lui, résultats conformes du reste à ceux de la science moderne, les Allobroges habitaient entre le Rhône et l'Isère, ayant au midi, c'est-à-dire sur la rive gauche de l'Isère, les Voconces (pag. 4), tandis qu'il consacre la moitié de ce livre à décrire Loriol, Valence, Montélimar, Orange, Avignon, c'est-à-dire des contrées qui, d'après son propre système, n'appartiennent pas à l'Allobrogie (pag. 72 et suiv.). Mais, sauf ces réserves, on ne peut trop remercier Aymar du Rivail des précieux renseignements qu'il nous donne sur la situation de toutes ces contrées vers le milieu du XVIe siècle. C'est une excellente topographie, très curieuse, très précieuse, très exacte encore aujourd'hui en ce qui concerne au moins la géographie physique, comme le prouve, pour plusieurs points de détail, M. l'abbé Gaillard, curé de Saint-Marcellin, dans une lettre que M. de Terrebasse a publiée en appendice (pag. 595). J'espère pouvoir le prouver, de mon côté, à l'Académie, en lui soumettant, dans des séances prochaines, une traduction des parties les plus curieuses de ce premier livre [1]. Je me contenterai, en ce moment, de montrer par deux ou trois faits toute l'importance des renseignements que nous donne, dans ce premier livre, Aymar du Rivail. J'ai lu bien des fois, et j'ai souvent entendu dire par des personnes instruites, qu'autrefois le Drac se jetait dans l'Isère au-dessus de Grenoble et vis-à-vis de la Tronche; que ce fut Lesdiguières qui lui donna son lit actuel le long du rocher de Comboire et au pied des montagnes de Seyssins et de Seyssinet. Or, Lesdiguières n'était pas né encore au moment où écrivait Aymar du Rivail, puisqu'il naquit en 1543, et que l'histoire des Allobroges s'arrête à l'année 1535; il n'est devenu tout puissant en Dauphiné que sous Henri IV, et connétable seulement sous Louis XIII, tandis que, suivant toutes les probabilités, Aymar du Rivail est mort en 1560. Donc la description que celui-ci nous donne est bien antérieure aux travaux gigantesques que la tradition attribue à Lesdiguières. Eh bien ! nous voyons dans Aymar qu'au moment où il écrivait, c'est-à-dire

---

[1] Ce sont ces extraits et ces lectures qui forment l'ouvrage que je publie aujourd'hui.

dans la première moitié du XVIe siècle, le cours du Drac était exactement là où il est aujourd'hui. Ce chroniqueur y revient à trois reprises différentes : *A Vorappii faucibus, et Echallonii angustiis sursum tendendo in utraque Isaræ ripa, est vallis usque ad Dravi et ipsius Isaræ congressum qui fit contra rupem in Allobrogibus sitam.* Voilà, je crois, le rocher de la Buisserate clairement indiqué, et cette description ne convient à aucun lieu en amont de Grenoble (1). Si toutefois cela laissait encore quelque doute, voici un autre passage, suffisamment clair, bien entendu en ne tenant pas compte des merveilles qui le déparent : *Non longe a Dravi et Isaræ concursu, in pendente Vocontiorum rupe, supra Secinum, est turris Pariseti in qua nullum animal veneficum vivere potest, et, Gervasio authore, si de terra castri superioris Parisii in quovis loco fiat sparsio, statim*

---

(1) Pag. 37. — Cette conclusion n'a pas été admise par quelques membres de l'Académie qui ont soutenu : 1° que le Drac se partageait au moins en plusieurs bras dans la plaine de Grenoble ; 2° que le rocher indiqué par Aymar est celui, non de la Buisserate, mais bien de la porte de France. A ces deux objections, je réponds, d'abord, que le Drac a certainement, à plusieurs reprises, couvert la plaine de Grenoble, comme le prouvent les couches de graviers et de cailloux roulés qu'on y trouve à une certaine profondeur ; mais que ce ne devait être qu'exceptionnel ; qu'à la suite de ces crues extraordinaires, il se formait des bras secondaires qu'on pouvait appeler le *petit Drac*, comme on le lit dans certains actes ; que cette appellation même prouve qu'il existait un vrai lit du torrent, qui était, comme le prouve la phrase d'Aymar du Rivail, là où il est aujourd'hui. A la seconde objection, je réponds que, comme on le voit sur d'anciens plans, une saignée ou un bras du Drac se jetait dans l'Isère en face de la porte de France ; mais je persiste à croire que le Drac lui-même se jetait vis-à-vis de la Buisserate, au XVIe siècle comme aujourd'hui. En effet, dans le passage d'où ce texte est tiré, Aymar décrit la vallée en aval de Grenoble, laquelle, dit-il, s'étend depuis Voreppe et l'Échaillon jusqu'au confluent du Drac et de l'Isère. Or, cette vallée s'arrête sur la rive droite à la Buisserate, sur la rive gauche à l'endroit où aboutit, par le plateau de Saint-Nizier et les rochers de Sassenage, la dernière chaîne de ces montagnes parallèles qui vont du sud au nord et aboutissent toutes au bord de l'Isère, à la dent de Moirans, l'Échaillon, Veurey, Noyarey, Sassenage. Il est toujours pénible de renoncer à des préjugés d'enfance, mais il est mieux de céder à l'évidence des textes. Or, celui d'Aymar ne laisse aucun doute : le Drac se jetait dans l'Isère, au XVIe siècle, comme aujourd'hui, à l'entrée de la plaine, non loin de Sassenage, en face de la *Buisserate*. Je reviens, du reste, sur cette question, dans la note 18 du chapitre V, pag. 66 de ma traduction, où j'achève, à ce que je crois, la démonstration de ce que j'avance ici.

omnes nocivi vermes fugantur (pag. 119). Évidemment, à l'époque où écrivait Aymar du Rivail, le Drac passait, comme aujourd'hui, à peu de distance du rocher sur lequel s'élève la Tour-Sans-Venin. Voici un dernier passage beaucoup plus explicite encore : *Dravus, transacta sub Clesio rupe angusta, campos Seycinetos et Gratianopolitanos irrigat et devastat* (pag. 143). Toutefois, il est très probable que la tradition ne se trompe pas entièrement, et que les premiers travaux d'endiguement de ce torrent redoutable appartiennent à l'illustre connétable ; mais évidemment aussi Lesdiguières n'a fait que le resserrer dans le lit que la nature lui avait donné.

On pourrait prouver encore l'exactitude d'Aymar du Rivail par un autre exemple également curieux. La nécessité où se trouvent les habitants des Hautes-Alpes, par suite du manque de combustibles, de se servir de fiente de vaches pour cuire leur pain, existait dès l'époque d'Aymar du Rivail : *Inter montem Genuam et Moriennam, sicco stercore bovino montani ad panem decoquendum furnum calefaciunt* (pag. 153). Il ajoute plus bas que, dans la partie supérieure de l'Oisans, les habitants ne cuisent du pain qu'une fois par an, et que ce pain se conserve toute l'année, ce qui n'est pas moins exact au XIXe qu'au XVIe siècle (pag. 156).

Je ne puis m'arrêter à tous les curieux renseignements qu'Aymar nous donne sur l'état physique de Grenoble au XVIe siècle. Ce sont des documents précieux et qu'il faut lire soi-même (pag. 38-50). Je me borne à signaler deux points qui rectifient encore des traditions très répandues, mais également erronées. Ainsi l'on dit souvent que la route vers Lyon et Paris passait par la montée de Chalemont, puis en longeant le flanc méridional du mont Rachais, au pied du fort Rabot, pour redescendre par les vignes de Saint-Martin-le-Vinoux, vers le pont de Pique-Pierre. Il est certain que c'était la direction de la voie romaine. Mais déjà, à l'époque où écrivait Aymar du Rivail, et depuis plus d'un siècle, le rocher de la Perrière avait été coupé par Enguerrand d'Eudin, gouverneur du Dauphiné sous Charles VI, et quoique fort étroite et ne donnant passage qu'à une voiture de front, la route suivait cependant le pied de la montagne, sur les bords de l'Isère (pag. 48).

Voici le dernier fait que je veux signaler. Une tradition populaire prétend qu'autrefois la Romanche, à partir de Vizille, n'avait pas le cours qu'elle a aujourd'hui, mais qu'elle suivait la vallée de Vaulnaveys, les marais d'Uriage, et enfin la gorge du Sonant, pour venir se jeter dans l'Isère au-dessous de Gières. La vue des lieux, la ligne de partage des eaux très sensible à Vaulnaveys, m'avaient toujours fait considérer cette tradition comme fort peu probable; deux passages d'Aymar du Rivail la réfutent d'une manière péremptoire : *Sub Vigilia, Romanchia fluviolus ex Oisenco proveniens, inter rupeculæ angustias transit et paulo post Dravo commiscetur* (pag. 50). Et ailleurs : *Post Visiliam, prope Campum vicum, Dravus Romanchiam recipit* (pag. 142). Ainsi, au XVIe siècle, comme aujourd'hui, la jonction du Drac et de la Romanche s'opérait dans les îles de Champ (1).

---

(1) Beaucoup de personnes, très instruites, vous disent et m'ont dit : « Nous reconnaissons que, d'une manière permanente, le cours de la Romanche était, au XVIe siècle, là où il est aujourd'hui ; et même que c'est bien là le lit que la nature lui a tracé. Mais enfin ne serait-il pas possible que la tradition qui fait passer ce torrent par la vallée de Vaulnaveys et la gorge du Sonant ait raison, si l'on admet que cela n'est arrivé que par exception, lors de l'inondation de 1219, par suite de la rupture des digues du lac Saint-Laurent, formé trente ans auparavant dans la plaine du Bourg-d'Oisans? » A cela je réponds d'abord par cette observation importante signalée ci-dessus, que l'élévation du terrain, à Vaulnaveys, rend non-seulement improbable, mais impossible, la supposition que la Romanche ait jamais pu, quelle que fût l'élévation de ses eaux, surmonter le dos-d'âne que la vallée lui présente ici ; et, en second lieu, par des faits précis. Le mandement de l'évêque Jean Ier, qui, lors de cette terrible catastrophe, gouvernait l'église de Grenoble, nous prouve que, par suite de la rupture du lac Saint-Laurent, dans la nuit du 14 au 15 septembre 1219, la ville de Grenoble fut inondée par les eaux de l'Isère, que fit refluer dans la ville la masse incroyable des eaux de la Romanche unies à celles du Drac; mais que les désastres les plus terribles, la destruction du pont et de plusieurs édifices, eurent lieu lorsque, quelques jours après, les eaux du Drac et de la Romanche s'étant écoulées, celles de l'Isère, qu'elles avaient fait refluer, reprirent leur cours ordinaire, avec une violence irrésistible. (Chorier, *Histoire du Dauphiné*, II, pag. 100; M. Pilot, *Statistique du département de l'Isère*, III, pag. 247). Donc, puisque les eaux réunies du Drac et de la Romanche font refluer celles de l'Isère, c'est que, même dans cette terrible et exceptionnelle circonstance, la Ro-

Je m'arrêterai moins au viiie livre, quelque important qu'il puisse être. Seulement celui-ci tranche, comme histoire, sur ceux qui précèdent. Depuis le iiie livre, où Aymar a abordé une période réellement historique, l'histoire de l'Allobrogie sous les Romains, les Bourguignons, les Francs, il y a peu d'observations à faire et peu de renseignements à tirer. Souvent Aymar se contente de résumer brièvement les chroniqueurs; ce ne sont pas des récits, mais une analyse sèche et fatigante. Les mêmes faits qui, sous la plume des Thierry et des Michelet, ont inspiré des chefs-d'œuvre, paraissent, sous celle d'Aymar du Rivail, une série intolérable de noms et d'événements sans but et sans importance, le tout entremêlé, sans doute, de quelques indications utiles, mais surtout de fables; et il est même à remarquer que le chroniqueur, très sec et très aride lorsqu'il s'agit de faits historiques, ne détaille et ne s'anime un peu que lorsqu'il a l'occasion de développer quelque tradition fabuleuse.

Le vie livre (pag. 369-391) trancherait un peu. Aymar nous y raconte l'histoire du second royaume de Bourgogne depuis sa fondation sous Boson jusqu'à sa réunion à l'empire, au moins comme fief immédiat. Ce n'est pas assurément un récit animé, ni même exempt d'erreurs; M. de Terrebasse en a relevé plusieurs dans ses notes; mais enfin cette partie est consciencieusement travaillée, et Aymar y débrouille plus nettement que beaucoup d'historiens, même plus récents, cette période singulièrement confuse de notre histoire. Mais, je le répète, le viiie livre, dans lequel Aymar du Rivail expose l'histoire du Dauphiné depuis l'avénement des princes de la maison d'Albon jusqu'à sa réunion à la France sous Philippe de Valois (pag. 407-485), est bien plus important encore. Assurément quelques fables, par exemple, sur l'origine de la maison d'Albon qu'il fait venir d'Étrurie (pag. 407),

---

manche se jeta dans le Drac et que, alors comme aujourd'hui, ces deux torrents se jetaient dans l'Isère au-dessous de Grenoble. Il faudrait vouloir fermer les yeux à l'évidence pour nier cette vérité. Donc jamais la vallée de Vaulnaveys, Uriage, la gorge du Sonant, n'ont été arrosées par la Romanche; il n'y a pas un homme de bon sens qui puisse soutenir une telle absurdité, condamnée et par l'histoire et par la nature des lieux.

des conjectures dont il fait l'aveu (1), des erreurs de noms propres et de dates, relevées dans les savantes notes de M. de Terrebasse, se sont encore glissées là (pag. 412 et suiv.). Mais les faits curieux et intéressants abondent. Peut-être les personnes, plus familières que je ne le suis avec l'histoire du Dauphiné, y trouveraient-elles moins de faits curieux que je n'en ai trouvés. Mais alors même que ces faits seraient aujourd'hui tous connus, grâce à des travaux plus récents, il faudrait encore, en grande partie, en attribuer l'honneur à Aymar du Rivail.

En effet, quoique M. de Terrebasse ait imprimé pour la première fois le manuscrit d'Aymar, il n'était pas inconnu et il avait été fréquemment consulté. Il avait servi notamment à André Duchesne, auquel Salvaing de Boissieu, qui en était alors propriétaire, avait envoyé toute la partie concernant l'histoire des Dauphins, et qui s'en servit pour son histoire des rois et ducs de Bourgogne et des Dauphins du Viennois, publiée en 1628. Après s'en être servi, André Duchesne négligea ou oublia de rendre ces cent feuillets du manuscrit, et c'est un heureux hasard qui a permis à M. de Terrebasse de les retrouver dans les volumineux cartons de ce savant homme, à la bibliothèque nationale, de compléter ainsi, sauf deux feuillets du IXe livre, le manuscrit d'Aymar du Rivail qui appartient à la même bibliothèque, et enfin de l'imprimer. Or, comme les historiens modernes ont travaillé d'après l'histoire généalogique de Duchesne, et comme celui-ci avait beaucoup exploité, même en les rectifiant, les recherches d'Aymar du Rivail, c'est à notre chroniqueur que revient, en définitive, l'honneur d'avoir porté, le premier, quelque lumière sur cette partie obscure de nos annales, et, même avec les connaissances plus exactes que nous pouvons avoir aujourd'hui, son VIIIe livre peut être encore consulté avec fruit.

Le IXe et dernier livre (pag. 485-594) me paraît bien plus important encore. Je diviserais volontiers celui-ci en deux parties qui sont loin de présenter le même carac-

---

(1) *Sine certo authore et conjectura duntaxat hæc scribimus et divulgamus* (pag. 409).

tère. Dans la première partie, depuis la cession du Dauphiné à Philippe de Valois en 1349 jusqu'au règne de Charles VIII, nous ne trouvons aucun fait important à recueillir. Il n'en est plus ainsi à partir de Charles VIII jusqu'à l'époque où s'arrête l'histoire d'Aymar du Rivail, c'est-à-dire jusqu'à l'année 1535. Dans cette dernière partie, le caractère de l'ouvrage est nettement dessiné. Ce n'est pas un historien, ce n'est pas un chroniqueur que nous lisons, c'est quelque chose de mieux, un auteur de mémoires. Il a été témoin ou même acteur de beaucoup de ces faits; Anne de Bretagne a voulu le donner pour précepteur à sa fille Rénée (pag. 557); il a été, à deux reprises, chargé de missions en Italie; il étudiait le droit à Pavie, et entendait, du haut d'un colombier, le canon français qui, en 1512, battait en brèche les murs de Milan (pag. 553); il a été lié avec Bayard dont il nous trace le portrait : *Et staturæ erat Bayardus proceræ, pallidus facie et oblonga, nasoque deducto, affabilis, humanus et liberalis sedatusque, et co familiariter usus sum* (pag. 562); il a connu et nous fait connaître presque tous les Dauphinois, et ils sont nombreux, qui se distinguèrent dans les guerres d'Italie. Quand il n'a pas été témoin oculaire de ces faits, il les tient au moins de bonne source; un de ses frères a suivi Charles VIII en Italie; un autre, Jean, a pris part à la conquête du Royaume de Naples en 1503; son père, accablé par l'âge et les infirmités, a fourni son contingent aux armées de Charles VIII et de Louis XII; trois de ses parents assistaient à la bataille d'Agnadel; son parrain, Barrachin Aleman, a combattu et a été tué dans le Milanais, etc. (cf. pag. 548, 553, 557 *et passim*). Mais ce n'est pas seulement pour l'histoire générale que cette partie de l'ouvrage d'Aymar du Rivail est précieuse; elle l'est surtout pour les renseignements qu'il nous donne sur l'histoire du Dauphiné pendant les dernières années du xve et la première partie du xvie siècle. Parfois, sans doute, il cède encore à sa tendance romanesque, par exemple, lorsqu'il nous raconte les amours de Zizim et de Philippine Béranger de Sassenage, pendant la captivité du jeune prince turc dans la château de Rochechinard (pag. 533), récit qui a inspiré le roman de Guy-Allard, en 1673, et donné lieu à une tradition locale. Mais cela est rare et, en compensation, les faits curieux abondent. C'est ainsi qu'Aymar du Rivail nous fait connaître, sous Louis XII, une terrible persécution contre les Vaudois du Dauphiné, dont les historiens ont à peine parlé (pag. 540); qu'il décrit, au retour de l'armée de Charles VIII, l'apparition et les conséquences de ces terribles et honteuses maladies qui désolent l'humanité depuis la fin du XVe siècle (¹); qu'il nous donne une liste très curieuse des familles nobles du Dauphiné en 1529 (pag. 591); qu'il nous raconte les désastreux effets d'une famine qui, en 1531, désola la France, mais surtout le Comtat-Venaissin, la Provence et le Dauphiné (pag. 592); que, précédemment, il nous fait connaître les conséquences des indulgences accordées et prêchées par ordre de Léon X, en 1517, non pas, comme il le dit, pour faire la guerre aux Turcs, mais pour bâtir Saint-Pierre de Rome, et qui furent accueillies avec tant d'enthousiasme en Dauphiné, que les hommes donnèrent les armes qu'ils possédaient, et que les femmes livrèrent leurs coiffes, leur robe nuptiale, les berceaux et les vêtements de leurs enfants (pag. 564); c'est ainsi qu'il nous rapporte naïvement un épisode de la vie de Bayard, qui compromettrait tant soit peu la loyauté et l'humanité du chevalier *sans peur et sans reproche* (pag. 543); c'est ainsi enfin, pour terminer, qu'il nous fait toute une révélation sur la renaissance de la chevalerie, qui nous prouve que le livre immortel de Cervantes avait plus de réalité qu'on ne le croit généralement. Aymar du Rivail nous parle, en effet, d'un gentilhomme dauphinois, Antoine d'Arces, qui, prédécesseur de D. Quichotte, et prenant la chevalerie au sérieux, s'en alla parcourir l'Espagne, le Portugal, l'Angleterre, l'Écosse, pour combattre ceux qui voudraient soutenir l'honneur de leurs dames. Il combattit contre un parent du roi d'Écosse qui le prit en grande amitié, et revint en France avec vingt-deux chevaux, prix sans doute, de ses victoires. Il retourna ensuite en Écosse où,

---

(5) Pag. 538 : L'histoire médicale peut profiter de ces détails que nous n'osons reproduire.

à la mort de Jacques IV, on lui offrit la régence, et il y fut tué par trahison en 1517 (pag. 547 et 565).

J'ai essayé, dans ce long rapport, de faire connaître et apprécier, sous tous ses points de vue, l'ouvrage d'Aymar du Rivail. Je n'ai voulu, on le voit, en faire ni l'apologie ou l'éloge outre mesure, ni la satire. Je n'en ai pas plus dissimulé les défauts, très nombreux, que les mérites ou l'utilité. Mais je me reprocherais, en terminant, de ne pas profiter de cette occasion pour payer un juste tribut de remerciements et de reconnaissance au savant et consciencieux éditeur d'Aymar du Rivail. C'est un devoir doux à remplir pour un membre de l'Académie delphinale, dont M. de Terrebasse est un des correspondants les plus distingués. N'oublions donc pas de signaler tout ce qu'il a fallu de zèle, de patience, d'érudition, de dévouement à la science, pour rassembler les parties éparses du manuscrit d'Aymar du Rivail, le déchiffrer, l'enrichir de notes substantielles, l'imprimer enfin avec ses seules ressources, et remercions notre savant confrère du noble usage qu'il sait faire, dans l'intérêt de la science, de sa fortune et de ses loisirs.

Antonin MACÉ.

Grenoble, 2 avril 1852.

DESCRIPTION
DU
DAUPHINÉ
De la Savoie, du Comtat-Venaissin, de la Bresse

ET D'UNE PARTIE

DE LA PROVENCE, DE LA SUISSE ET DU PIÉMONT

AU XVIe SIÈCLE.

CHAPITRE Ier.

Bornes et divisions du pays des Allobroges

(SAVOIE ET DAUPHINÉ).

Les Allobroges s'étendent entre le Rhône et l'Isère, en deçà des Véragres (¹) et des Alpes Grecques (²). En effet, le Rhône, depuis les confins des Véragres, et l'Isère, depuis les Alpes Grecques et sa source, coulant l'un et l'autre vers l'ouest, entourent et enveloppent le pays des Allobroges, et quoique ces deux fleuves prennent leur source à une grande distance l'un de l'autre, ils tendent cependant de plus en plus à se rapprocher jusqu'à ce qu'ils se réunissent enfin, un peu au-dessus de Valence, dans le pays des Cavares, en face des monts Cévennes. Au midi et en partie à l'est, l'Isère sépare les Allobroges des Cavares, des Voconces, des Garucelles et des Centrons (³);

dans une autre partie de l'est, le territoire qui s'étend depuis la tête du lac Léman jusqu'aux sources de l'Isère sépare les Allobroges des Salasses, des Véragres et des Séduns (⁴); au nord, le Rhône et le lac Léman les séparent des Séquanes (⁵), des Antuates (⁶) et des Ségusiens (⁷); enfin, au couchant, ils sont séparés, toujours par le Rhône, du Lyonnais, des montagnes des Cévennes, des Helves et des Arvernes (⁸); ceux-ci plus éloignés...........

...... La partie supérieure du pays des Allobroges est appelée Savoie (*Sabaudia*), soit du nom de son premier chef Sabaudus, soit des mots *salva via*, parce que le premier comte de Maurienne, Humbert *aux blanches mains*, aurait rendu cette route sûre et praticable pour les voyageurs qui vont de Gaule en Italie. Mais cette étymologie est invraisemblable, car ce n'est qu'en jouant sur les mots qu'on peut trouver quelque chose de commun entre *Sabaudia* et *Salva via* (⁹).

Quoi qu'il en soit, le souverain de cette partie de l'Allobrogie est connu sous le nom de duc de Savoie. Pendant longtemps les dauphins et les ducs de Savoie possédèrent en commun quelques villes et quelques territoires, ce qui suscita entre eux des discussions et des guerres fréquentes. Mais enfin, après la translation du Dauphiné aux fils aînés des rois de France, des échanges de territoires furent opérés entre Charles V, dauphin, et Amédée de Savoie, surnommé le Comte Vert. Les villes et les droits du comte de Savoie, dans la partie du Dauphiné en deçà du Guiers et du Rhône, furent abandonnés au dauphin en échange du Faucigny et de tous les biens et droits que le dauphin possédait lui-même au-delà du Guiers et du Rhône, dans la Savoie et la Bresse, et qui furent concédés au comte de Savoie. Alors aussi furent nettement tracées les limites entre la Savoie et le Dauphiné. D'abord le Guiers, affluent du Rhône, depuis sa source; puis le territoire de Chapareillan et de Bellecombe, enfin une ligne droite traversant les montagnes du Briançonnais depuis l'entrée de la Maurienne jusqu'au territoire de Suze, telles furent les limites convenues des deux pays. Par ce traité, tout prétexte de dissension fut détruit et la paix exista dès lors entre des peuples qui s'étaient longtemps fait la guerre [10].

Outre cette partie du pays des Allobroges, les dauphins possèdent encore le pays des Cavares, des Volces [11], des Tricastrins, des Voconces, des Médulles, des Sigores, des Caturiges, des Brigantes, des Garucelles, peuples qui ont reçu de nouveaux noms des principales villes construites dans ces lieux, et ayant pour la plupart des évêques, et qui s'appellent aujourd'hui les habitants de Valence, Orange, Die, Vaison, Gap, Embrun, Briançon et Goncelin; les Tricastrins, les Médulles, les Sigores et les Caturiges [12] ont seuls conservé leurs anciens noms. Tous ces peuples sont compris sous le nom général de Dauphinois et leur pays sous celui de Dauphiné; c'est pourquoi nous les comprendrons dans notre description.

Le Dauphiné renferme les comtés de Vienne, de Roussillon, d'Albon, de Graisivaudan, de Valentinois, de Die, de Gap, d'Embrun; les principautés de Briançon et d'Orange; le duché de Champsaur; le marquisat de Cézane; les baronnies de la Tour, de Montauban, de Meuillon, de Valbonnais et autres. Le duc de Savoie gouverne la Savoie, une partie du pays des Garucelles, les Centrons, les Salasses, Séduns, Véragres, Antuates et Ségusiens, aujourd'hui appelés Maurienne, Tarantaise, Aoste, Valais, Bugey et Bresse. Mais les Centrons, Séduns et Nantuales retiennent leurs anciens noms, quoique toutes les parties de ces contrées soient désignées sous le nom général de Savoie et tous les peuples qui les habitent sous le nom de Savoisiens (13). Voilà pourquoi il ne sera pas non plus hors de propos de nous en occuper.

Dans le duché de Savoie sont les comtés de Genève, Bugey, Montrond, Chalames, Entremont, Monthyon, Maurienne, la Chambre (14); les duchés de Chablais et d'Aoste; enfin le Faucigny, la baronnie de Gex et la Bresse. Dans quelques-uns de cès pays le duc exerce la puissance entière; dans d'autres, il n'a que la suzeraineté.

Le Dauphiné et la Savoie renferment beaucoup de châteaux, de villages, de places fortes, de villes importantes; nous les décrirons, en commençant par Vienne, capitale des Allobroges.

NOTES DU CHAPITRE Ier.

(1) *Véragres*, habitants d'une partie du Valais; capitale *Octodurus* (aujourd'hui Martigny). [*N. du T.*]

(2) Les anciens avaient divisé la grande chaîne des Alpes en plusieurs parties qui seront successivement passées en revue par Aymar du Rivail. Les Alpes Grecques *(Alpes Graiæ)* sont comprises entre les Alpes Cottiennes au midi et les Alpes Pennines au nord, depuis le Mont-Cenis jusqu'au Mont-Blanc. Elles comprennent : le Mont-Cenis, le Mont-Iseran, le Petit-Saint-Bernard, le col du Bonhomme et celui de la Seigne. [*N. du T.*]

(3) *Cavares*, partie des départements de la Drôme et de Vaucluse; *Voconces*, partie des départements de la Drôme et de l'Isère; *Garucelles*, partie de la vallée du Graisivaudan et de la Maurienne; *Centrons*, portion de la vallée de la Tarantaise, en Savoie, et le Haut-Faucigny, par lequel ils communiquaient avec les Véragres, dont le Petit-Saint-Bernard et le Mont-Iseran les séparaient ailleurs. [*N. du T.*]

(4) *Salasses*, habitants de la vallée d'Aoste ; *Séduns*, partie du Valais, capitale *Sion*. [*N. du T.*]

(5) Les *Séquanes*, un des peuples les plus puissants de la Gaule, correspondaient à la Franche-Comté et à une partie de la Bourgogne (départements de la Haute-Saône, du Doubs, du Jura, partie de ceux de l'Ain et de Saône-et-Loire). *Vesontio* (aujourd'hui Besançon) était leur capitale. [*N. du T.*]

(6) *Antuates*, ou mieux *Nantuates* (dont le nom est resté à leur principale ville), habitants d'une partie du département de l'Ain. [*N. du T.*]

(7) *Ségusiens*, habitants de la plus grande partie des départements

du Rhône et de la Loire et d'une portion du département de l'Ain. [*N. du T.*]

(8) *Helves.* — Le Vivarais (département de l'Ardèche); *Arvernes*, l'Auvergne. [*N. du T.*]

(9) Cette étymologie, que rejette avec raison Aymar du Rivail, est reproduite et développée par un vieil historien de la Savoie, dont l'ouvrage a beaucoup de rapport avec celui d'Aymar: *Chronographia insigniorum locorum..... Sabaudiœ; auctore Jacobo Delexio;* Chambéry, 1571, in-8º. Mais, suivant lui (pag. 20), ce fut Amé ou Amédée IV (et non Humbert *aux blanches mains)* qui rendit les routes praticables. Ces améliorations, dans ce cas, seraient plus récentes de deux siècles. Humbert, premier comte de Savoie, mourut vers 1048; Amédée IV gouverna de 1233 à 1253. Mais c'est une tradition sans aucun fondement. Les mots *Sabaudia* et *Sabaudus* sont beaucoup plus anciens. On ne les trouve, il est vrai, ni dans Pline, ni dans Strabon; mais Ammien Marcellin décrit ainsi le cours du Rhône: *Per Sapaudiam fertur et Sequanos;* et dans la *Notitia dignitatum,* etc. (Ed. Labbe, § 65, pag. 121), c'est-à-dire, probablement à la fin du IVᵉ siècle, on mentionne un *tribunus cohortis primœ Flaviœ Sabaudiœ Cularonœ.* Par conséquent, l'étymologie de *Sabaudia a salva via,* déjà repoussée par le bon sens, comme le déclare Aymar du Rivail, est encore contredite par des textes formels. [*N. du T.*]

(10) Le traité entre Charles V et Amédée VI, surnommé le *Comte Vert,* est de l'année 1355. Ce traité, fidèlement analysé par Aymar du Rivail, a reçu, depuis cette époque, et postérieurement à notre historien, deux modifications considérables qui rendent inexact aujourd'hui ce qu'il dit dans ce paragraphe. Par le traité du 17 janvier 1601, conclu entre Charles-Emmanuel Iᵉʳ et Henri IV, la France obtint la Bresse, le Bugey, le Valromey, la baronnie et bailliage de Gex, en un mot, presque tout le département actuel de l'Ain (art. 1ᵉʳ et 2). En retour, le roi de France céda au duc de Savoie le marquisat de Saluces du côté du Piémont (art. 7). Les frontières se régularisèrent ainsi, puisque le Rhône fut la limite depuis sa sortie du lac de Genève, et que la France, prenant pour elle des provinces en deçà des Alpes, renonça à des provinces, moins importantes et difficiles à garder, en Italie. (Le traité entier est dans le *Corps*

diplomatique de Dumont, tom. v, 2e partie, pag. 20.) Dans cette occasion, tous les avantages étaient pour la France, qui faisait la loi ; les résultats et le ton même du traité le prouvent. Dans l'autre occasion, il n'en fut plus ainsi. À la suite de la guerre désastreuse pour la succession d'Espagne, Louis XIV signa à Utrecht, le 11 avril 1713, avec Victor-Amédée II, qui, le premier, échangea le titre de duc pour celui de roi, un traité par suite duquel (art. 4) le roi cédait au duc de Savoie les vallées de Pragelas, Exilles, Fénestrelles, Oulx, Cézane, Bardonenche, Château-Dauphin, en un mot, comme dit le traité, *tout ce qui est à l'eau pendante des Alpes du côté du Piémont*. En retour, le duc de Savoie abandonna seulement à la France la ville et le territoire de Barcelonnette (aujourd'hui dans le département des Basses-Alpes). Les sommités des Alpes servirent de limites entre les deux États : le versant du côté du Dauphiné et de la Provence appartenant au roi de France ; le versant du côté du Piémont et du comté de Nice appartenant au duc de Savoie. Par l'article 8, le duc obtenait le droit de fortifier ses nouvelles frontières, ce dont il usa bientôt, de même que la France construisit les gigantesques fortifications de Briançon, de Château-Queyras et de Mont-Dauphin, qui devenaient des villes frontières. (*Voir* le traité dans Dumont, tom. viii, 1re partie, pag. 362.) En faisant ces changements au texte d'Aymar, on aura l'état actuel comparé à la situation en 1555. Rien n'a été modifié depuis 1713. Car si, de 1792 à 1815, la France a possédé la Savoie et Genève, dont elle avait formé les départements du Léman et du Mont-Blanc, le traité de Vienne l'a fait rentrer dans les limites fixées par le traité d'Utrecht. [*N. du T.*]

(11) *Volcæ*. Les Volces étaient divisés en deux grandes confédérations : les Volces Tectosages (capitales : Toulouse et Carcassonne) correspondant aux départements de la Haute-Garonne, de l'Aude et d'une partie de l'Hérault ; les Volces Arécomiques ayant pour capitale *Nemausus* (Nîmes), et correspondant aux départements de l'Hérault (en partie) et du Gard. Ces peuples, d'origine kimrique ou belge, étaient venus s'établir dans ces contrées vers 280. (*Voir* Am. Thierry, *Histoire des Gaulois*, Introd. § 2, et tom. 1er, chap. 4.) En 218, ils occupaient même, mais momentanément, une partie de la rive gauche du Rhône dont ils défendirent le passage contre Annibal. C'est ce qui résulte du texte de Tite-Live (xxi, 26) que

nous donnons plus bas (chap. XIII). Ce ne fut, je le répète, que momentanément, et c'est faute d'avoir fait cette distinction qu'Aymar a, ici, compris les Volces dans le Dauphiné, et que, au chap. XIII, il s'est livré à une discussion fort peu claire sur la situation des Volces, croyant trouver entre Tite-Live et Strabon une contradiction qui n'existe pas quand on distingue les époques. [*N. du T.*]

(12) Saint-Paul-Trois-Châteaux, Menillon, Sigoyer, Chorges, dont il sera successivement question. [*Note du T.*]

(13) On sait qu'aujourd'hui les habitants de la Savoie ont remplacé l'ancienne appellation de Savoyards par celle de Savoisiens. Grillet, dans son *Dictionnaire de Savoie*, en donne les motifs. Parmi tous ces hommes qui se rendent, chaque année, à Paris pour y exercer diverses industries, et désignés, en général, sous le nom de Savoyards, il y a des gens de tous pays, et parfois il est arrivé d'y trouver des fripons. Tenant à leur vieille réputation de probité, les vrais enfants de la Savoie ont voulu se distinguer de ces faux-frères par un nom nouveau. [*N. du T.*]

(14) *La Chambre* est une petite ville entre Montmeillan et Saint-Jean-de-Maurienne sur la route du Mont-Cenis; située près du torrent de l'Arc, elle fut successivement le chef-lieu d'un marquisat et d'un comté. On y voit encore les ruines de son château. [*N. du T.*]

CHAPITRE II.

Vienne.

..... Vienne est située entre le confluent du Rhône et de la Saône au nord, celui de l'Isère et du Rhône au midi ; elle est baignée par le Rhône vers l'ouest. Dans la direction de l'est, elle est environnée de monticules à travers lesquels existent des voies publiques qui conduisent à Valence, Romans, Grenoble, Chambéry, Genève et Lyon, où s'opère la jonction du Rhône et de la Saône. Elle est éloignée de l'Isère d'une distance de trois cent vingt stades, suivant Strabon, ce qui équivaut à onze lieues de France ; et entre Vienne et Lyon, par la voie de terre, en traversant le pays des Allobroges, suivant le même auteur, il y a environ deux cents stades, soit cinq lieues ([1]) ; mais la distance est plus considérable pour ceux qui remontent le fleuve en bateau... L'Isère vers le midi, le Rhône vers le nord, sont presqu'à égale distance de Vienne.....

Au témoignage de Strabon, Vienne était la métropole des Allobroges..... ; et comme la plupart des Allobroges passaient leur vie dans des bourgades, les plus distingués d'entre eux se fixèrent à Vienne et, toujours suivant Strabon, l'organisèrent en cité. Après la soumission des Allobroges, les Romains y établirent le sénat qui devait gouverner la Gaule entière et Vienne fut une ville sénatoriale. Si l'on s'en rapporte à Adon (²), Vienne conservait encore ce titre à l'époque d'Adrien, comme cela résulte, du reste, de deux lettres que le pape Pie écrivit à Just, évêque de la ville sénatoriale de Vienne, lettres très remarquables par les pensées et par l'élégance des expressions, qui se trouvent à la fin des œuvres de l'archevêque de Vienne, Saint-Avit (³).

Dans l'*Itinéraire* de l'empereur Antonin, Vienne est appelée la métropole de la province Viennoise.... Ammien Marcellin nous atteste, dans son XVe livre, que la province Viennoise était remarquable par la splendeur de beaucoup de villes, parmi lesquelles se trouvaient Vienne elle-même, Valence et Arles, auxquelles se rattachait par des liens étroits Marseille, qui, dans des moments difficiles, avait été d'un grand secours aux Romains.........

... Tandis que Tiberius Sempronius Gracchus se rendait dans l'Espagne ultérieure, il éleva à Vienne une pyramide d'un merveilleux travail, et jeta un pont sur le Rhône avec des forts aux deux extrémités... et, comme cette pyramide est aiguë dans la partie supérieure, les Viennois l'appellent l'*Aiguille* (⁴); elle est située, au milieu des vignes, hors de la ville, près du Rhône, vers le midi, et, suivant quelques-uns, elle repose sur quatre lions en bronze. Cinq légions romaines construisirent un nombre égal de camps dans l'enceinte de Vienne, et y élevèrent, à l'époque de César, des greniers publics et des manutentions pour l'armée entière, donnant à ces camps le nom des tribuns de César, Grappon (*Saint-Just*), Eumedon (*le fort Pipet*), Sospolon (*le mont Salomon*), Quiriacon ou Quirinum (*Sainte-Blandine*), Pompetiacon (*mont Arnaud*). Il en reste encore un aujourd'hui que les Viennois appellent le fort Pipet; il est sur une colline faite de mains d'hommes, d'une grande élévation, et d'une force inouïe, et domine la ville entière..... (⁵)

Dans la province Narbonnaise souffle le vent Circius; mais il n'atteint pas Vienne, arrêté peu auparavant par l'obstacle que lui présente un monticule peu élevé, comme le rapporte Pline, au second livre (⁶), ce qui est utile. Car, quoique Pline l'appelle le plus célèbre des vents, cependant, d'après le témoignage de Pline lui-même et d'Aulu-Gelle, il n'y a en pas de plus violent; il renverse les hommes armés et les voitures chargées, et, suivant Favorinus (⁷), il est ainsi appelé à cause des tourbillons et des tournoiements qu'il produit (⁸). Au livre cinquième de son *Histoire ecclésiastique*, Eusèbe nous dit que Vienne et Lyon sont les plus nobles cités des Gaules et qu'elles sont arrosées par le cours rapide du Rhône, le plus noble des fleuves. Les Gaulois de Vienne étaient tellement estimés des Romains qu'ils reçurent le droit italique, comme le rapporte le jurisconsulte Paul dans son livre du *Cens*, et ils ne payaient aucun tribut, mais jouissaient des privilèges des Italiens sous la suprématie de Rome.

A quatre lieues au-dessus de Vienne, vers l'orient, de la fontaine et de l'étang de Lieu-Dieu sort la rivière de la Gère qui, à travers des plaines et des vallées fertiles, coule vers la ville de Vienne; sur l'une et l'autre rive de la Gère, les Viennois et les populations voisines ont d'excellentes prairies. Le cours de ce ruisseau est naturellement paisible, à moins d'une forte pluie. A l'entrée de Vienne, il reçoit le ruisseau du Véga, et l'un et l'autre réunis vont, en traversant la ville, porter leurs eaux dans le Rhône. Un pont de pierre a été construit, près du Rhône, sur la Gère réunie au Véga. Les eaux de la Gère sont limpides; on les utilise pour fabriquer d'excellent papier à écrire et qui sert aussi à l'impression, pour moudre le grain tant en dehors qu'au dedans de la ville, pour fabriquer des draps, pour préparer les cuirs nécessaires aux cordonniers, enfin pour tremper de bonnes épées de guerre qui se vendent aux braves.

Sur une colline, près de la rive méridionale de la Gère, avaient été construits deux aqueducs, éloignés l'un de l'autre de douze pas, par lesquels les Romains amenaient à Vienne, pour les bains bâtis au pied du Pipet et pour les autres usages des citoyens, les eaux de cette rivière et les sources de Pinet. Ces aqueducs avaient cinq pieds de hauteur et quatre de largeur; deux hommes pouvaient les parcourir de front en se baissant un peu; en un mot, leur agencement est si beau qu'il fait plaisir à voir. Un mur quadrangulaire s'élève à la hauteur de deux pieds et demi; il s'infléchit ensuite et se courbe en forme de voûte. Il reste encore quelques parties de ces constructions que nous avons examinées avec soin. Au pied du Pipet est une maison fort ancienne qui, par suite du voisinage de ces canaux construits pour les aqueducs et de leur issue, s'appelle encore *le Palais* ou *la Maison des canaux* [9].

Depuis cette maison, de construction grandiose, jusqu'au Rhône, s'étend un mur dans lequel existent trois portes d'une haute antiquité, bâties de grosses et longues pierres sans ciment. Deux de ces portes, sous l'arc et la voûte, ont trois pierres, dont une, celle du milieu, est plus basse que les autres, comme si elle menaçait de tomber, et au-dessus de celle-ci, à la première porte, est une très grosse tête de pierre, ayant la figure d'un homme barbu. Sur les deux premières portes sont des inscriptions gravées sur la pierre. Mais l'inscription de la seconde porte est plus belle et plus élégante que l'autre; elle est gravée sur une grande table de marbre qui, suivant le témoignage de plusieurs citoyens, fut transportée du Pipet à cette porte. D'une multitude infinie d'inscriptions antiques de Vienne, nous n'insérerons que celle-ci et quelques autres, en omettant un grand nombre pour ne pas fatiguer nos lecteurs :

D. D. FLAMINICA VIENNAE
TEGVLAS AENEAS AVRATAS
CVM CARPVSCVLIS ET
VESTITVRIS BASIVM ET SIGNA
CASTORIS ET POLLVCIS CVM EQVIS
ET SIGNA HERCVLIS ET MERCVRI
D. S. D. (10)

On a tout lieu de conjecturer que Flaminica, qui décora Vienne de ce beau monument, était l'épouse d'un gouverneur des Allobroges pour les Romains. Sur une muraille qui fait face à la porte du château Pipet, on voit encore la place que ces lames de bronze occupaient, et même les clous dorés qui les scellaient à la muraille. Combien Vienne était alors considérable ! c'est ce que prouvent le grand nombre de marbres que l'on extrait de terre chaque jour, et les conduits souterrains de maçonnerie que l'on rencontre partout. On a trouvé autrefois dans le faubourg de Fuissin, en creusant une cave, un amas de pierres longues, larges et épaisses, dont quelques-unes avaient jusqu'à sept pieds de longueur. L'une de ces pierres était polie au milieu, couverte d'un enduit, et on y lisait l'inscription suivante :

MATRIS (11)
AVGVSTIS
D. DIMARIVS
MESSVLVS
RESTITVIT.
EX VOTO (12)

C'est à Vienne que se rendait la justice à tous les Allobroges. Là existait le Prétoire, édifice admirable, ouvert de tous côtés, à l'exception du lieu où siégeait le tribunal, et dont la toiture était soutenue par de grandes colonnes éloignées de trois pieds les unes des autres; cette toiture était elle-même formée par un amas considérable de pierres dont les plus grosses étaient en saillie sur les autres ; enfin la base était formée de très gros blocs. Nous avons vu à Nîmes un Prétoire semblable que Capitolinus appelle la Basilique (13), et qu'il nous dit avoir été élevé par l'empereur Adrien, en l'honneur de Plotine, épouse de Trajan, par l'intervention de laquelle Adrien avait été adopté par Trajan et était parvenu à l'empire (14). Dans cette Basilique se traitaient les affaires de commerce, se tenaient les assemblées et se rendait la justice. Le Prétoire de Vienne porte les témoignages de son antiquité. En construisant une muraille dans l'intervalle entre les colonnes, on l'a converti en une église dédiée à sainte Marie-la-Vieille (15). Auprès du Prétoire se trouvait un palais d'une élégante structure, dans lequel aujourd'hui un bailli rend la justice aux habitants du territoire de Vienne et de la Tour. Sur les monnaies de la ville de Vienne on lisait, suivant Gervais (16), cette légende : *Maxima sedes Galliarum* ; on l'appelait même la prison de l'empire, ce qui fit qu'elle servit de prison à Ponce-Pilate, condamné par les Romains, et de lieu d'exil à Hérode. Aujourd'hui encore les malfaiteurs sont sévèrement châtiés à Vienne, où, en rendant la justice, on suit dans toute leur rigueur le droit civil et le droit canonique.

Dans la même ville, sur la Gère, s'élevait en l'honneur de cent dieux un temple que saint Sévère fit détruire; au même endroit fut bâtie une église qui est dédiée à ce saint [17]. Quant à l'autorité de Vienne, elle est prouvée par ce fait qu'aujourd'hui encore, dans beaucoup de ports de la Saône, les droits s'acquittent en deniers et en sous de Vienne, et l'usage de ces monnaies a persisté dans beaucoup d'autres lieux de la France.

A Vienne est l'église cathédrale de Saint-Maurice, dans laquelle cent prêtres s'occupent du service divin et ont de grands revenus. A leur tête, au-dessous de l'archevêque, sont un doyen et vingt chanoines. Cette église de Saint-Maurice surpasse, par son antiquité, sa grandeur et son architecture, tous les autres monuments du pays des Allobroges [18]. Cet édifice est encore embelli par le palais archiépiscopal et les habitations, remarquables par leur antiquité, des chanoines et des prêtres [19]; et de même que Vienne était autrefois la métropole des Allobroges, de même l'église de Saint-Maurice est la métropole des églises du Dauphiné, de la Savoie et même d'autres pays voisins. D'elle dépendent, comme suffragants, les évêques de Grenoble, de Genève, de Saint-Jean-de-Maurienne, de Valence, de Die et de Viviers [20]. On appelle des jugements de tous ces évêques à l'archevêque métropolitain de Vienne. Aussi, comme il avait autrefois, dans toute la Gaule, une grande puissance spirituelle, on l'appelait le *Primat des Primats*, et j'ai donné à l'archevêque Pierre

Palmier (1527-1540) une médaille d'argent, sur laquelle étaient gravés ces mots : *S. M. Vienna, Galliarum maxima* (Saint-Maurice ; Vienne, la première église des Gaules).

Les quarante-deux premiers évêques de Vienne ont été, à cause de leurs grandes actions, mis au nombre des saints ([21]); et, pour encourager leurs successeurs, leurs portraits sont placés, dans l'église, au-dessus des stalles des prêtres, et dans l'ordre des temps, à la suite des portraits de saint Maurice et de ses trois compagnons d'armes. Au milieu, à peu près, de l'église de Saint-Maurice était la chapelle du Saint-Sépulcre, enlevée dernièrement par suite d'embellissements, et transportée au milieu du petit cloître. Dans le même temple est une colonne ronde de marbre noir, à laquelle, suivant la tradition, Jésus-Christ fut attaché et battu de verges à Jérusalem par l'ordre de Pilate; d'autres prétendent que ce marbre est la mesure de la taille du Christ.

Dans le faubourg de Fuissin est l'église de Saint-Pierre, remarquable par les nappes sur lesquelles, le jeudi-saint, Jésus-Christ célébra la cène avec ses disciples ([22]), et en face de cette église sont quatre lions de marbre, témoignages d'une haute antiquité. Vienne contient en outre des églises consacrées à saint André et à saint Augustin, des communautés de femmes, et notamment des Carmélites, fondées par nos aïeux.

La vigne *poissée* des Allobroges aime tellement ce pays que, suivant Pline ([23]), elle ne garde ses propriétés que dans ces contrées, les perd ailleurs, et que justement célèbre dans les lieux où elle est indigène, ailleurs elle n'est pas reconnaissable. Dans les lieux froids la vigne allobrogique mûrit par l'effet des gelées; son fruit est noir, et, féconde, elle compense la bonté par l'abondance.

Suivant le même auteur ([24]), le territoire de Vienne produit cette vigne dont le vin a naturellement le goût de la poix, et les pays des Arvernes, des Séquanes et des Helves s'en sont enrichis. Elle était inconnue au temps de Virgile, depuis la mort duquel il s'était écoulé quatre-vingt-dix ans à l'époque où Pline écrivait..... Les anciens assaisonnaient leur vin ([25]) avec de la poix, et l'appelaient *vin poissé*, comme le racontent plusieurs auteurs d'après Pline. Le même écrivain ([26]) dit que les vins préparés avec la poix seule sont parmi les plus innocents; il ajoute que la poix n'est pas autre chose que de la résine fondue au feu. Cette espèce de vin, et celui qui naturellement renferme de la poix et que l'on appelle *poissé*, toujours suivant Pline, échauffent, aident à la digestion, nettoient le corps et sont avantageux à la poitrine, au ventre, utiles pour les douleurs de la matrice, pourvu qu'elles soient sans fièvre, les vieilles fluxions, les ulcérations, les ruptures, les spasmes, la débilité des nerfs, les gonflements, la toux, l'asthme, les luxations, pourvu qu'on les applique avec de la laine dans son suint. Martial, dans les vers suivants, a également parlé des vignes et des vins poissés de Vienne :

> Hæc de vitifera venisse picata Vienna
> Ne dubites; misit Romulus ipse mihi ([27]).

Pline dit encore que les Viennois seuls ont vendu plus cher que mille sesterces l'amphore ([28]), leurs vins poissés, mais entre eux, et, pense-t-on, par amour-propre national. Ce vin bu frais, ajoute l'historien, passe pour être de qualité plus froide que les autres ([29]). Puisque nous parlons des vignes de Vienne, je n'oublierai pas ce que raconte Gervais [de Tilbury], maréchal du royaume de

Bourgogne, c'est que, auprès de Vienne, l'archevêque de cette ville possède une vigne dont ni chien, ni porc, ni aucun animal, ne peut goûter les grappes. Nous n'avons rien entendu dire de semblable dans nos entretiens à Vienne; toutefois l'archevêque de Vienne possède la vigne de Seyssuel, qui produit d'excellents vins.

Comme les légions romaines prenaient fréquemment leurs quartiers d'hiver à Vienne, où il existait une station et une garnison militaires, et que, à cause de leur grand nombre, elles étaient fréquemment obligées de séjourner dans des localités voisines, plusieurs villages du pays des Allobroges, dans le voisinage de Vienne, ont reçu leur nom du séjour de ces légions : *Septème* (de la septième): *Diémoz (decimus,* de la dixième) (30) ....
.... De même, entre Saint-Symphorien-d'Ozon et Lyon, dans le territoire de Vienne, est une vaste plaine qui s'étend jusqu'au Rhône et qui se nomme *Saint-Fonds (sanguis fusus)* (31). Au point où se termine cette plaine, vers Lyon, non loin du Rhône lui-même, au lieu appelé la Magdeleine, on lit l'inscription suivante sur une plaque de marbre qui forme un des côtés d'un tombeau très antique et dédié sous la hache :

D. 🪓 M.
ET QVIETI AETERNAE
EVTYCHIANI FILI DVLCISSIMI
PIENTISSIMI ET PRVDENTISSIMI
REVERENDISSIMIQUE VERGINI
QVI VIXIT ANNIS XVIII. M. I. D. IIII.
ROMANVS PATER PONENDUM
CVRAVIT ET SVB ASCIA DEDI
CAVIT. (32)

NOTES DU CHAPITRE II.

(1) En admettant, avec les savants modernes, que vingt stades forment une lieue française, les trois cent vingt stades de Strabon, pour la distance de l'Isère à Vienne, feraient seize lieues et non pas onze; et les deux cents stades entre Vienne et Lyon feraient dix et non cinq lieues. [*N. du T.*]

(2) Archevêque de Vienne au ix⁰ siècle. Sa chronique est aux tom. v, pag. 516, et vi, pag. 190 du *Recueil des historiens de Gaule et de France*, de D. Bouquet. [*N. du T.*]

(3) Saint-Avit, vivait à la fin du v⁰ et au commencement du vi⁰ siècle. Les deux lettres dont parle Aymar du Rivail se trouvent, en effet, dans l'édition publiée, à Lyon, en 1556, par J. Gaigné, comme l'indique, dans une note, M. de Terrebasse (pag. 164 et 165). La première est très ordinaire, la seconde est fort remarquable, sinon par la langue, du moins par les sentiments. Mais elles ne prouvent rien autre chose que l'ignorance, déjà signalée dans mon rapport, d'Aymar du Rivail et de beaucoup de ses contemporains, en chronologie. Saint-Just, auquel ces lettres sont supposées adressées, est le cinquième évêque de Vienne, suivant la liste publiée dans *l'Annuaire de la société de l'Histoire de France* (1851, pag. 119). Or, le premier évêque de Vienne, Saint-Crescent, vivait en 160; Saint-Just doit donc être de la fin du ii⁰ siècle ou du commencement du iii⁰. Or, le pape Saint-Pie 1ᵉʳ, qui est supposé lui avoir adressé ces lettres, gouverne de 142 à 157; donc il ne peut avoir été en relation avec Saint-Just, que les Bollandistes (6 mai, pag. 100), au milieu des incertitudes qu'ils avouent, présument être mort vers 178. En tous cas, cela ne prouverait rien encore pour l'époque d'Adrien, puisque l'empereur Adrien gouverna de 117 à 138, et mourut quatre ans avant le pontificat de Pie 1ᵉʳ, qui, lui-même, est antérieur d'une quarantaine d'années à l'épiscopat de Saint-Just. Ces lettres sont évidemment apocryphes. Aussi le P. Sirmond ne les a-t-il pas insérées dans son édition des *OEuvres de Saint-Avit*. — Paris, 1643, in 8⁰. [*N. du T.*]

(4) Cette origine, qui repose sur un passage de la chronique d'Adon, n'est ni moins ni plus vraisemblable qu'une foule d'autres. L'époque et la destination du plan de l'Aiguille, en l'absence de tout document authentique, sont un problème insoluble. [*N. du T.*]

(5) « Vienne ancienne renfermait, en effet, dans ses murailles, cinq
« montagnes connues sous les noms de Mont-Salomon, Mont-Arnold,
« Sainte-Blandine ou Mont-Quirinal, Saint-Just ou Mont-Crapon,
« Pipet ou Pompeiacum. Sur ce dernier se trouvait un temple bâti en
« grande partie en marbre de Paros, et auquel était adossé un amphi-
« théâtre. En face, séparé de l'amphithéâtre par le chemin des Alpes,
« se trouvait le théâtre. (Perrin-Dulac, *Description du département*
« *de l'Isère*, tom. II, pag. 247). [*N. du T.*] »

(6) Voici le passage de Pline, qu'Aymar n'a pas parfaitement interprété : « *In Narbonensi provincia clarissimus ventorum est Circius, nec ullo violentia inferior, ostiam plerumque Ligustico mari perferens; idem non modo in reliquis partibus cœli ignotus est, sed ne Viennam quidem, ejusdem provinciæ urbem, attingens, paucis ante limitibus, jugi modici occursu tantus ille ventorum coercetur.* (Hist. nat. II, 46. 4.) [*N. du T.*]

(7) Il s'agit ici non pas du sophiste grec, mais de Favorinus (ou mieux Guarino), auteur du *Magnum ac perutile dictionnarium*, publié à Rome en 1523. [*N. du T.*]

(8) Ce sont ces tourbillons qui lui firent donner le nom qu'il portait dans l'antiquité : *Circius, a turbine ejus ac vertigine*, dit Aulu-Gelle, II, 22. Ces tourbillons caractérisent en effet le *Mistral*, ou ce terrible vent du nord-ouest, trop connu en Provence. De Saussure (*Voyage dans les Alpes*, tom. III, pag. 406) a scientifiquement exposé les causes des phénomènes que présente le *Circius* ou le *Mistral*. [*N. du T.*]

(9) Ce fut le palais des derniers rois de Bourgogne, ensuite l'hôtel-de-ville ; c'est aujourd'hui le théâtre.

(10) Cette inscription, écrite en lettres unciales, existe encore dans la Grand'Rue, en face de la rue des Serruriers, et n'est défendue que par une borne contre le choc des roues des voitures. (*De T.*). — Millin (*Voyage dans le midi de la France*, tom. II, pag. 54) a reproduit cette inscription. Il donne l'indication des auteurs qui

s'en sont occupés. D. S. D. signifie *de suo dedit* (à ses frais). Quant aux mots *Carpusculis* et *Vestituris*, Millin entend par là les supports et les ornements des bases des statues. [*N. du T.*]

(11) *Matris* est, comme le remarque Millin (*Voyage dans le midi de la France*, tom. II, pag. 42), le datif pluriel du mot latin barbare : *matræ*. [*N. du T.*]

(12) Cette inscription qui, du temps de Chorier, se voyait à Saint-Pierre, est aujourd'hui conservée au Musée. (*De T.*). Ces deux inscriptions que j'ai collationnées, sur les monuments eux-mêmes, à Vienne, sont reproduites dans ma copie avec une minutieuse exactitude. [*N. du T.*].

(13) Aujourd'hui la *Maison carrée*.

(14) Le passage auquel Aymar s'en réfère n'appartient pas à Capitolinus, mais à Spartien, auteur de la biographie d'Adrien qui fait partie du recueil vulgairement connu sous le nom d'*Écrivains de l'histoire d'Auguste : Per idem tempus, in honorem Plotinæ, basilicam apud Nemausum, opere mirabili (Hadrianus) exstruxit. (Ælius Spartianus; in Hadriani imperatoris vita, 12.)* [*N. du T.*]

(15) *Notre-Dame-de-la-Vie*, devenue le musée et la bibliothèque de la ville. (*De T.*). — On l'appelle encore le temple d'Auguste et de Livie, et, en ce moment (août 1852), les journaux nous apprennent que le gouvernement et la ville viennent de voter des sommes considérables pour la restauration complète de ce monument. [*N. du T.*]

(16) Auteur des *Otia imperialia*, espèce d'encyclopédie ou compilation écrite pour l'empereur Othon IV. Leibnitz l'a réimprimée dans ses *Scriptores rerum Brunswiscensium*, I, pag. 945. Il en existe, suivant Jules Ollivier, dix manuscrits à la bibliothèque nationale. Ce recueil de contes jouit longtemps d'une immense faveur, et on le trouve cité sans cesse jusqu'au XVIIe siècle. [*N. du T.*]

(17) Dans la liste des évêques de Vienne il ne figure personne du nom de Sévère ; mais on trouve, à un assez grand intervalle, trois évêques du nom de Vérus, dont le premier, quatrième évêque de cette ville, prédécesseur de Saint-Just, a été mis au nombre des saints. C'est de lui, sans doute, qu'il est question ici. Son épiscopat doit être à peu près du milieu du IIe siècle, en admettant que cette liste des premiers évêques de Vienne soit bien authentique, ce

qui paraît fort douteux, et aux Bollandistes et au dernier historien de l'église de Vienne, M. Collombet. [*N. du T.*]

(18) Par la grandeur et la beauté, c'est incontestable; par l'antiquité, non pas. A Vienne même, à Orange, etc., il existe des monuments romains. La crypte de Saint-Laurent et beaucoup de monuments de l'architecture romane sont plus anciens. Saint-Maurice de Vienne, commencé en 1052, ne fut achevé qu'au XVIe siècle. [*N. du T.*]

(19) Ces cloîtres, construits avec des débris antiques et qui renfermaient beaucoup de choses curieuses, ont été démolis: la vente des matériaux a servi, au commencement de ce siècle, à la restauration de l'église, dégradée pendant la révolution. [*N. du T.*]

(20) Les évêchés suffragants de Vienne ont subi bien des variations, comme on le voit dans la notice, déjà citée, de l'*Annuaire de la société de l'Histoire de France* pour 1831, pag. 120. — Toutefois, depuis le IXe siècle jusqu'en 1790, les choses étaient exactement dans l'état qu'indique notre auteur. Depuis cette époque, Saint-Maurice n'est plus qu'une simple paroisse; Vienne dépend de l'évêque de Grenoble, quoique l'archevêque de Lyon porte le titre d'archevêque de Vienne. [*N. du T.*]

(21) C'est exagéré; les six premiers évêques seulement sont classés parmi les saints. On en trouve ensuite quelques autres jusqu'à Saint-Burchard au XIe siècle. Vienne compte en tout quatorze saints sur cent neuf évêques ou archevêques. La liste des archevêques publiée dans le *Guide de Vienne* de M. Apté, donne un bien plus grand nombre de saints; mais cette liste est remplie d'erreurs. [*N. du T.*]

(22) On montre, dans le cloître de Saint-Jean-de-Latran, à Rome, des reliques analogues : une table de cèdre du Liban sur laquelle fut célébrée la cène et une colonne de 1 mètre 80 centimètres de hauteur, qui est, dit-on, la mesure de Jésus-Christ. [*N. du T.*]

(23) *Vitis picata* (Pl. XIV. 4..6). Le dernier traducteur de Pline, M. Littré, a hasardé l'expression de *vigne poissée*. Nous n'aurions pas osé nous en servir si nous n'avions pas eu l'autorité d'un membre aussi distingué de l'Institut. [*N. du T.*]

(24) XIV. 3..7. [*N. du T.*]

(25) Pline décrit le procédé employé et ses effets dans le passage cité en dernier lieu. [*N. du T.*]

(27) « Ce vin poissé est le produit des fameuses vignes de Vienne; » n'en doute pas; c'est Romulus lui-même qui me l'a envoyé. » Épigr. L. XIII. 107. — M. de Terrebasse ajoute judicieusement que, d'après une inscription antique conservée au musée de Vienne, il existait dans cette ville une corporation de négociants en vins, et que, probablement, le Romulus, dont il est ici question, était un de ces marchands, célèbre à l'époque de Martial. [*N. du T.*]

(28) Le sesterce vaut 21 centimes; l'amphore, suivant M. Saigey (*Métrologie*, pag. 68), correspond à dix-neuf litres quarante-quatre centilitres. Par conséquent, l'amphore se vendant 210 fr., l'hectolitre du vin poissé de Vienne valait un peu plus de 1,050 fr. [*N. du T.*]

(29) XIV. 6. 4. Les anciens altéraient les vins par le mélange de mille ingrédients, comme on le voit dans Pline, des plantes de toute espèce, de la fumée, du miel, des pommes de pin, de l'aloès, etc.... Ces habitudes, qui nous paraissent si étranges, subsistent encore en Orient, et tout le monde sait qu'en Grèce tous les vins renferment de la résine extraite d'incisions faites au pied des pins. L'habitude est telle que les Grecs modernes ne trouvent qu'un défaut dans les vins de nos meilleurs crus : celui de n'être pas *résinés*. [*N. du T.*]

(30) Ne pourrait-on pas proposer une autre étymologie? Il existe en Provence, et ailleurs, beaucoup de villages ainsi appelés. Or, on sait que, sous l'empire, les légions changeaient peu de garnisons. Ces noms n'indiqueraient-ils pas seulement que ces localités se trouvaient au *septième*, au *dixième* mille? [*N. du T.*]

(31) C'est une des nombreuses étymologies proposées pour le nom de cette localité. Plus loin, Aymar du Rivail l'explique par un grand massacre exécuté en ce lieu. On écrit aussi *Saint-Fons*; et on a proposé beaucoup d'autres étymologies ni plus ni moins hypothétiques que celle de notre auteur : *Centum fontes, sine fundis*, etc. [*N. du T.*]

(32) La Magdeleine est aujourd'hui une des rues de la Guillotière, partie de Lyon. Un des cimetières de la grande agglomération lyonnaise s'y trouve aujourd'hui. Paradin, dans son *Histoire de Lyon*, dit y avoir vu cette inscription. [*N. de l'É. et du T.*]

(26) XXIII. 24. 5. [*N. du T.*]

CHAPITRE III.

Territoire de Vienne.

Près de Vienne se trouvent les villages de Reventin *(Repentinum)*; Bonne-Famille *(Bona familia)*; Menue-Famille *(Minuta familia)*; Lieu-Dieu *(Locus Dei)*; les Écouges *(Excubiæ)*; Villeurbanne *(Villa urbana)*; Silve-Bénite *(Sylva benedicta)*; Oyeu *(Auditus)*; Réaumont *(Mons regalis)*, dont le nom seul suffit pour constater l'antiquité. En se dirigeant de Vienne vers Genève, on rencontre Bourgoin, que l'*Itinéraire* d'Antonin appelle *Bergusia*, et qu'il dit être à vingt milles de Vienne. Sous les dauphins, un de ces juges que nous appelons aujourd'hui baillis, rendait la justice, à Bourgoin, aux habitants de Vienne et de la Tour. Mais, sous Louis XI, les archevêques de Vienne ayant, par échange, renoncé à une partie de leurs droits, le roi-dauphin transporta le tribunal à Vienne, où se rend aujourd'hui la justice aux habitants du territoire de Vienne et de celui de la Tour. La Tour est une ville située près du Guiers; on l'a surnommée *du Pin* à cause des pins qui abondent dans son voisinage. Autrefois elle était possédée par une illustre famille, qui en a tiré son nom. Plus tard, la dauphine Anne ayant épousé Humbert-de-la-Tour [1], le territoire de la Tour-du-Pin et ses dépendances passèrent sous l'autorité des dauphins, et, désor-

CHAPITRE III. — TERRITOIRE DE VIENNE.

mais, sur leurs armoiries figurèrent en même temps le poisson appelé dauphin et une tour.

Au-dessus de Bourgoin est une île célèbre formée par un marais demi-circulaire, qui s'étend depuis Faverges jusqu'à Anthon, et dont les deux extrémités touchent au Rhône. A travers ce marais coule la rivière du Cheruis, qui se réunit au Rhône près d'Anthon. Cette île renferme vingt-six villages; Crémieu en est le chef-lieu et lui donne son nom.

En continuant à s'avancer de Bourgoin vers Genève, on rencontre sur la route, près du Guiers, le village d'Aoste, dont l'*Itinéraire* d'Antonin fait mention, et qui a reçu son nom (*Augusta*) (²) des colons que l'empereur Auguste y avait envoyés. On y trouve encore les tombeaux d'un certain nombre de Romains, des vestiges d'une haute antiquité et les restes d'une enceinte considérable; chaque jour on y extrait de terre des médailles d'or, d'argent et de bronze. Entre beaucoup d'inscriptions gravées sur marbre, que l'on rencontre en ce lieu, je ne citerai que celle-ci, placée sur un grand tombeau qui se trouve aujourd'hui auprès de l'église :

D. M.
ET QVIETI AETERNAE RHODIAE
DEFVNCTAE ANN. XXXIIII NICEPHORVS
CONIVGI DVLCISSIMAE QVAE MECVM
VIXIT ANN. XX.M.X.D.XII. ET RHODI... NICET
AFT.... ICP.

Les habitants prétendent que cette localité a été ainsi appelée d'une victoire qu'Auguste y aurait remportée. Quoique nous n'ayons nulle part lu rien de semblable on pourrait citer à l'appui de cette tradition une pierre de marbre sur laquelle sont gravés, en caractères romains, ces mots : VICTORIAE AVGVSTI, et, à la suite, quelques autres mots qui sont mutilés et illisibles. Au milieu de l'inscription on a creusé la pierre pour y planter une croix (³). Il n'y aurait, du reste, rien d'étrange à ce que les historiens, qui ont passé tant de guerres sous silence, ou parce qu'ils les ignoraient, ou parce qu'elles n'avaient pas d'importance, eussent également négligé de nous faire connaître cette bataille d'Auguste (⁴). C'est ainsi qu'ils ont également passé sous silence une bataille livrée, aussi dans le territoire de Vienne, près de notre maison de l'Argentaine et des propriétés de nos aïeux, dans une vallée où les paysans, en creusant la terre, trouvent encore aujourd'hui de grands ossements. Ce massacre a fait, dans le langage populaire, donner le nom de Chapotée (⁵) à une source qui jaillit au milieu de nos vignes; et, comme nous l'avons entendu dire à plusieurs vieillards de nos voisins, les Dauphinois et les Savoisiens se livrèrent dans ce lieu une bataille qui se termina par la mort d'un grand nombre, près de Saint-Marcellin, dans la plaine qui conduit à Beauvoir. De là, comme souvenir, la croix qui porte le nom de Croix-de-Moria. Mais quels étaient les chefs, quels furent les vainqueurs et les vaincus, c'est ce que nous ignorons entièrement.

Près d'Aoste, au-delà du Guiers, est Saint-Genis d'Aoste, qui a pour tout mérite, à ce que je sache, celui d'élever des volailles excellentes qui s'exportent dans diverses contrées (⁶). En allant de Saint-Genis vers le Rhône, dans la direction du nord, on traverse une vallée étroite, resserrée entre des montagnes et le Rhône, offrant un aspect horrible, et il nous est arrivé parfois d'y éprouver de la terreur en revenant de Genève à Vienne. En deçà de Saint-Genis est le Pont-de-Beauvoisin, ville des Allobroges, divisée en deux parties, dont l'une est en Dauphiné, l'autre en Savoie; ces deux parties sont séparées par le Guiers, sur lequel est construit un pont qui les fait communiquer l'une avec l'autre; et comme les habitants de ces deux parties sont voisins, presque contigus et que l'usage de ce pont leur est commun, la ville a été appelée Pont-de-Beauvoisin, c'est-à-dire de Bonvoisin, car beau est un diminutif de bon. Cependant, comme ces deux populations voisines ne sont séparées que par un cours d'eau, et qu'elles obéissent à des princes différents, le roi de France et le duc de Savoie, de temps à autre elles entrent en lutte, et alors la ville pourrait être appelée le *Pont-de-Malvoisin*. On dispute même, depuis des siècles, sur la propriété de ce pont, que les habitants de Savoie prétendent leur appartenir, et nous fûmes une fois envoyé, pour régler ces différends, auprès du duc Charles de Savoie (7); ce qui, du reste, n'est pas particulier au Pont-de-Beauvoisin, car, dans la Tarantaise et dans beaucoup d'autres villes des Allobroges, des cours d'eau séparent les villes en deux parties placées sous diverses suzerainetés (8). Au delà du Pont-de-Beauvoisin est une plaine; puis, après avoir franchi la montagne d'Aiguebelette, on descend dans une autre plaine où se trouve Chambéry. En deçà sont les Terres-Froides, où, à cause de la rigueur de la température, il ne croit aucune vigne. Là est la Chartreuse de Silve-Bénite (commune de Valencogne), et la forêt elle-même a reçu le surnom de *bénite*, de ce monastère fondé en 1167 par Terric, aux frais et au nom de l'empereur Frédéric, son parent. Dans cette chartreuse sont les tombeaux de la famille de Clermont-Tonnerre, qui habite les

Terres-Froides. Dans les Terres-Froides sont beaucoup d'étangs, et surtout le lac de Paladru, célèbre par son étendue et sa profondeur. Sur ses bords existait, il y a plusieurs siècles, la petite ville d'Ars, qui, par un jugement de Dieu, au témoignage du pape Alexandre III, fut détruite par les ennemis, parce qu'elle nuisait au monastère assez voisin de Silve-Bénite. Suivant la tradition, à la place de cette ville se forma une partie du lac; mais son territoire avec une chapelle fut attribué aux chartreux de Silve-Bénite par le pape Alexandre. Celui-ci, il est vrai, avait été d'abord en hostilités avec l'empereur Frédéric, et même obligé de se réfugier en France; mais ils firent la paix à Venise [9].

Au-dessous de Vienne, près de Roussillon, non loin des bords du Rhône, descend d'une colline une source très froide; renfermée dans un aqueduc de bois, elle produit des pierres avec lesquels on construit des autels pour célébrer les divins mystères. Nous en avons vu de nos yeux chez le seigneur de Givret, dont nous avons tenu la fille sur les fonts sacrés [10].

Dans le teritoire de Vienne, depuis le Rhône jusqu'à Rives, est une vallée de neuf lieues gauloises de longueur et une de largeur. La partie de cette vallée depuis le Rhône jusqu'à Beaurepaire est appelée par les Dauphinois *la Valloire* (*Vallis aurea*, la vallée d'or), à cause de l'abondance de ses produits et surtout du blé; celle qui touche la colline est la plus fertile, et sur les collines sont cultivées beaucoup de vignes. D'une multitude de sources, au dessus de la Valloire, naît l'Auron, qui arrose cette vallée entière ainsi que des prairies, fait mouvoir des moulins et sert à beaucoup d'autres usages. Après sa source, il apparaît pendant quelque temps, puis se cache

CHAPITRE III. — TERRITOIRE DE VIENNE.

sous les champs, puis, paraissant de nouveau, va se jeter dans le Rhône, entre Saint-Rambert et Roussillon. Une opinion populaire, très répandue, c'est que cette vallée n'est pas fertile dans les années où l'Auron a beaucoup d'eau et que l'abondance de ses eaux indique la stérilité (11). Dans cette vallée existent, en grand nombre, sur l'une et l'autre rive de l'Auron, des maisons nobles, des forteresses, de petites villes, et, au dessus de Beaurepaire, près de la Côte-Saint-André, se trouve Pénol (*Penopolis*), formée par des Carthaginois (*Pœni* ou *Punici*), comme le nom l'indique; car, tandis qu'Annibal le Carthaginois traversait le pays des Allobroges, après avoir apaisé leurs querelles, il passa en revue dans la plaine de cette vallée ses Carthaginois et toute son armée, et de cette circonstance, le lieu a pris son nom. Πολὶς veut, en effet, dire une réunion, une ville; de manière que Penopolis (Pénol) veut dire la ville ou le lieu de réunion des Carthaginois. A l'extrémité de cette vallée, près de Beaucroissant, existait, dans les dernières années, un édifice romain, sur une des pierres duquel on lisait cette inscription en caractères romains :

MERCVRIO
AVG. ARTAIO
SACR.
SEX GEMINIVS
CVPITVS
EX VOTO.

Le terrain voisin de cet édifice est encore appelé par les habitants Artai, et un noble, Antoine-le-Blanc, notre cousin germain, a, lors de la destruction du monument lui-même, fait transporter cette pierre dans la chapelle de son château, très voisin de ce lieu.

A Saint-Marcellin, ville très forte du territoire de Vienne, est le bailliage du Viennois et du Valentinois que mon aïeul a géré. Au-dessus de Saint-Marcellin, près de Saint-Antoine, se trouvent le village de Chevrières et la combe d'Argentaine, produisant, grâce à la chaleur, d'excellent vin qui supporte le transport et se corrompt rarement. De nos jours, Rodolphe, abbé de Montmajour (d'Arles), notre allié, envoya souvent au souverain pontife, Jules II, du vin de cette localité, qu'on transportait à Rome par l'Isère, le Rhône et la Méditerranée. Notre famille a habité ces localités, et au commencement et à l'entrée de cette vallée de l'Argentaine est une de nos propriétés dans laquelle il existe un écho si expressif qu'on n'en trouverait nulle part un meilleur (12). Quelques-uns de nos aïeux habitèrent Vienne, et leurs fils aînés exercèrent le droit de justice à Lieu-Dieu. Mon oncle paternel, Pierre du Rivail, fonda, à ses frais, les Carmélites de Vienne au-dessous du fort Pipet. J'ai moi-même pendant quelques années suivit le métier des armes à Vienne sous la bannière de Saint-Maurice (13).

Nous ne ferons pas une mention détaillée des autres villes et villages du territoire de Vienne, de crainte de fatiguer nos lecteurs; je ne puis cependant m'empêcher de signaler : le monastère de Saint-Chef, celui de Bonnevaux, la chartreuse de Salettes (14), les couvents de femmes de Val-Bressieux, de Saint-Geoire, de Saint-Paul-d'Izeaux, dont les fondateurs ont reçu des papes, des rois, des princes, d'immenses priviléges que nous passerons sous silence, parce que cela étendrait notre ouvrage à l'infini, et parce que, d'ailleurs, ceux qui visitent ces couvents peuvent s'en instruire.

Dans le territoire de Vienne on trouve beaucoup d'étangs et de lacs poissonneux, une grande quantité de blé et de vin, d'excellentes châtaignes, dont se nourrissent les Allobroges et qui s'exportent jusqu'à Marseille et à Paris. Les Viennois, comme les autres Allobroges, ont également beaucoup de fourrages pour les chevaux et pour les troupeaux. Ils possèdent, en effet, toute espèce de bêtes tant pour la nourriture que pour d'autres usages; des forêts nombreuses dans lesquelles tout le monde a le droit de chasse, excepté celle de Planésie (15), où le prince s'est réservé le droit de chasser. Dans les forêts de Chambaran et de Bonnevaux on fabrique du verre ; mais nul, à moins d'être noble de naissance, n'a le droit de se livrer à cette fabrication. Les Viennois ne manquent ni de bonnes sources, ni de fleuves; car, depuis le pas de Saint-Lattier jusqu'aux gorges de Voreppe, beaucoup de cours d'eau se jettent dans l'Isère. Sous Saint-Lattier le Furan et deux ruisseaux, dont l'un vient de Murinais, l'autre de Messine, passent à travers nos domaines de Frandinerie; ces ruisseaux se réunissent un peu au-dessous, reçoivent ensuite le ruisseau de Bessin, et traversant ensemble la commune de Chatte, vont se jeter dans le Furan près de la Sône. Au-dessous de Saint-Marcellin, l'Isère reçoit le torrent de Cumane. Un autre Furan (appelé aussi la Fure) sort du lac de Paladru, se réunit, au pont de Rives, à un autre ruisseau qui traverse l'étang de Réaumont et va se jeter dans l'Isère auprès du village qui tire de cette rivière le nom de Furan. Près de Moirans la Morge se jette dans l'Isère. Au-delà de cette vallée il en est une autre tournée vers le nord, à travers laquelle coule la Galaure, qui se jette dans le Rhône à Saint-Vallier ; puis la vallée d'Auron, au milieu de laquelle est la forêt de Chambaran, et dont nous avons déjà parlé, et à peu d'intervalle, celle de Bonnevaux, à travers laquelle coule la Gère, celle de Chatonnay, arrosée par le Sol, et d'autres encore jusqu'à Charusse. Le Rhône reçoit le Bancel entre Saint-Vallier et Saint-Rambert ([16]), la Varèse près d'Auberives, et l'Ozon près de Saint-Symphorien qui en reçoit le surnom d'Ozon. Enfin, pour terminer, il y a dans le territoire de Vienne d'anciennes et puissantes familles, parmi lesquelles celle de Clermont-Tonnerre tient le premier rang ([17]). On ferait un volume entier pour chacune d'elles, si on essayait d'en retracer l'origine et les exploits.....

Je me suis beaucoup étendu dans cette description du territoire de Vienne, d'abord parce que cette ville est la capitale de l'Allobrogie, ensuite parce que ce territoire est lui-même très vaste. En effet, il est compris entre l'Isère et le Rhône jusqu'aux gorges de Voreppe et aux Échelles, Vaulserre, le mont Aiguebelette et Yenne. J'achèverai ce qui concerne ce pays en disant qu'au-dessous de Grenoble, ville agrandie par les Romains, à Saint-Aupre, à Tullins, à Champier, à Vatilieu, à Chasselay, à Cognin, à Pont-en-Royans, dans le pays des Voconces, sur l'une et l'autre rive de l'Isère, on trouve un grand nombre d'inscriptions de marbre gravées par les Romains et les Italiens qui habitèrent ces contrées et qui sont sans doute, comme on peut au moins le conjecturer, la souche de plusieurs des familles du Dauphiné.

NOTES DU CHAPITRE III.

(1) Ce mariage est de l'année 1281. Humbert 1er commence la troisième et dernière maison des dauphins, celle de la Tour-du-Pin, qui se termine à l'abdication de Humbert II en 1349. [*N. du T.*]

(2) Trois fois Aymar a écrit *Augusta* (ici et aux chap. VII et XXVII). C'est en effet le nom latin que les actes du moyen âge donnent à Aoste ou Aouste. Mais l'*Itinéraire* d'Antonin porte le nom d'*Augustum* (*Édit. Wesseling*, pag. 346). [*N. du T.*]

(3) Cette inscription se lit encore sur une plaque de marbre qui sert de piédestal à une croix. Les monuments et les inscriptions de ce village sont en grand nombre, et l'on en trouve presque chaque jour, comme au temps d'Aymar du Rivail. [*N. du T.*]

(4) On serait d'abord tenté de rejeter cette tradition comme n'étant qu'une explication sans valeur historique, attendu qu'Auguste évita la guerre et ne la fit jamais en personne depuis son avènement au souverain pouvoir. Aussi expliquerait-on volontiers l'inscription d'Aoste comme se rapportant à l'un des successeurs d'Auguste, qui tous, comme on le sait, prirent ce surnom. Toutefois, en y réfléchissant plus sérieusement, on voit que les conjectures d'Aymar et la tradition ne manquent pas de vraisemblance. D'abord le nom même de la ville suffit pour prouver qu'elle fut fondée par Auguste lui-même et non par l'un de ses successeurs. Dès lors, pourquoi ne pas admettre que ce fut à la suite d'une victoire sur une des nations insoumises des Alpes? Sans doute cette victoire ne fut pas remportée par Auguste lui-même; mais, dans une monarchie, non-seulement les flatteurs, mais les usages et même les lois veulent qu'on rapporte tout au prince. Or, il est certain que, sous Auguste,

beaucoup de guerres eurent lieu contre les nations gauloises qui habitaient les sommets et les vallées des Alpes. Aucun historien ne nous en a transmis les détails; mais plusieurs documents authentiques nous en ont sommairement fait connaître les résultats. Telle est d'abord cette inscription, si précieuse, que nous a conservée Pline (III, 24. 4), connue sous le nom de *Trophée des Alpes*, et sur laquelle nous reviendrons plus d'une fois. Avec l'aide de cette inscription, habilement interprétée, un de nos jeunes collègues vient de reconstruire d'une manière curieuse la carte des nations des Alpes à l'époque d'Auguste (*Atlas de l'Italie ancienne* par M. E. Desjardins, 1852, in-f°, pl. 6.). Mais il existe, comme témoignage de ces guerres des lieutenants d'Auguste dans les Alpes, un autre document plus important et plus incontestable encore : je veux parler de cette longue inscription connue sous le nom de *Monument d'Ancyre*. Dans le texte grec et dans le texte latin de cette inscription, tels qu'ils ont été imprimés par M. Egger (*Examen critique des hist. d'Auguste*, pag. 421-456), nous voyons, à plusieurs reprises, mais toujours sans détails, les guerres des Alpes mentionnées : *Ob res in Hispania Galliaque provinciis prospere gestas* (pag. 445, l. 55). — *Gallias et Hispanias provincias auxi* (pag. 452, l. 10. — *Colonias in... Gallia Narbonensi... deduxi* (pag. 455, l. 55). — Et de même dans le texte grec (pag. 429) : Ἀποικίας ἐν.... Γαλατία τῆ περὶ Νάρβωνα... κατήγαγον. — Ailleurs (pag. 443), Auguste dit qu'il a reçu deux fois les honneurs de l'ovation, trois fois ceux du triomphe, enfin qu'il a été proclamé vingt-et-une fois *Imperator*. — Il résulte de là que l'honneur de toutes les conquêtes opérées et de toutes les victoires remportées par les lieutenants d'Auguste, était attribué à Auguste lui-même; que des victoires, dont les détails nous manquent, ont été remportées à cette époque en Gaule, et surtout sur les peuples des Alpes; que des colonies ont été fondées dans ce pays; d'où nous pouvons légitimement conjecturer qu'Aoste, comme son nom l'indique du reste, est une de ces colonies, et qu'elle fut fondée, comme la tradition le rapporte, à la suite d'une de ces guerres dont les historiens ont négligé de nous transmettre les détails. [*N. du T.*]

(3) *Chapoter*, dans le langage des paysans, signifie *hacher, couper, faire du bruit, se battre*.

(6) Saint-Genis est situé près du confluent du Guiers avec le Rhône. [*N. du T.*]

(7) Charles III, frère et successeur de Philibert II, qui gouverna de 1504 à 1553. [*N. du T.*]

(8) L'exemple le plus curieux est celui de Saint-Pierre-d'Entremont, situé dans le massif des montagnes calcaires de la Grande-Chartreuse, à deux heures au plus du couvent. Le village de Saint-Pierre-d'Entremont est divisé en deux parties par le Guiers-Vif. La partie sur la rive droite est en Savoie, celle sur la rive gauche en France. Sous le rapport civil, la première a un syndic, la seconde un maire, et elles constituent deux communes. Mais ces deux communes ne forment qu'une paroisse, dont le curé et le vicaire, entretenus par le gouvernement sarde et le gouvernement français, résident dans la partie française, où se trouve également l'église. [*N. du T.*]

(9) M. de Terrebasse renvoie, pour tous ces faits, à un ouvrage de M. l'abbé Tripier, intitulé : *Dissertation sur le lac de Paladru et sur la ville d'Ars, engloutie par ce lac*, etc. Grenoble, 1835, in-8°. Avec l'aide de la brochure de M. l'abbé Tripier, de Chorier (*Histoire du Dauphiné*, II, pag. 68,) et de l'*Histoire de Grenoble*, par M. Pilot (pag. 44), on peut rétablir tous ces faits, que notre auteur a présentés d'une manière confuse et parfois erronée. D'abord, ce fut avant la bataille de Lignano et sa réconciliation avec Alexandre III, en 1176, et dès l'année 1167, que Frédéric Ier Barberousse autorisa Théric, qui n'était pas seulement son parent mais son fils naturel, à fonder la chartreuse de Silve-Bénite. Frédéric et plusieurs seigneurs voisins donnèrent des domaines au nouvel établissement. Alexandre III, allant plus loin, accorda même aux chartreux de Silve-Bénite la propriété de la ville d'Ars. Les habitants protestèrent inutilement auprès du comte de Savoie et de l'archevêque de Vienne, puis se révoltèrent contre les chartreux. Alors le pape et l'empereur prêchèrent contre eux une croisade, à la suite de laquelle leur ville fut réduite en cendres. Le lac de Paladru, dont la partie septentrionale existait déjà, s'étendit, quelque temps après, vers le midi, soit par suite d'un tremblement de terre, soit par l'éboulement des terrains de cailloux roulés, qui

constituent ces localités, et couvrit l'emplacement de la ville détruite. [*N. du T.*]

(10) Il s'agit évidemment d'incrustations calcaires, ce qui n'a rien de merveilleux. [*N. du T.*]

(11) M. Delacroix (*Statistique de la Drôme*, p. 564, art. *Moras*) donne sur cette vallée des renseignements confirmatifs de ceux fournis par Aymar. La Valloire est une contrée riche et fertile sur les limites du département de l'Isère, où elle comprend plusieurs communes des cantons de Roussillon et de Beaurepaire, et de la Drôme où elle renferme les communes de Moras, Saint-Sorlin, Épinouze (l'ancienne Épaone célèbre par le concile de 517), etc. Quelquefois, en effet, les différentes sources, qui sortent de cette vallée, donnent beaucoup d'eau aux rivières de Veuze et d'Auron; d'autrefois, au contraire, à des intervalles plus ou moins longs, avec des intermittences dont on ne peut se rendre compte, elles laissent ces rivières à sec. Aujourd'hui encore, comme au temps d'Aymar, les habitants consultent, au printemps, une de ces sources, et c'est pour eux un signe de mauvaise récolte quand elle est trop abondante. [*N. du T.*]

(12) C'est à ce passage que se rapporte la lettre de M. l'abbé Gaillard, curé de Saint-Marcellin, à M. de Terrebasse, et que celui-ci a imprimée à la suite du texte d'Aymar du Rivail (pag. 595). M. l'abbé Gaillard a constaté l'existence des vignobles de Chevrières et de la combe d'Argentaine, la permanence de l'écho dont parle Aymar du Rivail, et l'exactitude des faits cités un peu plus haut : la croix et la fontaine de Chapotée (quoique ce nom ait disparu) ; enfin les ossements que le soc de la charrue soulève fréquemment dans ce lieu. Toutefois, il fait remarquer que la tradition locale (qui, très vraisemblablement, a raison) regarde cette localité non comme un champ de bataille, mais comme un ancien cimetière. [*N. du T.*]

(13) *Sub divo Mauricio;* est-ce sous la protection ? est-ce sous la bannière de Saint-Maurice ? [*N. du T.*]

(14) Commune de la Balme, canton de Crémieu.

(15) C'est le nom que porte cette forêt dans le statut des Franchises du Dauphiné, publié par le dauphin Humbert II, en 1349. — Aujourd'hui elle s'appelle Planaize. [*N. du T.*]

(16) Le Bancel, petite rivière du département de la Drôme, se jette

dans le Rhône à Andancette (Drôme), en face d'Andance (Ardèche). [*N. du T.*]

(17) Suivant Perrin-Dulac (*Description générale du département de l'Isère*, tom. I, pag. 16), qui, malheureusement ne cite pas ses autorités, on peut se faire une idée de la puissance de la maison de Clermont par cette clause contenue dans certains actes d'hommages faits aux Dauphins : *Salva fidelitate domini Clarmonti*. On voit encore, entre les villages de Chirens et de Charavines, sur un monticule qui domine le lac de Paladru, les ruines du château féodal des Clermont-Tonnerre [*N. du T.*]

CHAPITRE IV.

Romans.

Dans le territoire de Vienne, sur les rives de l'Isère, fut fondée la ville de Romans..... non loin du lieu où l'Isère et le Rhône se réunissent, vis-à-vis des montagnes des Cévennes, à l'endroit où, avec trente mille Romains au plus, Quintus Fabius Maximus tailla en pièces deux cent mille Allobroges et Arvernes ([1]). Aussi quelques-uns pensent-ils que les Romains victorieux fondèrent cette ville pour se défendre et se garder contre les Allobroges, près du champ de bataille, de même que Sextius, ayant vaincu les Salyes, fonda au milieu de leur pays la ville qui, de son nom, fut appelée *Aquæ Sextiæ* (Aix). Que la ville dont nous nous occupons ait été fondée par les Romains, son nom suffit pour l'indiquer. Dans tous les documents anciens et récents de cette localité, lorsqu'il est fait quelque mention de cette ville, on lit toujours : *Oppidum de Romanis* (la ville des Romains), ou *actum in oppido de Romanis* (fait dans la ville des Romains), ou quelques formules semblables......... Le nom de Romans peut venir aussi de ce que, après la défaite des Allobroges, les Romains y envoyèrent des colons, soldats ou autres....; car on avait coutume de transporter ainsi l'excédant de la population de

Rome dans des villes soumises, qui étaient appelées colonies romaines et recevaient quelquefois le nom de ceux qu'on y transportait.... Ceux-ci étaient une émanation de Rome elle-même, vivaient sous les lois et les institutions du peuple romain et non sous les leurs, n'étaient qu'une image affaiblie et, pour ainsi dire, un simulacre de Rome...... (²).

Quoique Romans soit une ville antique, cependant les historiens et les géographes anciens n'en font pas mention, parce que, après la soumission des Allobroges, les Romains se fixèrent surtout à Vienne qu'ils ornèrent d'édifices et de priviléges.

Nous avons lu une autre origine de Romans dans la vie de saint Bernard (³) et dans quelques autres documents anciens. On raconte, en effet, que saint Bernard, lorsqu'il était archevêque de Vienne, parcourant son diocèse, trouva le lieu où s'élève aujourd'hui Romans, sur les bords de l'Isère, agréable et convenable pour la construction d'un monastère; qu'il l'acheta, et, après en avoir extirpé les buissons et les arbustes qui y croissaient en abondance, y éleva un temple d'une grande magnificence; enfin qu'il l'appela *Romanus*, soit du nom de Romanus, habitant de ce pays qui avait vendu le terrain (⁴), soit à cause de sa magnificence, qui le faisait rivaliser avec les monuments de Rome (⁵). Le six des nones d'octobre, il consacra ce temple, avec les huit évêques, ses suffragants (⁶), aux douze apôtres, ou, suivant d'autres, aux trois martyrs Séverin, Exupère et Félicien, y plaça des moines avec un abbé et lui accorda de grandes richesses. Il y passa quelques années dans l'exercice de son ministère, puis, après sa mort, lorsqu'il eut été mis au nombre des saints, l'église reçut son nom, qu'elle conserve encore aujourd'hui, et alors on bâtit tellement autour de ce temple que, de nos jours, Romans l'emporte sur les villes voisines du Dauphiné par son étendue et par beaucoup d'autres mérites (7). Mais le nom de la ville n'a rien de commun avec la construction de cette église; il serait plus vraisemblable que Romans ait été ainsi appelée de saint Romain auquel est dédiée une des églises de la ville; mais elle s'appellerait Saint-Romain, comme on le voit pour quelques autres villes, telles que Saint-Valère, Saint-Philibert, etc., et il vaut infiniment mieux admettre qu'elle doit son nom et sa fondation aux Romains.

Toutefois, le monastère fondé dans cette ville par saint Bernard ajouta à son importance et à sa grandeur. Suivant l'usage antique, sa première enceinte était fort étroite, comme on le voit par les vieilles portes et par les traces de ses anciennes murailles et de leurs fossés. En effet, on voit encore aujourd'hui dans cette ville la vieille porte du Pont, celle de Clérieux, la porte Fère dans la rue de la Saunerie par laquelle on va maintenant à Saint-Nicolas. Sur tous les points, excepté vers le midi, où elle touche à l'Isère, l'enceinte fut agrandie, et on en construisit une nouvelle dans laquelle s'élevèrent les églises de Saint-Nicolas, des Cordeliers, de Sainte-Foy et de Saint-Romain; dans l'ancienne enceinte, sur les bords de l'Isère, s'élève seulement l'église de Saint-Bernard. Les faubourgs de Paillerey et de Saint-Romain furent ajoutés à la ville en l'année 1375, par les soins des citoyens, et renfermés dans les mêmes murailles. Les religieux de Saint-Bernard, devenus dans la suite des chanoines et des prêtres séculiers, eurent pour abbé l'archevêque de Vienne, et, par les concessions des princes, ils partagèrent, avec l'archevêque leur abbé, la juridiction de la ville. Le 7 des calendes de décembre de l'année 1214, Frédéric II accorda à l'église de Romans un marché, des foires, un port, un pont; sur ce pont les chanoines devaient toucher un péage de quatre deniers par tête de gros bétail, et de deux deniers par tête de menu bétail. Aucun autre que les chanoines ne devait toucher ce péage dans la ville de Romans ni dans son territoire. Ces priviléges et ces dons furent approuvés et renouvelés à Lyon par Sigismond et les souverains pontifes Innocent III, Clément IV et Clément VI [8]. Clément VI partagea l'autorité dans cette ville entre les chanoines et le dauphin Humbert, et, en l'année 1358, le dauphin Charles, fils du roi de France Jean, confirma les priviléges de l'abbaye des Bernardins. Quatre-vingt-dix ans plus tard (1448), au mois de mai, Louis XI, encore dauphin, accorda au couvent des Bernardins le péage des voitures à quatre chevaux qui passeraient sur ce pont et quelques autres priviléges; et, suivant le chancelier Yves (de Scepeaux), deux ans plus tard, quelques chanoines de Romans, au nom de la communauté entière, firent l'aveu qu'ils tenaient du dauphin Louis, lui-même, tout ce qu'ils possédaient dans le Dauphiné et dans les comtés de Die et de Valentinois, en retour de quoi ils lui prêtèrent serment, à la condition que le dauphin s'engageât à les défendre et à maintenir leurs exemptions contre le pape et le siége apostolique. Ils conservèrent donc une partie de la juridiction de la ville de Romans et les autres droits régaliens, et convinrent que les appels de leurs tribunaux seraient déférés non au pape, mais au dauphin et à son parlement.

Plusieurs princes affranchirent les habitants de Romans de ces droits. Louis lui-même leur accorda le droit de créer quatre consuls [9]; Charles VIII confirma ce privilége en 1490. Déjà, en 1374, Perrot-de-Verdun avait donné aux habitants de Romans une maison commune et de plus la maison où, aujourd'hui encore, on rend la justice. Il est enterré dans le couvent des Cordeliers, dans une chapelle voisine du grand autel.

Du côté de l'Isère, la ville de Romans va en pente et forme comme un demi-cercle ou un croissant incliné vers l'Isère et le midi. Sur une éminence, au commencement de cette pente, est le mont Ségur, qui est plutôt un rocher qu'une montagne, et où se trouvent la prison et une grande horloge ; et, depuis le temple des Bernardins jusqu'à un ruisseau qui coule sous des rameaux entrecroisés, ont été récemment élevées (vers 1517) des colonnes où l'on a représenté toute la Passion du Christ, à l'imitation du calvaire de Jérusalem [10]. Vers le milieu de la ville, les habitants de Romans ont sur l'Isère un pont avec une tour, par lequel on va dans le pays des Cavares, à Valence, et sur la gauche, chez les Voconces. Ils possèdent aussi une place magnifique et carrée et d'excellentes auberges. Ils sont remarquables par leur politesse. Dans beaucoup de parties de la ville jaillissent d'excellentes fontaines. On fabrique à Romans des draps médiocres et on y frappe de la monnaie delphinale de bon aloi [11]. Il y a dans la même ville un collége et, depuis plusieurs siècles, une académie des arts libéraux, où, encore enfant, j'ai étudié les trois sciences, grammaire, rhétorique et dialectique.

Au-dessus de Romans, sur les bords de l'Isère, dans le pays des Cavares, est le village de Pisançon, qui a reçu et conserve le nom de la famille romaine des Pisons [12]. Les Pisons vinrent en effet dans l'Allobrogie, et ce fut sur les frontières des Allobroges que Lucius Pison fut tué par les Helvètes, comme nous le raconterons dans notre troisième livre [13]. En deçà de l'Isère, dans l'Allobrogie, non loin de Romans, sont les villages de Reculais et de Mercurol, qui ont tiré leur nom d'Hercule et de Mercure (14). Toute la contrée adjacente à Romans est un pays découvert, une plaine agréable et fertile, et tellement abondante en vignobles qu'elle fournit du vin à Grenoble et à une partie du Dauphiné. La ville de Romans est traversée par le ruisseau de la Savasse, qui se jette dans l'Isère. Sous Saint-Paul-lès-Romans se trouve le torrent de Joyeuse, et sous Clérieux, l'Herbasse, tous les deux affluents de l'Isère. L'Herbasse prend sa source dans la vallée voisine de Saint-Antoine, et lorsqu'elle est augmentée par les pluies, elle cause beaucoup d'accidents à Charmes, à Saint-Donat et aux contrées adjacentes.

Dans le territoire de Vienne, au-dessus de Romans, existait autrefois un temple que l'on appelait la Motte. Un noble dauphinois, Josselin, seigneur de Châteauneuf-d'Albene, ayant apporté d'Asie les reliques de Saint-Antoine, les plaça dans cette localité de la Motte où des moines les gardèrent longtemps. Enfin, par la dévotion des chrétiens, un monastère fut élevé en l'honneur de saint Antoine, et bientôt une ville qui porte le même nom. Ce monastère de Saint-Antoine est le chef-lieu de tous les monastères consacrés à ce saint dans toute la chrétienté. Les Antonins ont à leur tête un abbé, et, chaque année, le jour de l'Ascension, ils exposent les reliques qu'ils possèdent à la vénération des fidèles (15).

Romans est à trois lieues environ du confluent du Rhône et de l'Isère, à neuf de Vienne, et à onze de Grenoble (16).

NOTES DU CHAPITRE IV.

(1) Cette campagne décisive, dont les conséquences furent si graves pour le pays des Allobroges, et la bataille contre Bituit, roi des Arvernes, qui la termina en 121 avant Jésus-Christ, sont racontées par beaucoup d'historiens romains : Florus, Velleius Paterculus, l'*Epitome* de Tite-Live, Appien, Orose, dont les récits ont été habilement combinés et mis en œuvre par M. Am. Thierry (*Histoire des Gaulois*, tom. II, pag. 155-164). [*N. du T.*]

(2) Nous avons laissé de côté un long développement sur les colonies anciennes, dans lequel on trouve, avec quelques erreurs, un luxe inutile d'érudition. Cela ne concerne en rien le Dauphiné. [*N. du T.*]

(3) Saint Bernard ou Barnard était archevêque de Vienne dans la première moitié du IXe siècle. Sa vie a été écrite par le Père Charles Fleury-Ternal (1722, in-12), qui l'avait empruntée aux *Offices des Antonins de Vienne*, publiés à Rome en 1592, et reproduits avec d'autres biographies par les Bollandistes (25 janvier) et par Mabillon (*Act. Sanct.*, tom. IV.). Le *Bréviaire de Vienne*, au 23 janvier, contient trois leçons extraites de ces vies latines de saint Barnard publiées par Mabillon et les Bollandistes. Dans la première, on raconte brièvement la première partie de la vie de saint Barnard, né à Lyon ; dans la seconde on parle de son épiscopat et de la part qu'il prit aux ouvrages de son illustre contemporain, Agobard, archevêque de Lyon, contre les Juifs, ouvrages que j'ai analysés ailleurs (*De vita et operibus Agobardi.*—1846, pag. 29 et suiv.) ; dans la troisième on parle de la fondation du monastère de Romans, dédié aux douze apôtres et aux trois martyrs indiqués par Aymar. Il n'y a qu'un mot à cet égard : la leçon comprend surtout le récit de la mort du saint. [*N. du T.*]

(4) Cette étymologie est celle que donnent les actes publiés à Rome en 1592, et reproduits par les Bollandistes (janvier tom. II, pag. 546): *locum quemdam solitarium ad flumen Isaram sibi delegit.... templum et monasterium in honorem SS. Petri et Pauli apostolorum sibi construxit, nomenque de Romanis ab eo penes quem jus loci spectabat indidit.* Ces actes ajoutent que saint Barnard y passa le reste de sa vie et qu'il fut enterré dans cette église qu'il avait fondée. [*N. du T.*]

(5) Le Père Fleury-Ternal propose une autre étymologie (pag. 208). Suivant lui, la ville fut appelée Romans, parce que, par son testament, saint Barnard avait dédié tout ce pays à l'église romaine. Quant à l'opinion émise par M. Dochier (*Mémoires sur la ville de Romans*, Valence, 1812, in-8º, p. 24), que saint Barnard n'aurait fait que relever un ancien monastère bâti autrefois par saint Romain et détruit par les Sarrasins, je n'ai pas besoin de dire qu'elle ne supporte pas l'examen. Saint Barnard vivait dans la première moitié du IXe siècle; les Sarrasins n'ont occupé le Dauphiné que dans le siècle suivant. [*N. du T.*]

(6) *Cum octo quibus praeerat episcopis.* Ces expressions ne signifient pas seulement, comme nous avions d'abord traduit, *avec huit évêques à la tête desquels il se trouvait*, mais bien, comme un de nos amis nous l'a fait observer, *avec les huit évêques qui lui étaient subordonnés*, c'est-à-dire, *ses suffragants.* Or, il y a ici une erreur que n'a pas reproduite le Père Fleury-Ternal, qui se contente (pag. 207) de parler d'un grand nombre d'évêques. A l'origine, le métropolitain de Vienne avait pour suffragants les évêques des douze cités qui, sous l'empire, avaient constitué la province Viennoise. Mais l'établissement de la métropole d'Arles, au VIe siècle, lui avait enlevé plusieurs de ses suffragants et, à l'époque où vivait saint Barnard, dans la première moitié du IXe siècle, l'archevêque de Vienne n'avait pour suffragants que les évêques de Genève, Grenoble, Viviers, Die, Valence et Saint-Jean-de-Maurienne, qui lui restèrent subordonnés jusqu'en 1790. Il faudrait donc lire *sex* au lieu d'*octo*. [*N. du T.*]

(7) Il n'entrait pas dans le plan d'Aymar du Rivail de raconter la vie entière de saint Barnard. Nous ajouterons, avec le Père Fleury-Ternal (liv. IV, pag. 169 et suiv.), que l'archevêque expiait dans

le monastère fondé par lui à Romans, au retour de son exil, la part criminelle qu'il avait prise, ainsi qu'Agobard, à la révolte des fils de Louis-le-Débonnaire contre leur père. Le biographe du xviiie siècle n'hésite pas à flétrir la part que plusieurs évêques prirent à tous ces faits, la trahison de Lothaire, l'assemblée de Compiègne, la déposition de Louis à Saint-Médard-de-Soissons, faits que j'ai racontés dans mon *Essai sur la vie et les œuvres d'Agobard*, déjà cité. Malgré ces fautes, si noblement réparées du reste, saint Barnard est resté un des saints les plus populaires du Dauphiné. Tout le monde sait qu'il est considéré comme le patron de l'agriculture et que le jour de sa fête, le 25 janvier, est célébré à Grenoble, par une promenade des cultivateurs de la banlieue, surtout les *Grangeois*, conduisant, au milieu de fanfares, un char orné de branchages, d'épis de blé, etc., et attelé de plusieurs paires de bœufs magnifiques. [*N. du T.*]

(8) Il y a ici beaucoup d'erreurs chronologiques. Frédéric II ne gouverna réellement que depuis la mort d'Othon IV, en 1218. Jusqu'alors son autorité était purement nominale. Innocent III, mort en 1216, n'a pu confirmer ce que l'empereur n'avait pu faire encore; quant à ce qui concerne *Sigismond*, il n'y a pas de pape de ce nom, et s'il s'agit de l'empereur, celui-ci n'a rien de commun avec le Dauphiné, puisqu'il régna de 1411 à 1437, et que le Dauphiné avait été réuni à la France en 1349, c'est-à-dire soixante ans avant son avénement. Suivant M. Dochier (*Mémoires sur Romans*, pag. 53), les dauphins n'avaient eu jusqu'alors dans cette ville que des droits utiles (impôts de diverse nature), mais non la juridiction. Par le traité de *partage* conclu, en 1342, avec Clément VI, le dauphin Humbert II obtint la moitié de la juridiction dans cette ville. [*N. du T.*]

(9) C'est une erreur. Ce privilège fut accordé aux habitants de Romans, non par Louis XI, mais par le dauphin Humbert, le 27 février 1342. [*N. du T.*]

(10) Ce calvaire et ces stations, restaurés avec un goût équivoque, il y a quelques années, sont dans un des faubourgs de Romans, à droite, quand on suit la route de Grenoble à Tain et à Tournon. [*N. du T.*]

(11) Il pourrait paraître étrange qu'Aymar du Rivail ne parle pas

de ce qui fait aujourd'hui la richesse de Romans, l'exploitation et le commerce de la soie. Mais Olivier-de-Serres, l'introducteur des mûriers en France, était à peine né lorsque Aymar composa son livre. Ce bienfaiteur de la France n'a agi que sous Henri IV, à la fin du XVIe et au commencement du XVIIe siècle. [*N. du T.*]

(12) Il y a dans le département de la Drôme, dans la commune de Chatuzange, à sept kilomètres au-dessus de Romans, un hameau appelé Pisançon. C'est celui que Valbonnais, dans sa table, désigne sous le nom de *Pisançonum* et sans doute celui dont parle Aymar. Toutefois, cette ville de près de quatre mille habitants, séparée de Romans, seulement par le pont sur l'Isère, et connue aujourd'hui sous le nom de Bourg-du-Péage, porte dans les anciens actes, et portait peut-être encore à l'époque d'Aymar, le nom de *Pedagium-Pisansoni* (Voir *Statistique* de Delacroix, pag. 459 et 465.) Il pourrait se faire aussi que ce soit de cette localité, et non de la première, qu'Aymar ait voulu parler. [*N. du T.*]

(13) Les Tigurins-Helvètes, unis aux Cimbres et aux Teutons, défirent, en 107, *in finibus Allobrogum*, le consul Cassius, qui resta sur le champ de bataille avec son lieutenant L. Pison. (*Voir* Am. Thierry, *Histoire des Gaulois*, tom. II, pag. 184.) — Mais que fait cela à l'histoire de Romans? [*N. du T.*]

(14) Encore une de ces étymologies gratuites dont j'ai parlé dans mon rapport et que je passe, dans ma traduction, autant que possible. [*N. du T.*]

(15) Tous les antiquaires savent que le portail de l'église de Saint-Antoine, près de Saint-Marcellin, est un des *specimen* les plus curieux de l'architecture ogivale secondaire, ou du XIVe siècle. Le corps de l'église est antérieur. La fondation des frères Hospitaliers de Saint-Antoine, qui s'étendirent dans toute l'Europe, remonte au XIe siècle. Cet ordre fut réuni à celui de Malte, par arrêt du conseil d'État en 1775. (*Voir* l'art. de M. Clément, dans l'*Album du Dauphiné*, I, pag. 79.) [*N. du T.*]

(16) Ces distances sont tout-à-fait arbitraires. Romans est à soixante-dix-huit kilomètres de Grenoble; à dix-huit de Valence, de Tournon, du confluent de l'Isère et du Rhône; à quatre-vingt-huit de Vienne; à quatre-vingt-six de Die; à quarante-quatre de Crest; à soixante de Saillans; à vingt-six de St-Marcellin. — Simple

chef-lieu de canton du département de la Drôme, Romans est cependant une ville de dix mille habitants. Beaucoup des quartiers et des édifices dont parle Aymar ont disparu ; l'enceinte n'existe plus ; la tour sur l'Isère est abattue ; les Cordeliers ont formé un quartier magnifique. Mais le pont sur l'Isère, aussi pittoresque qu'incommode par sa pente et son étroitesse ; le Calvaire et les stations qu'on achève de restaurer ; l'église Saint-Nicolas, monument du XIIIe siècle ; le Jacquemart ou tour de l'Horloge, qui domine la ville ; surtout l'église de Saint-Barnard, qui, malgré les constructions qui l'entourent, mérite par son portail roman et par son intérieur ogival d'attirer l'attention des archéologues et des artistes ; tout cela fait encore de Romans une des villes de province les plus curieuses à étudier. [*N. du T.*]

CHAPITRE V.

Grenoble.

En remontant depuis les gorges de Voreppe et les défilés de l'Échaillon, on trouve, sur l'une et l'autre rive de l'Isère, une vallée qui s'étend jusqu'au confluent du Drac et de l'Isère, lequel s'opère en face d'un rocher situé dans le pays des Allobroges. Après avoir traversé les défilés de cette roche et le Drac, en se dirigeant à gauche, on voit s'ouvrir une autre vallée, également sur les deux rives de l'Isère, jusqu'à Chapareillan et Avalon, dans une longueur de six lieues [1]. Celle-ci s'appelle le Graisivaudan; elle a une lieue de largeur et est beaucoup plus longue et plus large que la première, qui a trois lieues seulement de longueur et moins d'une lieue de largeur [2]. Ces deux vallées sont tournées vers le nord, en forme de triangle ou de bras courbé, et dominées, sur l'un et l'autre côté, par des collines et des rochers. Au milieu de ces deux vallées coule l'Isère, qui fait de nombreux contours. Depuis les gorges de Voreppe jusqu'à Chapareillan, toute la partie de ces deux vallées située en deçà de l'Isère est dans le pays des Allobroges; la rive gauche, depuis les gorges de l'Échaillon jusqu'au Drac, est dans le pays des Voconces, et, depuis le Drac jusqu'à Avalon, dans celui des Garucelles (Goncelin); aujourd'hui le tout fait partie du Dauphiné. Le Graisivaudan l'emporte sur toutes les vallées que j'aie jamais parcourues, par l'abondance du blé, du vin, de la viande, du lait, des fromages, des fruits de toute espèce, des pâturages, et par la multitude des familles nobles qui habitent soit la plaine, soit les collines. Car les collines qui la dominent, surtout celles qui se trouvent à l'orient, sont très fertiles.

A l'entrée de cette délicieuse vallée, non loin du confluent de l'Isère et du Drac, fut bâtie la ville de Cularo. Elle fut d'abord, suivant l'usage antique, très étroite et renfermée entre deux portes. Denis d'Halicarnasse nous apprend, en effet, dans son premier livre, que les anciens construisaient des villes peu étendues et très resserrées. Cularona ou Cularo fut ainsi appelée, suivant nous, parce que là se trouvent le c.. et la partie basse et postérieure des Alpes du côté de la Gaule, ou bien parce que la ville est située au c.. et à l'extrémité de la Gaule vers les Alpes. C'est ainsi qu'une forteresse ou un village du pays des Nantuates est appelé *Culus*, comme nous le disons dans notre description de ce pays ([3]).

Cularo fut construite par les Troyens, comme le prouve le nom de Troyenne donné à la porte de cette ville, tournée vers le midi ([4])....... Lorsque les Romains eurent étendu leur domination jusque dans le pays des Allobroges, ils appelèrent cette porte Romaine parce qu'elle était sur la route de Rome; l'autre porte, par laquelle on allait à Vienne, s'appelait la porte Viennoise..... Les empereurs Dioclétien et Maximien embellirent Cularo de murs et d'édifices. Ils changèrent aussi le nom des portes, auxquelles ils donnèrent leurs surnoms, comme cela résulte de deux inscriptions, dont la première placée, sur la porte Traîne, et sous la prison delphinale, est ainsi conçue :

D. D. IMPP. CÆS. CAIVS AVREL. VALERIVS DIO-CLETIANVS P. P. INVICTVS AVGVSTVS ET IMP. CÆSAR MARCVS AVREL. VALERIVS MAXIMIANVS PIVS FELIX INVICTVS AVG. MVRIS CVLARONENSIBVS CVM INTERIORIBVS ÆDIFICIIS PROVIDENTIA SVA INSTITVTIS ATQUE PERFECTIS PORTAM ROMANAM JOVIAM VOCARI JVSSERVNT.

Une inscription semblable, sauf qu'à la place des mots *portam romanam joviam*, on y lit : PORTAM VIENNENSEM HERCVLEAM, se trouve sur la porte placée au-dessus de la maison épiscopale. Dioclétien portait en effet le surnom de Jovius et Maximien celui d'Hercule... Ces deux inscriptions, quoique quelques lettres soient usées, existent encore, en caractères romains, sur les mêmes portes, qui sont d'une architecture solide et élégante, construites de grosses et longues pierres sans chaux, et qui ont évidemment tous les caractères des monuments romains. Ces portes sont tout à la fois remarquables par leur antiquité et par la beauté de leurs matériaux ; sur le côté de l'une et de l'autre s'élève une tour non moins remarquable que les portes elles-mêmes par son élégance et sa construction. Ce ne furent pas seulement les murs de Cularo, mais des édifices dans l'intérieur de cette ville, que construisirent les deux empereurs, comme nous l'attestent ces inscriptions. (⁵) Du reste, les murailles de cette ville étaient garnies de tours nombreuses. Gratien l'agrandit en l'étendant jusqu'à l'Isère, et même sur l'autre rive, dans le pays des Allobroges ; aussi Cularo changea-t-il son nom pour

s'appeler Gratianopolis, c'est-à-dire la ville de Gratien....
On pourrait croire aussi que Gratien envoya une colonie
dans cette ville et que ce fut pour ce motif, comme il est
arrivé ailleurs, qu'elle prit le nom de Gratianopolis.

Le pont sur l'Isère fait communiquer facilement les habitants de l'une et de l'autre rive, et les faubourgs de Grenoble sur la rive gauche, s'étendent jusqu'au confluent du Drac et de l'Isère. L'*Itinéraire* d'Antonin fait mention de Grenoble comme d'une des villes de la province Viennoise; mais ce que nous lisons de Grenoble, dans cet *Itinéraire*, est un passage ajouté plus tard; car à l'époque d'Antonin elle ne portait pas ce nom, puisque Gratien n'a vécu qu'après Antonin; aussi ce passage ne se trouve-t-il pas dans les anciens manuscrits de l'*Itinéraire*, auquel on a fait beaucoup d'autres additions [6].

Roland, neveu de Charlemagne, ayant assiégé et vaincu les habitants de Grenoble, qui négligeaient la religion chrétienne, et ceux-ci ayant embrassé cette religion et s'étant soumis à Charlemagne, ce prince, suivant un usage antique et en action de grâces à Dieu, éleva près des murailles de Grenoble, au-delà de l'Isère, une église en l'honneur de saint Vincent [7].... Cette église, élevée par Charlemagne et dédiée à saint Vincent, est si vénérable qu'aujourd'hui encore ce sont les dauphins ou leurs représentants qui en nomment les curés, sans l'intervention de l'évêque. Enfin, à cette église de Saint-Vincent on a ajouté la cathédrale, dédiée à la vierge Marie, et un palais épiscopal qui comprit la porte d'Hercule, laquelle fut dès lors appelée la porte de l'Évêché. Par suite de l'exhaussement du sol et de la route, cette porte se trouva plus basse qu'il ne fallait. Alors les évêques de Grenoble construisirent une prison au-dessus, et les dauphins agirent de la même façon pour la porte Jovienne.

A la cathédrale de Sainte-Marie présidèrent les évêques suivants : Dominicus, Diogène, Amicus, Sébastien, Victalien, Ciratus, Vincent, Victor, Ursolus, Syagrius, Isicius, Clarus, Ferjeux (8). Tandis que celui-ci, monté sur un banc de bois, enseignait la foi chrétienne aux habitants de Grenoble, dans une plaine située au pied du mont Rachais, à l'ouest de la ville, il eut la tête fracassée avec un bâton de saule par un de ses auditeurs, qui le renversa par terre; puis les assistants ayant allumé un four voisin y placèrent le cadavre. Mais les chrétiens transportèrent ses ossements carbonisés dans un tombeau de pierre qu'ils lui élevèrent sur les bords de l'Isère, au-dessus de Grenoble, et ensuite y construisirent une église en son honneur. Plus tard, ces reliques furent transportées à Varacieu, non loin de notre maison de l'Argentaine. Nous implorâmes ces reliques pendant une fièvre quarte, et par l'intervention de saint Ferjeux, Dieu nous délivra de cette fièvre après beaucoup d'autres, et, comme, suivant l'usage des habitants, chaque année, le jour de l'Ascension, ces reliques, renfermées dans un coffre qui ferme à clef, sont transportées par le bourg en procession, ce coffre s'ouvre de lui-même miraculeusement, sans clef et sans le secours de personne (9).

Quoique Grenoble n'occupât à l'origine qu'un espace étroit et resserré, cependant cette ville était déjà célèbre par les murailles qui l'entouraient, la force de ses tours, son opulence et même le nombre de ses habitants. Mais, après le meurtre de saint Ferjeux, elle perdit sa population par des incursions ennemies, fut presque rasée jusqu'au sol, et, réduite à l'état d'une sorte de bourgade, elle n'eut plus que de rares habitants, comme nous le lisons dans la vie de ce saint évêque. Après saint Ferjeux, l'église de Grenoble eut, entre autres évêques, Hugues de Châteauneuf, qui, à cause de la piété de sa vie, a été mis au nombre des saints, et ce fut sous son invocation que fut fondée une église paroissiale ([10]). A saint Hugues succéda le chartreux Hugues II, compagnon de saint Bruno (1132-1150), et, après un long intervalle, François de Conzié (1380-1388), en même temps archevêque de Narbonne, cardinal et camérier du pape. Déjà Jean Ier de Sassenage (1172-1219), évêque de Grenoble, avait obtenu de Frédéric Barberousse, en 1178, le titre de prince de l'empire sous la suzeraineté de l'empereur, pour lui et ses successeurs, avec la propriété de tout ce que lui et ses prédécesseurs avaient possédé en vertu du droit ancien et du droit nouveau, dans la ville ou hors de la ville, en terres, vignobles, pâturages, prairies, forêts, eaux, ports, routes, chasses, pêches, châteaux, impôts, monnaies, or, mines d'argent, fours, moulins; l'empereur, confirmant toutes ces propriétés et notamment celle du château de Saint-Donat que possédait l'église de Grenoble. Ces priviléges furent scellés du sceau d'or et reconnus par Robert, archevêque de Vienne et chancelier de tout le royaume de Bourgogne. Longtemps après, Pierre Ier (1237-1250) et Rodolphe de Chissey (1350-1380), évêques de Grenoble, reçurent de Charles et d'autres princes la confirmation de ces priviléges. Ces chartes des libertés de Grenoble, confirmées par plusieurs princes et scellées du sceau d'or, sont conservées dans le beffroi de cette ville ([11]).

Les derniers évêques de Grenoble ont été trois Chissey et trois membres de la famille des Allemans de Séchilienne, savoir : Sibond (1450-1477), Laurent Ier, neveu de Sibond (1485-1530) et Laurent II, aussi neveu de Laurent Ier (1530-1561), qui gouverne aujourd'hui, et c'est pour lui plaire, en vertu d'une amitié contractée dès nos tendres années, que j'ai exercé dans le diocèse de Grenoble quelques fonctions de judicature et d'officialité ([12]).

Les dauphins et les rois très chrétiens confirmèrent les priviléges des évêques de Grenoble, qui, aujourd'hui encore, dans leurs actes publics et privés prennent le titre de *Princes de Grenoble*. Aussi les rois très chrétiens, et, avant eux, les dauphins, lorsqu'ils entrent dans le Dauphiné, prêtent-ils le serment, à Grenoble, entre les mains des évêques, ou de l'abbé de Saint-Antoine ou de quelqu'autre de leurs gérants, comme aux représentants de la patrie, de défendre et de conserver les libertés de la province. Et, lorsque se réunit l'assemblée des trois ordres du Dauphiné, le clergé, la noblesse et le peuple, ces États, comme on les appelle, sont présidés par l'évêque de Grenoble, ou, en son absence, par l'abbé de Saint-Antoine.

Le dauphin André éleva à Grenoble une église en l'honneur de son patron ([13]); d'autres dauphins construisirent le monastère de Saint-François; Jean de Comminges fonda l'abbaye de Sainte-Claire ([14]). Cependant la branche des Allemans d'Uriage prétend que l'église de Saint-François a été bâtie par elle, et elle y a sa sépulture. De toutes ces églises, la plus ancienne est celle de Saint-Laurent, qui a donné son nom à un quartier de la ville ([15]). Un autre quartier voisin tire son nom de l'église de Saint-Antoine ([16]); en 1424, le quartier de Rochonèse ([17]), avec l'église des Cordeliers et celle de la Magdeleine, fut environné de murs depuis le palais épiscopal jusqu'à l'Isère, et quarante-trois ans plus tard, le faubourg des frères Prêcheurs ([18]) fut également entouré de murailles. Au milieu de la ville de Grenoble est une place appelée le *Banc de Mal-Conseil*, parce que c'est là que quelques citoyens de Grenoble formèrent le complot, qu'ils exécutèrent ensuite, de tuer leur évêque ([19]). Cette place paraît désignée pour le meurtre et peut être dite scélérate ; car c'est là que, plus tard, Pierre de Salces et Jean de Fayne, gentilshommes, se tuèrent l'un l'autre, et que récemment un autre a été tué par sa faute.

Les femmes de Grenoble, quoiqu'elles soient d'une petite taille, sont remarquables par leur beauté, et l'emportent à cet égard sur les autres femmes du pays des Allobroges.

....

Les dauphins ont fondé à Grenoble un parlement qui a l'autorité suprême dans tout le Dauphiné ([20]). Là aussi se trouvent un président, des auditeurs de la cour des comptes, et un trésorier du Dauphiné. Les membres du parlement rendent la justice dans un élégant palais où l'on conserve les documents et les archives du Dauphiné, sous la garde du président et des auditeurs de la cour des comptes, et où habite le gouverneur ou celui qui le représente. Le trésorier habite la belle maison des Dauphins, à laquelle est contigu un jardin, et que, à cause du trésor du dauphin qui y est déposé, l'on appelle la Trésorerie ([21]). Depuis peu d'années, Grenoble s'est embellie de magnifiques édifices. Le bailliage du Graisivaudan a également Grenoble pour centre. Cette magistrature est quelquefois exercée par des nobles, sans qu'ils perdent leur noblesse ; car l'office de juge est noble en lui-même et surtout dans un bailliage, puisque le bailli représente le souverain et a la suprématie sur tous les juges inférieurs de la province ([22]).

....

De même que les Romains l'emportaient sur tous les autres peuples dans les jeux séculaires et les représentations théâtrales, de même les habitants de Grenoble l'emportent sur tous les autres Allobroges et Français dans la commémoration de la vie de Jésus-Christ et des saints. J'en ai été quelquefois témoin, notamment à la Pentecôte de l'année 1535, où Françoise Buatier, qui représentait la mère du Christ, plut tellement par ses gestes, les mouvements de son corps, les inflexions de sa voix, sa prononciation, son débit, qu'elle excita l'admiration de tout le monde. La grâce et la beauté de cette femme ajoutaient encore à son éloquence.

NOTES DU CHAPITRE V.

(1) La distance de Grenoble à Chapareillan, sur la rive droite de l'Isère, est de trente-neuf kilomètres; celle de Grenoble jusqu'à Pontcharra, sur la rive gauche, est de quarante. Avalon, près de Pontcharra, se trouve à droite et à quelque distance de la route. [*N. du T.*]

(2) Il y a quinze kilomètres de Grenoble à Voreppe; vingt-et-un de Grenoble à l'Échaillon. Mais, en ne comptant que de la Buisserate à Voreppe, il y a douze kilomètres, et de Sassenage à l'Échaillon quinze. Ici, Aymar est presque exact. [*N. du T.*]

(3) Nous avons longtemps hésité à traduire ce passage. La bizarrerie de l'étymologie, au moins curieuse, qu'il contient, a levé nos scrupules. Nous rappellerions, du reste, à ceux que la crudité des termes effaroucherait qu'Aymar du Rivail était contemporain de Rabelais. [*N. du T.*]

(4) Cet argument en faveur de la fabuleuse origine troyenne de Cularo tombe de lui-même. Cette porte, d'origine romaine, s'appelait Traine et non Troyenne. [*N. du T.*]

(5) La porte Viennoise, située à peu près à l'endroit où s'ouvre actuellement la rue Chenoise sur la place Notre-Dame, appelée alors porte Épiscopale, n'a été détruite qu'en 1802. Beaucoup de personnes se rappellent encore y avoir lu l'inscription que donne Aymar, ou plutôt la seconde. Elle était alors très fruste; mais M. Berriat-Saint-Prix put, en la transcrivant fidèlement, relever quelques inexactitudes des transcriptions qu'en avaient données Gruter (n° 167) et Muratori (1, pag. 79). M. Berriat publia son travail dans l'*Annuaire du département de l'Isère* pour l'an XII. M. Champollion-Figeac a également publié ces inscriptions, en signalant, par des caractères plus

petits, les parties devenues presque illisibles au moment de leur destruction (*Antiquités de Grenoble*, pag. 31). Ces leçons ne présentent que des différences peu nombreuses et sans importance avec celles de notre auteur. [*N. du T.*]

(6) Voilà une des trop rares occasions dans lesquelles Aymar du Rivail a montré quelque critique. Il est vrai que, dans ce cas même, il part d'une idée fausse en admettant que l'ouvrage connu sous le nom d'*Itinéraire d'Antonin* est l'œuvre de l'empereur Antonin, qui régna de 138 à 161. On y trouve assez de noms postérieurs à Dioclétien et même à Constantin, pour être autorisé, avec plusieurs savants que cite Wesseling dans sa préface, à croire que ce tableau des postes de l'empire romain fut rédigé, peut-être, par un employé du cadastre nommé Antonin, à la même époque que la *Notice des dignités* et la carte connue sous le nom de *Peutinger*, c'est-à-dire à la fin du IVe siècle de notre ère. Cependant, dans le cas spécial dont il s'agit, Aymar a raison de supposer une interpolation dans l'édition dont il se servait. L'*Itinéraire* ne donne aucune route conduisant à Grenoble, et ne prononce pas une seule fois le nom de *Gratianopolis*, ni même celui de *Cularo*, comme il est facile de s'en convaincre dans l'excellente, fidèle et consciencieuse édition donnée par Wesseling (Amsterdam, 1735, in-4º). Cela prouve que l'*Itinéraire* est incomplet ; car il existait certainement une route romaine conduisant d'Italie à Vienne en passant par Cularo. C'est ce que nous démontre la carte de l'empire romain connue sous le nom de *Peutinger*, dans laquelle nous lisons l'itinéraire suivant :

In Alpe Cottia
Brigantione
Stabatione
Durotinco
Mellosecto (ou *Mellosedo*)
Catorissium
Culabone (lisez *Cularone*).

Cet itinéraire a donné lieu à plusieurs travaux remarquables, parmi lesquels nous citerons seulement ceux de d'Anville, de M. Walckenaër (*Géographie des Gaules transalpine et cisalpine*, III, pag. 43 et Atlas, pl. IX), enfin, de M. Scipion Gras, qui a écrit à ce sujet une dissertation curieuse, insérée dans le premier volume du *Bulletin de la société de statistique de Grenoble*, et reproduite par M. Gueymard dans la *Statistique du département de l'Isère* (tom Ier, pag. 89 et suiv.). Sur les sept noms, que donne cet itinéraire, trois ne présentent aucune difficulté : *In Alpe Cottia* désigne le Mont-Genèvre ; *Brigantio* correspond à Briançon ; *Cularo* à Grenoble. Mais, relativement aux quatre noms intermédiaires, les divergences sont nombreuses et profondes. Toutefois, un premier point est acquis : à l'époque romaine, comme aujourd'hui, la route de Briançon à Grenoble suivait la vallée de la Guisane depuis le confluent de cette rivière avec la Durance au-dessous de Briançon, jusqu'à sa source au col du Lautaret, lieu si cher aux botanistes ; puis elle suivait la Romanche depuis une des sources de cette rivière dans les glaciers qui dominent les prairies du Lautaret, au nord-ouest, jusqu'à son confluent avec le Drac au-dessous de Vizille, c'est-à-dire la vallée de l'Oisans. Dans la première partie, autrement dit dans la vallée de la Guisane, on ne trouve qu'une station, c'est *Slabatio*, que d'Anville croit être le *Monestier-de-Briançon*, que M. Walckenaër place entre le Casset et le Lauzet ; pourquoi pas au Lauzet lui-même, point intermédiaire, en effet, puisque c'est dans ce bourg que se trouve encore aujourd'hui le premier relai depuis Briançon ? — D'Anville et M. Walckenaër sont d'accord pour placer *Durotincum* à Villard-d'Arène, premier village de l'Oisans, à partir duquel on descend vers Grenoble. Mais à quelle position correspond *Mellosedum* ou *Mellosectum ?* Je ne dirai pas qu'il faut mesurer. Cette manière de procéder, en comparant le nombre de milles donnés par les itinéraires avec les distances des routes actuelles, a trop souvent trompé les savants ; la moindre rectification d'une route change tellement les distances réciproques de deux localités ! La connaissance et l'étude des lieux, voilà le grand moyen de décider les questions de ce genre. Or, pour qui connaît les lieux, il est impossible d'admettre, avec M. Walckenaër, que *Mellosedum* corresponde au Bourg-d'Oisans ; d'abord, parce que, et nous reviendrons tout-à-l'heure sur ce point, la plaine du Bourg-d'Oisans n'était probablement pas praticable dans l'antiquité ; ensuite, parce que la distance entre la Grave (à une demi-lieue en deçà de Villard-d'Arène) et le Bourg-d'Oisans, par l'effroyable gorge de Malaval, est d'environ quarante-huit kilomètres; que, dans une voiture bien servie et relayant aux Dauphins, à moitié route à peu près, on met quatre heures à parcourir cette distance à la descente et cinq heures au moins à remonter du Bourg-d'Oisans à la Grave, et cela par la route moderne, admirablement dirigée d'abord sur la rive droite, puis sur la rive gauche de la Romanche, cotoyant cette rivière, allant en ligne droite, coupant à quatre reprises, par des *tunnels* hardis, les rochers qui lui font obstacle. Or, la route ancienne, dont on retrouve beaucoup de traces, se tenait presque constamment sur la rive gauche de la Romanche, à partir de la Frau, à quelque distance de la Grave, faisait de nombreux contours, montait et descendait, et, par conséquent, était infiniment plus longue que la belle route moderne. Dès lors, il devait y avoir une station beaucoup plus rapprochée de la Grave ou de Villard-d'Arène. C'est ce que d'Anville paraît avoir compris lorsque, s'appuyant, du reste, sur l'analogie des noms, il plaçait *Mellosedum* au village actuel de *Mizoën*; peut-être serait-il mieux de le placer à *Mont-de-Lans*, et voici pourquoi. J'ai dit qu'à partir de la Frau, l'ancienne route suivait la rive gauche de la Romanche, la serrant d'assez près jusqu'aux Dauphins, où la route moderne passe également après avoir traversé ce torrent sur un pont en pierres qui n'est pas ancien. Aux Dauphins la route moderne prend bravement son parti et va droit devant elle, sauf à percer les rochers à quatre reprises différentes. L'ancienne route, plus timide, tournait à gauche, montait par un chemin difficile et escarpé à Mont-de-Lans, faisant ainsi un immense détour; de là, elle redescendait vers la Romanche et venait retrouver la nouvelle route près du village de la Rivoire. Or, la route romaine devait suivre la direction de la route du moyen-âge et nous en avons un témoignage irrécusable. Il existe, en effet, à moins d'un kilomètre de la route moderne, à l'extrémité d'un sentier étroit et escarpé, une sorte de porte ou d'arc-de-triomphe dont il ne reste qu'une moitié aujourd'hui, mais qui a tous les caractères d'un monument romain, et au-dessous de laquelle on distingue parfaitement, creusées dans le roc, comme sur les pavés de Pompéi, les ornières formées par les roues des chars. M. Gras, dans la dissertation que j'ai citée (pag. 93), et l'auteur anonyme de l'excellent article sur l'Oisans dans l'*Album du Dauphiné* (tom. III, pag. 153 et suiv.), ont donné la description de ce précieux vestige de la route antique, qu'une tradition locale sans valeur attribue à Annibal, mais que les habitants ont grandement raison d'appeler la Porte-Romaine. Tout cela ne suffit-il pas pour placer *Mellosedum* à *Mont-de-Lans*, et non à *Mizoën*, qui se trouve de l'autre côté de la Romanche ? C'est du reste l'opinion qui a été soutenue par M. Champolion-Figeac dans un mémoire sur Grenoble, publiée en 1814 (brochure in-8°). — A partir de cette porte, après avoir descendu ce sentier étroit, qui alors était large, où passait la route ? Pour que, comme la route actuelle, elle descendît dans la gorge de la Romanche, et parvînt, au bout de peu de temps, dans la longue et assez large plaine du Bourg-d'Oisans, il aurait fallu que cette plaine fût praticable. Je sais fort bien que ce ne fut qu'en 1191, par suite d'éboulements arrivés dans la montagne de Vaudaine et à la pointe de l'Infernet en face, que les eaux de la Romanche et du Vénéon réunies refluèrent et formèrent ce lac Saint-Laurent dont parlent Vincent de Beauvais, le mandement de l'évêque Jean de Sassenage, les historiens du Dauphiné (*Voir* Chorier, II, pag 100), qui couvrait toute la plaine et dont le souvenir est encore vivant dans les traditions locales ; je sais fort bien aussi que ce lac ne dura que trente ans, et que les blocs énormes qui le formaient ayant été entraînés, comme on le voit encore dans la gorge de Livet, par la force irrésistible des eaux, eut lieu jusqu'à Grenoble cette terrible inondation de la nuit du 14 septembre 1219 qui causa tant de désastres. Mais la plaine, depuis la pointe de l'Infernet jusqu'à la jonction de la Romanche et du Vénéon, est marécageuse ; elle n'est susceptible de culture que grâce aux digues, hélas ! souvent impuissantes, de la Romanche ; c'est un immense réservoir pour les eaux des montagnes qui l'enserrent de toutes parts et des glaciers qui la couronnent à l'est, et ai-je besoin, lorsque j'écris ces lignes sous l'impression de désastres navrants (août 1852), de dire combien il est peu probable que cette plaine ait pu être desséchée à l'époque des Romains ? Aussi, ne puis-je admettre avec d'Anville, que *Catorissium* ou *Catorissimum* soit *un lieu près le Bourg-d'Oisans* ; encore bien moins, avec M. Walckenaër, que ce soit le col d'Ornon. Pour aller prendre la gorge qui conduit au col d'Ornon, il aurait fallu que la route traversât la Romanche et la plaine marécageuse dont je viens de parler, et pourquoi faire ? Il y a deux cols d'Ornon, le grand et le petit. Si elle avait passé par le grand, elle tombait à Entraigues, à Valbonnais, était obligée de traverser la Bonne, de remonter à la Mure, de suivre la vallée de la Matésine, de descendre péniblement la montagne entre Laffrey et Vizille, c'est-à-dire de faire, sans motifs, un détour de deux fortes journées de marche par des montagnes difficiles. Quant au petit col d'Ornon, l'excellente carte du général Bourcet, que cite M. Walckenaër, indique, il est vrai, une route par là ; mais c'est une route non moins difficile, quoique plus courte, que la précédente, allant péniblement tomber à Saint-Barthélemy et à Saint-Pierre-de-Mésage, en tournant la haute et massive montagne de Taillefer, qui n'a jamais pu être une voie de grande communication. M. Walckenaër, comme beaucoup d'autres savants, a fait un peu trop de la géographie dans son cabinet ; la connaissance des lieux, que les meilleures cartes ne peuvent remplacer, lui a fait défaut, et il y a suppléé par des conjectures purement gratuites. Il n'en est pas ainsi de M. Gras et, avant lui, de M. Héricart de Thury, qui, dans un mémoire cité par M. Gras et inséré dans le *Journal des Mines* (1807, tom. XXII, pag. 281 et suiv.), ont retrouvé les traces de la voie romaine. D'après leurs recherches, la route, après la porte dont j'ai parlé et la descente de Mont-de-Lans, traversait la Romanche, escaladait les montagnes qui dominent la plaine du Bourg-d'Oisans au nord, passait par Auris, la Garde, Huez, Villard-Reculas, traversait le ruisseau qui passe à Allemont, c'est-à-dire l'Eau-d'Olle, et venait rejoindre la Romanche au-dessous de la montagne de Vaudaine et de la pointe de l'Infernet, où cesse la plaine actuelle, alors un marais. M. Héricart de Thury a suivi, en effet, près d'Huez et surtout dans les belles prairies de Brandes, les traces d'une voie de quinze mètres de largeur, pavée de gros quartiers de rochers et qui n'est évidemment rien autre chose que la voie romaine de Turin à Grenoble. A partir du point où la route avait retrouvé la Romanche, elle suivait ce torrent par la gorge de Livet, de Gavet, de Séchilienne, comme la route actuelle, mais sur l'autre rive. Dès lors *Catorissium* doit être *Livet* ou *Gavet*, point intermédiaire, en effet, entre Mont-de-Lans et Grenoble, quoique la distance entre chacune de ces stations soit un peu longue. M. Héricart de Thury placerait *Catorissium* à la Garde-sous-Huez, où l'on voit les ruines d'une vieille tour. Mais cette station aurait été, dans ce cas, trop rapprochée de *Mellosedum* et trop éloignée de *Cularo*. Elle devait être plus intermédiaire, et cette condition est remplie en la plaçant à *Livet* ou *Gavet*. — Je n'ajouterai qu'un mot. Il paraît singulier, au premier abord, que la carte de Peutinger donne encore à Grenoble le nom de Cularo, puisque l'empereur Gratien, qui lui avait donné le nom de Gratianopolis, règne de 375 à 383. Mais il est probable que la carte de Peutinger n'est postérieure que de peu d'années à la mort de cet empereur; l'appellation nouvelle n'était pas encore généralement usitée. Saint Augustin, quelques années plus tard, dans le passage célèbre *(De civ. Dei* XXI, 7), où il décrit la *Fontaine ardente*, et Ausone, vers la même époque, sont les premiers écrivains qui aient désigné Grenoble sous le nom de *Gratianopolis*. [*N. du T.*]

(7) Aymar est revenu ailleurs et avec plus de détails, comme je le dis dans mon rapport, sur cette fabuleuse histoire du siége de Grenoble par Roland. Après les origines troyennes, rien ne réussissait mieux au XVIe siècle que les traditions relatives à Roland et à Charlemagne. Aussi a-t-on attribué à ce prince une foule de monuments qui ne lui doivent rien. Il en est ainsi de cette église de Grenoble. Les parties les plus anciennes de Notre-Dame, le porche, la partie inférieure de la tour et deux piliers de l'intérieur, portent tous les caractères de l'architecture romane du XIe siècle. [*N. du T.*]

(8) Aymar est ici en contradiction avec lui-même. Il vient de nous dire que Sainte-Marie n'a été bâtie qu'après Charlemagne, qui avait conquis les habitants de Grenoble au christianisme. Or, les treize évêques qu'il cite sont tous antérieurs à Charlemagne, et de beaucoup, puisque Domninus (et non Dominicus), le premier évêque de Grenoble, vivait en 381 et que saint Ferjeux est de la fin du VIIe siècle. Il faut, du reste, rectifier quelques noms : le troisième est Enoch et non Amicus; le sixième, Cypriaque et non Ciratus; le huitième, Victure et non Victor; le neuvième, Ursule; le onzième, Hésychius; le douzième, Clair. [*N. du T.*]

(9) Les reliques de saint Ferjeux n'existent plus à Varacieu, et le souvenir de ses guérisons miraculeuses y a même entièrement disparu. On conjecture que la châsse et les reliques du saint furent détruites lors des guerres de religion, environ quarante ans après l'époque où Aymar du Rivail écrivait. Quant à l'église où son corps

fut d'abord déposé, c'est l'ancienne église de la Tronche que l'on vient de démolir, en avril 1852, à l'exception de la tour et de l'autel, sous lequel, suivant une tradition locale, étaient les reliques du martyr. La vie de saint Ferjeux ne se trouve pas dans les Bollandistes qui, au 16 janvier, donnent la vie de saint Fursée, mais martyr de Péronne. Le *Bréviaire* de Vienne (et par conséquent de Grenoble) renferme, au 16 janvier, trois leçons, où se trouve, dans les mêmes termes dont se sert Aymar, le récit de la mort du saint. Cependant, la légende place le lieu de la scène, non dans la plaine, mais sur le mont Rachais : *Collis Essonus... cui exigua quidem, sed grata, ad latus planities subjacet.* Elle ne parle ni du transport des reliques à Varaciou, ni des miracles qu'elles y faisaient. [*N. du T.*]

(10) Saint Ferjeux est mort en 683. Il fut le treizième évêque de Grenoble. Saint Hugues en est le trente-huitième, et il gouverna cette église de 1081 à 1132. Il y a donc quatre siècles d'intervalle dont Aymar ne dit pas un mot. Il faut aussi rectifier la dernière partie de cette phrase; l'église annexée à Notre-Dame, et connue sous le nom de Saint-Vincent, aujourd'hui Saint-Hugues, ne fut pas bâtie au xiie siècle; seulement elle changea de nom. [*N. du T.*]

(11) C'est-à-dire dans cette tour carrée qui fait aujourd'hui partie de la citadelle et qui a été longtemps l'hôtel de ville. [*N. du T.*]

(12) Les trois évêques de la famille de Chissey sont : Jean II, (1337-1350), Rodolphe (1350-1380), Aymon (1388-1415). [*N. du T.*]

(13) Guigues VI ou Guigues André, dans la première moitié du xiiie siècle. Consulter la curieuse et savante notice publiée, il y a quelques mois, sur l'église Saint-André, par M. Pilot. [*N. du T.*]

(14) Jean, bâtard d'Armagnac, comte de Comminges, gouverneur du Dauphiné en 1469.

(15) Aymar a grandement raison. Cependant il ne faut pas exagérer avec quelques antiquaires. L'abside et surtout la charmante crypte de Saint-Laurent, que l'on restaure en ce moment, sont du xie et non du vi^e siècle, comme ils le prétendraient volontiers. Mais, quelle qu'en soit l'époque, on ne peut que féliciter l'administration municipale et départementale des dépenses qu'elles ont votées pour conserver à Grenoble un de ses titres de gloire, et surtout M. de Gour-

nay, notre confrère à l'Académie, des démarches qu'il s'est imposées et du zèle désintéressé qu'il a montré dans le même but. M. Champollion, à une époque où les études d'archéologie religieuse étaient complètement négligées (an XII, 1804), publia un mémoire sur la crypte de Saint-Laurent, sans conclusion pour la date de ce monument. Une note manuscrite, ajoutée à l'exemplaire de ce mémoire que possède la bibliothèque de Grenoble, adopte le XIIe siècle. Je reculerais peut-être cette date d'un siècle; mais je ne crois réellement pas qu'on puisse remonter plus haut. Toutefois, je crois volontiers, avec M. de Gournay, qu'il entra dans la construction de cette église des matériaux beaucoup plus anciens, et ayant peut-être même appartenu à un temple païen, comme la tradition le prétend. [*N. du T.*]

(16) Cette chapelle est indiquée, dans le plan de 1548 publié par M. Pilot, sur les hauteurs de Chalemont, à peu près où est aujourd'hui le couvent de Sainte-Marie. [*N. du T.*]

(17) La rue Chenoise. [*N. du T.*]

(18) Le quartier des Halles aujourd'hui, qui conserve encore en partie le nom des Jacobins. Sur le plan de 1548 publié par M. Pilot, ce vaste couvent est indiqué, en dehors de l'enceinte alors existante, entre la *porte Traine* (à l'entrée de la Grande-Rue), la place du Breuil (aujourd'hui place Grenette), et le faubourg Saint-Jacques, que baignait un bras du Drac appelé *Draguet*, qui se jetait dans l'Isère au-delà du *Pré de la Trésorerie* (l'emplacement du Jardin-de-Ville actuel), à peu près à la hauteur où existe aujourd'hui le Pont-de-Pierre. L'existence de ce petit bras concilie deux allégations d'Aymar du Rivail qui paraissent d'abord contradictoires. D'une part, il dit que le Drac se jette dans l'Isère en face d'un rocher du pays des Allobroges, ce qui, comme je crois l'avoir prouvé, ne peut s'entendre que du rocher de la Buisserate. D'autre part, il dit que, sur la rive gauche, les faubourgs de Grenoble s'étendent jusqu'au confluent de ces deux rivières. Dans le premier cas, il parle du Drac proprement dit, dans le second du *Draguet*, qui n'était qu'une saignée artificielle de ce torrent; et, en effet, on voit, sur le plan de 1548, que le faubourg de la Perrière s'étendait jusqu'à la porte de la Roche, située précisément vis-à-vis le confluent de ce petit bras avec l'Isère. C'est là que se trouvait la route étroite

creusée par Enguerrand d'Eudin, et que l'on appelait *Maupas*. [*N. du T.*]

(19) Rodolphe de Chissey, en 1380. C'est aujourd'hui la place aux Herbes. Elle porta longtemps le nom de *Malconseil*, comme le prouve M. Pilot dans une note très curieuse à l'appui du plan de Grenoble en 1548, retrouvé par lui, et publié dans le *Bulletin de la Société de statistique du département de l'Isère*, 1re série, tom. II, pag. 285 et suiv. [*N. du T.*]

(20) Aymar du Rivail expose lui-même (pag. 475) comment Humbert II fonda seulement un conseil delphinal, et plus loin (pag. 523) comment ce conseil fut transformé en parlement, sur le modèle de celui de Paris, en 1453, par le dauphin Louis, plus tard Louis XI. [*N. du T.*]

(21) Aujourd'hui l'hôtel-de-ville et la préfecture. Quelques parties de cet édifice, surtout la tour du nord-ouest, et le passage avec ses pendentifs, sont, en effet, très anciennes et antérieures à Lesdiguières. Cependant la façade du côté du jardin actuel, avec ses toits pointus, a tous les caractères de l'architecture du commencement du XVIIe siècle. Mais là encore Lesdiguières a amélioré plus qu'il n'a créé. Aymar du Rivail prouve que maison et jardin sont antérieurs au connétable. Cependant le jardin dont il parle pourrait bien avoir été là où existe aujourd'hui la place Neuve. [*N. du T.*]

(22) Ici Aymar se livre à une dissertation très longue, et très bizarre, pour prouver, par l'exemple de Scaurus, de Sylla, de Lucullus, de César, de Didius Julianus, de Papinien, de Bayard, de Salomon, etc., qu'on peut rendre la justice sans cesser d'être noble. [*N. du T.*]

CHAPITRE VI.

Environs de Grenoble.

La sortie de Grenoble dans la direction de Vienne est si étroite que, jusqu'au rocher où l'Isère et le Drac se réunissent, deux voitures peuvent à peine y passer de front. Le passage par la montée de Chalemont étant très difficile, Enguerrand, gouverneur du Dauphiné ([1]), fit construire cette route étroite en coupant le rocher au pied de la colline. D'un côté de cette route coule l'Isère, sur l'autre surplombent des rochers ; puis, après ce défilé, la route devient un peu plus large jusqu'aux gorges de Voreppe. A partir de ce point, l'air circule de toutes parts, et, jusqu'au Rhône, à travers le Viennois, la route est ouverte et sans montagnes. Près de Grenoble, dans la direction du nord, dans le pays des Allobroges, est une colline que l'on appelle Chalemont, sur laquelle on récolte d'excellents vins, connus sous le nom de vins des Côtes, et qui l'emportent, surtout pendant l'hiver, sur tous ceux de l'Allobrogie et même de la France. La suite de cette montagne, jusqu'aux sources du Guiers, n'est pas aussi fertile ; elle descend ensuite vers Chambéry. C'est au milieu à peu près de cette montagne, entre Grenoble et Chambéry, ville des Allobroges, que se trouvent les sources du Guiers. Elles sont au nombre de deux : l'une qui ne tarit jamais, est appelée le Guiers-Vif ; l'autre, qui reste parfois à sec, est appelée le Guiers-Mort. (²) Ces deux rivières coulent vers l'ouest, à travers des rochers, au-dessus de Voreppe et de Chambéry, et vont se réunir aux Échelles. Le Guiers coule en deçà du mont d'Aiguebelette, dans la vallée de Vaulserre, à travers des plaines, passe au milieu du Pont-de-Beauvoisin, ensuite, coulant entre Aoste et Saint-Genis, va se jeter dans le Rhône. Entre ces deux rivières, près de leur source, dans un lieu très sauvage, a été fondée la Grande-Chartreuse, chef-lieu de l'ordre entier, et comme ce lieu était appelé Chartreuse *(Cartusia)*, les moines qui l'habitent ont été depuis lors appelés Chartreux *(Cartusienses)*. Le Guiers-Mort est plus voisin de Grenoble, le Guiers-Vif de Chambéry ; et, comme en vertu d'une expertise faite autrefois entre le Roi-Dauphin et le Comte Vert (³), le Guiers est la frontière entre le Dauphiné et la Savoie, les Dauphinois et les Savoisiens discutent toujours pour savoir s'il s'agit du Guiers-Vif ou du Guiers-Mort. Les Savoisiens prétendent qu'il s'agit de celui-ci ; les Dauphinois qu'il s'agit du premier. Cette dernière opinion est la plus vraisemblable ; car s'il s'agissait du Guiers-Mort, les frontières ne seraient plus reconnaissables, lorsqu'il vient à se déssécher. Le fromage de la Chartreuse l'emporte sur tous ceux des Allobroges et des pays plus éloignés. Dans les jardins de ce couvent on cultive la rhubarbe, ce qui est merveilleux, attendu l'élévation de ce lieu, le froid qui y règne et la neige qui le couvre presque constamment.

Dans la vallée du Graisivaudan, non loin de Grenoble, est le monastère de Saint-François-de-Paule (⁴), et, plus haut, l'abbaye de femmes de Prémol, dans la montagne ; en deçà de l'Isère sont également deux couvents de femmes, Montfleury et l'abbaye des Ayes. Au-dessus des Ayes, à la porte de l'église de la Terrasse, est une pierre avec cette inscription :

MERCVRIO
AVG.
L. DIVIVS RVFVS
EX VOTO
S. L. M.

Près de Grenoble, en se dirigeant vers l'Oisans, on rencontre Vizille, ville antique, à l'extrémité de la fertile vallée d'Uriage. Sous Vizille le torrent de la Romanche, qui vient de l'Oisans, coule à travers des roches resserrées et peu après se réunit au Drac. Dans le territoire de Vizille on rencontre du marbre et de l'albâtre, qui s'exportent dans les autres parties de la France [5]. Près d'Allevard, dans la même vallée du Graisivaudan, et même à la Chartreuse, sont de nombreuses mines d'or [6], d'argent et de fer, surtout à Séchilienne. Le Bréda traverse Allevard, coule vers l'Isère et ses eaux sont utiles pour travailler le fer. On va de Grenoble au Mont-Cenis, par la vallée du Graisivaudan, la Savoie, Montmeillan, Aiguebelette, Saint-Jean-de-Maurienne ; ensuite on se rend en Italie, en descendant par la Novalèze et Suze. Deux routes conduisent de Grenoble à Briançon : l'une plus courte, mais plus resserrée, par Vizille, le Bourg-d'Oisans, Mont-de-Lans, la Grave, le Monestier-de-Briançon [7] ; l'autre plus longue, mais plus large, par Champ ou Vizille, la Mure, Corps, Saint-Bonnet, Gap,

Chorges, Embrun, Saint-Crépin, Saint-Martin-de-Queyrière; puis vient Briançon, d'où l'on descend en Italie par Cézane, Oulx, Salabertrand, Exilles, Chaumont, Suze. De Grenoble à Sisteron, la première ville de Provence de ce côté, il y a deux routes : l'une par Champ, la Mure, Corps, Saint-Bonnet, Gap, la Saulce; l'autre, en traversant le Drac, par Vif, le Monestier-de-Clermont, Clelles, Saint-Maurice (en Trièves), la Croix-Haute, Luz, les Fauries, Aspremont, Serres, Mizon; la route monte jusqu'à la Croix-Haute, et, depuis lors, descend jusqu'à Sisteron.

NOTES DU CHAPITRE VI.

(1) Enguerrand de Heudin ou d'Eudin, gouverneur du Dauphiné vers 1385.

(2) La montagne dans laquelle les deux Guiers prennent leur source est désignée, dans la carte du général Bourcet, sous le nom de *Haut-du-Seuil*. [*N. du T.*]

(3) Charles, depuis Charles V, et Amé VI de Savoie, surnommé le Comte-Vert, en 1355.

(4) Les Minimes de la Plaine-lès-Grenoble, fondés, en 1494, par l'évêque Laurent Ier Alleman, aujourd'hui le Bon-Pasteur, sur le chemin de Saint-Martin-d'Hères. Ce monastère a renfermé pendant longtemps le tombeau de Bayard, et c'est là également que fut inhumé, en 1730, un des savants et des historiens les plus distingués du Dauphiné, le président de Valbonnais. [*N. du T.*]

(5) Il existe, en effet, entre Vizille et Notre-Dame-de-Mésage, à Saint-Firmin, une carrière de gypse dans laquelle on rencontre également des couches considérables de sulfate de chaux anhydre, qu'on exploite et qu'on emploie comme marbre, mais que, naturellement, l'eau dissout. Il est à grains fins, brillants et saccharoïdes. Cette carrière appartient à M. le sénateur Sapey. [*N. du T.*]

(6) Il est vraisemblable qu'on a exploité, non assurément à la Grande-Chartreuse, mais à Allevard, des filons d'or. Mais les produits de ces mines, comme de celle de la Gardette près du Bourg-d'Oisans, qu'on a essayé d'exploiter à deux ou trois reprises, et récemment encore, ne couvraient probablement pas les frais. Quant aux mines de plomb argentifère, de cuivre, de zinc, tout le monde sait qu'elles sont nombreuses et productives, surtout dans l'Oisans.

La fonderie et le haut-fourneau d'Allevard n'ont fait qu'augmenter d'importance. [*N. du T.*]

(7) La route moderne, construite depuis trente ans à peine, qu'on rectifie déjà, et qui, quand elle sera achevée, sera digne de rivaliser avec la route même du Simplon, ne suit pas celle du xvie siècle. Elle est beaucoup plus élevée au-dessus de la Romanche, et les percées que l'on a taillées dans les gneiss de ces montagnes permettent d'arriver presqu'en ligne droite au petit village des Dauphins. On laisse donc maintenant à droite le village de Mont-de-Lans que traversaient et la voie romaine, dont il reste de belles traces, et la route du xvie siècle, qui, l'une et l'autre, du reste, mais après un long et pénible contour, aboutissaient également aux Dauphins. [*N. du T.*]

CHAPITRE VII.

Chambéry.

Après Chapareillan, à l'extrémité de la vallée du Graisivaudan, se trouve, dans le pays des Allobroges, une autre vallée, dirigée d'abord à gauche et à l'ouest pendant deux lieues, puis s'étendant, pendant l'espace de douze lieues, à droite et au nord jusqu'à Genève. Les deux parties de cette vallée sont renfermées de toutes parts entre de très hautes montagnes, et ont la forme d'un triangle ou d'un bras courbé vers le nord. Au coude formé par cette double vallée se trouvent la Crotte et les montagnes d'Aiguebelette et de l'Épine. Dans la partie inférieure, dans la direction de l'ouest jusqu'au Rhône, est le Mont-du-Chat, au pied duquel se trouve un lac de trois à quatre lieues de longueur et d'une lieue de large ([1]), appelé le lac du Bourget, du nom du village situé à son extrémité supérieure, et qui se termine en deçà du Rhône à Chatillon-de-Chautagne. Le lac du Bourget abonde en lavarets, excellents poissons, qui, par la grandeur, la bonté et le goût, diffèrent peu des harengs frais et qui ne se trouvent pas ailleurs que dans ce lac ([2]). Cette vallée est fertile en vignobles, froment, pommes, poires et fruits de toute espèce. La première de ses parties est arrosée par la Leysse, torrent formé par les eaux qui descendent des montagnes situées vers le nord. Le commencement de cette vallée touche à l'Isère, son extrémité au Rhône. Sur l'Isère, à la tête de cette vallée, est Montmeillan, château fort et magnifique du duc de Savoie, construit sur un rocher taillé de toutes parts (³); autour de ce rocher est bâtie la ville, et, en deçà de Montmeillan, à Myans, est le couvent des Cordeliers de l'Observance, dédié à Notre-Dame (⁴). Nous y avons fait des vœux pour notre fils Laurent, que Jésus-Christ, par l'intervention de sa mère, sauva de la mort à l'âge de six semaines (⁵). A la fin de cette première vallée et au commencement de la seconde, dans un enfoncement, est Chambéry, ville des Allobroges, située presqu'en ligne droite avec Grenoble, les montagnes de la Chartreuse entre les deux. On peut se rendre de Grenoble à Chambéry, à travers ces montagnes, par une route droite et courte. puisqu'elle n'a que cinq lieues, mais très difficile. Par la vallée du Graisivaudan la distance entre les deux villes est de huit lieues; la route est plus longue, oblique et tortueuse, mais aussi elle est plus facile et plus unie (⁶).

Autrefois existait au-dessus de Chambéry, sur une colline, le village de Lemenc, et Chambéry n'existait pas encore. Dans l'*Itinéraire* d'Antonin, le village de Lemenc est indiqué sur la route de Milan à Vienne par les Alpes Grecques, et afin de mieux saisir quelle en était la situation, voici les autres villes et villages que cet *Itinéraire* indique sur cette route : Novarre, Verceil, Eporædia (⁷), Vitricium (⁸), Aoste, Aribrigium (⁹), Bergintrum, que, par corruption, nous appelons aujourd'hui Bélentre, la Tarantaise (¹⁰), Obilunum (¹¹), ad Publicanos (¹²), Mantala, aujourd'hui Miolans ou Montmeillan (13), Lemincum (14), Labisco (15), Augusta (16), Bourgoin, Vienne.

Il existe aujourd'hui, sur cette colline, au-dessus de Chambéry, un monastère, ou une église qui a conservé une partie de l'ancien nom et s'appelle encore Lemens. La fondation de ce prieuré, comme on l'appelle, paraît fort ancienne. Car ce fut en l'année 546 qu'Anselme, abbé de Saint-Athanase de Lyon, par une inspiration divine, envoya deux de ses religieux, Ancelin et Godefroi, pour habiter la colline inhabitée de Lemenc et le désert voisin situé entre de hautes montagnes. Ces religieux fondèrent le monastère qui existe aujourd'hui. L'an 1243 ou 1253, le pape Innocent II, fuyant l'empereur Frédéric, persécuteur de l'Église, s'arrêta, pour se reposer des fatigues de la route, dans le prieuré de Lemens, qu'il enrichit par des indulgences, des dons spirituels et de nombreux priviléges (17). Déjà les habitants, ne laissant que le temple sur la colline, étaient descendus de la colline où avait existé Lemenc, et, pour trouver plus d'aisances, étaient venus s'établir dans la plaine et avaient fondé la ville qu'on appelle aujourd'hui Chambéry.

De Chambéry dans le territoire de Vienne le passage est difficile par la Crotte et les Échelles, lieu très resserré, et par la montagne d'Aiguebelette, où se trouve un lac (18).

Le roi très chrétien François passa par la Crotte et les Échelles pour aller visiter le saint suaire à Chambéry (1516), et, à cause de la difficulté des lieux, il fut, pendant une partie de la route, porté par un habitant, homme vigoureux et d'une grande taille.

Les montagnes qui s'étendent des gorges de Voreppe jusqu'au Rhône séparent le territoire de Chambéry de celui de Vienne. Chambéry est fortifié par des fossés, des murailles et sa nombreuse population ; il est embelli par un élégant palais des ducs de Savoie, les églises de Saint-Jean-de-Jérusalem, Saint-Léger, Saint-Antoine, Saint-François, Saint-Dominique, Sainte-Claire, et plusieurs autres. Dans la chapelle du palais est le vénérable linceul dans lequel le corps de Jésus-Christ fut placé pour être descendu dans le sépulcre, et sur lequel sont restées les empreintes de son corps et les marques de ses blessures. Chaque année, le lendemain de la Croix-de-Mai, d'innombrables chrétiens viennent de toutes parts pour y accomplir des vœux ; alors on montre ce linceul, que l'on appelle le saint suaire. Nous le vîmes quand on le montra, dans cette chapelle, à Guillaume Gouffier (seigneur de Bonnivet), amiral de France. Une autre fois, tandis que je négociais à Chambéry, au sujet du château de Chivron disputé entre le duc Charles de Savoie et quelques nobles de ce pays, il me fut montré, à huis clos, par l'ordre du même duc, à moi ainsi qu'à un certain nombre de magistrats et de personnages illustres du Piémont [19].

Il existe à Chambéry un parlement qui, au nom du duc, rend la justice à tous les Savoisiens ; là aussi sont le trésor et les archives des ducs de Savoie, et ceux qui en ont la garde portent le titre de Trésoriers.

Chambéry abonde en puits et en fontaines ; il est traversé par le ruisseau de l'Albane, qui descend d'une montagne escarpée, sert à nettoyer la ville et à divers usages, et peut remplir les fossés de la place. La Leysse coule aussi à peu de distance de Chambéry ; reçoit peu après, vers le nord, le ruisseau de l'Albane, se jette dans le lac du Bourget, puis, après l'avoir traversé, va se perdre dans le Rhône au-dessous de Seyssel. Au mois de septembre de l'année 1530, ces deux ruisseaux se gonflèrent tellement, à la suite d'une pluie de deux jours, qu'ils faillirent submerger Chambéry. A la même époque eut lieu une sorte de déluge chez presque tous les Allobroges et les Cavares ou habitants de Valence ; les Flamands, voisins de l'Océan, furent également désolés par une inondation et les eaux faillirent détruire Rome.

A une heure de Chambéry, sur la route de Genève est le village de Chivron ([20])...... Il y existe des ruines antiques, plusieurs inscriptions romaines et surtout un édifice de grande étendue dont il ne reste que les fondations, situé près de l'église, et qui, si je ne me trompe, était un temple romain. A peu près à une lieue au-dessus de Chivron est une petite ville que l'on appelle Aix (*Aquæ*), à cause de la grande quantité des eaux chaudes et froides qui y jaillissent. Là sont trois bains célèbres qui guérissent les malades et conservent la santé de ceux qui se portent bien. Les Romains, pendant qu'ils possédaient l'Allobrogie et le reste de la Gaule, fréquentèrent cette ville, surtout à cause de ses bains qu'ils aimaient beaucoup ([21])......
... Les eaux des bains d'Aix sont naturellement chaudes. Dans l'intérieur de la ville était un prétoire d'une admirable construction, bâti sans chaux, dont les matériaux étaient réunis par des lames de fer, et où les juges et les préteurs romains rendaient la justice aux habitants de toute cette contrée. Ouvert dans la direction de l'orient, il était fermé sur les autres côtés ; construit de très grosses pierres, il avait une toiture plus large que la base et en forme de crête. C'est aujourd'hui une partie de la maison du seigneur du lieu. Auprès de ce prétoire existe encore aujourd'hui un arc de triomphe bien conservé, sur la façade duquel est une longue inscription en caractères romains, devenue illisible par les injures du temps, à l'exception

de quelques mots. Sous cette inscription de trois lignes sont ces mots en plus grosses lettres :

POMPEIVS CAMPANVS.

Ce qui prouve que cet arc de triomphe fut élevé par Campanus, peut-être à la suite de quelque victoire remportée sur les Allobroges ([22]). Un des côtés de cet arc de triomphe sert de porte d'entrée au palais de justice ; il est tourné vers l'ouest. Mais, dans les temps modernes, on a tellement bâti autour de ce monument qu'il est caché en grande partie. Les inscriptions romaines sont si nombreuses à Aix qu'on en trouve sur toutes les maisons et sur tous les édifices de cette ville. Nous pourrions en citer cinq cents ; à quoi bon ? il en resterait bien plus encore et de quoi faire un volume. Elles prouvent que les Romains ont beaucoup fréquenté ces localités. Nous avions songé à insérer ici les plus remarquables ; mais il s'en présente une telle multitude que le choix entre elles est impossible. Aussi n'en ai-je recueilli aucune, et j'ai mieux aimé les passer toutes sous silence que d'en transcrire un petit nombre, de peur d'être injuste à l'égard de celles que j'omettrais.

Le territoire d'Aix abonde en très grosses pierres dont les Romains se sont servis pour élever ces édifices et ces monuments. Le sol l'emporte sur celui de toutes les autres localités de cette vallée par sa bonté et sa fertilité. Les eaux chaudes de cette ville servent à lessiver le linge, à faire la barbe, à pétrir le pain, sans avoir besoin d'être chauffées davantage.

Dans l'église d'Aix se trouve un gros morceau de la vraie croix.

Autrefois un grand nombre de serpents causaient beaucoup de mal aux habitants d'Aix ; par l'ordre et la puissance de saint Hugues, évêque de Grenoble, ils ont cessé d'être vénimeux. Nous en avons eu fréquemment des preuves ; partout à Aix on voit les enfants saisir les serpents, leur mettre le doigt dans la gueule, les enrouler à leur cou, sans qu'il leur arrive le moindre mal.

A trois lieues plus haut est Rumilly, petite ville fortifiée par sa position même, traversée par la rivière de Chéran, sur laquelle est un pont de pierres que son peu de largeur rend très fort ; elle fut presque entièrement détruite par un incendie, il y a peu d'années (1514), lors du passage du duc Charles III ([23]).

Sur une colline voisine de Rumilly, vers l'ouest, est l'excellent vignoble de Chastagnie, et, de ce côté, Rumilly est la dernière ville du duché de Savoie.

Deux lieues plus loin se trouve Annecy, première ville du comté de Genève. Annecy (*Amnicium*) est ainsi appelée du cours d'eau (*amnis*) qui l'entoure et la baigne. D'un lac qui touche presque à cette ville, sort, en effet, le Thiou, qui, après avoir traversé Annecy, va se jeter dans le Rhône. Ce comté s'étend jusqu'au territoire de Genève.

Au-dessous de la ville d'Aix, au pied du Mont-du-Chat, est le lac du Bourget dont nous avons déjà parlé, et peu avant la fin de ce lac, sur ses bords, au pied du Mont-du-Chat, est le monastère de Haute-Combe, où se trouve la sépulture des comtes et des ducs de Savoie. Après le Mont-du-Chat, sur l'une et l'autre rive du Rhône, se trouve Seyssel, d'où l'on se dirige à Genève par les deux rives du Rhône, quoique la plus grande partie de cette ville soit au-delà de ce fleuve. Les deux routes passent par les défilés de Cluses, qui sont sur les deux rives du Rhône. Mais les défilés en-deçà du fleuve sont tout juste carrossables; ceux situés au-delà sont plus larges. On va également de Seyssel à Genève par une route plus éloignée de la rive droite du Rhône; elle est plus longue, mais aussi plus large que les deux autres.

Au-dessus du comté de Genève, à l'orient, se trouve la baronnie de Faucigny, ayant, vers le nord, huit lieues de longueur et deux de largeur. Dans cette baronnie sont onze principaux villages que l'on appelle vulgairement des *mandements* ([24]), savoir : Faucigny, qui a donné son nom à la baronnie entière, Cluse, Bonneville, Bonne, Châtelet-de-Crédoz, Samoëns, Sallanches, Passy, Mont-Joie, Flumet, Châtillon. C'est à Bonneville que se rend la justice, mais avec droit d'appel au juge d'Annecy. Chacun de ces mandements renferme plusieurs paroisses. A une lieue de Conflans, se trouve la Giettaz (*Eugena*); Flumet en est à trois lieues; à une lieue de Sallanches est Mégève; Sallanches est à quatre lieues de Bonneville; Bonneville à quatre lieues de Genève. La Giettaz et Mégève ne sont que des hameaux de Flumet ([25]).

Cette vallée des Allobroges, qui est triangulaire, renferme beaucoup de familles nobles.

NOTES DU CHAPITRE VII.

(1) Suivant de Saussure (*Voyage dans les Alpes*, III, pag. 11), le lac du Bourget n'a que trois petites lieues de longueur, et une demi-lieue ou trois quarts de lieue dans sa plus grande largeur. Sa plus grande profondeur est de deux cent quarante pieds ou environ quatre-vingts mètres. Le lac de Paladru, dont Aymar a parlé plus haut, n'a guère en longueur et en largeur que le tiers de celui-ci, et sa profondeur constante est, dit-on, de cinquante mètres. [*N. du T.*]

(2) Aymar du Rivail n'est pas le seul qui célèbre les lavarets du lac du Bourget. Nous lisons dans ce vieil historien de la Savoie que j'ai déjà cité (*Chronographia insigniorum locorum Sabaudiæ, a Jacobo Delexio.* — Camberii, 1571, in-8°, pag. 22) : *Piscis ibi mullus, quem Burgeti lacus enutrit; indigenæ lavaretum vocant; nusquam aliubi terrarum præter hunc lacum repertum; singulari sapore. Qui magno in pretio estat apud omnes, ut non modo Gratianopolim Lugdunumque, sed etiam ultra Cinesii Alpes et Romam usque deferatur.* — La bonté et la réputation des *lavarets* des lacs du Bourget et d'Aiguebelette n'ont pas diminué; mais on n'en exporte presque plus. Du reste, il n'est pas parfaitement exact de dire qu'on ne les trouve que dans le lac du Bourget ; on les pêche également dans le petit lac d'Aiguebelette, qui en est voisin, il est vrai, mais aussi dans des lacs de la Poméranie. Leur chair est grasse, blanche, savoureuse, et suivant l'auteur de l'article *Lavarets* dans le *Grand Dictionnaire d'histoire naturelle* (xxv, pag. 559 et x, pag. 558), ils peuvent atteindre une longueur de un à trois pieds. Ils ressemblent beaucoup à la truite par l'apparence et par le goût. C'est le *Corigonus marœna* de Lacépède et le *Salmo marœna* de Linnée. — Il ne faut pas les confondre avec le *Corigonus lavaretus*

(Lac.), *Salmo lavaretus* (Linn.), qui se trouve dans l'Océan glacial, dans la Baltique et dans le lac de Genève, où on lui donne le nom de *Ferrat*, *Gravan*, *Gravanche*, et dans le lac de Neuchâtel, où il est connu sous les noms de *Palée* et *Bondelle*. [*N. du T.*]

(3) La montagne calcaire qui domine Montmeillan est appelée la Tuile; elle est remarquable par la disposition de ses couches. [*N. du T.*]

(4) Entre le village de Myans et le Mont-Grenier, qui le domine à l'ouest, on trouve une plaine d'environ une lieue en tous sens, couverte de petites éminences de forme conique, comme des taupinières, de vingt à vingt-cinq pieds de hauteur; cet endroit se nomme les *Abîmes de Myans*. On débite beaucoup de fables sur l'origine de ces monticules. De Saussure a prouvé (*Voyages dans les Alpes*, III, pag. 17) qu'ils étaient le résultat d'un grand éboulement du Mont-Grenier, arrivé, suivant un missel très ancien, en l'année 1249, et qui anéantit un prieuré situé au pied de la montagne et plusieurs villages d'alentour. — J'ai entre les mains un petit volume intitulé : *Notice historique sur Notre-Dame-de-Myans*, etc., par M. le chanoine Chevray, seconde édition, Chambéry, 1848, in-12 de 234 pag. Les quarante-six premières pages renferment seules quelques détails historiques; le reste du volume est rempli par des prières et des exercices de dévotion à l'usage des pèlerins qui se rendent à Notre-Dame-de-Myans. La partie historique ne contient rien de plus que ce que l'on trouve déjà dans les mémoires de Besson, dans le *Theatrum Sabaudiæ*; dans l'*Histoire consulaire de Lyon* du Père Ménestrier; dans le tom. VIII du *Spicilegium* de D'Achery, ouvrages très fidèlement analysés, et avec plus de critique, dans l'article *Myans* du dictionnaire de l'abbé Grillet (tom. III, pag. 159-164). Il en résulte que, antérieurement même à la catastrophe qui forma ces monticules décrits par de Saussure, et connus sous le nom d'*Abîmes de Myans*, il existait là un sanctuaire déjà célèbre; que, dans ce sanctuaire, se trouvait déjà cette image de la Vierge Ethiopienne et de l'enfant Jésus qui existe encore aujourd'hui et qu'une pieuse crédulité attribue, comme beaucoup d'autres portraits de la Vierge que l'on montre en Italie, à Saint-Luc, tandis qu'ils appartiennent à des artistes grecs du XIIIe siècle; que l'éboulement du Mont-Grenier qui détruisit et ensevelit sous ses décombres cinq paroisses et particulièrement la

ville de Saint-André, arriva le 25 novembre 1248; que cet éboulement produisit ces monticules, séparés par des lacs, aujourd'hui couverts de vignobles, qui ont été étudiés par beaucoup de géologues; que le couvent actuel, très fréquenté, surtout le 8 septembre de chaque année, a été fondé par les seigneurs de Montmayeur en 1458, et bâti sur le même emplacement où existait l'ancien oratoire, c'est-à-dire à l'endroit où l'éboulement s'arrêta. [*N. du T.*]

(5) Ici j'ai corrigé le texte de M. de Terrebasse, qui porte : *sex hebdomadas duntaxat agentes*. J'ai lu *agentem*, et le sens général indique assez que c'est la vraie leçon. Cet enfant mourut à six ans, cinq mois, trois semaines et un jour, à Grenoble, à la suite d'une dyssenterie, comme nous l'apprend Aymar du Rivail, à la pag. 592. [*N. du T.*]

(6) Ici encore les mesures d'Aymar du Rivail sont tout-à-fait arbitraires. De Grenoble à Chapareillan la distance est de quarante-et-un kilomètres, et de la frontière à Chambéry de seize; ce qui fait entre les deux villes cinquante-sept kilomètres, soit quatorze lieues et un quart, et non pas huit, comme le dit notre auteur. D'autre part, je ne comprends pas bien ce qu'Aymar entend par la route à travers les montagnes de la Grande-Chartreuse. S'il entend par là le chemin, praticable seulement pour les piétons et les mulets, qui passe par le Sappey, le col de Porte, les Cottaves, le couvent de la Grande-Chartreuse, le col de la Ruchère, le pas célèbre et effrayant du Frou, Saint-Christophe, les Échelles, je puis dire, par une expérience personnelle et sans crainte d'être démenti par ceux qui connaissent les localités, qu'il ne s'agit pas de cinq lieues, mais d'une distance qui, de Grenoble aux Échelles seulement, ne peut être parcourue en moins de douze à treize heures de marche. Enfin, s'il s'agit de la route, aujourd'hui très carrossable et excellente, qui passe par Voreppe, Pommiers, Saint-Laurent-du-Pont et les Échelles, elle est de trente kilomètres jusqu'à la frontière et de vingt-six des Échelles à Chambéry, ce qui donne cinquante-six kilomètres, soit quatorze lieues et non pas cinq. Mais cette route n'était pas praticable, même pour des mulets, à l'époque d'Aymar du Rivail. Les rochers qui se trouvent à trois kilomètres à l'est des Échelles, en Savoie, ne pouvaient être franchis que par les piétons et grâce aux échelles placées d'aspérités en aspérités sur les deux versants,

surtout sur celui qui regarde la France et qui est beaucoup plus escarpé. Ce n'est que depuis moins de quarante ans, sous l'empire, que l'on a pratiqué cette magnifique percée ou cette *grotte* de trois cent sept mètres de longueur, à laquelle on arrive par une belle route en pente douce et en rampes adoucies sur les deux versants des rochers. Auparavant, sans doute, il existait une ancienne route, fort curieuse, fort hardie, taillée dans le roc vif, surplombée par des rochers immenses, beaucoup plus pittoresque que la nouvelle, mais étroite, raboteuse, difficile pour les voitures. Mais cette route elle-même, qui était une immense amélioration, ne fut ouverte que plus de cent trente-ans après l'époque où écrivait Aymar du Rivail. C'est ce qui résulte de l'inscription suivante, placée sur un portique avec pilastres, construit en pierres différentes de celles du rocher auquel il est adossé, à gauche en venant de France :

CAROLVS EMMANVEL II
SABAVDIAE DVX. PEDEM. PRINCEPS. CYPRI. REX
PVBLICA FELICITATE PARTA. SINGVLORVM COMMODIS
INTENTVS. BREVIOREM SECVRIOREMQVE VIAM REGIAM
A NATVRA OCCLVSAM. ROMANIS INTENTATAM. CÆTARIS DESPERATAM
DEJECTIS SCOPVLORVM REPAGVLIS. AEQVATA MONTIVM INIQVITATE
QVAE CERVICIBVS IMMINEBANT PRAECIPITIA PEDIBVS STERNENS
AETERNIS POPVLORVM COMMERCIIS PATEFECIT.
ANNO MDCLXX.

On excuse l'orgueil de cette inscription, composée par l'abbé Thesauro de Turin, en voyant la grandeur des travaux à la tête desquels elle se trouve placée. On comprend que Charles-Emmanuel II, auquel, du reste, la Savoie est redevable de beaucoup de bienfaits, s'enorgueillisse d'avoir exécuté une œuvre que les Romains n'avaient pas tentée. Mais que de réflexions ne fait-on pas sur la vanité des espérances humaines, lorsqu'on lit une inscription qui promet l'éternité à des travaux exécutés en 1670, tandis que l'on foule à ses pieds l'herbe qui croît de toutes parts entre les rochers de cette route abandonnée et que l'on aperçoit, à quelques mètres de soi, la route nouvelle, et, parallèlement, dans le même rocher, l'entrée de cette grotte, percée cent cinquante ans plus tard et qui a rendu les premiers travaux inutiles! Que dis-je? lorsque l'on pense que la grotte elle-même et la nouvelle route ne dureront pas même aussi longtemps et que, dans quelques années, elles ne seront plus, elles aussi, que des ruines et un objet de curiosité, lorsqu'un chemin de fer aura mis Lyon ou Grenoble en communication directe et rapide avec Chambéry ! [*N. du T.*]

(7) Yvrée. [*N. du T.*]

(8) Peut-être, suivant Cluvier, *Vereggio* ou *Verezo* sur la Doire ; *Verrez*, suivant M. Walckenaër. [*N. du T.*]

(9) *Burg de la Duila*, suivant Wesseling. [*N. du T.*]

(10) Plus exactement *Darantasia*, c'est-à-dire, *Moutiers en Tarantaise*. [*N. du T.*]

(11) Aymar commet ici une faute qu'il n'a pas commise plus bas, (chap. XXVII), où il a reproduit cette partie de l'*Itinéraire*. Il faut lire *Oblimum*; c'est peut-être *Conflans*. [*T. du T.*]

(12) Poste de douanes, à peu de distance de Conflans. [*N. du T.*]

(13) Suivant M. Walckenaër (III, pag. 26), *Mantala* était située entre Saint-Pierre-d'Albigny et Saint-Jean-de-Maurienne, par conséquent à l'est de Montmeillan. Quelques écrivains dauphinois, trompés par l'analogie du nom, ont pensé que *Mantala* était le château de Mantaille, dans lequel, en 879, Boson fut proclamé par un concile. La géographie est ici plus à considérer qu'une ressemblance de nom. *Mantala* est, comme l'ordre même de l'*Itinéraire* l'indique, une ville de Savoie ; le château de Mantaille, où fut fondé le second royaume de Bourgogne, est près de Saint-Vallier dans le département de la Drôme. [*N. du T.*]

(14) *Lemens*, près de Chambéry. [*N. du T.*]

(15) *Les Échelles* ou *le Pont-de-Beauvoisin*. [*N. du N.*]

(16) *Aoste* ou *Aouste*, commune du canton du Pont-de-Beauvoisin (Isère). [*N. du T.*]

(17) Il faut rétablir ici la vérité des faits. Ce n'est pas Innocent II, mais Innocent IV, qui fut obligé de fuir devant Frédéric II, et cet événement n'est ni de 1243, ni de 1253, mais de 1245, année où Innocent IV, à peine arrivé en France, convoqua et présida le célèbre concile de Lyon. [*N. du T.*]

(18) *Aiguebelette*, petite commune voisine de Chambéry, est située au pied de la montagne de l'Épine, au bord d'un lac de peu d'étendue, où l'on pêche d'excellent poisson, et spécialement des carpes, inférieures cependant à celles du lac du Bourget (Grillet, *Dictionnaire de Savoie*, I, pag. 252.) [*N. du T.*]

(19) Cette relique a été transférée de Chambéry à Turin en 1578.

(20) Je supprime ici une assez longue dissertation sur la lettre de Plancus à Cicéron (*Epist. ad. famil.*, x. 23). Le nom latin de Chivron est Civaro; les éditions de Cicéron, dont se servait Aymar du Rivail, portaient *Civarone*; aujourd'hui toutes les éditions adoptent la leçon : *Cularone, ex finibus Allobrogum*. La lettre de Plancus a donc été écrite à Grenoble, et non à Chivron. La dissertation d'Aymar est, dès lors, inutile. [*N. du T.*]

(21) Il n'existe aujourd'hui à Aix que deux sources : l'une, d'eau sulfureuse, dont la température, suivant de Saussure (*Voyage dans les Alpes*, tom. III, pag. 9) est de 35° Réaumur ; la seconde, dite l'eau de Saint-Paul, dont la température, suivant le même auteur, est de 36° 1/2. [*N. du T.*]

(22) L'inscription entière se trouve dans l'*Histoire de Savoie* de Guichenon, pag. 31. Il a prouvé que ce monument était le tombeau de L. Campanus et de sa famille.

(23) Les habitants, montrant un enthousiasme excessif, avaient allumé des feux de joie très nombreux qui, poussés par un vent violent au milieu de la nuit, mirent le feu à la plupart des maisons construites ou du moins couvertes en bois. Le duc Charles III accorda plusieurs exemptions à Rumilly qui, peu à peu, se releva de ses ruines. Importante dès la fin du XVI° siècle, ayant joué un grand rôle dans les guerres du XVII°, Rumilly est aujourd'hui une ville de trois mille cinq cents habitants, active et commerçante. — *Voir* l'intéressant article que Grillet lui a consacré dans son *Dictionnaire*, tom. III, pag. 232-239. [*N. du T.*]

(24) Dans les documents historiques du Dauphiné et de la Savoie le mot *mandement* est fréquemment employé comme synonyme de *territoire, juridiction, district*, ainsi que le remarque M. de Terrebasse. J'ajouterai que ce mot a encore aujourd'hui, en Savoie, la

même signification non-seulement dans la langue populaire, mais dans le langage politique. Ainsi, lorsqu'on revient de Savoie en France, en entrant dans la partie sarde du village des Échelles, sur une des premières maisons à droite, on lit cette inscription placée depuis peu de temps :

LES ÉCHELLES. — COMMUNE.
MANDEMENT DES ÉCHELLES.
PROVINCE DE CHAMBÉRY.
ROUTE ROYALE DE TURIN EN FRANCE.

[*N. du T.*]

(25) *Cluses*, petite ville de deux mille habitants, chef-lieu d'un marquisat, célèbre avant la révolution par ses franchises, qui remontaient à 1310. — *Bonne*, petite commune de six cents âmes, près de Genève, longtemps disputée entre cette ville et les ducs de Savoie. — *Bonneville*, ancienne et aujourd'hui encore capitale de la province du Faucigny, commune de quinze cents âmes. — *Samoëns*, commune de plus de trois mille habitants; une des plus importantes du Haut-Faucigny, érigée en marquisat en 1699. — *Sallanches*, ville du Haut-Faucigny, comptant seulement quinze cents âmes, mais active et industrieuse, située sur la route de Genève aux fameux glaciers de Chamouni. Flumet, Mégève, Passy, etc., étaient sous sa juridiction. [*N. du T.*]

CHAPITRE VIII.

La Tarantaise et Moutiers.

Depuis Montmeillan, en remontant, sur l'une et l'autre rive de l'Isère, jusqu'aux sources de cette rivière, est une vallée contournée, dont la partie de ce côté jusqu'au Petit-Saint-Bernard se trouve dans le pays des Allobroges, dont l'autre, au-delà de la Maurienne, est dans le pays des Centrons et dans les Alpes Grecques, que nous décrirons dans ce livre. Au-dessus de Montmeillan, dans l'Allobrogie, sont le fort château de Miolans et la vallée du même nom que possède la puissante et ancienne famille de Miolans, dont la postérité mâle s'est éteinte dans la personne de Jacques Miolans, tué en Italie, à la bataille de la Bicocque, près de Milan (1524), et qui n'a laissé pour héritières que ses sœurs Claude, Philiberte, Antonia et Magdeleine. En montant de là, on rencontre le village de Conflans, placé sur un rocher, éloigné de Montmeillan de cinq lieues, et sous lequel coule l'Arly, qui, venant de Mégève et de Flumet, villages du Faucigny, reçoit le Doron près de Beaufort, et se jette dans l'Isère à peu de distance de là. Au-delà de Conflans, à droite, est l'entrée de la vallée de Tarantaise, qui, entre des collines, s'étend vers le nord dans une longueur de dix lieues jusqu'au Petit-

Saint-Bernard. Les collines à l'est sont du côté de la Maurienne, celles de l'ouest vers le Faucigny. A travers cette vallée coule l'Isère, et, à peu près au milieu, se trouve la ville de Moutiers, capitale de ce pays. Dans la même vallée, également au-delà et à droite de Conflans, dans une longueur de cinq lieues, à partir du pays des Centrons où il prend sa source, coule le Bosse, presqu'égal à l'Isère, dans laquelle il se jette. Au-dessus du confluent de l'Isère et du Bosse est la ville que l'*Itinéraire* d'Antonin appelle Tarantaise (*Moutiers en Tarantaise*), et au milieu de laquelle coule l'Isère. Cependant la plus grande partie de cette ville est située chez les Allobroges, et c'est là que se trouve l'église paroissiale dédiée à saint Pierre. Sur les rives de l'Isère, à l'orient, au-dessus et à peu de distance de Moutiers, est le village de Salins, ainsi appelé du sel qu'on y trouve dans des sources. Entre Conflans et Moutiers sont, sur les rives de l'Isère, ces petites villes ou villages : Rognex, Briançon, Aigueblanche, et au-dessus de Moutiers jusqu'au Petit-Saint-Bernard, Aixme, Bellentre, que l'*Itinéraire* d'Antonin appelle Bergence ([1]), Bourg-Saint-Maurice, Séez, Saint-Germain; et entre les collines sont plusieurs petits villages et des habitations de paysans, qui descendent dans la capitale et les autres villes ci-dessus indiquées, pour leurs procès et les besoins de la vie. A travers cette vallée, à partir de Conflans, la route est étroite et difficile; mais on peut pénétrer plus facilement dans cette vallée du côté de la Maurienne par la colline de Colombe et le mont Cluet, et, du côté du Faucigny, par Beaufort et diverses collines à gauche. Cette vallée renferme des champs fertiles et abonde en bons vins. Toutefois, ces vins ne suffisent pas à tous les habitants de la Tarantaise, et les paysans en boivent rarement. Selon Leblond, dans son *Italie illustrée* ([2]), la vallée de la Tarantaise en-deçà du Petit-Saint-Bernard appartient aux Allobroges et reçoit l'Isère.

En partant de Moutiers, par la vallée et les rives de l'Isère, on monte pendant quelque temps ; puis on rencontre deux routes, l'une à gauche par laquelle on monte au Petit-Saint-Bernard, pour redescendre vers Aoste. Par l'autre route et une vallée étroite, à droite, vers l'orient, on monte aux sources de l'Isère, dans le pays des Centrons. Cette rivière, après sa source, coule dans un pré appelé Prérond, à cause de sa forme. Après être sortie des défilés de cette prairie, l'Isère coule à travers une vallée qui porte le même nom, et, jusqu'à Moutiers, reçoit sur ses deux rives trente-deux ruisseaux.

De ce côté, le pays des Allobroges se termine aux sources de l'Isère, et les Allobroges s'étendent jusqu'aux Alpes Grecques, comme nous l'apprend Ausone, dans ces vers :

« Insinuant qua se Sequanis Allobroges oris
« Excluduntque Italos Alpina cacumina fines. »

Depuis leurs sources, l'Isère et le Rhône coulent l'un vers l'autre,.... jusqu'à ce qu'ils se réunissent au-dessus de Valence, un peu au-dessous de Tain, ville des Allobroges, renfermant entre eux toute l'Allobrogie ([3]). C'est ce que Lucain a ainsi exprimé :

Hi vada liquerunt Isaræ qui gurgite ductus
Per tam multa suo, famæ majoris in amnem
Lapsus, ad æquoreas nomen non pertulit undas ([4]).

Et dans sa lettre à Cicéron, Plancus écrit que l'Isère est un grand fleuve sur les frontières des Allobroges.

Entre la vallée de la Tarantaise et Miolans, d'un côté,

et, de l'autre côté, jusqu'à Genève, dernière ville des Allobroges, et la vallée qui s'étend jusqu'aux Véragres et à Chambéry, sont des montagnes et des collines très élevées sans voies de communication, ayant des vallées secondaires dont les parties les plus reculées et les plus occidentales sont habitées par des hommes très courageux, surtout ceux du Faucigny, qui sont les plus voisins de Genève et situés au-dessus de cette ville ([5]). De la Tarantaise ou de Moutiers on va à Genève par Conflans, la colline de Stamée, ou un lieu voisin plus en plaine, et Annecy, et, par cette route, il y a quinze lieues de distance entre les deux villes. On va aussi de Moutiers par Conflans vers la Giettaz, Flumet, Mégève et Sallanches, villes du Faucigny. Moutiers est à dix-huit lieues d'Aoste. Les habitants de la Maurienne possèdent le versant oriental des collines de la Tarantaise.

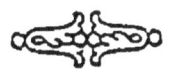

NOTES DU CHAPITRE VIII.

(1) L'*Itinéraire*, comme on peut le voir au chap. xxvii, où Aymar a exactement copié, appelle ce village *Bergintrum*. [*N. du T.*]

(2) *Italiæ illustratæ* l. viii. — *Romæ*, 1476, in-f°.

(3) Je me suis efforcé de donner, par ces extraits, un sens raisonnable à une dixaine de lignes dans lesquelles notre auteur s'est arrêté à discuter sur le vrai nom de l'Isère et à examiner les opinions de Strabon et de Boccace sur le lieu où l'Isère et le Rhône se réunissent. Une mauvaise leçon de Strabon, le mot *Durione* au lieu de *Druentia*, l'a entraîné ici et ailleurs dans des discussions oiseuses. [*N. du T.*]

(4) Pharsalia, l. i, v. 398.

(5) Cette ancienne province du duché de Savoie, dont Bonneville est le chef-lieu, renferme soixante-dix-sept paroisses. Elle est formée de quatre vallées dont celle de l'Arve est la plus importante. Le Haut-Faucigny était habité par les Centrons; le Bas-Faucigny appartenait aux Allobroges *(Dictionnaire de Savoie*, par Grillet, tom. ii, pag. 266). [*N. du T.*]

CHAPITRE IX.

Genève, dernière ville des Allobroges.

A l'extrémité du lac Léman, à l'endroit où le Rhône sort de ce lac, sur une colline, en partie inclinée, est située Genève. Elle est tout entière dans le pays des Allobroges, entre le lac et la rivière de l'Arve, qui peu après se jette dans le Rhône au-dessous de Genève et qui descend du Faucigny (¹). Autrefois le lac Léman et le Rhône séparaient les Helvètes des Allobroges. César nous dit, dans ses *Commentaires*, que Genève était la dernière ville des Allobroges, et qu'un pont, jeté sur le Rhône, à l'extrémité du lac, faisait communiquer cette ville avec les Helvètes. Lorsque les Helvètes, quittant leur pays, se disposaient à se retirer dans le pays des Santons, en traversant celui des Allobroges, César, envoyé pour agir contre eux au nom des Romains, fit détruire ce pont pour empêcher les Helvètes de traverser le Rhône. Plus tard, les habitants de Genève remplacèrent ce pont de pierres par un pont de bois; car le premier était en pierres, comme nous le prouvent des blocs nombreux que, de notre temps, on a retirés de cet endroit du Rhône, blocs couverts d'inscriptions et provenant des ruines de l'ancien pont. Au milieu du pont de bois actuel se trouve une tour de pierres qui sert de prison..................................

....

Par sa situation, Genève est une ville fort agréable; elle a, tant au-delà qu'en deçà du Rhône, une plaine immense renfermée entre des montagnes qui s'élèvent de chaque côté. Jacques de Bergame (²) nous dit qu'elle était la plus illustre et la plus renommée des villes des Allobroges par sa grandeur, sa beauté, le nombre des habitants, et qu'elle servait de marché à toute la province des Allobroges et de la Savoie. Mais ses foires lui ayant été enlevées et transférées à Lyon par les rois de France (³), Genève en a éprouvé un grand dommage.

On voit à Genève beaucoup d'inscriptions romaines sur marbre; il y existe aussi de magnifiques églises, dont la plus belle est la cathédrale dédiée à saint Pierre. L'évêque a la souveraineté de la ville, porte le titre de prince et reconnaît l'archevêque de Vienne pour métropolitain (⁴)...

Le lac Léman est très étroit près de Genève, mais il s'élargit ensuite et sa longueur est très considérable. Par sa grandeur et par l'abondance de ses poissons, il l'emporte sur tous les autres lacs non-seulement de l'Allobrogie, mais de la Gaule. C'est par ce lac que les marchandises de l'Allemagne et de la Suisse parviennent à Genève..... Le Rhône, qui prend sa source non loin de celle du Rhin et du Danube (⁵), se jette d'abord dans le lac Léman, puis, après en être sorti, tourne vers l'ouest, sert quelque temps de limites à la France, enfin, considérablement augmenté par les eaux de la Saône et d'autres fleuves, il va se jeter dans la mer, par plusieurs embouchures, entre le pays des Volces (⁶) et celui des Cavares................

Il traverse donc d'abord la Savoie et le pays des Séquaniens (⁷); puis, dans la suite de son cours, il arrose Lyon à droite, Vienne à gauche, reçoit la Saône, et, augmenté des eaux de cette rivière, suffit à porter une foule de grands navires que le souffle des vents agite fréquemment. Enfin, entre les vallées que la nature lui a tracées, il se termine par une large embouchure, à dix-huit milles d'Arles, et se jette en écumant dans la mer des Gaules. Je sais cependant qu'un peu au-dessus d'Arles, sept lieues avant son embouchure, le Rhône se divise en deux bras presque égaux, qui laissent entre eux un espace d'environ quatre lieues, au milieu duquel se trouve un territoire très fertile en blés [8]. Sur la rive gauche du Rhône, du côté de la Provence, est située Arles, au-dessus de laquelle est la plaine de la Crau, qui a près de sept lieues de largeur jusqu'à Salon..............................

....

Strabon affirme que même à la remonte et avec de fortes charges, le Rhône sert pour la navigation vers de nombreuses contrées, parce que les rivières qui se jettent dans ce fleuve sont navigables même pour des bâtiments chargés : telles sont le Doubs, la Saône et l'Isère. De nos jours, en effet, depuis le Fossé de Marius, le sel est transporté par le Rhône, des bords de la mer jusqu'à Seyssel, et par l'Isère et la Saône dans l'Allobrogie et beaucoup d'autres contrées, en payant un tribut au roi, et cela grâce à l'industrie et aux entreprises des habitants de Valence, de Vienne et de Lyon [9].

Dans l'espace compris entre le Rhône, l'Isère et le lac Léman, au-dessous des Véragres et des Alpes Grecques, sont placés les Allobroges. Plusieurs rivières venant de l'Allobrogie se jettent dans le Rhône, en traversant le territoire de Genève : l'Arve qui vient de la vallée du Faucigny, se jette dans le Rhône un peu au-dessous de Genève ; un peu plus bas, la rivière des Usses, au-dessus de Seyssel. Le Thiou, rivière du territoire de Genève, entre d'abord dans le lac d'Annecy, puis, après en être sorti, arrose cette ville; le Chéran coule un peu plus bas, atteint Rumilly, reçoit le Fier près du château de Lorvaix, puis, l'un et l'autre réunis sous le nom de Fier, vont se jeter dans le Rhône, à peu de distance au-dessous de Seyssel.

Au-delà du lac Léman et du Rhône sont une plaine et un territoire fertiles, sous la souveraineté du duc de Savoie....... Au-dessus de cette plaine se trouve le mont Jura, qui appartient à la Séquanie. Dans cette montagne est le vénérable corps de saint Claude, auprès duquel, comme beaucoup d'autres personnes de toutes les parties de la chrétienté, nous avons fait des vœux; là aussi, avant la mort de saint Claude, étaient les reliques de saint Eugend; le couvent des religieux et l'abbé qui administre ce monastère ont même conservé l'ancien nom de Saint-Eugend-du-Jura.

Comme le lac Léman s'étend pendant plusieurs milles, il atteint les frontières des Véragres; c'est sur leurs frontières qu'il reçoit le Rhône et l'on se rend de Genève chez les Véragres par le pays des Allobroges et les bords du lac Léman. Dans cet espace sont les petites villes de Thonon et de Ripaille, bâties par Amédée Ier, duc de Savoie, lorsque, fuyant le monde, il chercha une retraite [10].

La route qui passe par ces villes est plus étroite et plus difficile que celle qui suit les bords du lac Léman, mais elle est plus courte. L'une et l'autre conduisent à Saint-Maurice en Valais, ville du pays des Véragres, où beaucoup de chrétiens vont visiter les reliques de saint Maurice. Nous reparlerons plus loin de ces contrées.

Entre Genève, dernière ville des Allobroges, et Vienne,

capitale de ce peuple, il y a, en ligne droite, dix-huit lieues; douze de Genève à Chambéry; Aoste en est à vingt-six lieues, Martigny à quatorze ([11]); c'est par cette ville et les Alpes Pennines qu'on va de Genève à Aoste.

Telles sont les plus remarquables villes des Allobroges; quant aux petites, qui sont en nombre infini, nous les passerons sous silence; on en ferait un volume entier, attendu qu'il n'y a pas de localité si petite et si modeste à laquelle Dieu, dans sa bonté, n'ait accordé quelqu'avantage particulier. Nous suivons l'exemple des géographes, qui décrivent seulement les villes et les localités les plus remarquables. Passons maintenant aux pays qui furent autrefois ou alliés ou sujets des Allobroges.

NOTES DU CHAPITRE IX.

(1) L'Arve prend sa source dans le col de Balme, qui sépare le Valais de la vallée de Chamouni. Après avoir arrosé cette célèbre vallée et reçu les ruisseaux qui descendent des glaciers, non moins célèbres, du Montanvert, elle entre dans le Faucigny, où elle baigne Sallanches, Cluses, Bonneville, Carouge et va se jeter dans le Rhône, au bas de la colline de la Bâtie, à un quart d'heure sud-ouest de Genève *(Voir le Dictionnaire de Grillet, I, pag. 551 et la carte de Raymond).* [*N. du T.*]

(2) Jacques-Philippe de Bergame (*Jacobus-Philippus Bergomensis*), religieux des Hermites de Saint-Augustin, dont le vrai nom est *Forista*, est l'auteur d'un ouvrage sur les femmes illustres, et surtout de celui qui nous intéresse spécialement : *Supplementum Chronicorum*, etc., imprimé à Venise (gothique, in-fº, 355 feuillets) divisé en 16 livres ; — réimprimé à Paris, en 1535, in-fº, de 445 feuillets, avec un 17ᵉ livre, qui comprend les faits de l'année 1500 à l'année 1535. — Le passage que cite Aymar du Rivail se trouve fº 146, vº, de la première édition (L. VIII), et fº 136, vº, de l'édition de 1535. Dans ce passage, l'auteur attribue la fondation de Genève à l'empereur Aurélien, en 275, et, après avoir parlé du lac Léman, du Rhône, du pont sur ce fleuve, il ajoute : *Hæc itaque civitas nunc præ magnitudine pulchritudineque, ac civium frequentia, totius Allobrogum sive Sabaudensium provinciæ emporium esse videtur, ad quam propter frequentes nundinas innumerabiles deferuntur divitiæ.* [*N. du. T.*]

(3) *Nundinis sibi sublatis et per Gallicos reges Lugdunum translatis, ipsa Gebenna magnum detrimentum accepit* (pag. 66-67).

Tel est le texte de notre auteur que je crois avoir fidèlement traduit. Évidemment, il faut en conclure, non pas que les rois de France aient enlevé ses foires à la ville de Genève, sur laquelle ils n'avaient aucune autorité; mais que, par suite de l'établissement des foires de Lyon, le commerce se porta, naturellement et de lui-même, dans cette dernière ville. Or, ce résultat ne devait pas encore être sensible en 1500, lors de la première édition de l'ouvrage de Jacques-Philippe de Bergame, tandis qu'il devait l'être en 1535, au moment où écrivait Aymar du Rivail. En effet, quoique les foires de Lyon aient été d'abord créées, au nombre de deux, en 1419, et renouvelées par Charles VII en 1443, cependant elles n'acquirent une réelle importance qu'en 1462, par un édit de Louis XI, et surtout en 1494 par un édit de Charles VIII, qui en organisa quatre durant chacune quinze jours : 1º le lundi de la *Quasimodo;* 2º le 4 août; 3º le 3 novembre; 4º le premier lundi après la fête des Rois. Les priviléges accordés aux marchands étaient, dit l'édit royal, ceux dont *ils usoient aux foires de Genève :* cours des monnaies étrangères; liberté de transporter les monnaies et toutes les matières d'or et d'argent; protection accordée par le bailli de Mâcon, le sénéchal de Lyon, leurs lieutenants, etc., à tous les étrangers qui fréquenteront ces foires, excepté *les Anglois, anciens ennemys du Roy;* liberté du change et de la banque.... etc.... (Voir *les Priviléges des foires de Lion*, in-8º de 8 pages, sans date ni lieu, mais en caractères gothiques de la fin du XVᵉ siècle). De plus, les marchands étrangers étaient, pendant la durée des foires, exempts du droit d'aubaine. Enfin, ce qui est le plus important pour expliquer comment ces foires entraînèrent la ruine de celles de Genève, c'est que des priviléges particuliers étaient accordés aux Suisses et aux Allemands (Clerjon, *Histoire de Lyon*, III, pag. 258 notes, et IV, pag. 77). Aussi les foires de Lyon restèrent-elles célèbres jusqu'à la Révolution. L'épiscopat si agité de Jean de Savoie (1513-1522), l'introduction de la Réforme et les agitations qui en résultèrent, contribuèrent encore à affaiblir le commerce de Genève (Voir l'*Histoire de Genève*, par Bérenger, tom. 1ᵉʳ, chap. 9 et 10). [*N. du T.*]

(4) Au moment où Aymar du Rivail écrivait, la Réforme ne faisait que d'apparaître à Genève; Farel n'y avait que légèrement entamé la puissance épiscopale; Calvin n'y devait venir qu'en 1535 et ne s'y

établir qu'en 1541. La souveraineté de l'évêque de Genève datait de Conrad-le-Salique en 1034 (*Voir* Mignet, *Établissement de la Réforme à Genève*, dans les Notices et Mémoires, tome II, pag. 254). [*N. du T.*]

(5) Je reviendrai plus en détails sur ce point. Je me contente d'un mot ici : le Rhône prend sa source au mont de la Fourche (*la Furca*); le Rhin a les siennes au Saint-Gothard, dans le même massif, il est vrai, mais plus au sud-est. Quant au Danube, sa source est à plus de cinquante lieues de là, dans la Forêt-Noire. Ce qui a trompé Aymar du Rivail et des géographes plus modernes et plus instruits, c'est que l'Inn, un des affluents les plus considérables du Danube, naît également dans le Saint-Gothard. [*N. du T.*]

(6) Les Volces correspondaient, en partie, aux départements actuels de l'Hérault et du Gard. (*Voir* la note 11 de la pag. 7, chap. 1er.) [*N. du T.*]

(7) Les Séquaniens correspondaient, à proprement parler, à la Franche-Comté; mais, évidemment, il s'agit, par extension, de la Bresse ou du département de l'Ain. [*N. du T.*]

(8) Le delta du Rhône connu sous le nom de la Camargue. [*N. du T.*]

(9) Les choses auraient-elles changé depuis le milieu du XVIe siècle, en ce qui concerne l'Isère? ou bien Aymar n'a-t-il entendu parler que du cours de l'Isère en aval de Grenoble? Ce qui n'est que trop certain, c'est qu'aujourd'hui, de la frontière de Savoie à Grenoble, l'Isère n'est pas navigable. A peine sert-elle au transport des pièces de bois de sapins que l'on descend en radeaux. Même en aval, quelques bateaux plats partent, il est vrai, mais en petit nombre, du faubourg de la Graille, près de la porte de Créqui, surtout chargés de plâtre de Vizille et de ciment hydraulique destinés au département de la Drôme. A Veurey et à Saint-Gervais, la navigation a quelqu'importance, mais elle ne devient réellement active et considérable qu'à Romans. [*N. du T.*]

(10) Il s'agit d'Amédée VIII, le premier, en effet, qui ait substitué le titre de duc à celui de comte de Savoie. Il abdiqua en 1434, et se retira à Ripaille, où il mena une joyeuse vie dont le proverbe a conservé le souvenir. Élu pape en 1439, sous le nom de Félix V, par les Pères du concile de Bâle, il abdiqua en 1449, et retourna à

Ripaille, où il vécut picusement, et où il mourut en 1451. L'article *Ripaille* du Dictionnaire de Grillet (tom. III, pag. 195-200) est très curieux et très complet pour tous ces faits. Il n'est pas exact de dire que Ripaille ait été bâtie par Amédée VIII. Il existait déjà auparavant, en ce lieu, un couvent d'Augustins consacré à saint Maurice. Mais Amédée y fit construire un magnifique château et surtout un parc qu'on admire encore, et autour duquel s'élevèrent de nombreuses habitations. Il en est de même de Thonon, capitale du Chablais, qu'on trouve mentionné dès 1038 dans un acte indiqué par Grillet (*ib.* III, pag. 411). Amédée VIII fit seulement construire un château dans cette ville, déjà embellie par ses prédécesseurs. [*N. du T.*]

(11) Ici, comme presque partout, les distances données par Aymar sont entièrement arbitraires. De Vienne à Genève, la route la plus directe est par Bourgoin, la Tour-du-Pin, Belley, Seyssel et Frangy. De Genève à Chambéry, soit par la route de Rumilly et de Frangy, soit par celle du pont de la Caille et d'Annecy, la distance est la même, douze postes et quart, soit près de vingt-cinq lieues. Il y a vingt-neuf lieues de Genève à Martigny en Valais, par Thonon et Saint-Maurice, et de là à Aoste par le Grand-Saint-Bernard, il faut encore au moins de huit à dix heures de marche [*N. du T.*]

CHAPITRE X.

Les Cavares et Valence.

En partant de Marseille et en se dirigeant par le pays situé entre les Alpes et le Rhône jusqu'à la Durance, dans un espace de cinq cents stades, on trouve, au témoignage de Strabon, les Salyes, qui habitent des plaines et des montagnes. Lorsque, ensuite, en naviguant, on a passé la ville de Cavaillon, le reste du pays jusqu'au confluent de l'Isère et du Rhône, appartient aux Cavares, de telle façon que les Cavares ont pour bornes, au midi la Durance, au nord l'Isère; à l'ouest ils sont bornés par le Rhône, qui reçoit, à une grande distance l'une de l'autre, l'Isère et la Durance; à l'orient, enfin, les Cavares ont pour voisins les Voconces et les Triscastrins. Les Cavares sont donc renfermés entre ces trois fleuves, et, d'autre part, le territoire des Triscastrins et des Voconces (1)..............
.... Suivant Strabon, les plaines des Cavares nourrissent beaucoup de troupeaux, et les brebis qu'on y élève fournissent de meilleures toisons que celles du pays des Salyes.

Entre la Durance et l'Isère, cinq autres rivières se jettent dans le Rhône à travers le pays des Cavares ; les deux premières environnent la capitale des Cavares, puis, réunies, se jettent dans le Rhône. La troisième est la Sorgues, qui se jette dans le Rhône près de la ville de Vindalie (²). Nous parlerons plus loin des deux autres dont Strabon ne donne pas les noms.

Dans l'espace compris dans le pays des Cavares se trouvent, suivant Strabon, Avignon, Orange, Aéria (³) et Valence, par laquelle nous commencerons, parce qu'elle est la plus voisine des Allobroges dont nous nous occupons spécialement, et parce qu'elle n'est que peu éloignée de l'Isère.

Valence est située dans le territoire des Cavares, sur les bords du Rhône, à deux milles environ au-dessous du confluent de l'Isère et du Rhône........ Il est possible que Valence ait été fondée par les Romains, comme nous l'avons vu pour Romans, à l'époque où, sous la conduite de Fabius Maximus, ils eurent vaincu les Allobroges et les Arvernes au confluent de l'Isère et du Rhône.... Il paraît certain qu'après cette bataille, il y eut, pour habiter cette ville, des colons, soit envoyés de Rome, soit choisis parmi les vainqueurs eux-mêmes. En effet, Ptolémée nous parle de Valence des Cavares, comme d'une colonie romaine. Il est vrai que quelques-uns, surtout par suite de la similitude du nom, attribuent à l'empereur Valentinien la fondation de Valence. Mais cette ville existait avant Valentinien, puisqu'elle est citée par Ptolémée et Pline, antérieurs à ce prince (⁴). Cependant Valentinien eut cette ville, comme toute la Gaule, sous ses lois, et par cela même je ne voudrais pas nier qu'il ait pu restaurer Valence, d'autant plus qu'il habita cette ville, puisqu'on y trouve le tombeau de l'impératrice Justine, sa femme ; tombeau de marbre qui a été transporté à l'hospice, et sur lequel on lit cette inscription en caractères romains :

D. JVSTINA. M. (⁵)

C'est à Vienne, non loin de Valence, que Valentinien II, fils de Justine et de Valentinien Ier, fut étranglé par la perfidie d'Argobaste; par conséquent, et Valentinien Ier, mari de Justine, et Valentinien II, son fils, étranglé à Vienne, ont habité ces contrées (⁶).

Près de Valence, au midi, est une petite colline au-dessous de laquelle jaillissent des sources appelées Faventines, et quelques annalistes, s'appuyant sur des auteurs anciens, prétendent que c'est de là que la ville a reçu le nom de Valence. C'est ce que rapporte Simon Messes, official de Valence, dans un discours qu'il adressa à l'empereur Sigismond, lorsque celui-ci passa par Valence pour aller trouver en Espagne le pape Benoît XIII (⁷). On lit le même fait dans un opuscule que conservent les Antonins, dont l'auteur est inconnu, et qui a pour titre : *De calamitatibus principum.*

Cet auteur raconte aussi que le géant Cursole habitait les Cévennes et que, de son nom, il appela *Cursole*(⁸) ce pays, situé en face de Valence, au-delà du Rhône. Il ajoute que ce géant passa un jour le Rhône, et vint camper à *Faventia*. Mais je ne me rappelle pas avoir lu chez quelqu'écrivain faisant autorité que Valence ait jamais été appelée *Faventia*. Nous parlerons, dans notre second livre, de ce géant que d'autres appellent Briard (⁹).

Suivant Ammien Marcellin (L. XV), Valence était comptée parmi les principales villes de la province Viennoise, et c'est, en effet, dans cette province que la place également l'*Itinéraire* d'Antonin.

Valence était d'abord située sur un lieu élevé, au-dessus du Rhône; elle descendit ensuite vers ce fleuve, à mesure qu'elle reçut de l'accroissement. Elle est environnée d'un fossé et de deux murailles, dont la première et la plus intérieure est plus élevée et plus forte que la seconde...... On trouve dans cette ville le palais des comtes de Valentinois et la maison épiscopale, peu éloignés l'un de l'autre: plusieurs églises et surtout la cathédrale, dédiée à Saint-Apollinaire. Le neuf des calendes de décembre de l'année 1157, à Besançon, l'empereur Frédéric 1er attesta que les rois et les empereurs, ses prédécesseurs, avaient élevé et enrichi par de grands bienfaits l'église de Valence, considérant à juste titre, dit-il, que cette ville serait à tort appelée *Valence*, si elle ne *valait* pas beaucoup par ses bénéfices et ses prérogatives (10); de plus, il accorda à l'évêque Oddon (11) et à ses successeurs, la cité de Valence et tout ce qui se trouvait compris en dedans et en dehors de son enceinte, c'est-à-dire, le comté de Valentinois, les églises, les monastères, les gages de bataille (12), la monnaie, les impôts, les châteaux, les maisons de campagne, les bourgades, les lieux plantés, les serfs et serves, les dîmes, les forêts, les chasses, les moulins, les eaux, les champs, les prairies et pâturages, les droits de justice, et, de plus, les bourgades d'Alixan, Montéléger, la Baume-Cornillanne, Livron, Loriol, Montvendre, Allex, Saou, Fiancey, Chateauneuf-d'Isère, Montélier, avec la juridiction et le droit épiscopal dans toutes ces localités; il décréta de plus que, depuis l'Isère jusqu'à Montélier, et depuis Crest jusqu'à Soyons, dans tout l'évêché de Valence, nul ne pourrait lever d'impôts (13).

Quarante-sept ans plus tard (1204), l'empereur Philippe (14) accorda à Humbert (15), évêque de Valence et à son église, Pellafol, le Cope, Hostun ([16]), et de plus un droit de douze deniers pour chaque charge de cheval et de mulet transportée par terre ou par eau à Valence ou à Livron. Chaque charge d'âne devait un péage de six deniers, à moins qu'il ne portât du sel, du fer, ou quelque chose de semblable, auquel cas il n'était soumis qu'à un péage de quatre deniers. Frédéric II accorda à Guillaume, évêque de Valence ([17]), Mirmande, les Bastilles de Conflans et Gonian, et, dans ces localités et dans tout l'évêché, le droit de juger en premier ressort et de connaître de toutes les questions inférieures d'appels ou de délits. Le 3 des nones de juillet de la treizième année de son pontificat, le pape Grégoire confirma tous les priviléges accordés à l'église de Valence par ces princes et par les pontifes romains; il s'agit du souverain pontife Grégoire IX, contemporain de Frédéric II, sous le pontificat duquel, au témoignage de Platina ([18]), les villes d'Italie se partagèrent pour la première fois en deux factions: les Guelfes, favorables aux papes, les Gibelins, favorables à Frédéric, factions dont les noms ont subsisté jusqu'à nos jours ([19]). Le 3 août 1415, tandis que l'empereur Sigismond passait à Valence pour se rendre en Espagne auprès de Benoît XIII, il accorda à l'évêque le titre de comte de Valence et de Die, et les évêques de Valence prennent encore aujourd'hui ce double titre dans les actes et les documents publics.

Les citoyens de Valence furent exemptés d'impôts par les concessions des princes et par une sentence arbitrale prononcée par Humbert, archevêque de Vienne ([20]), renouvelée plus tard par une transaction avec l'évêque Jean de Poitiers ([21]). Le parlement du Dauphiné leur a récemment confirmé la *possession* de ce droit; mais la question de *propriété* est encore pendante. Louis de Poitiers, évêque de Valence et de Die ([22]), prêta serment à Louis XI, dauphin, en qualité de comte de Valence et de Die pour toutes les terres de son évêché et de ces deux comtés, et le reconnut pour souverain. Mais le 8 des ides de février de l'année 1456, le dauphin rendit à l'évêque Louis et à ses successeurs ce qu'il en avait reçu, c'est-à-dire la juridiction des villes de Die et de Valence, ne réservant pour lui que la suzeraineté et l'hommage. Il introduisit aussi de grands changements relativement aux impôts à percevoir à Valence, à Livron, et dans les autres domaines de l'évêque. L'évêque conserva le droit de juger en première instance dans ces localités; mais les appels durent être portés désormais au parlement du Dauphiné. Le dauphin énuméra ensuite quelles localités durent être ainsi mises sous l'autorité immédiate de l'évêque de Valence et de Die, savoir : Livron, Loriol, Châteauneuf-d'Isère, Montvendre, Beaumont, Mirabel, Bourdeaux, Crupiès, Besaudun, Vesc, Saillans, le Vercors, Montmaur, Châtillon, le Puy-Saint-Martin, Jonchères, Valdrôme ([23]). On voit combien Louis XI diminua les concessions faites par d'autres princes.

Il existe à Valence une académie de droit civil et canonique et des arts libéraux. Sous Louis XII, roi de France, le jurisconsulte Philippe Décius ([24]) fut largement rétribué pour y enseigner le droit civil, et fut nommé membre du parlement du Dauphiné. Pendant les troubles qui ont désolé leur pays, beaucoup d'Italiens sont venus étudier le droit à Valence.

NOTES DU CHAPITRE X.

(1) La situation réelle des Cavares et la véritable étendue de leur pays sont des questions encore très obscures et qui sont bien loin d'être résolues. D'après Strabon, suivi par Aymar du Rivail, les Cavares auraient été un peuple très puissant, puisqu'ils se seraient étendus, le long du Rhône, depuis la Durance jusqu'à l'Isère. Mais telle n'est pas l'opinion de d'Anville, qui s'appuie sur un texte de Ptolémée et sur un autre de Pline, pour placer, entre les Cavares, dont la capitale, suivant lui, était Avignon et dont les autres villes étaient Orange et Cavaillon, et les Allobroges, bornés par l'Isère, d'abord les Tricastrins, puis un peuple qui avait pour capitale Valence et que Ptolémée nomme les Segalauniens. L'opinion de d'Anville a été suivie par presque tous les géographes modernes. Cependant le texte de Ptolémée est-il suffisant pour contrebalancer celui de Strabon, qui connaissait très bien toutes ces contrées? Quant à Pline, son texte est certes bien insignifiant : il se contente de citer, comme habitant l'intérieur des terres, les Tricolles (les Tricoriens de Tite-Live), les Voconces et les Ségovellaunes, après lesquels on rencontre les Allobroges. Que les Ségovellaunes de Pline, peuple dont lui seul fait mention, et dans ce seul passage (III. 5. 4) soient les mêmes que les Ségalauniens de Ptolémée, je le veux bien. Mais enfin cette vague mention ne suffit pas pour les placer, comme le font d'Anville et les géographes modernes, entre les Allobroges et les Triscastrins, depuis l'Isère jusqu'au confluent de l'Ardèche et du Rhône. Ce peuple existait-il même à l'époque de Strabon, qui ne l'a pas connu? Peut-être n'était-il qu'un démembrement, opéré plus tard, de la grande confédération des Cavares, et, dans ce cas, Pline et Ptolémée pourraient se concilier avec Strabon,

que, d'une manière absolue, Aymar du Rivail aurait eu raison de suivre. Une autre conciliation a été indiquée, plutôt que traitée, par deux écrivains : M. Henry (*Recherches sur la géographie ancienne et les antiquités du département des Basses-Alpes;* — in-8º, Forcalquier, 1818, pag. 124), et M. Jules Ollivier (art. Valence de l'*Album du Dauphiné,* tom. II, pag. 162). L'un et l'autre présument que la grande confédération des Cavares s'étendait, comme dit Strabon, de la Durance à l'Isère, et que les *Memini,* les *Tricastrini,* les *Segalauni,* n'en étaient que des parties. [*N. du T.*]

(2) Nous verrons plus loin qu'Aymar place cette ancienne ville là où existe aujourd'hui la petite ville de Sorgues, sur la rivière du même nom, à neuf kilomètres au nord d'Avignon. [*N. du T.*]

(3) On peut voir dans la *Statistique du département de la Drôme,* par M. Delacroix, pag. 10, l'indication de plusieurs dissertations sur la position d'Aéria. Nous voyons plus loin qu'Aymar la place là où est aujourd'hui Livron, près de la rive droite de la Drôme. Ce n'est pas l'avis de MM. Calvet, Fortia d'Urban et Delacroix, qui la placent dans le département de Vaucluse, au château de Lers, bâti dans une île du Rhône, en face de Roquemaure. [*N. du T.*]

(4) *In agro Cavarum Valentia* (Plin., III. 5. 6). Les conjectures d'Aymar sont assez plausibles; mais j'ai supprimé un long passage romanesque sur la fondation de Valence, d'abord appelée Roma, par Roma, fille d'Italus. Cette fable a pour garants le faux Manéthon et le faux Fabius Pictor, publiés par Annius de Viterbe. [*N. du T.*]

(5) Évidemment, comme le remarque très justement M. de Terrebasse, la formule de cette inscription ne convient aucunement à une impératrice chrétienne. — « Ce tombeau, dit Abraham Golnitz, dans son *Itinéraire* (édit. des Elzevirs, pag. 413), cité par M. de Terrebasse, ayant été ouvert, montra un corps de femme d'une grande beauté, ayant les oreilles percées, et à chacune d'elles des anneaux pendants, ornés de perles et de diamants; à ses pieds était une coupe de cristal; à sa tête une lampe de verre. Aussitôt que l'air pénétra dans ce tombeau, le cadavre tomba en poussière. » Ajoutons que Justine mourut à Thessalonique, en 388. [*N. du T.*]

(6) Voilà un *par conséquent* (*ex quo apparet*) qui nous paraît appartenir à une singulière logique. [*N. du T.*]

(7) En 1415. — Il s'agit de Pierre de Luna, qui prenait en effet le titre de Benoît XIII, mais qui est considéré comme antipape et ne figure pas dans la liste des souverains pontifes. [*N. du T.*]

(8) Aujourd'hui *Crussol*, monticule très curieux, dans le département de l'Ardèche, en face de Valence, couronné par les ruines pittoresques d'un château féodal et d'où l'on extrait des pierres à bâtir d'une belle apparence et d'une excellente qualité. C'est au pied de cette colline que se trouvent les vignobles célèbres de Cornas et surtout de Saint-Péray. [*N. du T.*]

(9) J'ai parlé dans mon rapport des extravagances qu'a inspirées la découverte d'ossements fossiles attribués au géant Briard. C'est cela qu'annonce Aymar du Rivail. [*N. du T.*]

(10) Nous avons essayé de conserver le jeu de mots du texte : *Valentia; Valere.* [*N du T.*]

(11) Ou Eudes; 1156-1188. [*N. du T.*]

(12) Le texte présente ici beaucoup de difficultés. Nous indiquerons les mots difficiles en justifiant notre traduction par l'interprétation que donne à ces mots la dernière et excellente édition de Ducange, publiée par Firmin Didot. — Nous avons traduit par *gages de batailles* le mot *duella*, employé par Aymar. Au lieu de *duella*, il faudrait lire *duellia*. *Duellium*, dit Ducange (II, pag. 949), *jus duelli, seu quidquid ad principes locorum dominos redibat emolumenti ex judiciis duelli examine diremtis.* Plus bas (pag. 954), Ducange, à l'article *De compositione de duello*, prouve, par plusieurs citations de chartes, que, dans des cas déterminés, on pouvait éviter le duel en donnant au seigneur *des gages* (*vadia duelli*), qui variaient suivant les localités. — *Molas* et *molendina;* mots ordinairement synonymes, mais entre lesquels Ducange (tom. IV) établit, dans certains cas, la différence que nous avons fait passer dans notre traduction. — Nous avons traduit *areas* par *les lieux plantés*, en vertu de la synonymie de *plantarium* établie par Ducange (I, pag. 582). [*N. du T.*]

(13) *Alixan*, commune de deux mille cinq cents âmes, dans le canton du Bourg-du-Péage; on y voit d'anciennes murailles. — *Montéléger*, commune de sept cents âmes, canton de Valence; on y voit un vieux château du moyen-âge. — *La Baume-Cornillanne*,

commune de six cents âmes, canton de Chabeuil. — *Livron*, commune de trois mille âmes, canton de Loriol; on y voit les ruines de ce château merveilleux qui, suivant Gervais de Tilbury, ne supportait ni garnison, ni sentinelles pendant la nuit. — *Loriol*, commune de trois mille âmes, chef-lieu de canton. — *Montvendre*, commune de mille habitants, canton de Chabeuil.—*Allex*, commune de quinze cents âmes, canton nord de Crest. — *Saou*, commune de quinze cents âmes, canton sud de Crest. — *Fiancey*, commune de quatre cents âmes, canton de Valence. — *Châteauneuf-d'Isère*, commune de deux mille âmes, canton du Bourg-du-Péage; on y a trouvé un *taurobole* et d'autres monuments antiques; on y voit aussi les ruines du château où naquit saint Hugues.—*Montélier*, commune de treize cents âmes, canton de Chabeuil. — *Soyons* est dans le canton de Saint-Péray dans l'Ardèche. Mais ce canton et plusieurs autres, quoique situés dans le Vivarais, dépendirent de l'évêché de Valence jusqu'en 1790 (*Voir* Delacroix, *Statistique du département de la Drôme*, pag. 2 et 400-415). [*N. du T.*]

(14) Philippe de Souabe, fils de Frédéric Ier Barberousse, reconnu pour empereur par les Gibelins, à la mort de son frère Henri VI, est supposé régner de 1198 à 1208; mais les Guelfes, appuyés par le pape Innocent III, reconnaissaient pour empereur Othon IV. [*N. du T.*]

(15) Saint-Humbert II de Mirbel, de 1199 à 1220. [*N. du T.*]

(16) Je ne trouve dans le tableau statistique des communes, dans l'excellent ouvrage de M. Delacroix, ni Pellafol (*Pellafollum*), ni le Cope (*Coperium*). Il ne peut pas être question, dans le premier cas, de Pellafol, commune de 700 âmes, appartenant au canton de Mens et à l'arrondissement de Grenoble. Cette commune, désignée dans Valbonnais sous le nom de *Castrum de Pellafollo, in comitatu Graisivodani*, est à l'extrémité orientale du canton de Mens, sur les limites du canton de Corps et du département des Hautes-Alpes, par conséquent fort éloignée du Valentinois. — Quant à *Coperium*, M. de Terrebasse met en note (pag. 78) que c'est peut-être le *Cope*, près de Pisançon. Ce serait alors, comme nous l'avons dit dans une note antérieure, un hameau de la commune de Chatuzange. — Hostun est une commune de mille âmes dans le canton du Bourg-du-Péage. [*N. du T.*]

(17) Guillaume Ier de Savoie, de 1225 à 1236. [*N. du T.*]

(18) *In vitas summorum pontificum.* — Venise; 1479, in-f°. — Grégoire IX a gouverné l'Église de 1227 à 1241. La treizième année de son pontificat correspond donc à 1240. [*N. du T.*]

(19) Les factions des Guelfes et des Gibelins sont bien antérieures à l'époque que leur assigne Aymar du Rivail. Elles remontent au moins à un siècle auparavant. Le mot *Guelfes*, qui désignait, en Allemagne, les partisans de la maison de Bavière, et, en Italie, les partisans des papes, vient de ce que les princes de Bavière, compétiteurs de la maison de Souabe, portaient en général le prénom de *Welf*, d'où, par altération, se forma le nom de *Guelfe* dans la prononciation du midi. De même le mot de *Gibelin* est une altération italienne du mot teutonique *Wiblingen* ou *Waiblingen*, nom d'un château que possédaient les ducs de Souabe. Ce mot désigna, en Allemagne, les partisans de cette maison si héroïque et si malheureuse, connue aussi sous le nom de maison des Hohenstaufen, et, en Italie, les partisans des empereurs contre les papes. Lors de l'extinction de la maison des empereurs Franconiens, avec Henri V, en 1125, on éleva à l'empire Lothaire, duc de Saxe, qui régna jusqu'à 1138, et s'humilia au point d'aller recevoir, à Rome, la couronne des mains du pape, semblant ainsi se déclarer son vassal, comme l'exprimèrent les vers suivants que le pape Honorius II fit graver au-dessous d'un tableau, où Lothaire était représenté s'agenouillant devant lui :

Rex venit ante fores, jurans prius urbis honores;
Post homo fit papæ; recipit, quo dante, coronam.

Lothaire étant mort en 1138, les électeurs appelèrent à l'empire le duc de Souabe, Conrad III, qui commença la maison des Hohenstaufen. Mais la maison rivale, celle de Saxe et de Bavière, était représentée par Welf (ou *Guelfe*) III, frère du duc Henri le Superbe, qui, déjà, avait joué un certain rôle dans la guerre des Investitures en soutenant le pape contre l'empereur, et qui était mort en 1139. Welf disputa le trône à Conrad III et une grande bataille fut livrée entre eux en 1140, près de Weinsberg, dans le royaume actuel de Wurtemberg. Dans cette bataille, un siècle par conséquent avant l'époque dont parle Aymar du Rivail, les partisans de la maison de

Bavière, en même temps partisans des papes, s'appelaient en criant : *Ici*, *Welf*, cri auquel les partisans de la maison de Souabe, bientôt adversaires de la papauté, répondaient par celui-ci : *Ici, Waiblingen*. Dès lors ces deux noms de *Guelfes* et de *Gibelins* désignèrent deux familles rivales en Allemagne, et deux factions distinctes en Italie et cela pour plusieurs siècles. (Consulter: Sismondi, *Histoire des Rép. Ital. au moyen-âge*, tom. III. — Kohlrausch, *Histoire d'Allemagne*, traduite par M. Guinefolle, tom. I, pag. 390. — *Histoire d'Allemagne*, par Luden, L. XXI, chap. 1 et 8, traduction française, tom. IV, pag. 219 et surtout pag. 283). [*N. du T.*]

(20) Humbert III de Montchenu, 1376-1394. [*N. du T*]

(21) Jean IV de Poitiers, 1390-1448. [*N. du T.*]

(22) Louis II de Poitiers, 1448-1468 [*N. du T*].

(23) Nous avons eu déjà l'occasion de parler de la plupart de ces localités. Je continue de donner, d'après les tableaux statistiques de M. Delacroix (pag. 400-415), quelques indications sommaires sur celles dont nous n'avons rien dit encore : *Beaumont*, commune de douze cents âmes, canton de Valence. — *Mirabel*, commune de trois cent cinquante âmes, canton nord de Crest, remarquable par ses papeteries. — *Bourdeaux*, chef-lieu de canton, treize cents âmes. C'est là que naquit le pasteur Casaubon, père du célèbre savant, né lui-même à Genève. — *Crupiès*, canton de Bourdeaux, quatre cent cinquante habitants. — *Bezaudun*, canton de Bourdeaux, trois cent soixante-quinze habitants. — *Vesc*, onze cents habitants, canton de Dieu-le-Fit — *Saillans*, chef-lieu de canton, ville de dix sept cents habitants, peut-être l'ancienne *Darentiacca* de l'Itinéraire de Bordeaux à Jérusalem ; on y a trouvé une colonne milliaire et d'autres inscriptions qu'on peut voir dans M. Delacroix (pag. 604). — *Le Vercors* est une partie du département de la Drôme, arrondissement de Die, formant un canton de cinq communes, dont la Chapelle-en-Vercors est le chef-lieu ; pays très pittoresque, communiquant aujourd'hui avec le Royannais par l'admirable route des Grands-Goulets. — *Montmaur*, deux cents habitants, canton de Die. — *Châtillon*, chef-lieu de canton, douze cents habitants ; ruines d'un couvent de Bénédictins. — *Le Puy-Saint-Martin*, canton sud de Crest, neuf cents habitants. — *Jonchères*, canton du

Luc, trois cents âmes. — *Valdrôme*, canton de la Motte-Chalançon, arrondissement de Die, douze cents habitants. [*N. du T.*]

(24) Philippe Décius, de Milan, né en 1454, mort en 1536, eut une très haute réputation comme professeur et jurisconsulte. Cependant MM. Dupin et Laboulaye, dans la liste bibliographique des jurisconsultes qu'ils ont publiée en tête de leur édition des *Institutes coutumières de Loysel* (1846, tom. 1er, pag. xciv), n'indiquent de lui qu'un ouvrage posthume publié par son contemporain, le célèbre Dumoulin, *Consiliorum tomi duo, cum notis C. Molinæi.* — Lugduni, 1565, in-f°. [*N. du T.*]

CHAPITRE XI.

Environs de Valence.

La ville de Valence est très agréable, et entourée à l'orient par les sources des Faventines et par plusieurs autres; mais ses alentours sont secs et sablonneux.

Sur les bords du Rhône, près de la ville, est l'abbaye consacrée à saint Ruf, chef-lieu de l'ordre de ce nom (1). Les reliques de saint Ruf étaient d'abord dans le territoire d'Avignon; elles furent transférées, avec les religieux eux-mêmes, à Valence, sous le pontificat du pape Adrien (2).

Aux portes de la ville, à l'est, est l'église consacrée à saint Félix (3), fondée au-dessous de l'abbaye de Saint-Ruf; dans l'intérieur de cette église, on lit, sur une plaque de marbre, l'inscription suivante :

D ⚒ M
ET
MEMORIAE AETERNAE
PETRONI CASTI VET.
MISSI HONESTA
MISSIONE EX LEG.
PRIM. MIN. EX OPTIO
NE PROC. DVCENAR.
ET VITALINIAE FLORAE
CONIVGI EIVS. VIVI SIBI PONEND.
CVRAVER. ET SVB
ASCIA DEDICA
RVNT (4).

Dans le territoire et le comté de Valence, sur les rives de l'Isère, est Vernaison, abbaye de femmes (⁵).

Dans le territoire des Cavares, au pied des montagnes des Voconces, est la ville de Chabeuil, dans laquelle existe une rigoureuse justice pour les contrats; les débiteurs que leurs créanciers désirent lier plus étroitement se soumettent à la rigueur du tribunal de cette ville (⁶). On trouve ensuite Montvendre, village autrefois appelé Mont-de-Vénus, parce que cette déesse y était honorée. C'est un lieu fort agréable, et voilà pourquoi il était dédié à Vénus, comme Paphos et Chypre. Il y reste encore quelques souvenirs du culte de Vénus, car celui qui s'y marie paie, pour la première nuit de ses noces, une mesure de blé à l'évêque de Valence, qui possède ce village (⁷).

Entre Crest et Urre, dans le comté de Valence, fut défait par les habitants Raymond de Turenne, qui ravageait les campagnes et, depuis ce moment, le lieu où se livra le combat est appelé le Champ de la Guerre; plusieurs nobles de Livron périrent dans cette bataille (⁸).

Étoile et la Vache ne sont pas éloignées de Valence. Près d'Étoile est un magnifique château des comtes de Poitiers et un parc où l'on nourrit des animaux de toute espèce (⁹). Au-dessous coule le Letron, qui, grossi par les pluies, cause deaucoup de dégâts, et qui récemment, comme une sorte de déluge, a apporté la ruine aux habitants.

Non loin d'Étoile, en deçà et sur les bords du Rhône, est une localité appelée l'Ile-Sainte; elle doit son nom à cette circonstance que, tandis que les souverains pontifes résidaient à Avignon, le Rhône entourait cette localité et en faisait une île; mais comme l'entrée d'un des bras de cette île était difficile, un navire rempli d'hommes et de femmes y périt. L'île et le sable du fleuve furent leur tombeau.

Suivant quelques vieillards, l'évêque, passant par là, bénit cette île, ou, suivant la tradition d'autres habitants du pays, comme ceux qui y avaient péri n'avaient pas reçu la sépulture, un cardinal, expressément envoyé par le pape, consacra cette île suivant les cérémonies chrétiennes, et de là le nom d'Ile-Sainte qu'elle a continué de porter jusqu'à nos jours, quoique le Rhône ait cessé d'environner cette localité et qu'il ait gagné la direction de l'ouest.

Après Étoile, en ligne droite, est Aéria, que Strabon, d'après Artémidore, dit être ainsi appelée parce qu'elle est construite sur un lieu élevé ; c'est aujourd'hui Livron, et la roche sur laquelle elle s'élève est arrosée au midi par la Drôme. Pour se rendre d'Aéria à Durion, on traversait, à l'époque de Strabon, des défilés couverts de bois, à l'endroit où le Rhône et l'Isère se réunissent en face des Cévennes. Aujourd'hui Durion n'existe plus ; mais beaucoup de personnes croient que c'est avec les débris de cette ville qu'on a construit Tournon ([10]). Nous lisons dans Gervais que, dans le château d'Aéria ou de Livron, est une tour élevée appartenant à l'évêque de Valence et dans laquelle aucune garnison ne peut rester pendant la nuit. Si quelqu'un a été mis dans cette tour en sentinelle et pour veiller pendant la nuit, il se trouve, le lendemain matin, au fond de la vallée, sans terreur panique, sans avoir eu à lutter contre ceux qui l'ont transporté, sans même les avoir sentis. Aéria ou Livron est à trois lieues de Valence ([11])..

.....Après avoir passé la Drôme, à peu de distance se présente Loriol, ville fortifiée, très fréquentée par les voyageurs, environnée de quinze tours, si bien que, les habitants se défendant, aucune armée ne pourrait pénétrer dans cette ville. C'est ce qui a été prouvé dans les années dernières où les habitants ont repoussé la compagnie des gens de pied et autres troupes nombreuses du capitaine de Lorges. Loriol *(Aureolum)* est ainsi appelé d'un oiseau couleur d'or, qui s'y trouve en grand nombre et qui sert d'armoiries à cette ville. Dans l'église de Loriol on voit la mâchoire, garnie de ses dents, de saint Romain de Barral, qui, par la permission divine, guérit les maux de dents, du palais et de la tête, et deux os longs et minces des saints Cosme et Damien, qui calment les maux de ceux qui souffrent de la fièvre, du ventre ou des intestins. Dans la partie la plus élevée de la ville se trouvent un très ancien château et une tour solide non moins haute que le mont Laya, qui en est voisin. L'évêque de Valence, Antoine de Balzac, y a construit de nos jours un palais, une belle maison et une prison très forte.

Les habitants de Loriol ont un territoire fertile et beaucoup d'excellentes fontaines ; mais toutes ces fontaines le cèdent à celle de Saint-Pierre, située au-delà du mont Laya. Chaque année, aux calendes d'août, cette fontaine est bénie par les prêtres de la ville, qui y répandent solennement du sel en présence du peuple. Elle est dédiée à Saint-Pierre pour la guérison de la fièvre quarte. Non loin de cette fontaine est une très ancienne église de Saint-Pierre, où les habitants se rendent en pélerinage. Lorsque, aux calendes d'août, la consécration a été ainsi opérée autour de la fontaine, le peuple s'y livre à des festins et boit de cette eau salutaire [12].

Près du Rhône, sous Loriol, est un champ où jaillissent cent fontaines.

Pour conclure, le territoire de Valence a reçu récemment le nom de comté de Valentinois, possédé autrefois par la maison de Poitiers [13].

NOTES DU CHAPITRE XI.

(1) La célèbre abbaye de Saint-Ruf, dont les bâtiments servent en partie aujourd'hui au temple protestant, à des maisons particulières, enfin à la préfecture, est non pas *près de la ville*, *prope urbem*, comme dit Aymar du Rivail, mais dans l'intérieur même de la ville de Valence. Du reste, par leur architecture, ces bâtiments sont évidemment du XVIIe siècle, postérieurs, par conséquent, à notre historien. Quant à la légende de saint Ruf, dont les chroniqueurs ont fait le fils de Simon-le-Cyrénéen et un disciple que saint Paul aurait laissé à Valence en se rendant de Lyon en Espagne, il est inutile de faire remarquer qu'elle n'a pas le moindre fondement. Les auteurs ecclésiastiques les plus accrédités l'ont rejetée avec raison, comme on peut le voir dans un bon article de M. Jules Ollivier (*Album du Dauphiné*, tom. III, pag. 88). [*N. du T.*]

(2) Probablement Adrien IV, de 1154 à 1159. [*N. du T.*]

(3) Il en est de la légende de saint Félix comme de celle de saint Ruf. Suivant cette légende, insérée par les Bollandistes (avril, tom. III, pag. 96), saint Félix aurait été envoyé à Valence par l'évêque de Lyon, saint Irénée, pour prêcher l'Évangile, avec deux compagnons, et tous les trois y subirent le martyre, vers 211, par les ordres d'un lieutenant de Caracalla. Mais les Bénédictins (*Histoire littéraire de la France*, III, pag. 167); Tillemont (*Mémoires pour l'histoire ecclésiastique*, III, pag. 97); Baillet (*Vies des Saints*, III, pag. 405) ont rejeté ces actes comme apocryphes. Le premier évêque de Valence paraît être Émilien, vers 380. Il figure au concile tenu dans cette ville, en 374, et dont les actes ont été recueillis par Labbe, Sirmond, etc. [*N. du T.*].

(4) Cette inscription, rapportée avec diverses variantes, par Duchesne (*Antiquités et recherches des villes de France*, in-8°, pag. 837); Nicolas Bourbon (*Nugæ*, in-8°, Bâle, 1533, à la fin); Guy-Allard (*Dictionnaire Mss. du Dauphiné*, à la bibliothèque de Grenoble, n° 452), se trouvait, suivant Jules Ollivier (*Essais historiques sur Valence*, pag. 153, et *Album du Dauphiné*, II, pag. 166), dans la vieille église du prieuré de Saint-Félix, en dehors des murs de Valence, église détruite pendant les guerres de religion. La copie que donne M. Jules Ollivier ne diffère de celle que nous copions d'après Aymar que dans la disposition de quelques lignes. Le sens en est facile : *Aux Dieux mânes et à la mémoire éternelle de Pétronius Castus, vétéran, qui reçut un congé honorable de la première légion minervienne, d'après le choix du procurateur ducénaire, et à celle de Vitalina Flora, son épouse. Ils ont fait élever ce monument de leur vivant et l'ont dédié sous la hache.* Je ne me charge pas d'expliquer la véritable signification de ces mots *sub ascia* que l'on retrouve sur tant de monuments, surtout du midi de la France. Les antiquaires ont longuement disserté sur ce point, sans rien conclure. Assurément le mot n'est pas celtique, quoique quelques-uns en aient dit. Il est latin et très latin; on le trouve dans Cicéron, dans Pline, dans Vitruve, avec le sens de doloire et de hache. Cela veut-il dire que ces tombeaux sont placés sous l'autorité de la loi ? Ce sens est très ingénieux, mais très subtil. Cela veut-il dire que, lors de la dédicace de ces tombeaux, ceux qui les faisaient construire se plaçaient sous la hache ensanglantée du sacrificateur afin de recevoir le sang des victimes comme dans les tauroboles ? Je serais bien tenté de le croire; mais je ne présente cette opinion que comme une conjecture après tant d'autres. [*N. du T.*]

(5) Les ruines de l'ancienne abbaye de Vernaison sont dans la commune de Châteauneuf-d'Isère, sur une éminence, à une demi-lieue de Romans. Cette abbaye, fondée au XII° siècle pour des religieuses de l'ordre de Citeaux, fut transférée à Valence en 1616. Cependant un pélerinage y attirait, le lundi de Pâques, un nombreux concours de fidèles. Malgré la translation des religieuses, cet usage continua et continue encore aujourd'hui. Suivant M. Delacroix (pag. 460), le lundi de Pâques, la ville de Romans est

déserte, tout le monde est à Vernaison. Seulement le pélerinage est devenu singulièrement profane : on y danse, on y boit, on y mange des *pognes*, (pâtisserie grossière, mais célèbre en Dauphiné). Toutefois, on visite aussi les ruines de l'ancienne église, et un paysan y montre des reliques qu'il affirme être celles de saint Benoît. [*N. du T.*]

(6) Le seul renseignement que je trouve à cet égard est celui-ci, que donne M. Delacroix (*Statistique du département de la Drôme*, pag. 446) : « Chabeuil était, avant 1789, le siége d'une justice royale » qui présentait cette particularité, qu'on n'y était jamais reçu à » contester sur un acte obligatoire qu'après paiement ou consigna- » tion réelle, ce qui prévenait beaucoup de procès. Car, comme » on ne plaide guère en pareil cas que pour éviter le paiement ou » la consignation, lorsque l'un ou l'autre était fait on ne songeait plus « à plaider. » [*N. du T.*]

(7) Cette coutume n'est ni païenne, ni particulière à Montvendre. C'est un droit féodal exercé dans beaucoup de pays au moyen-âge. On l'appelait la *marquette*, et il était exercé notamment par l'archevêque de Bourges et l'évêque d'Amiens. (*Voir* Michelet; *Origines du droit français*, pag. 258-268.) [*N. du T.*]

(8) Raymond de Turenne exerça des actes de brigandage dans la Provence, le Comtat-Venaissin, le Valentinois, pendant les années 1389 et suivantes.

(9) *Eurre* ou *Urre* est une commune de mille habitants à quatre kilomètres de Crest. — *La Vache*, commune à huit kilomètres de Valence, sur le chemin de Crest, est remarquable par un beau château, qui appartenait à M. de Mac-Carthy. — *Étoile*, sur la même route, à treize kilomètres de Valence, renferme des parties encore belles et considérables de ce château dont parle Aymar du Rivail, et qui fut habité successivement par Louis XI et par Diane de Poitiers. [*N. du T.*]

(10) J'ai déjà dit que, suivant la plupart des antiquaires, Aéria se trouvait là où est aujourd'hui le château de Lers, dans le département de Vaucluse. Par conséquent en la plaçant à Livron, Aymar la met beaucoup trop au nord. Cela provient de la mauvaise leçon

de Strabon qu'il avait sous les yeux. Strabon ne dit pas qu'il existait *des défilés couverts de bois à l'endroit où le Rhône et l'Isère se réunissent;* ceci est une glose de notre auteur; mais que ces défilés et ces bois se trouvaient entre Aéria et jusqu'à la Durion : εἰς τὴν Δουρίωνα. Qu'est-ce que Durion? Évidemment ce n'est pas un nom de ville, quoi qu'en dise Aymar du Rivail, qui invente une ville de Durion dont il n'est fait aucune autre mention. En second lieu, ce point ne peut être bien éloigné du premier, c'est-à-dire d'Aéria. Or, de quoi s'agit-il dans ce passage de Strabon? Le géographe vient d'énumérer les villes qu'on trouve après avoir traversé la Durance, en allant vers le nord, *Cavaillon, Avignon, Orange, Aéria;* donc Aëria doit être à peu de distance de ces villes et elle en serait fort éloignée si sa position correspondait à Livron. Ceci posé, d'Aéria au confluent de l'Isère, la distance serait considérable; donc le point appelé Durion ne peut être aussi éloigné. Qu'est-ce donc que *Durion,* ou mieux *la Durion?* C'est tout simplement la Durance. Tel est l'avis de Casaubon, de d'Anville, de Gosselin (*Traduction de Strabon,* L. IV, § 9; tom. II, pag. 24 et suivantes). Il n'y a donc pas de ville appelée Durion, et il aurait été à désirer qu'Aymar s'en aperçût. Cela lui aurait épargné des dissertations inutiles, et, ici, une sorte d'absurdité; car, en admettant même une ville de *Durion*, il est impossible de supposer qu'on en eût transporté les débris à Tournon, où certes les matériaux de construction ne manquent pas, et cela en traversant le Rhône à une époque où il n'existait pas de pont à cet endroit. Qu'on admette que Tain ait été bâti sur l'emplacement d'une ville antique : passe encore; mais Tournon, sur la rive droite du Rhône, construit avec les matériaux d'une ville située sur la rive gauche! cela dépasse tout ce qu'on peut imaginer. [*N. du T.*]

(11) Livron est à dix-neuf kilomètres de Valence. [*N. du T.*]

(12) Loriol, chef-lieu de canton, à peu de distance de la rive gauche de la Drôme, sur la route nationale de Paris à Marseille, à vingt-et-un kilomètres de Valence, est une petite ville de trois mille habitants. M. Delacroix (pag. 525) ne cite comme curiosité des environs de Loriol qu'une fontaine d'eau minérale où se rendent les habitants de Loriol et de Livron aux mois de juillet et d'août, fontaine située près du château de la Gardette. — Antoine de Balzac

dont il est question dans le texte est le soixante-deuxième évêque de Valence; il administra ce diocèse de 1475 à 1491. [*N. du T.*]

(13) Le Valentinois fut de nouveau érigé en duché-pairie, en 1548 par Henri II, en faveur de Diane de Poitiers, fille de Jean de Brézé, seigneur de Saint-Vallier. Les comtes de Valentinois de la maison de Poitiers avaient commencé, vers 1150, avec Aimar, fils naturel de Guillaume XI, comte de Poitiers, et s'étaient terminés, en 1419, avec Louis II, qui avait institué le roi de France pour son héritier. [*N. du T.*]

CHAPITRE XII.

Montélimar.

Dans le territoire des Cavares, à sept lieues au-dessous de Valence, et à quatre au-dessous de Loriol, est la ville récente de Montélimar *(Montilium Adhemari)* (1). Située non loin du Rhône, elle s'étend en longueur au pied et sur le penchant d'un monticule. De là elle a reçu le nom de *Montilium*, c'est-à-dire *Monticulum*. Sur ce monticule existe un château tourné vers la ville (2). La famille des Adhémar posséda cette ville, peut-être depuis sa fondation, et c'est de là que lui vient son nom de *Montilium Adhemari* (3). L'addition du mot *Adhemari* sert à la distinguer de Montilium dans le Valentinois (Montélier) et des autres villes du même nom.

L'année 1198, Girard et Lambert Adhémar déclarèrent les habitants de *Montilium* exempts de tout tribut, et ces priviléges sont attestés par une inscription sur une table de marbre qui existe encore dans l'église de Sainte-Croix de cette ville, sous l'autel de la chapelle de Saint-Éloi (4).

Les Adhémar étaient tellement puissants que, à l'exemple des rois et des princes, ils avaient le privilége de sceller leurs actes en plomb et de faire grâce, comme me l'a montré, dans son château de Grignan, Louis Adhémar, homme noble, puissant et magnifique. Dans ses actes personnels, cette famille se servait donc d'un sceau de plomb, et dans les contrats que les habitants de Montélimar faisaient entre eux, ils ajoutaient également ce sceau, sur l'un des côtés duquel on voyait fréquemment le nom propre de celui des Adhémar qui gouvernait alors, tandis que, sur l'autre côté, le même personnage était représenté à cheval, comme nous l'avons vu dans d'anciens documents de cette ville.

Le 6 octobre 1340, Girard Adhémar vendit, pour la somme de 24,000 florins, au pape Benoît XII, une des trois parties de la ville de Montélimar qu'il possédait; une autre partie reconnaissait un autre Adhémar. Les trois parties de Montélimar passèrent ensuite aux comtes de Valence et de Die. L'an 1395, Louis de Poitiers, comte de Valence et de Die, confirma et même augmenta les libertés accordées aux habitants par les Adhémar. Plus tard, après la translation du comté de Valence et de Die aux dauphins, fils aînés des rois de France, Louis XI, dauphin du Viennois, comte de Valence et de Die, reçut du souverain pontife, par échange ou autrement, un quart de la ville de Montélimar; et, comme il y avait alors des évêques à Valence et à Die, la justice était rendue, à Montélimar comme à Crest, par les magistrats du comte. Aujourd'hui ces fonctions sont remplies par un sénéchal ou un jurisconsulte exerçant en son nom, et les appels sont portés au parlement du Dauphiné.

Quoique Montélimar soit une ville moderne, cependant elle l'emporte sur toutes les villes voisines par la force de ses murailles, l'abondance de toutes choses, d'excellentes hôtelleries, la fécondité du sol et la beauté de sa situation. Montélimar est arrosée par la petite rivière du Roubion qui prend sa source au-dessus du Puy-Saint-Martin et reçoit une autre rivière (le Jabron) (⁵).

Dans les environs de Montélimar, la famille des Adhémar possède encore la Garde, Grignan (⁶), Marsanne, et une infinité d'autres châteaux, bourgs, petites villes et villages, et Louis Adhémar scelle encore ses actes d'un sceau de plomb, a le droit de grâce, débri des priviléges de sa famille, nomme trois juges dans ses domaines, et ce n'est qu'en troisième instance que l'appel de leurs décisions peut être porté au parlement royal.

Après Montélimar, en descendant, on rencontre Châteauneuf-du-Rhône et Donzère, dont l'évêque de Viviers est prince souverain. Ce fut Conrad II, qui, en l'année 1149 (⁷), accorda à Guillaume, évêque de Viviers, son parent, et à ses successeurs (⁸), la ville de Donzère avec les droits régaliens, le droit de battre monnaie, et les droits de péage soit par terre, soit sur le Rhône. Ces priviléges furent scellés d'un sceau de cire.

Claude de Tournon, évêque de Viviers, mon ami intime (⁹), a, de notre temps, embelli Donzère d'un magnifique château. Ce château n'a pas besoin d'être loué : il se recommande par lui-même ; mais on ne peut trop louer cet évêque des vertus qu'il a montrées pour la restauration de son évêché et la magnifique construction de sa cathédrale.

Après Donzère est une petite ville située dans une vaste et grande plaine, et appelée Pierrelatte. Ce nom vient de ce que, dans cette plaine, se trouve un rocher isolé, large, sans que, dans un rayon d'une lieue, on voie un autre rocher, ou une pierre semblable; aussi l'a-t-on appelé *large (Petra lata)*, parce qu'il est seul dans une plaine large et ouverte, et, en outre, parce qu'il est large par lui-même (¹⁰). Vers l'orient, ce rocher est inaccessible par son élévation ; mais vers l'ouest et le midi, il est incliné vers le sol et très accessible. C'est sur ce rocher, à partir du sol jusqu'au sommet, vers l'ouest et le midi, que les hommes ont construit une ville, environnant d'un double mur, en forme d'un demi-cercle, la partie accessible et inclinée, tandis que la partie orientale est seulement fortifiée par le roc inaccessible. Dans la ville se trouve une église élégante, toute en pierres ; au sommet la citadelle du prince. Mais, comme la population s'accroissait et que la ville devenait insuffisante pour la contenir, les habitants construisirent de nouveaux édifices au pied du rocher, vers l'ouest et le midi, et les environnèrent d'une nouvelle muraille. Dans la ville se trouvent des puits et, au-delà de la porte du milieu de la nouvelle ville, une fontaine d'eau vive et intarissable pour la boisson et les autres nécessités de la vie.

La plaine qui s'étend vers le Rhône et le pays des Tricastrins est fertile et féconde en grains et en vins. La petite rivière de la Berre, qui vient du territoire de la Garde, arrose la ville et la plaine, et fait mouvoir à Pierrelatte plusieurs moulins pour moudre le blé. Au midi, dans le territoire de Pierrelatte, est une forêt royale ; mais, comme, de tous les autres côtés, la plaine autour de cette ville est entièrement ouverte, le vent du nord y souffle librement et y est quelquefois si fort qu'il renverse les hommes par terre.

Ensuite se présente la Palud, ville assez bien fortifiée par un fossé et des murailles. A peu de distance se trouve, dans un hameau, une chapelle de la Vierge, que, à cause de sa position, on appelle Notre-Dame-des-Plans, et où l'on fait de nombreux pélerinages.

CHAPITRE XII. — MONTÉLIMAR.

Ensuite vient Montdragon, que nos rois ont concédé aux archevêques d'Arles. Sur les portes de la ville était peint un aigle, aujourd'hui remplacé par des fleurs de lis.

Puis se présente Mornas, remarquable par un Prétoire romain, et Piolenc, villes assez avantageuses l'une et l'autre, obéissant au souverain pontife et appartenant au Comtat-Venaissin. Sous Montdragon, la rivière du Lez se jette dans le Rhône, après avoir, un peu plus haut, arrosé Bollène; plus haut encore, cette rivière en reçoit une autre (l'Eyrens) auprès du Bouchet, non loin de Suze-la-Rousse. Elle sort de la montagne des Teyssières, coule à travers le village de Montjoux, a un cours fort incertain auprès de Dieu-le-Fit, s'accroît à Taulignan et suit alors la direction que nous avons déjà indiquée. C'est une des cinq rivières que Strabon indique comme se jetant dans le Rhône entre la Durance et l'Isère (11).

NOTES DU CHAPITRE XII.

(1) Il est bizarre qu'Aymar du Rivail, qui voit partout des villes romaines, grecques et même troyennes, fasse de Montélimar une ville moderne. Dans un article publié en 1808, et dont les conclusions ont été corroborées et adoptées par des écrivains plus récents, M. Champollion-Figeac a démontré que Montélimar correspond à la ville romaine d'*Accusium*, mentionnée, avec le titre de *Mansio*, dans l'Itinéraire de Bordeaux à Jérusalem. On y a trouvé, en effet, beaucoup d'antiquités. A quelle époque *Accusium* changea-t-il son nom en celui de *Montilium Adhemari ?* C'est demander à quelle époque remonte l'illustre famille des Adhémar de Monteil, dont un des membres, évêque du Puy, fut légat d'Urbain II, pendant la première croisade (1095-1099). Suivant M. Champollion, la famille des Adhémar était déjà maîtresse et souveraine du territoire et de la ville de Montélimar au vi^e siècle. C'est déjà très respectable, et lors même, ce qui n'est pas, que la ville ne remonterait pas plus haut, l'expression dont se sert Aymar du Rivail, *recens oppidum*, serait encore bien étrange (*Voir l'Album du Dauphiné*, II, pag. 141, art. de M. de Bergeville, et la *Statistique* de M. Delacroix, pag. 552 et suivantes). [*N. du T.*]

(2) Cette citadelle, ancien château des Adhémar, est construite avec une solidité qui prouve une très haute antiquité. La tour carrée qui se trouve au nord du château s'appelle encore aujourd'hui la *Tour de Narbonne*. Ce nom traditionnel est un nouveau témoignage en faveur de l'ancienneté de Montélimar. C'est un souvenir de l'époque ou *Accusium* appartenait à la Gaule Narbonnaise. [*N. du T.*]

(3) La famille des Adhémar de Monteil, éteinte au commence-

ment du XVIᵉ siècle, relevée par Gaspard de Castellane, substitué au nom et aux armes des Adhémar, et éteinte de nouveau en 1715.

(4) Cette inscription se trouve aujourd'hui à l'hôtel-de-ville de Montélimar.

(5) Le Roubion prend sa source dans la montagne du Miélandre, coule d'abord au nord-ouest et arrose Bourdeaux ; puis il descend vers le sud-ouest, reçoit, à Montélimar, le Jabron, qui prend sa source au-dessus de Dieu-le-Fit, et l'un et l'autre réunis vont se jeter dans le Rhône à trois kilomètres à l'ouest de Montélimar. [*N. du T.*]

(6) Cette petite ville est renfermée par des murs flanqués de tours, le tout dominé par un château, de forme irrégulière, supporté par des murs et des terrasses d'une hauteur prodigieuse, et occupant la cime d'une espèce de montagne isolée au milieu d'un grand plateau nu et pelé. « Il est difficile, ajoute de Saussure, d'imaginer quelque » chose de plus triste et de plus extraordinaire. » (*Voyages dans les Alpes*, III, pag. 375). Quelle habitation pour la fille de Mᵐᵉ de Sévigné ! Cependant, c'est dans ce séjour, que, du reste, tout le monde ne juge pas aussi sévèrement que de Saussure (notamment Jules Ollivier, *Album du Dauphiné*, IV, pag. 114), que Mᵐᵉ de Sévigné a écrit plusieurs de ses plus charmantes lettres, et c'est là qu'elle est morte, le 17 avril 1696, victime de son dévouement maternel. [*N. du T.*]

(7) Voilà un nouvel exemple de l'ignorance, déjà signalée dans mon rapport, d'Aymar du Rivail en ce qui concerne l'histoire d'Allemagne. Conrad II, le premier prince de la maison de Franconie, règne de 1024 à 1039 ; ce n'est donc pas de lui qu'il est question, mais bien de Conrad III, qui commence la maison de Souabe ou des Hohenstaufen, et qui règne de 1138 à 1152. [*N. du T.*]

(8) Guillaume Iᵉʳ, évêque de Viviers, de 1147 à 1155. [*N. du T.*]

(9) 1498-1542, et non 1552, comme dit, par erreur, M. de Terrebasse dans sa note. [*N. du T.*]

(10) La ville actuelle est bâtie au pied de ce rocher isolé, à cime aplatie, et dont la nature, suivant de Saussure (*Voyages dans les Alpes*, III, pag. 364), est une pâte calcaire avec de gros grains roulés de quartz et de feldspath, mélangés de débris de coquillages. [*N. du T.*]

(11) *La Garde-Adhémar* est une commune de onze cents âmes dans le canton de Pierrelatte. Le château des Adhémar fait partie de cette commune. — *Grignan*, chef-lieu de canton, commune de deux mille âmes. J'ajouterai aux renseignements d'une des notes précédentes, que le célèbre château de cette petite ville a été détruit pendant la Révolution. Cependant les terrasses existent encore, et les ruines imposantes du château, ainsi que les souvenirs qui s'y rattachent, attirent à Grignan de nombreux voyageurs. — *Marsanne*, chef-lieu de canton, commune de quatorze cents âmes, dans une situation très pittoresque, dominée par les ruines d'un château féodal. — *Châteauneuf-du-Rhône*, commune de treize cents âmes, sur la route nationale de Paris à Marseille, et dans laquelle on a trouvé des restes d'antiquité. — *Donzère*, commune de dix sept cents âmes, avec un port et un bac sur le Rhône. Il ne reste plus que des ruines de ce château dont parle Aymar. La seigneurie des évêques de Viviers sur cette petite ville remonte, dit-on, à Charles-le-Chauve; elle a continué jusqu'à la Révolution. Conrad III aurait donc, non accordé, mais confirmé ces droits. — *Pierrelatte*, petite ville de trois mille cinq cents âmes, chef-lieu de canton. Aymar est ici plus raisonnable qu'une tradition, citée par M. Delacroix, qui donnerait aux mots *petra lata* le sens de *pierre apportée*, parce que le rocher, singulièrement isolé au milieu d'une vaste plaine, sur lequel elle est bâtie, aurait été apporté là miraculeusement. — *La Berre*, petite rivière, qui prend sa source au-dessus de Grignan, coule de l'est à l'ouest et va se jeter dans le Rhône entre Donzère et Pierrelatte. — *La Palud, Montdragon, Mornas, Piolenc, Bollène*, appartiennent au département de Vaucluse. — *Le Lez* prend sa source au mont de la Lance, coule quelque temps du sud au nord, puis descend constamment vers le sud-est, jusqu'à son embouchure dans le Rhône près de Mornas. Il n'arrose réellement que Bollène. — *Theyssière* est à quelque distance de sa source sur la rive droite; — *Montjoux*, sur la rive gauche, presqu'en face de *Dieu-le-Fit* (chef-lieu de canton et ville de quatre mille âmes, très industrieuse); — *Taulignan* et *Grignan* sont à quelque distance sur la rive droite; — *Suze-la-Rousse*, commune de seize cents âmes, sur les limites des départements de la Drôme et de Vaucluse, est à quelque distance de la rive gauche de cette rivière au-dessus de Bollène. [*N. du T.*]

CHAPITRE XIII.

Orange.

A l'époque d'Annibal, la nation des Volces habitait les deux rives du Rhône (1)...... C'était un peuple nombreux, puissant et riche, correspondant, suivant Marliani dans son *Index aux Commentaires de César* (2), aux pays où existent aujourd'hui, en deçà du Rhône, Orange et Avignon. Mais, au témoignage de Strabon et de Pline, Orange et Avignon sont dans le pays des Cavares (3), puisque, comme nous l'avons dit, d'après Strabon, dans notre article sur Valence, les Cavares s'étendent depuis la Durance jusqu'au confluent du Rhône et de l'Isère. Toujours suivant Strabon, les Volces Arécomiques habitaient un territoire étendu sur la rive droite du Rhône, ayant en face d'eux les Salyes sur l'autre rive de ce fleuve, et pour capitale Nîmes. S'il en est ainsi, les Volces avaient vis-à-vis d'eux non-seulement les Salyes, mais les Cavares, puisque Nîmes, capitale des Volces Arécomiques, est en ligne droite avec les Cavares, Orange et Avignon, et que, d'autre part, Ptolémée nous dit qu'Avignon était en ligne droite avec les Volces Arécomiques situés au-delà du Rhône. Lorsque les Volces passèrent sous la domination romaine avec les Voconces et les Allobroges, c'est à Nîmes que la justice leur était rendue, ainsi qu'aux Voconces, comme nous l'apprend Strabon, au livre quatrième. Il peut se faire aussi que les habitants des deux rives du Rhône aient d'abord porté le nom de Volces, et que, plus tard, ceux d'entre eux qui habitaient la rive gauche aient pris le nom de *Caves* ou *Cavares*, suivant les temps et les gouvernements, parce que des situations nouvelles donnent de nouveaux noms aux peuples. C'est ainsi que les Allobroges ont tiré des dauphins et des défilés de la Savoie les noms de Dauphinois et de Savoisiens, que les Séquanes s'appellent maintenant Bourguignons, les Salyes Provençaux, les Cavares Valentinois, habitants d'Orange, d'Avignon, du Comtat-Venaissin, ayant reçu de nouveaux noms des principales villes de ces pays. Le nom de Volces est très ancien, et, soit que les territoires d'Orange et d'Avignon fussent sous la domination des Volces ou sous celle des Cavares, toujours est-il qu'Annibal leur fit la guerre, qu'il passa le Rhône chez eux et malgré eux, et que ce fut en quittant leur pays qu'en quatre campements il arriva à l'île où plus tard Lyon fut bâti, comme nous le raconterons longuement dans notre second livre (4).

Orange est à trois lieues en deçà de la Sorgues, à peu de distance du Rhône, comme Pline nous l'apprend dans le premier livre de son *Histoire naturelle* (5); cette ville est une colonie des soldats de la deuxième légion, comme Arles de la sixième, Narbonne de la dixième.... Toutefois, Pomponius Méla attribue Orange à la sixième et Arles à la septième légion ; mais il énumère ces deux villes parmi les plus riches de la Gaule Narbonnaise.

On voit à Orange un beau théâtre. La rivière de la Meyne, qui l'arrose, était autrefois, lors de la domination romaine, et suivant l'usage, conduite dans ce théâtre;

sur cette rivière existent encore aujourd'hui un moulin et un pont que l'on appelle le pont et le moulin des Arènes, parce qu'ils conduisaient aux Arènes, c'est-à-dire au théâtre. Les théâtres étaient, en effet, appelés les Arènes, comme nous le voyons dans la *Vie d'Auguste* par Suétone et dans d'autres écrivains anciens. Ce nom venait de ce que, dans les théâtres et les amphithéâtres, on répandait du sable *(arena)* sur la place destinée aux combats, afin, d'une part, que le sang des hommes et des bêtes qui combattaient fût absorbé par ce sable et ne causât pas d'horreur aux spectateurs, et, d'autre part, pour que ceux qui luttaient se tinssent plus solides. Il y avait d'autres raisons encore dont parlent les historiens et ceux qui ont écrit sur l'architecture. A Orange, à Nîmes, à Arles, les amphithéâtres et les théâtres portent également le nom d'Arènes. A l'intérieur, il existait quatorze gradins de pierres, disposés en demi-cercle dans les amphithéâtres, en angles dans les théâtres, sur lesquels se plaçaient, pour voir les jeux, et dans l'ordre déterminé par leur rang, le peuple, les chevaliers et les sénateurs, c'est-à-dire, les trois classes de la population.

En dehors de la ville, au nord, est un arc de triomphe, élevé en souvenir d'une bataille navale et parfaitement conservé. Sur cinq boucliers sculptés on lit les cinq noms suivants :

MARIO · DACVDO · VDILLVS · CATVLVS · RODVACVS.

Le reste a été détruit par le temps et les vents [6].

Non loin de cet arc de triomphe est la rivière de l'Eygues, que l'on passe souvent à gué. Lorsqu'on ne peut, par suite de crues, ou lorsqu'on ne veut pas la passer ainsi, hommes et bêtes la traversent sur un pont de pierres. L'Eygues est une des cinq rivières que Strabon mentionne comme descendant des Alpes et se jetant dans le Rhône entre la Durance et l'Isère.

Entre l'Eygues et Orange existait autrefois un temple de Mars; l'emplacement de cet édifice et le champ voisin en ont conservé le nom. Si ce temple fut élevé par Fabius Maximus, en souvenir de la défaite des Allobroges, Strabon a tort d'ajouter qu'il fut construit au lieu même de cette victoire, puisqu'il est fort éloigné du confluent de l'Isère et du Rhône; peut-être Strabon a-t-il mal indiqué l'emplacement de cet édifice.

Ptolémée, Strabon, Pline et d'autres écrivains qui font autorité, appellent cette ville *Arausio*. C'était donc son nom antique. Mais les modernes, corrompant non seulement les mœurs, mais même les noms des choses, l'ont appelée *Arausica*, comme nous le lisons dans d'anciens documents de cette ville, notamment dans les actes de la vente de certains ports et de la douzième et seizième partie de Caderousse pour la somme de quinze mille sous, actes passés à *Arausica* (Orange) en 1127, 1224 et 1228, par Rostang de Sabran, Latil, seigneur de Mourmoiron, ses fils et autres, en faveur de Rambaud d'Ancezune. Ces actes de vente sont écrits en style élégant. Ce sont les vendeurs eux-mêmes et non le tabellion, qui parlent dans ces actes; les vendeurs et les acheteurs y sont dénommés particulièrement l'un après l'autre et non en masse [7]. Nous avons lu avec plaisir ces actes à cause de la beauté des expressions et de leurs formules conformes au droit civil; d'autres actes se trouvaient à la suite de ceux-là, approuvant ces ventes, et écrits avec non moins de grâce et d'élégance. Plus récemment cette ville a été nommée *Auraica*, des mots *aura* (vent) et *ica* ou *iquarius* (la rivière de l'Eygues) [8], comme le croient quelques-uns, qui racontent aussi beaucoup de fables sur un certain *Guillaume au court nez*, qui posséda Orange ([9]).

Derrière Orange, en partie vers l'ouest, en partie vers le midi, est une colline sur laquelle existent un château et une chapelle dédiée à saint Eutrope, par le secours duquel les personnes enflées ou, comme on dit, étropiques ([10]) obtiennent leur guérison.

Orange a un évêché et une académie de droit civil et canonique, mais éclipsée par l'école voisine et plus célèbre d'Avignon. Orange est ceinte de deux murs, mais de hauteur inégale. Tout auprès se trouve une principauté possédée autrefois et, dès l'année 1127, par la maison de Baux, dont le chef, Guillaume, était alors prince d'Orange, comme cela résulte de documents anciens. Enfin, Raymond de Baux eut une fille unique, nommée Marie, qui épousa Jean de Châlon en Bourgogne ([11]), de telle façon que, par suite de ce mariage, la maison de Châlon possède la principauté d'Orange depuis cent quarante ans. Ces princes portent une corne pour armoiries, ce qui fait conjecturer que Guillaume *au cornet* a réellement possédé Orange et a transmis à ses successeurs l'emblème de son surnom.

Autrefois la principauté d'Orange était sous la juridiction du comte de Provence. Mais René, comte de Provence, vendit à Louis de Châlon, prince d'Orange (1436), la juridiction et tout ce qu'il possédait dans cette principauté. Au mois de février de l'année 1473, Philippe de Grolée, Dauphinois, accompagné d'autres chevaliers, s'empara de la personne de Guillaume (VIII) de Châlon, qui se rendait de sa principauté d'Orange, à travers le Dauphiné, pour rejoindre le duc de Bourgogne dont il suivait le parti contre Louis XI. Il le retint longtemps prisonnier dans une salle de son château d'Illins dans le territoire de Vienne, et cette salle est encore appelée aujourd'hui la salle du prince. Enfin le roi Louis racheta Guillaume, qui, en reconnaissance, s'obligea à payer au roi 40,000 écus d'or, tandis que le roi s'obligeait, de son côté, à payer annuellement 400 livres, sur le trésor du Dauphiné, à Philippe de Grolée, auquel il accordait d'autres avantages. Le 6 juin 1475, Guillaume de Châlon, prince d'Orange, vendit, à Rouen, la suzeraineté de sa principauté à Louis XI pour la somme de 40,000 écus d'or. Guillaume préféra le roi de France à tout autre, soit parce que Marie, mère de Louis, était sœur de René, et qu'il lui paraissait juste que cette suzeraineté, aliénée par René, fût recouvrée par le neveu de celui-ci, soit parce que sa principauté se trouvait avoir un meilleur et plus sûr protecteur contre tous les dangers qui pouvaient l'assaillir, soit enfin pour se délivrer de divers embarras ([12]). Il fut convenu qu'en dernier appel, c'est-à-dire en troisième instance, les causes seraient portées devant le parlement du Dauphiné. Le prince déclara déshérité de tous ses droits, qui alors appartiendraient à Louis et à ses successeurs, celui de ses descendants qui violerait ces traités, et, dans ce cas, les habitants d'Orange devraient obéir, non plus à son héritier, mais au dauphin, à la condition toutefois qu'on n'exigerait d'eux aucun subside pour la guerre et les francs-archers, et qu'on respecterait leurs privilèges. Ces conventions avaient été conclues en présence du chancelier, mais en l'absence de Louis; il les ratifia, à Rouen, le même mois et la même année. Il permit de plus que, dans leurs actes, les princes d'Orange continuassent de se servir de la formule *par la grâce de Dieu;* qu'il battissent monnaie au poids de celle du Dauphiné, avec la corne et leurs autres armoiries, enfin qu'ils eussent, dans leur principauté, le droit de grâce, excepté pour les crimes d'hérésie et de lèze-majesté.

Plus tard, Louis XII rendit à Jean de Châlon, prince d'Orange, le pouvoir souverain que celui-ci avait perdu. Sous le même roi, le prince d'Orange constitua un tribunal composé d'un président et de trois conseillers pour juger et terminer, à Orange, les procès de toute la principauté. Mais il s'éleva des discussions entre les magistrats du Dauphiné et le prince d'Orange sur la validité de la donation faite par Louis XII; aussi, après la mort de ce roi, le parlement d'Orange fut supprimé et la suzeraineté de la principauté d'Orange retourna aux dauphins.

Pendant les guerres du roi très chrétien François et de l'empereur Charles-Quint, Philibert, prince d'Orange, embrassa le parti de Charles et se rendit auprès de lui en Espagne, par le Dauphiné, le Languedoc et le territoire de Toulouse. Je partais alors pour Toulouse avec Laurent Alleman, évêque de Grenoble, qui allait se faire sacrer dans l'abbaye de Saint-Sernin. Nous rencontrâmes Philibert au passage de la Drôme et nous fîmes route avec lui jusqu'à Toulouse. Il refusa de retourner à Orange, parce que le roi ne voulait pas lui rendre la souveraineté réelle et que les fleurs de lis mêlées aux dauphins étaient placées sur les portes de la ville. Interrogé fréquemment par moi, pendant le voyage, sur les motifs pour lesquels il abandonnait le roi, il me répondit que l'empereur était son suzerain. Sa principauté lui fut enlevée, mais elle lui fut rendue lors de la paix entre le roi et l'empereur [13]. Philibert a été tué récemment, au mois d'août 1530, en assiégeant Florence avec les Espagnols au nom du pape Clément VII, et tandis qu'il empêchait un convoi qui venait de Pise de pénétrer dans la ville assiégée. Il ne laissait ni femme, ni enfants. Sa principauté et ses biens passèrent alors à sa mère qui lui survivait et au fils du comte de Nassau, né d'une de ses sœurs ([14]), c'est-à-dire à une autre famille ([15]). Telle est la fragilité des choses humaines ! Tout périt, excepté les vertus qui nous conduisent aux choses célestes ([16]).

La principauté d'Orange a un petit nombre de villes, savoir : Courtézon, Causans, Jonquières, Malijay, Gigondas, Vaqueiras. Elle est située en plaine. Au-dessous d'Orange, au milieu du Rhône, s'élève, sur un rocher, le magnifique et fort château de Lers ([17]).

NOTES DU CHAPITRE XIII.

(1) In Volcarum pervenerat agrum, gentis validæ. Colunt autem circa utramque ripam Rhodani (Tit.-Liv., xxi, 26). [*N. du T.*]

(2) *Veterum Galliæ locorum, populorum,* etc. *alphabetica descriptio, authore Raimundo Marliano (ad Cæsaris calcem, ex edit. Vascosani,* 1543, in-f°.)

(3) Arausio colonia Secundanorum... Avenio Cavarum (Plinii, III. 6). [*N. du T.*]

(4) Dans une note du chapitre Ier, j'ai déjà parlé des difficultés que s'est créées Aymar du Rivail, en ne distinguant pas les époques au sujet de la position des Volces. Je dois renvoyer le lecteur à cette note où la question est traitée. Quant à la dernière allégation, c'est un des deux ou trois systèmes différents de notre historien sur le passage d'Annibal. J'examine et je réfute ces systèmes dans un appendice placé à la fin de ce volume. [*N. du T.*]

(5) C'est une erreur, le passage de Pline, cité plus haut, se trouve au IIIe livre. [*N. du T.*]

(6) Parmi toutes les conjectures sur l'époque et la destination de cet arc-de-triomphe, le plus beau qui existe, la moins probable est celle qu'émet Aymar du Rivail. Sauf les trophés qui sont sur les côtés du fronton, et qui sont presqu'entièrement composés d'attributs maritimes; les armes offensives et défensives qu'on y voit groupées, et les combats qui y sont représentés n'ont aucun rapport avec la marine. L'opinion la plus vraisemblable est qu'il fut élevé en souvenir de la victoire remportée près d'Aix, sur les Teutons, par Marius. Aymar a également mal copié les inscriptions : au lieu de *Dacvdo*, on lit DACVNO; au lieu de *Rodvacvs*, DODVACVS. Il n'est

pas question de *Catvlus*, mais, en revanche, on lit : SACROVIR, ISVIVS, AV... OT, et enfin, fréquemment répétées, les lettres S n E. — Consulter : le Comte de Laborde, *Monuments de la France*, pl. 48, et Millin, *Voyage en France*, tom. II, pag. 133 et suivantes. [*N. du T.*]

(7) *Singulariter non pluraliter nominantur* (pag. 91). Ai-je bien compris le sens? Je l'espère sans en être bien sûr. [*N. du T.*]

(8) L'Eygues ou l'Aygues prend sa source dans le département des Hautes-Alpes, coule d'abord au nord-ouest, arrose Rémusat, où elle reçoit l'Oule, prend la direction du sud-ouest, arrose les Pilles et Nyons (Drôme), et va se jeter dans le Rhône entre Piolenc et Orange, dans le département de Vaucluse. [*N. du. T.*]

(9) Guillaume *au court nez* ou *au cornet*, duc d'Aquitaine, premier prince d'Orange, plus tard moine à Gellonne (IX° siècle), est très célèbre dans les chroniques et les chansons de moyen-âge.

(10) Je traduis littéralement : *inflati et*, *ut dicunt*, *etropici* (pag. 92) [*N. du T.*]

(11) Marie, fille aînée de Raymond IV, mariée en 1388 à Jean de Châlon, baron d'Arlay en Bourgogne, tige de la troisième race des princes d'Orange.

(12) Ce sont des motifs honnêtes, mais naïfs, inventés par Aymar. En réalité, les deux faits se tiennent. Louis XI devait recevoir 40,000 écus pour son intervention dans la délivrance du prince. Au lieu de toucher de l'argent, il reçoit la principauté évaluée à égale somme; il ne paie rien puisqu'il est créancier pour la même valeur. Cela résulte clairement de l'acte original de cette cession, que M. de Terrebasse a retrouvé aux archives de la préfecture de Grenoble et publié en appendice, page 597. Il n'est même pas du tout impossible, comme plusieurs historiens le laissent à entendre, que cette arrestation de Guillaume d'Orange par Philippe de Grolée n'ait été préparée par Louis XI. C'est tout-à-fait dans le caractère de ce roi, si rusé, si habile, si peu scrupuleux. Sans doute, comme le dit le prince dans cet acte de cession publié par M. de Terrebasse, il ne faisait pas précisément acte d'hostilité en se rendant, en 1473, auprès du duc de Bourgogne, puisqu'alors il y avait une trève signée entre le roi et son redoutable vassal. Mais Louis XI se rappe-

lait que le prince d'Orange avait déjà, en 1468, lors de la trop célèbre entrevue de Péronne, suivi le parti de Charles-le-Téméraire, et que, même, il avait été blessé au siége de Liége, ainsi que le rapporte Commynes (liv. II, chap. 11, tom 1er, pag. 182 de l'édition de Mlle Dupont). Il pouvait craindre de nouvelles intrigues et une nouvelle alliance, et, avec son habileté ordinaire, il prenait ses mesures ; c'était prudent. Nous voyons, en effet, le successeur de Guillaume VIII, Jean II, avec une turbulente activité, servir Charles-le-Téméraire de 1475 à 1477, se prononcer un instant pour Louis XI, puis contre lui pour empêcher le mariage de Marie de Bourgogne avec le dauphin et la réunion du duché à la France, aider le duc d'Orléans dans sa révolte contre Anne de Beaujeu, etc., faits racontés par Commynes (II, pag. 128, 130, 187, 310, 509, etc.). La trahison de Philibert, racontée si curieusement par Aymar, est une nouvelle preuve de la sagesse des mesures de Louis XI. [*N. du T.*]

(13) Philibert avait même été fait prisonnier en 1524. Sa liberté et sa principauté lui furent rendues à la fois, par le traité de Madrid en 1526. Mais il se montra peu reconnaissant de la générosité, peut-être un peu forcée, du roi. Il continua de servir dans les armées de l'Empereur; il était un des lieutenants du connétable de Bourbon au siége de Rome en 1527. Lorsque le connétable eut été tué, il prit la direction de l'armée, et ce fut sous son commandement que s'accomplirent, au milieu de la ville éternelle, ces horribles scènes de meurtres et de pillages que nous ont racontées des témoins oculaires, notamment Benvenuto Cellini dans ses *Mémoires* (tom. II, pag. 140) et Jacques Bonaparte (trad. du prince Louis Napoléon, dans le *Panthéon littéraire*, pag. 198). S'il faut en croire Brantôme *(Vies des grands capitaines*, § XXV, tom. I, pag. 62 de l'édition Buchon), Philibert d'Orange ne visait à rien de moins qu'à se faire couronner roi de Rome. Sa haine contre les Français ne connaissait pas de bornes; pendant sa captivité au château de Lusignan en Poitou « il en disoit pis que pendre, ajoute Brantôme, » et n'y avoit muraille blanche au chasteau qu'il ne noircist de petits » escriteaux contre les François. » Suivant le même chroniqueur, lorsqu'il fut tué, avant l'âge de trente ans, sous les murs de Florence, il ne pressait avec tant d'ardeur la prise de cette ville que pour hâter la conclusion de son mariage avec Catherine de Médicis dont le pape avait été obligé de lui promettre la main. [*N. du T.*]

(14) René, fils de Claude de Châlon, sœur de Philibert, mariée à Henri de Nassau, tige de la cinquième race des princes d'Orange.

(15) En résumé, si l'on adopte la tradition relative à Guillaume *au cornet* ou *au court nez*, la principauté d'Orange a successivement appartenu à cinq maisons : 1º celle de Guillaume, sous Charlemagne, jusqu'en 960 ; 2º celle de Giraud-Adhémar, de 960 à 1121 ; 3º celle de Baux, de 1121 à 1393 (époque où Marie succéda à son père Raymond IV avec Jean de Châlon, qu'elle avait épousé en 1388) ; 4º celle de Châlon de 1393 à 1530 ; 5º celle de Nassau, de 1530 à 1702. [*N. du T.*]

(16) Cette pieuse réflexion serait fort mal placée ici, si Aymar avait pu prévoir l'avenir. Notre chroniqueur ne prévoyait guère que cette maison de Nassau occuperait un jour, dès le siècle suivant, la principauté d'Orange, la Hollande et l'Angleterre ! La race des Nassau, dans la principauté d'Orange, se termine à Guillaume III, roi d'Angleterre, en 1702. Disputée entre plusieurs compétiteurs, cette principauté fut définitivement réunie au Dauphiné par arrêt du conseil, rendu le 13 décembre 1714. [*N. du T.*]

(17) C'est ce château, comme je l'ai dit précédemment, que beaucoup de savants croient, avec infiniment de vraisemblance, correspondre à l'antique ville d'Aéria mentionnée par Strabon. [*N. du T.*]

CHAPITRE XIV.

Le Comtat-Venaissin et Avignon.

Dans le pays des Cavares, à une lieue au-dessus d'Avignon, est la ville de Vindalie, petite, il est vrai, mais fortifiée et embellie par un magnifique palais des papes. Cette ville s'appelle aujourd'hui le Pont-de-Sorgues, à cause d'un pont de pierres qui y a été construit pour traverser la Sorgues, qui, à peu de distance, de ce pont, se jette dans le Rhône. C'est là que les Romains, sous la conduite de Domitius Ahenobarbus, vainquirent, prirent et massacrèrent les Allobroges [1].

La Sorgues prend sa source dans la fontaine de Vaucluse au-dessus de la ville de l'Isle; elle sort quelquefois d'un lieu si profond qu'on ne peut la voir; d'autres fois elle coule avec tant d'abondance qu'elle renverse les rochers. Pétrarque en fait souvent mention.

Au témoignage de Pline, il y a, dans la province Narbonnaise, une source célèbre appelée Sorge, dans laquelle croissent des herbes tellement recherchées des bœufs, qu'ils plongent la tête entière dans cette source pour les atteindre. Nous en avons été fréquemment témoin [2].

La Sorgues est aussi grande en sortant de Vaucluse que lorsqu'elle se jette dans le Rhône; ceux qui ne veulent pas se détourner jusqu'au Pont-de-Sorgues traversent cette rivière en bateau près du Rhône, endroit où l'impétuosité du Rhône la fait refluer de telle façon qu'à peine peut-on dire dans quelle direction elle coule.

La première ville des Cavares, à partir de la Durance, est Cavaillon, ville ancienne, mentionnée par Strabon, presqu'en ligne droite avec Vindalie (³). Entre Cavaillon et Vindalie on rencontre les villes de l'Isle, le Thor, Châteauneuf-de-Gadagne, Entraigues et Bédarrides. En se dirigeant de cette plaine des Cavares vers les Alpes, on rencontre Carpentras, à peu de distance de laquelle on trouve Pernes, Mazan, Mourmoiron, Velleron, Caromb, Baumes, Villes, Flassan et autres villages au pied du Mont-Ventoux, que les navigateurs qui vont par mer à Marseille aperçoivent le premier à cause de sa hauteur. Le vent y souffle perpétuellement, et c'est de cette circonstance que lui vient son nom.

C'est dans ces lieux et dans la principauté d'Orange que fut constitué le Comtat-Venaissin, ayant pour limites la Durance et le Rhône, le comté de Forcalquier, le Mont-Ventoux, les frontières du Dauphiné, le territoire d'Avignon. Il renferme Cavaillon, Vindalie, les villes intermédiaires, Sérignan, Piolenc, Mornas, la Palud, Bollène, dans le pays des Cavares; Carpentras et les villes voisines dans le pays des Mémines mentionnés par Pline (⁴); Vaison, Tulette, Valréas et quelques autres villages chez les Voconces; Visan et Bouchet chez les Tricastrins. Car les temps modernes ont changé les limites des anciens peuples et en ont établi d'autres suivant les vicissitudes des événements (⁵).

Tout le Comtat-Venaissin est en plaine, fertile, agréable et utile par les sites, la fertilité du sol, le grand nombre

CHAPITRE XIV. — LE COMTAT-VENAISSIN, ETC.

des villes. Depuis sa source jusqu'à son confluent avec le Rhône, la Sorgues, divisée en plusieurs bras, arrose la partie inférieure de ce pays, abonde en excellents poissons, et l'un de ses bras, d'une faible étendue, est amené à Avignon pour l'usage des habitants.

Carpentras est la capitale du Comtat-Venaissin; le gouverneur du comté habite cette ville, remarquable par la construction de ses murailles. Le comte de Toulouse possédait autrefois le Comtat-Venaissin, ainsi que celui de Forcalquier, le comté de Saint-Gilles, l'Aquitaine, Cahors, l'Albigeois, Rhodez, le Languedoc, et beaucoup d'autres domaines en deçà et au-delà du Rhône.

Au-dessous du Comtat-Venaissin, à l'ouest, est située Avignon, à peu près à égale distance entre le confluent de la Sorgues et du Rhône, et celui de la Durance et du Rhône, auprès du rocher des Doms, le seul que l'on rencontre dans cette plaine entre les trois fleuves. Les parties accessibles de cette roche, vers l'orient, le midi et le couchant, sont environnées de murs qui comprennent aussi une portion de la plaine; vers le nord, la hauteur même du rocher et le Rhône qui le baigne sont un rempart suffisant pour la ville....................

..... Avignon était une colonie du pays des Cavares et une ville latine, comme nous l'apprennent Ptolémée et Pline dans son troisième livre, exactement comme Aix dans le pays des Salyes; et de même que le proconsul Sextius, après avoir vaincu les Salyes, fonda Aix en deçà de Marseille pour défendre les Romains, de même aussi, peut-être, après la défaite des Allobroges, près du confluent de la Sorgues et du Rhône, Ahenobarbus, pour un motif semblable, fonda Avignon près du champ de bataille, avec les Romains victorieux, au pied d'un rocher favorablement disposé pour la fondation d'une ville, ou du moins y conduisit une colonie..... Après la Durance et à l'entrée du pays des Cavares, les Romains désiraient naturellement avoir une ville pour se défendre.........

..Avignon, suivant l'usage, était très petite à l'origine, ayant plusieurs portes, dont l'une existe encore sous la tour de la Trouillarde, une seconde un peu en deçà des Augustins, une troisième près de l'église des Cordeliers, une quatrième en deçà des Célestins, une cinquième un peu au-delà du collége de Saint-Nicolas, une sixième sous le Petit-Palais. Nous avons lu dans de vieilles écritures, à Avignon, que cette ville avait, entre autres habitants, beaucoup de soldats qui y avaient leur domicile, leur famille et leur patrimoine.

Avignon est sèche et venteuse ; comme dit le proverbe : sans le vent elle serait malsaine et désolée par la peste [6] ; le vent, surtout celui du nord, la purifie du mauvais air. Les vents du nord et du midi y ont une très grande force ; le vent du midi y endommage les édifices, et lorsque le vent du nord souffle avec force à peine pourrait-on aller, soit à pied, soit à cheval, le long des bords du Rhône, d'Avignon au Pont-de-Sorgues. Avignon se trouve, en effet, dans une plaine ouverte de tous côtés................

....

Sur le rocher des Doms est la cathédrale dédiée à Sainte-Marie, et, dans la plaine, on trouve les églises de Saint-Pierre, Saint-Didier, Saint-Principal ; les abbayes de Saint-Laurent, Sainte-Catherine, Saint-Praxède, Sainte-Claire, et beaucoup d'autres édifices sacrés d'une moindre importance. Ce diocèse eut autrefois à sa tête saint Agricol, célèbre par la sainteté de sa vie [7], qui, entre autres bienfaits, interdit la ville et son territoire aux cigognes qui le ravageaient. Aussi, depuis ce temps, aucune cigogne ne s'y arrête. Après sa mort, on lui dédia une église à Avignon. On y voit son portrait, autour duquel, en souvenir de cette interdiction, on a représenté des cicognes s'envolant.

Pendant le pontificat d'Innocent III, un Sarrasin, appelé Hilminolin, ayant, avec une incroyable rapidité, parcouru et ravagé l'Espagne, parvint jusqu'à Arles et Avignon, remplit toutes ces contrées de ruines et de meurtres, comme le raconte Platina. Pour repousser ces calamités, les quatre rois d'Espagne, savoir: ceux de Castille, d'Aragon, de Portugal et de Navarre, réunirent leurs forces, et ayant remporté une grande victoire sur les Sarrasins, ne laissèrent que Grenade à Hilminolin [8].

Sous le règne de Philippe-Auguste, roi de France, il existait dans la province de Narbonne, vulgairement appelée Languedoc, des hérétiques contempteurs de la religion chrétienne, dont les doctrines et l'iniquité étaient originaires de l'Albigeois [9]......... D'après les exhortations du légat d'Innocent III, Philippe-Auguste permit à ses sujets de prendre les armes contre ces ennemis du christianisme. L'armée, accompagnée de beaucoup de seigneurs et d'évêques, partit contre l'Albigeois, assiégea Béziers et Carcassonne, tua ou mit en fuite les principaux hérétiques. Le soin de poursuivre la guerre fut confié à Simon de Montfort, homme plein d'énergie, qui était accompagné de l'espagnol Dominique, fondateur de l'ordre des frères Prêcheurs. Bientôt le roi d'Aragon, le comte de Saint-Gilles et le prince de Foix, protecteurs des Albigeois, assiégèrent Simon dans Muret (1213); mais Simon, n'ayant perdu que huit des siens, remporta une éclatante victoire, dans laquelle périrent le roi d'Aragon et huit mille de ses soldats ([10]).

Les Anglais levant une armée, troublèrent le roi de France au milieu de cette guerre, et comme Raymond IV ([11]), comte de Toulouse, ne délivrait pas ses états des hérétiques, et même se révoltait contre l'église romaine en favorisant les Albigeois, le pape Innocent III, aux calendes de novembre de l'année 1215, déclara, dans le concile de Latran, Raymond déchu de sa principauté et de tous ses biens qu'il transféra à Simon de Montfort ([12]). Raymond se retira en Espagne. Son fils, Raymond V ([13]) gagna la Provence, fut accueilli par les Avignonais, vit le Comtat-Venaissin se soumettre à lui, et, de là, vint attaquer Simon de Montfort.

Quelque temps après, comme Simon faisait la guerre, en deçà du Rhône, à Adhémar et à la famille de Poitiers et assiégeait Crest, en 1217, Raymond IV (VI) profita de l'occasion, revint d'Espagne avec les princes de Comminges et de Foix et un petit nombre de soldats, et s'introduisit à Toulouse au mois de septembre ([14]). Abandonnant ses projets et le siége de Crest, Simon regagna Toulouse et l'assiégea tout l'hiver ; mais, le lendemain de la Saint-Jean (1218), il fut frappé à la tête par une pierre lancée des murs de Toulouse, et mourut des suites de cette blessure ; Amaury, son fils et son héritier, abandonna le siége. Raymond IV (VI) mourut en 1222. Son corps, comme étant celui d'un hérétique, fut privé de la sépulture. Cependant son fils Raymond V (VII) lui succéda. Enfin, sous le règne de Louis VIII, successeur de Philippe-Auguste, un concile, composé d'un grand nombre de prêtres, et où siégeait le roi avec beaucoup de seigneurs, se tint à Paris, et Romain, légat du pape Grégoire IX, excita le roi et tous ceux qui assistaient au concile à prendre la croix contre l'hérésie opiniâtre des Albigeois, ennemis du christianisme ; lui-même distribua la croix, de sa main, à un grand nombre d'hommes (15). L'année suivante, Louis et un grand nombre de croisés se rassemblèrent à Bourges, puis, après avoir traversé Lyon, se dirigèrent vers Avignon, qui, depuis sept ans déjà, était frappée d'interdit, mais n'avait pas renoncé à l'hérésie (16). Louis entama des négociations avec les habitants et promit de ne causer aucun dommage à la ville, demandant seulement le passage. Cependant les citoyens fermèrent leurs portes au roi. Indigné de cette insulte, le roi assiégea Avignon depuis les calendes de décembre de l'année 1227 jusqu'au milieu d'août de l'année suivante (17). Les hérétiques avignonais se défendaient courageusement avec des traits et des machines. Dans ce siége il succomba seize cents hommes de l'armée royale, parmi lesquels Guy-de-Saint-Pol, comte courageux et habile dans la guerre, et l'évêque de Limoges (18).

Après avoir éprouvé ces revers, Louis jura qu'il ne se retirerait qu'après avoir pris la ville. Les citoyens, informés de l'indignation et de la résolution du roi, envoyèrent deux des plus importants d'entre eux pour soumettre leur ville au pouvoir de Louis et du légat du pape. Cette composition ayant été acceptée, le roi Louis entra dans la ville, fit combler de terre les fossés, et après que l'on eut rasé les murs et trois cents édifices remarquables, le légat du pape leva l'interdit qui pesait sur les citoyens, et nomma évêque d'Avignon, Pierre de Corbie, homme savant et moine de Cluny (19).

Marchant ensuite vers Toulouse, le roi soumit à sa puissance toute la province au-delà du Rhône jusqu'à

Toulouse. Ayant, bientôt après, laissé le soin de la guerre à Humbert de Beaujeu, Louis reprit le chemin de la France et mourut à Montpensier en Auvergne la veille des ides de novembre (8 novembre 1226).

Saint-Louis, son fils, lui succéda. Amaury de Montfort abandonna au nouveau roi tous ses droits dans le comté de Toulouse, et, par ses légats, le souverain pontife excita Saint-Louis à achever l'œuvre commencée contre les hérétiques, ce que le roi accomplit si bien que Raymond V (VII) demanda bientôt la paix et son pardon. En l'année 1228, la paix fut conclue, à Paris, aux conditions suivantes : Raymond devait aller, pendant cinq ans, en expiation de ses péchés, combattre outre mer contre les ennemis du christianisme ; il conserverait le comté de Toulouse pendant sa vie ; à sa mort, ce comté devait appartenir à Alphonse, frère du roi, comte de Poitiers, qui avait épousé Jeanne, fille unique de Raymond, ensuite à leurs enfants, et, s'ils n'avaient pas d'enfants, aux rois de France ; la partie de ses états située en dehors du comté de Toulouse, à l'est, en deçà du Rhône, était abandonnée par lui au roi Louis et au souverain pontife [20]. Cela fut exécuté, car c'est en vertu de ce traité que le roi posséda une partie d'Avignon et le comté de Forcalquier ; qu'Alphonse eut le comté de Toulouse après la mort de Raymond ; enfin, c'est en vertu de cette paix que le souverain pontife a possédé jusqu'à nos jours le Comtat-Venaissin. J'ai longuement exposé tout ceci d'après Bertrand [21] et autres écrivains, afin de faire bien comprendre en vertu de quel droit le Comtat-Venaissin est parvenu aux souverains pontifes.

Le séjour des souverains pontifes donna plus tard une puissance et une illustration nouvelles à Avignon et à tout le Comtat-Venaissin. En effet, Clément V, Gascon d'origine et archevêque de Bordeaux, ayant été créé souverain pontife à Pérouse, convoqua les cardinaux à Lyon, et, l'année 1305, transporta le siége pontifical de Rome dans la Gaule. Après Clément, Jean XXII, ayant été couronné souverain pontife dans l'église épiscopale de Lyon, partit pour Avignon avec sa cour et rédigea dans cette ville des constitutions que tous les jurisconsultes ont entre les mains [22]. Depuis ce temps, Avignon fut la résidence des souverains pontifes en France; car à Jean XXII succéda Benoît XII, qui résida aussi à Avignon.

Dans ce temps vivait à Avignon Fr. Pétrarque, poëte et historien célèbre, qui a beaucoup écrit sur Vaucluse et la Sorgues. Il a surtout célébré Laure, jeune fille d'Avignon, qui l'emportait, suivant lui, sur toutes les autres par ses vertus et sa beauté. Le portrait de Laure est peint à l'entrée de la cathédrale d'Avignon, sous l'image d'une jeune fille que saint Georges défend contre le dragon, avec les vers suivants de Pétrarque :

> Miles in arma ferox bello captare triumphum
> Et solitus vastas pilo transfigere fauces,
> Serpentis tetrum spirantis pectore fumum
> Occultas extingue faces in bella, Georgi [23].

Ce dernier vers nous prouve l'amour que Pétrarque avait pour Laure. Celle-ci était née dans un faubourg d'Avignon. Le vendredi-saint, 6 avril 1327, Pétrarque, suivant l'usage des chrétiens, visitant l'église, le matin, aperçut Laure pour la première fois, dans l'église de Sainte-Claire, et ne cessa de l'aimer pendant vingt-et-un ans. Elle fut enlevée à la terre le 6 avril 1348, et, le soir même, déposée dans la sépulture de la famille de Sades, dans le couvent des frères

Mineurs d'Avignon (24). C'est ce que nous avons appris par les œuvres de Pétrarque et surtout par des vers de lui récemment retrouvés dans un vase de plomb dans le tombeau de Laure. Ces renseignements prouvent l'erreur de Bernard de Montalcin, d'Antonio da Tempo et de quelques autres biographes de Pétrarque, qui font naître Laure à Cabrières ou à Graveson, ou dans quelque autre village voisin d'Avignon. Ils se trompent bien plus gravement encore lorsqu'ils disent que le pape Urbain V insista pour que Pétrarque épousât Laure, en lui accordant en même temps la permission de conserver la prêtrise. Mais qui pourrait croire qu'une jeune fille, remarquable par sa vertu et par sa beauté, née d'une honorable famille, eût jamais voulu épouser Pétrarque, prêtre et fils d'un pauvre scribe, exilé, depuis peu, de Florence, sa patrie, pour cause politique sans doute, et non pour crime, mais exilé, et qu'enfin Urbain V, pontife pieux et d'une vie intègre, eût jamais pu conseiller un acte contraire à toutes les règles de l'église ? Ce qui réfute encore mieux ce mensonge, c'est qu'Urbain V parvint au souverain pontifical vers l'année 1360 et que Laure était morte depuis douze ans (25).... Quant à Laure, Pétrarque même atteste qu'elle triompha de sa passion ; il se borna à la voir et à la célébrer dans ses vers, et, à cause de la modestie de sa position, il n'eut pas le moindre accès auprès d'elle. C'est ce qui arrive souvent aux poètes qui osent aimer des jeunes filles de familles élevées et qui doivent se contenter de jeter dans les airs des vers en leur honneur. Donc, puisque nous avons trouvé dans le tombeau de Laure, de la main de Pétrarque lui-même, des renseignements sur le lieu de sa naissance, sur sa vie et sa mort, c'est une peine inutile, comme quelques-uns l'ont fait, d'aller s'informer du village qui l'a vue naître chez les prêtres qui tiennent note du baptême des enfants qui naissent dans leurs paroisses.

Au mois de mai 1342, Clément VI, natif du Limousin, fut élevé au souverain pontificat à Avignon, et acheta cette ville par un traité conclu avec Jeanne, reine de Naples [26], à laquelle Avignon appartenait ainsi que la Provence. Or, comme reine de Naples, Jeanne devait l'hommage à l'église; en échange, le pape lui paya le fief qu'il venait d'acquérir, et en témoignage de la translation de la souveraineté, il enleva de la maison commune des citoyens les insignes de la reine qu'il remplaça par les clefs pontificales.

Après Clément VI furent également nommés à Avignon Innocent VI (1352-1362); Urbain V (1362-1370) et Grégoire XI (1370-1378), ces deux derniers Limousins. Ces souverains pontifes agrandirent Avignon, l'entourèrent d'une nouvelle enceinte de magnifiques murailles et d'un fossé profond, jusqu'aux côtés inaccessibles du rocher des Doms. Dans ces murailles furent compris les faubourgs de l'ancienne ville.

Puis, dans l'ancienne enceinte, ils élevèrent un palais imposant par sa masse et son architecture, au pied du rocher des Doms, vers le milieu de la ville, et construisirent sur le Rhône un pont long et droit. Les cardinaux et les évêques qui étaient avec les souverains pontifes ornèrent cette ville de palais, y construisirent de nouvelles églises et agrandirent les anciennes. En dehors de l'ancienne ville, dans la nouvelle enceinte pontificale, sont les Célestins, les Cordeliers, les Carmélites, les Augustins, le collège de Saint-Martial de Cluny, les frères Prêcheurs et les pères de l'Observance. Deux souverains pontifes ont été inhumés dans la cathédrale, un aux Célestins et, dans les autres églises, existent encore les tombeaux de plusieurs autres pontifes, cardinaux et évêques. Sur le côté méridional du grand autel de la cathédrale, est enterré Gilles de Bellemarre, et, dans la muraille à droite de l'entrée de l'église des frères Prêcheurs, se trouve dans un tombeau très élevé la sépulture d'Audry de Laude.

Aux ides de janvier 1376, dans la septième année de son pontificat, le pape Grégoire XI quitta Avignon, et tantôt par mer, tantôt à pied, se rendit à Rome, soixante-dix ans après que le saint-siége avait été transféré en France. La mort de ce pape causa un schisme dans la chrétienté. En effet, une querelle s'étant élevée entre les cardinaux limousins et les autres cardinaux français, Barthélemy, archevêque de Bari, Napolitain ou Pisan, fut élevé au souverain pontificat et prit le nom d'Urbain VI. Mais avant que le résultat de l'élection fût publié, les cardinaux français prétendirent qu'elle avait été extorquée par la fraude, la terreur et l'insistance des Romains, qui avaient voulu créer un pape romain, ou au moins italien, pour l'empêcher de retourner en France. Ils se retirèrent à Fundi, ville du royaume de Naples, et, protégés par la reine Jeanne, huit des treize cardinaux français proclamèrent pour pape Robert, cardinal de Genève, auquel ils donnèrent le nom de Clément VII et qu'ils conduisirent à Avignon. Urbain VI étant mort (1389), eut pour successeur, à Rome, Boniface IX ; à la place de Clément VII (1394), les cardinaux proclamèrent, à Avignon, Pierre de Luna, qui prit le nom de Benoît XIII. A Rome, Boniface eut pour successeur Innocent VII (1404), et Innocent Grégoire XII (1406). Pendant ce temps mourut, à Avignon, le cardinal Pierre de Luxembourg qui, enterré chez les Célestins, opère chaque jour des miracles éclatants.

Pour faire cesser le schisme, les ducs de Berri, de Bourgogne et d'Orléans se rendirent, au nom de la France, auprès de Benoît, à Avignon. Mais ils ne purent le persuader de la nécessité que l'un et l'autre pontife donnassent leur démission, afin qu'on pût choisir un père et un pontife commun pour toutes les nations. Benoît, craignant pour sa vie, fortifia le château pontifical d'armes et de provisions, puis, après avoir été assiégé quelques mois, s'enfuit et se retira, par le Rhône et la mer, dans la Catalogne où il était né. Cependant Sigismond de Luxembourg, roi de Hongrie et de Bohême, parvint à l'empire et convoqua à Constance un concile, qui (1409) déposa Grégoire XII. Accompagné des orateurs du concile, Sigismond se rendit auprès des rois de France et d'Angleterre, et les exhorta, au nom de l'intérêt du christianisme, à déposer également Benoît XIII. Ayant reçu d'eux une réponse favorable, il se rendit, par le Dauphiné, le Valentinois et la Narbonnaise, auprès de Ferdinand, roi d'Aragon. Les princes d'Espagne, voyant l'obstination de Benoît à conserver le pouvoir, adoptèrent les décrets du concile. Ainsi tout était décidé par le concile des nations italienne, française, espagnole, allemande et anglaise. Aussi, les deux papes Grégoire et Benoît ayant été déposés, les cardinaux et toutes les nations, le 3 des ides de novembre 1417, proclamèrent-ils avec enthousiasme Otton Colonna ; la joie était telle que, sans souci de sa dignité, l'empereur, qui depuis longtemps était de retour d'Espagne, entra dans le conclave et le remercia d'avoir choisi un homme si nécessaire à la République. Comme Otton avait été élu le jour de Saint-Martin, il prit le nom de Martin V. Depuis ce temps, hélas ! Avignon n'a plus de pontifes ([27]). Un cardinal-légat gouverne Avignon et le Comtat-Venaissin ; il peut même, comme les évêques, nommer les prêtres dans ce pays, dans le Dauphiné et dans la Provence.

Depuis peu de temps, l'évêché d'Avignon, jusqu'alors suffragant d'Arles, a été érigé en archevêché par le pape Sixte ([28]).

A gauche du rocher des Doms, non loin du pont du Rhône, est le palais archiépiscopal, qui, de nos jours, a été considérablement agrandi et embelli par le cardinal Julien, archevêque-légat d'Avignon et neveu de Sixte ([29]). Dans l'enceinte de la vieille ville, sous le grand et le petit palais, habitent de nombreux citoyens et cette partie de la ville a de magnifiques maisons. Là se trouve l'Académie de droit civil et canonique et des arts libéraux, là aussi sont six colléges de jurisconsultes ; les premiers sont ceux de Saint-Nicolas et de la Rovère, fondés par le pape Jules II, précédemment le cardinal Julien. Nous avons, pendant trois ans, étudié le droit dans le second de ces colléges ; les autres sont ceux de Dijon, de Sénanche, de Sainte-Croix, de Saint-Michel, construits par quelques jurisconsultes de cette ville.

De toutes les parties de la France, les juifs ont afflué vers Avignon et le Comtat-Venaissin ; ils habitent, à Avignon, à peu près au milieu de l'ancienne ville ([30]), un quartier entouré de murs, et, chaque semaine, paient un fort impôt au pape. Hors de l'ancienne enceinte, mais dans la nouvelle, est le long et large quartier de la Carréterie ; le peuple en habite quelques autres en dehors des anciens murs. Dans la plus grande partie de la nouvelle enceinte sont des jardins qui produisent des fruits délicieux ([31]). De tout temps aussi Avignon a donné le jour à des jeunes filles qui l'emportent sur toutes les autres par leur vertu et leur exquise beauté. C'est ainsi qu'il y a deux cents ans était

Laure, célébrée par Pétrarque pour sa beauté et sa vertu, comme nous l'avons dit précédemment. De notre temps, la renommée célébrait Margo d'Avignon, que tous s'accordaient à proclamer admirable par sa beauté, sa vertu, sa bonté, ses grâces, et au sujet de laquelle on avait composé le distique suivant :

> Si te, Margo, Paris nudam vidisset in Ida :
> Cedite, clamasset, Juno, Minerva, Venus.

Comme nous avions fréquemment entendu vanter sa beauté et sa vertu, comme nous savions déjà qu'elle était d'une taille élevée et d'une figure admirable, bien née, de parents honnêtes mais pauvres, nous la vîmes enfin en venant à Avignon pour une affaire que le roi nous avait confiée. Elle nous plut, et bientôt nous l'épousâmes, âgée de dix-neuf ans, à Mourmoiron. Elle m'a rendu père d'une belle postérité mâle que nous élevons pour la guerre, à l'exemple de nos aïeux. Le premier de nos fils a eu pour parrain Laurent, évêque de Grenoble; le second, Philippe du Terrail de Bayard, évêque de Glandève; le troisième, Aymar, grand prieur d'Auvergne, chevalier de Rhodes : le quatrième, Guigues Guiffrey, notre allié, capitaine de cinquante lances, l'un des gentilshommes de la cour; le cinquième, Guillaume de Maubec, mon parent, seigneur de Pipet, chanoine de Vienne, et nous rendons à Dieu d'humbles actions de grâces pour cette postérité.

Je n'ajouterai plus que ceci, c'est qu'Avignon le cède à peu de villes pour la situation, les commodités de la vie, les autres mérites et utilités. Sous le légat, un recteur, résidant à Carpentras, gouverne le Comtat-Venaissin. Les appels du Comtat sont portés du recteur au légat, et de celui-ci au souverain pontife. Cavaillon, Carpentras et Vaison sont les évêchés du Comtat, tous suffragants de l'archevêché d'Avignon. Au mois de septembre 1534, le roi François Ier voulut voir, à Avignon, le tombeau de Laure, tandis qu'il se rendait à Marseille auprès du pape Clément VII, qui, de son côté, s'y était rendu de Rome [32].

NOTES DU CHAPITRE XIV.

(1) Cette bataille précède de quelques mois la défaite définitive des Allobroges au confluent de l'Isère et du Rhône par Fabius Maximus. [*N. du T.*]

(2) Il faut bien croire à ce qu'Aymar nous dit avoir vu; cependant, il est juste d'ajouter que l'on ne trouve pas dans Pline (XVIII, 51. 2) *Sorge*, mais Orge. S'agit-il de la fontaine de Vaucluse? Je le veux bien, mais cela n'est pas sûr. [*N. du T.*]

(3) Suivant M. Delacroix (*Statistique de la Drôme*, pag. 27), l'ancienne Vindalie correspond non à Sorgues, mais au village de Védène, peu éloigné d'Avignon, près de la route d'Avignon à Carpentras. [*N. du T.*]

(4) *Carpentoracte Meminorum* (Pline, III, 5. 6.)... *In Allobrogum Meminorumque agro* (id. XVIII, 20. 1). [*N. du T.*]

(5) Le texte porte : *secundum temporis mutati* ONES (pag. 97). Évidemment, le mot ONES n'étant pas latin, il faut lire *vices*, comme le sens l'indique; ou supposer que, par erreur typographique, le mot *mutationes* a été séparé en deux. [*N. du T.*]

(6) Voici ce proverbe cité par Millin (*Voyage en France*, tom. II. pag. 177) : *Avenio ventosa, sine vento venenosa, cum vento fastidiosa*. Ce que dit Aymar de la violence de ce vent n'est pas exagéré. Millin cite plusieurs auteurs de l'antiquité qui en ont parlé : Strabon (IV, 7) l'appelle Mélamborée (bise noire); Diodore de Sicile (V, 26) parle, non pas en particulier pour Avignon, mais en général pour la Gaule, de tourbillons qui renversent les cavaliers et emportent leurs armes; Eschyle, dans une pièce perdue dont Galien a conservé un fragment (*le Prométhée délié*), en faisait aussi mention. [*N. du T.*]

(7) Saint Agricol est le dix-septième évêque d'Avignon, et siège de 660 à 700. [*N. du T.*]

(8) On ne se douterait guère qu'il s'agit ici d'un des plus grands faits de l'histoire du moyen-âge. Le personnage qu'Aymar appelle *Hilminolin* est le khalife Almohade *Mohammed Annasir Ledinilhah*. Le nom barbare employé par notre auteur est l'altération du mot *Miramolin* que nous trouvons sans cesse employé par les voyageurs Européens en Asie au moyen-âge, Marco Polo, Rubruquis, Plano-Carpini, etc., pour désigner les chefs spirituels et temporels des nations musulmanes. Ce mot lui-même est une altération barbare du titre d'*Émir-al-Moumenim* ou *chef des croyants*, que portaient les califes d'Espagne comme ceux d'Orient. Mohammed Annasir n'avait pas pénétré en France ; les ravages qu'Aymar lui attribue à Arles et à Avignon sont de pure imagination. Mais, victorieux des Almoravides, dont les derniers débris avaient été écrasés par lui en Espagne et sur les côtes d'Afrique, à la tête d'une armée de cinq cent mille hommes qu'il avait fanatisée en prêchant *la guerre sainte*, déjà maître avec une incroyable rapidité de plusieurs des places fortes du centre de l'Espagne, le khalife menaçait la chrétienté tout entière, lorsque le roi de Castille, Alphonse IX, le Magnanime, qui avait à venger la défaite éprouvée par lui à Alarcos en 1195, envoya solliciter le pape Innocent III de prêcher une croisade contre les infidèles d'Espagne. Ces prédications eurent un succès inespéré : les rois de Castille, de Navarre, d'Aragon et de Portugal firent un moment taire leurs rivalités ; leurs armées réunies furent augmentées des troupes des grands-maîtres des ordres de Calatrava, de Saint-Jean, des Templiers ; cent mille Français accoururent sous les ordres des archevêques de Narbonne et de Bordeaux, de l'évêque de Nantes et de beaucoup de seigneurs du midi et de l'ouest. Le 16 juillet 1212, Mohammed Annasir fut écrasé par l'armée chrétienne, dans la Sierra-Morena, à Muradal. C'est cette glorieuse victoire que les Espagnols désignent sous le nom de bataille d'Uléda et surtout de *Las Navas de Tolosa*. Les Musulmans l'appellent la bataille d'*Alcalab*, et comptent le 15 safer de l'hégire 609, (16 juillet 1212), parmi les jours les plus désastreux de leur histoire. C'est avec raison ; car, depuis lors, ils n'ont plus rien entrepris et sont restés sur la défensive pendant les deux siècles qu'ils devaient encore passer sur le sol de l'Espagne. [*N. du T.*]

(9) Nous supprimons ici une exposition pleine d'erreurs sur les doctrines des Albigeois, en renvoyant, pour ces questions, à l'excellent ouvrage de M. Schmidt, *Histoire et doctrine de la secte des Cathares ou Albigeois*, 2 vol. in-8º, 1849, tom. Ier, pag. 1-176. [*N. du T.*]

(10) Guillaume de Nangis va encore plus loin qu'Aymar : *In castro quod Murellum dicitur, non longe a Tolosa...* (anno MCCXIII) *Simon de Monteforti septemdecim millia hostium et regem Aragonum occidit; porro de numero Simonis nonnisi octo illo die ceciderunt* (*Chronique de Guillaume de Nangis*, édition de la société de l'Histoire de France, tom. Ier, pag. 144). [*N. du T.*]

(11) Lisez *Raymond VI*. [*N. du T.*]

(12) On ne laissa à Raymond VI qu'une pension de 800 livres par an sur les revenus de son ancien domaine, aussi longtemps qu'il aurait soin d'obéir en toute humilité; à sa femme on laissa les domaines formant sa dot. Tout le reste fut donné à Simon de Montfort ; cependant les marquisats de Beaucaire et de Provence, non encore conquis, durent être administrés par des hommes sûrs, pour être remis au fils de Raymond à l'époque de sa majorité, s'il s'en rendait digne. Innocent III, *qui seul*, dit un contemporain, *était sage et prudent*, recula longtemps devant ces mesures rigoureuses. Le concile les lui imposa. (Voir : *Histoire d'Innocent III*, par Hurter, traduction française, tom. II, pag. 748 ; et Schmidt, *Histoire des Albigeois*, tom. Ier, pag. 262-265). [*N. du T.*]

(13) Lisez *Raymond VII*. [*N. du T.*]

(14) *Tholosam vado in septembri intravit*. Ainsi s'exprime notre auteur (pag. 102). Je ne comprends pas le mot *vado*. Raymond VI n'est rentré ni à gué, ni par la brèche. Tous les historiens racontent que les Toulousains, fatigués de la tyrannie de Simon de Montfort, profitèrent avec bonheur de son absence pour ouvrir leurs portes à leur ancien comte qu'ils accueillirent avec enthousiasme. Raymond VI rentra le 13 septembre 1217. [*N. du T.*]

(15) Il y a dans ce passage plusieurs erreurs. Le concile n'eut pas lieu à Paris, mais à Bourges, où il s'ouvrit le 29 novembre 1225. Le roi n'y assistait pas. Le concile était présidé par le cardinal Romain, au nom d'Honorius III, qui siége de 1216 à 1227, mais

non en celui de Grégoire IX, dont le pontificat ne commence qu'en 1227. Il est vrai que le roi décida cette croisade dans le parlement tenu, à Paris, le 28 janvier 1226 ; mais il faut bien se garder de confondre ce parlement avec le concile de Bourges. Ce qui décida Louis VIII, ce furent l'hommage que lui fit Amaury de Montfort de toutes ses conquêtes et l'investiture que le pape lui en accorda. Dans ce parlement, du reste, Louis et ses barons reçurent la croix des mains du légat. — Aymar, comme on le voit plus bas, a rapproché tous ces faits d'une année. De là vient qu'il les place sous le pontificat de Grégoire IX ; de là aussi cette singulière erreur de date pour le siége d'Avignon, qu'il place au mois de décembre 1227, tandis que Louis VIII était mort le 8 novembre 1226. [*N. du T.*]

(16) Les habitants d'Avignon avaient été frappés d'interdit dès 1218 par Honorius III, pour avoir écorché vif Guillaume de Baux, comte d'Orange, qui prêchait contre les Albigeois. — *Voir* Tillemont, *Vie de saint Louis*, tom. Ier, pag. 599. [*N. du T.*]

(17) C'est encore une erreur. Le siége d'Avignon commence le 10 juin 1226 et se termine le 12 septembre de la même année. [*N. du T.*]

(18) Bernard Ier de Savenne, cinquante-quatrième évêque de Limoges, mort le 22 juillet 1226. [*N. du T.*]

(19) Il se nommait non pas *Pierre*, mais bien *Nicolas* de Corbie. Ce qui a trompé Aymar, c'est que son prédécesseur, mort en 1224, se nommait *Pierre* IV. Depuis 1224, le siége était resté vacant. [*N. du T.*]

(20) Ce célèbre traité, qui termina la croisade des Albigeois au profit de la France, fut signé à Paris, le jeudi-saint, 12 avril 1229. Il en existe de nombreuses copies manuscrites et imprimées. Aymar, tout en les abrégeant, en a reproduit les clauses essentielles, comme il est facile de s'en convaincre en comparant cette analyse avec celle plus détaillée que donne Tillemont (*Vie de saint Louis*, publiée par la *Société de l'Histoire de France*, tom. II, pag. 4 et suivantes). Je n'ajouterai qu'un mot, c'est que la sage politique qui avait inspiré la reine Blanche lors de la conclusion de ce traité, fut merveilleusement servie par les événements. Alphonse et Jeanne moururent sans enfants, et, en vertu du traité de 1229, Philippe-le-Hardi, fils et successeur de Saint-Louis, réunit le comté de Toulouse à la cou-

ronne. Toutefois remarquons, contrairement à ce que dit Aymar, que ce ne fut pas précisément en vertu du traité de 1229, mais de son plein gré, que, l'année qui suivit cette succession et cette réunion, c'est-à-dire en 1273, Philippe-le-Hardi abandonna au pape Grégoire X le Comtat-Venaissin, qui, comme Avignon, appartint, depuis lors et jusqu'à la révolution française, aux souverains pontifes. [*N. du T.*]

(21) Nicolas Bertrand, *de Tholosanorum gestis*. Toulouse, 1515, in-f°. — Un abrégé en français de cet ouvrage a été également imprimé à Toulouse, 1555, in-f°.

(22) Il s'agit du célèbre recueil de *Constitutions pontificales*, connues sous le nom d'*Extravagantes*, et qui font partie de toutes les éditions du *Corpus juris canonici*. [*N. du T.*]

(23) Ce portrait fut peint, d'après les ordres du cardinal Ceccani, par Simon de Sienne, sur le portique de l'église cathédrale de Notre-Dame-des-Doms (De Terrebasse). — Simone Memmi, de Sienne, a été célébré dans deux sonnets et dans une lettre de Pétrarque, à la protection duquel il dut une haute faveur auprès des papes d'Avignon. Il peignit dans cette ville de nombreux tableaux et plusieurs fresques. Vasari lui a consacré un article peut-être trop louangeur. (Trad. franç., tom. Ier, pag. 36). [*N. du T.*]

(24) Laure de Noves était en effet mariée à Hugues de Sades, dont elle avait eu onze enfants. Elle mourut à quarante ans, victime de la terrible épidémie de 1348, connue sous le nom de *peste noire*, et décrite dans le prologue du Décaméron de Boccace. [*N. du T.*]

(25) Il aurait fallu dire 1362, par conséquent quatorze ans après la mort de Laure. [*N. du T.*]

(26) Jeanne Ire, qui règne de 1343 à 1382. L'acte de vente est du 9 juin 1348. Les jurisconsultes français refusèrent constamment d'en reconnaître la validité (De Terrebasse). — On confond souvent Avignon avec le Comtat-Venaissin ; de là des obscurités et des difficultés qu'il faut faire disparaître. Le Comtat-Venaissin avait pour capitale Carpentras ; les autres villes qu'il renfermait sont précédemment indiquées par Aymar : Venasque, Cavaillon, Valréas, l'Isle, Vaison, etc. Avignon et son territoire formaient une principauté séparée. Ceci posé, l'on comprend très bien que les papes aient pu, en 1273, en

vertu de la concession de Philippe-le-Hardi, posséder le Comtat-Venaissin sans posséder Avignon, et tout en demeurant à Rome. Depuis 1251, Avignon était possédée par moitié par Alphonse, comte de Toulouse, frère de saint Louis, dont nous avons parlé, et par un autre frère du roi, Charles d'Anjou, devenu comte de Provence par son mariage avec l'héritière de ce comté, et, bientôt après, à la suite de ses guerres contre Manfred et Conradin, roi de Naples et de Sicile. En 1271, à la mort de son oncle Alphonse, Philippe-le-Hardi hérita de la moitié d'Avignon et la transmit à son fils Philippe IV, le-Bel. Mais celui-ci, en 1290, la céda à Charles II, fils et successeur du frère de saint Louis. Les rois de Naples de la première maison d'Anjou se trouvèrent ainsi maîtres de la totalité d'Avignon. Par conséquent, lorsque Clément V alla résider à Avignon, il fixa son séjour dans une ville qui n'appartenait pas, il est vrai, à la France, mais à une des branches de la maison royale de France. Clément V, Jean XXII, Benoît XII, avaient été à même de comprendre les liens de dépendance que cette fausse situation leur créait, et voilà pourquoi Clément VI acheta Avignon de la reine Jeanne Ire, arrière-petite fille de Charles d'Anjou. Voilà aussi comment Avignon vint, par achat, en 1348, augmenter le domaine pontifical en France, qui se composait du Comtat-Venaissin, concédé par Philippe III dès 1273. — En ce qui concerne les protestations des jurisconsultes français dont parle M. de Terrebasse, on sait que, depuis Richelieu surtout, il s'était formé une savante école de légistes compulsant les anciens actes, dans le but de faire prévaloir les droits de l'autorité royale dans les provinces qui avaient été l'objet d'aliénations. Leurs travaux portèrent aussi sur le Comtat-Venaissin et sur Avignon. Les ouvrages publiés à cet égard sont très nombreux ; un des plus curieux est celui-ci : *Lettres historiques sur le Comtat-Venaissin et sur la seigneurie d'Avignon*, Amsterdam (Paris) 1768, in-12. L'auteur est Moreau, historiographe de France, chargé par le duc de Choiseul de rassembler des chartes et des documents, à une époque où, sous la direction de l'homme qui a donné la Corse à la France, nous essayions, par des accroissements sur le continent, de nous consoler des hontes et des pertes de la guerre de sept ans. Dans ce petit ouvrage, Moreau ne reconnaît même pas à Philippe-le-Hardi le droit d'avoir concédé aux papes le Comtat-Venaissin. A plus forte raison, refuse-t-il de reconnaître comme valable la cession faite par Jeanne Ire. Une de ses raisons, ce sont les protestations mêmes de la reine, protestations qu'il cite (pag. 120); une autre, c'est que Jeanne n'était pas libre. Accusée du meurtre de son premier mari, son cousin André de Hongrie, étranglé à Aversa en 1345, abandonnée et faite prisonnière, elle ne recouvra sa liberté qu'en cédant Avignon au pape, le 19 juin 1348, pour la somme de 80,000 florins. Le pape était son juge, dit Moreau, et la cession d'Avignon fut le prix de son absolution auprès de Clément VI. Ces idées étaient celles du gouvernement français; à plusieurs reprises, Avignon et le Comtat furent séquestrés par les rois, jusqu'à ce que, enfin, sur le vœu des habitants, ils furent déclarés réunis à la France, par l'Assemblée Législative, en 1791, réunion qui a été ratifiée par les traités de Tolentino (19 février 1797) et de Lunéville (9 février 1801. [*N. du T.*]

(27) Assurément Avignon n'a plus possédé de papes depuis cette époque; mais, pour être complet, Aymar aurait dû ajouter que le grand schisme d'occident, commencé en 1378 par la double élection d'Urbain VI et de Clément VII, ne fut pas terminé par l'élection de Martin V. Même pendant son pontificat, un anti-pape se fit reconnaître sous le nom de Clément VIII, de 1424 à 1428. Le mal fut plus grand encore après la mort de Martin V, en 1431, sous son successeur Eugène IV, déposé par le concile de Bâle, qui avait élu le duc Amédée de Savoie, sous le nom de Félix V, comme nous l'avons déjà dit, et qui lui-même était excommunié par Eugène IV. La mort d'Eugène IV en 1447, l'élection de Nicolas V, le sage esprit de transaction qui anima le duc de Savoie et l'amena à déposer la tiare, purent seuls calmer les agitations de l'Eglise et lui rendre à la fois le repos et l'unité. [*N. du T.*]

(28) Sixte IV. La bulle par laquelle les évêchés d'Avignon, de Carpentras, de Vaison et de Cavaillon furent détachés de la métropole d'Arles pour former la nouvelle province ecclésiastique d'Avignon, est du 21 novembre 1475. [*N. du T.*]

(29) Julien de la Rovère, plus tard pape sous le nom de Jules II, fut archevêque d'Avignon de 1475 à 1503. [*N. du T.*]

(30) Le quartier des juifs, dont une rue a encore conservé le nom,

ne se trouve pas au milieu de l'ancienne ville, mais à une de ses extrémités, derrière le Petit-Palais, à l'ouest du rocher des Doms. [*N. du T.*]

(51) Aujourd'hui encore les *Grands-Jardins*, au sud-est de la ville. La direction de l'ancienne enceinte est encore très facile à reconnaître par la courbe des rues de la grande Calade, de la Balance, des Lices, etc. [*N. du T.*]

(52) Il y a ici erreur d'un an. L'entrevue entre François Ier et Clément VII eut lieu à Marseille, non pas au mois de septembre 1534, date de la mort de Clément VII, mais à la fin d'octobre et jusqu'au 27 novembre 1533. Cette entrevue, longtemps négociée, tout aussi longtemps contre-carrée par Charles-Quint, devait d'abord avoir lieu à Nice. Le duc de Savoie s'y refusa, et, comme l'explique Dubellay, qui a donné tous les détails de cette entrevue, (*Mémoires*, liv. IV, pag. 469-479 de l'édition du *Panthéon littéraire*), ce fut le principal motif de la guerre que lui déclara le roi en 1535. Les conférences de près d'un mois entre le pape et le roi à Marseille eurent de très importantes conséquences. Clément VII, qui avait presque toujours penché pour le roi de France, et qui, notamment en 1527, lors du sac de Rome par les Impériaux, avait cruellement expié son attachement au parti français, fut, à la suite de cette entrevue, encore plus étroitement uni à François Ier. En effet, c'est dans cette entrevue que fut conclu le mariage du second fils du roi, plus tard Henri II, avec la nièce du pape, la trop célèbre Catherine de Médicis. — J'ajouterai, pour tout rectifier, que ce n'est pas en se rendant à Marseille, au mois de septembre, que François Ier s'arrêta à Avignon, mais qu'au retour, au mois de novembre 1533, comme le rapporte Dubellay (pag. 480), le roi s'arrêta deux jours dans cette ville. C'est alors sans doute qu'il visita le tombeau de Laure, comme le raconte Aymar. [*N. du T.*]

CHAPITRE XV.

Les Tricastrins *(Saint-Paul-trois-Châteaux).*

Vers le milieu du territoire des Cavares, au-dessous des Voconces, au-delà de Montélimar, sont situés, dans une plaine de quatre lieues d'étendue, les Tricastrins (1).
....
Leur nom vient de trois châteaux, peu éloignés l'un de l'autre, rangés à peu près en cercle et qu'ils occupaient.
.... Quels furent les plus anciens noms des trois châteaux qui ont été l'origine du nom même des Tricastrins, c'est ce que nous ignorons.... mais, aujourd'hui encore, la principale ville des Tricastrins, qui commandait aux deux autres châteaux, en a conservé le nom. Que les Tricastrins aient été une nation antique, c'est ce que prouve ce fait que Bellovèse d'abord, Annibal plus tard, après avoir apaisé les troubles des Allobroges, traversèrent ces pays pour se rendre en Italie, comme cela résulte des récits de Tite-Live..............
Lorsque les Romains eurent fait la conquête de ces pays, l'antique et principale ville des Tricastrins prit le nom d'Augusta, et, comme nous l'apprend Pline, dans son troisième livre, Augusta fut une ville latine, ainsi

qu'Avignon chez les Cavares, Aix chez les Salyes, et plusieurs autres.

Lors de l'établissement du christianisme, Lupicinus et quelques autres Viennois souffrirent le martyre à Augusta des Tricastrins, et on leur éleva un temple, qui fut la première église pontificale de cette ville. A la tête de cette église fut placé, longtemps après, l'évêque Paul, qui, célèbre par ses miracles, fut mis au nombre des saints. La cathédrale prit alors son nom, et la ville elle-même, perdant son ancien nom d'Augusta, fut appelée par les citoyens et les populations voisines Saint-Paul-des-Tricastrins ou Saint-Paul-Trois-Châteaux (²). En effet, après la naissance du Christ, beaucoup de villes anciennes et nouvelles reçurent leur nom des chrétiens mis au nombre des saints, suivant qu'ils étaient honorés dans telle ou telle ville ; et de même que, dans l'antiquité, on donnait aux différentes villes, soit simplement le nom de ceux qui les construisaient ou les embellissaient, ou y faisaient quelque chose de remarquable, soit le même nom combiné avec le mot πολις, comme nous le voyons, pour le premier cas, dans *Augusta*, et pour le second, dans *Gratianopolis*; de même, c'est avec raison qu'on donne aux villes le nom des saints qu'on y honore, ou bien un nom qui rappelle le leur, puisqu'on peut les considérer comme les fondateurs de ces villes par leur vie exemplaire, leurs mœurs pures, leurs excellents exemples, leurs miracles auprès de Dieu, leur protection de chaque jour, ce qui, certes, est bien plus que d'embellir des villes ou de les orner d'édifices. Ajoutons même que, par les richesses et les dons de ceux qui honorent ces saints patrons et qui sollicitent leur secours, des édifices s'élèvent au milieu de ces villes, comme on l'a vu pour Saint-Antoine et Notre-Dame-du-Plan, qui, de simples bourgades, sont devenues des villes, par suite du culte qu'on y rend à la Vierge Marie et à Saint-Antoine (³). L'expérience nous apprend que ce culte produit encore un bien autre effet que dans l'antiquité, et voilà pourquoi, dans notre ouvrage, à l'exemple des anciens, nous donnerons aux villes où des saints sont honorés, soit le nom même de ces saints, soit ce nom composé avec le mot πολις, comme Marcellin, ou Saint-Marcellin, ou Marcellinopolis et autres semblables.

Pour en revenir aux questions qui nous occupent, quoique l'empereur Auguste ait donné son nom à la capitale des Tricastrins, cependant il n'y reste aucun vestige d'antiquités. Il y a plus, c'est que le nom même d'Augusta a disparu; dans les actes et dans les chartes, cette ville est appelée en latin Tricastrinum, et, en langage vulgaire, Saint-Paul-Trois-Châteaux (⁴).

Entre autres avantages cette ville est bâtie en plaine, et environnée de tours et de murs d'un bel effet; dans l'intérieur se trouvent une fontaine pour l'usage des habitants, et le palais épiscopal. Les Tricastrins possèdent aussi d'excellentes carrières de pierres à bâtir. Au témoignage de Gui-Pape (⁵), les évêques de Saint-Paul-Trois-Châteaux pouvaient battre monnaie et portaient le titre de comtes.

Près de la ville de Saint-Paul-Trois-Châteaux on honore saint Restitut, auquel, comme nous l'apprend l'Évangile, le Christ rendit la vue. Après avoir quitté Jérusalem, il vint chercher le repos dans ces contrées, fut quelque temps évêque des Tricastrins, et fut enterré dans le village de Saint-Restitut. Par son intervention, on obtient de Dieu de conserver ou de recouvrer la vue; ceux qui font des vœux à ce saint boivent de l'eau à une fontaine qui naît dans ce pays et s'en lavent les yeux (6).

Saint-Restitut est le second château du pays des Tricastrins; la Baume-de-Transit, qui en est le troisième, est située à peu de distance.

Sous quel nom, avant l'arrivée de saint Restitut, cette localité était-elle désignée, c'est ce que nous n'avons pu découvrir, à moins qu'elle ne fût appelée simplement un des trois châteaux; du reste, Saint-Restitut a toute l'apparence d'une ville entourée de murs et de tours sur la colline. Là on voit l'église du saint évêque, une maison ou château célèbre, et on y voyait encore, il y a quelques années, des restes nombreux d'antiquités (7). L'évêque possédait ces trois châteaux en toute souveraineté, et l'évêché de Saint-Paul-Trois-Châteaux fut considérablement augmenté par les dons des princes. Mais, par suite des incursions des gens de guerre et des seigneurs voisins contre la ville elle-même et contre les vassaux de l'évêque, Déodat d'Estaing, évêque de Saint-Paul-Trois-Châteaux, afin d'obtenir un défenseur pour lui et ses vassaux, associa, en 1408, le roi Charles (VI) à sa souveraineté dans la ville et dans toute sa juridiction, de telle sorte que, depuis lors, les dauphins et les évêques y eurent un juge commun (8). Suivant Gui-Pape, l'évêque de Saint-Paul céda également en emphytéose la Baume-de-Transit à la maison de Bernis, à laquelle succéda celle de Poitiers, en ne retenant pour lui que la suzeraineté. Toutefois, en souvenir de l'ancienne puissance, le bailli de Saint-Paul, comme maire et juge commun, au nom du dauphin et de l'évêque, entend et termine les procès des habitants de Saint-Paul et de Saint-Restitut en première instance, et les appels des citoyens de la Baume, et il n'a pas d'autre

CHAPITRE XV. — LES TRICASTRINS.

juridiction, si ce n'est dans quelques parties de Chamaret et un petit nombre d'autres villages. Mais la puissance spirituelle du diocèse de Saint-Paul n'est pas restreinte à ces trois châteaux. Loin de là; car elle comprend plusieurs localités appartenant à des peuples d'origine différente : Tulette, Avisan, Bouchet, Suze-la-Rousse, Saint-Torquat, Montségur, Crillon, Aiguebelle, (monastère de l'ordre de Citeaux), Clansaye, Valaurie, Chantemerle, Bollène, Réauville, Citelles, Roussas, Portes, Rochefort, Espeluche, Alan. Avisan est sous l'autorité du souverain pontife par suite d'un échange fait, il y a déjà plusieurs siècles, entre Humbert dauphin et le pape Clément VI, pour la moitié de la ville de Romans. Aussi sur les portes d'Avisan on voit encore aujourd'hui un dauphin sculpté sans les fleurs de lis, ce que nous n'avons vu nulle part ailleurs, si ce n'est à Saint-Étienne, et sur une porte de Vamppe et de Saint-Marcellin, tournée vers l'orient ([9]).

NOTES DU CHAPITRE XV.

(1) Aymar tranche, dans ce chapitre, sans paraître y supposer de difficultés, une question très controversée. M. de Terrebasse fait observer à ce sujet (pag. 112, note 1) que notre auteur a confondu, sous le titre commun de *Tricastrins*, deux peuples distincts : les *Tricastins* (*Tricastini*), ayant pour capitale *Augusta*, aujourd'hui Aouste-en-Diois, et les *Triscastrins* ayant pour capitale *Tricastrum*, aujourd'hui Saint-Paul-Trois-Châteaux. Assurément on trouve ces deux noms et l'indication de ces deux capitales, mais à des époques différentes. Toutefois, la distinction est-elle aussi fondamentale que paraît le supposer M. de Terrebasse, et que le dit surtout M. Walckenaër, qui revient sans cesse sur ce point, suivant lui très essentiel, qu'il faut bien se garder de confondre les Tricastins avec le Tricastin moderne, c'est-à-dire, le territoire de Saint-Paul-Trois-Châteaux (*Géogr. des Gaules Cisalpine et Transalpine*, tom. I, pag. 59, 138, et tom. II, pag. 204)? Remarquons d'abord que Strabon ne fait mention ni de l'un ni de l'autre de ces peuples. Pour lui, comme je l'ai déjà dit, il n'y a pas de peuples intermédiaires entre les Allobroges et les Cavares, et les Cavares s'étendent depuis l'Isère jusqu'à la Durance. Mais il n'en est pas ainsi de Tite-Live et de Pline, qui, dans cet espace, placent, entre autres, non pas les *Tricastrins*, qu'ils ne connaissent pas, mais un peuple appelé par eux les *Tricastins*. Tite-Live les mentionne à deux reprises et à deux époques éloignées l'une de l'autre : à l'époque de Bellovèse, qui, forcé d'émigrer, s'arrête chez les *Tricastins*, d'où il voit les Alpes, qu'il hésite longtemps à franchir (lib. v, cap. 54); à l'époque d'Annibal, qui, après avoir apaisé les querelles des Allobroges, se dirige vers le pays des *Tricastins* (xxi, 31). Ce sont là des indications bien

vagues et qui ne suffisent évidemment pas pour nous faire connaître le lieu exact que ce peuple occupait. Pline précise davantage. Parmi les villes latines des Gaules, il cite *Augusta Tricastinorum* (III, 5. 6), que, du reste, l'*Itinéraire* d'Antonin, la table de Pentinger et l'Anonyme de Ravenne mentionnent également comme étant située entre Die et Valence. *Augusta Tricastinorum* correspond donc au petit village d'Aouste, sur les bords de la Drôme, entre Saillans et Crest, comme le prouvent et son nom et les antiquités qu'on y a trouvées. Voilà pour les Tricastins. Mais qu'est-ce que les Tricastrins? Ce n'est que dans les écrivains ecclésiastiques, aux premiers siècles du moyen-âge, comme l'a démontré M. Walckenaër, qu'on rencontre les noms de *Tricastrum* et de *Tricastrini*. Il faut en conclure, avec MM. Walckenaër et de Terrebasse, que *Tricastrum*, ou *Saint-Paul-Trois-Châteaux* est une ville relativement récente, et il faut bien se garder de confondre, comme l'a fait Aymar, et même de nos jours M. Delacroix (*Statistique de la Drôme*, pag. 4 et 576), Saint-Paul-Trois-Châteaux avec *Augusta*. Mais je ne crois pas cependant qu'il faille conclure de là à l'existence de deux peuples voisins : les *Tricastins* et les *Tricastrins*. Aouste et Saint-Paul-Trois-Châteaux ne sont qu'à quarante-cinq kilomètres l'un de l'autre! Je croirais donc volontiers que le nom du moyen-âge est une altération légère du nom ancien, et, en second lieu, que l'évêché ayant été établi à Saint-Paul-Trois-Châteaux, cette ville nouvelle devint peu à peu le centre de tout le territoire, gagnant à mesure que perdait Augusta. [*N. du T.*]

(2) Saint-Paul est le sixième évêque de cette ville. Il siégeait en 374 au concile de Valence. J'ai dit, dans la note précédente, qu'il ne faut pas confondre *Augusta* (*Aouste*), qui conserva son nom, avec *Tricastrum*, ville nouvelle sans doute à l'époque dont on résume ici l'histoire. [*N. du T.*]

(3) Les localités entre Saint-Marcellin, Roybon, Saint-Étienne-de-Saint-Geoirs, Vinay et Tullins, paraissent être le pays par excellence des pélerinages. A deux lieues de Saint-Marcellin on trouve Saint-Antoine, abbaye célèbre dont nous avons déjà parlé, et qui, quoiqu'en dise Aymar du Rivail, n'est pas une ville, mais une commune importante de plus de deux mille habitants, dont l'église excite, à juste titre, l'attention des touristes et des archéologues. A deux lieues et demie de Saint-Antoine, au nord-est, à une lieue et demie de Vinay,

son chef-lieu de canton, se trouve Varacieux, célèbre autrefois, comme nous l'avons vu aussi, par les miracles qu'y accomplissaient les reliques de Saint-Ferjeux. A une petite distance, dans le canton de Saint-Étienne-de-Saint-Geoirs, existe la petite commune de Plan, qui est encore moins une ville que Saint-Antoine, puisqu'elle ne compte que trois cent cinquante habitants, et dont le pélerinage, si c'est celui qu'a célébré Aymar, a été remplacé par celui de Notre-Dame-de-l'Osier (commune de quatre cent cinquante habitants dans le canton de Vinay), lequel date du milieu du XVIIe siècle, et dont l'église *est desservie par une communauté de neuf ecclésiastiques. C'est aujourd'hui le pélerinage le plus célèbre.* — Peut-être Aymar a-t-il voulu parler de Notre-Dame de Parménie, dans la commune de Tullins, pélerinage voisin aussi de ces localités, et dont la réputation paraît remonter jusqu'au IXe siècle. [*N. du T.*]

(4) L'aveu est précieux. Pourquoi Aymar, allant un peu plus loin, n'en a-t-il pas conclu que *Tricastrinum* ou *Tricastrum* était une ville nouvelle et que l'*Augusta Tricastinorum* se retrouvait dans le village d'Aouste, dont il n'ignorait pas l'existence? [*N. du T.*]

(5) *Guidonis-Papæ decisiones Gratianopolitanæ.* — Grenoble, 1490, in-fo. [*N. du T.*]

(6) On considère saint Restitut comme le premier évêque de Saint-Paul-Trois-Châteaux, et on place son épiscopat à l'année 169. C'est l'opinion du R. P. Cl. Boyer de Sainte-Marthe (*Histoire de l'église cathédrale de Saint-Paul-Trois-Châteaux.* — Avignon, 1710, in-4o, pag. 6 et suivantes). Par conséquent ce n'est que par une croyance pieuse, mais dénuée de toute critique, qu'on a pu supposer que saint Restitut était l'aveugle-né auquel Jésus-Christ donna la vue en lui frottant les yeux avec de la boue qu'il délaya avec sa salive (Ev. sec. Joan. c. IX, v. 1-36); qu'il aurait changé son nom, que l'Évangile ne donne pas, en celui de Restitut; serait venu à *Tricastrum*, puis serait allé mourir dans le Milanais. Saint Restitut est postérieur de cent trente-six ans à la mort de Jésus-Christ, d'après les meilleures autorités. Ce fut l'évêque Étienne Génevès (1450-1470), qui, en 1463, faisant la translation des reliques de saint Restitut, raconta ces faits miraculeux reproduits par Aymar. Boyer (pag. 182 et surtout pag. 358, où il donne *in extenso* le mandement de l'évêque Étienne) le prouve complètement. Aussi les Bénédictins, auteurs du *Gallia Christiana* (tom. Ier, pag. 705) rejettent-ils cette tradition

comme une fable, en disant : *Tam recens opinio nullatenus potest pro traditione venditari.* — Nous trouvons dans l'histoire du diocèse d'Embrun, du curé Albert (I, pag. 185), quelques détails biographiques sur Étienne Génevès, auquel, comme nous venons de le dire, appartiennent, à ce qu'il semble, les traditions sur Saint-Restitut. D'abord chanoine à Montélimar, puis secrétaire de l'église de Saint-Paul, ensuite curé de Savine, dans le diocèse d'Embrun, plus tard vicaire général et official d'Embrun, enfin maître des requêtes du Dauphiné, Étienne Génevès devint évêque de Saint-Paul-Trois-Châteaux en 1450.]*N. du T.*]

(7) Saint-Restitut est un village de neuf cents âmes, dans le canton de Pierrelatte, à une demi-lieue de Saint-Paul-Trois-Châteaux. On y voit encore des restes d'antiquités, notamment, dans l'église, une frise remarquable représentant une procession païenne et un prêtre se disposant à offrir un sacrifice. Aussi M. Delacroix (*Statistique de la Drôme*, pag. 594) propose-t-il pour le nom de cette localité une étymologie très ingénieuse. Là existait, évidemment, un temple païen, converti, comme il est arrivé bien ailleurs, en une église chrétienne. Ne serait-ce pas de là que serait venu le nom de *Restitutum templum*, et par suite de *Restitut, Saint-Restitut ?* Nous avons vu, en effet, qu'au jugement des Bénédictins, la légende de Saint-Restitut est fabuleuse. — C'est à moitié chemin, entre Saint-Paul-Trois-Châteaux et Saint-Restitut, au pied de la montagne de Saint-Just, que se trouve la source prétendue minérale, connue sous le nom de *Fontaine-Sainte*. L'analyse chimique n'y a constaté aucune dissolution saline ou sulfureuse ; seulement elle est d'une pureté parfaite. Les habitants vont en foule, au mois d'août, en boire les eaux pendant neuf jours, mais en les rendant purgatives au moyen de sel d'Epsom, c'est-à-dire de sulfate de magnésie (*id.* pag. 241). — La Baume-de-Transit est un village de neuf cents âmes, également dans le canton de Pierrelatte, et qui n'a rien de remarquable. [*N. du T.*]

(8) Déodat, ou Dieudonné d'Estaing, est le cinquante-huitième évêque de Saint-Paul-Trois-Châteaux ; son épiscopat s'étend de 1389 à 1409. [*N. du T.*]

(9) *Quod alio loco non vidimus, nisi in Sancto-Stephano, et una Vamppii et Sancti-Marcellini porta ad orientem versa* (pag. 117). Avec un auteur tel qu'Aymar du Rivail, il faut bien parfois se

12

résoudre à traduire sans comprendre. Il s'agit, dans le premier membre de phrase, de Saint-Étienne-de-Saint-Geoirs (arrondissement de Saint-Marcellin) ou de Saint-Étienne-de-Crossey (canton de Voiron). Mais qu'est-ce que *Vamppe?* Il n'existe aucune commune de ce nom dans le département de l'Isère, ni dans les deux autres départements formés de l'ancien Dauphiné. Valbonnais (*Histoire du Dauphiné*, tom. I, pag. 8), dans son excellente carte comparative, n'indique aucune localité de ce nom. Pour tâcher de lever cette difficulté, j'ai eu recours à deux copies manuscrites de l'ouvrage d'Aymar du Rivail que possède la bibliothèque publique de Grenoble. Elles ont été prises l'une et l'autre sur le manuscrit autographe de la bibliothèque nationale (fonds Colbert n° 6014). L'une, faite par les ordres de M. Champollion-Figeac, alors bibliothécaire de Grenoble (1810-1815), nous donne une leçon qui lève toute difficulté ; nous y lisons en effet (f° 63) : *et una Vorappii et S. Marcellini porta*, etc. Il s'agirait donc de Voreppe. Mais l'autre copie, faite, à Paris, en janvier 1827, par un jeune savant dont le Dauphiné regrettera toujours la fin prématurée, M. Jules Ollivier, porte *Vamppii*, comme le texte de M. de Terrebasse. Mais évidemment *Vamppe* n'existant pas, la leçon *Vorappii* doit être adoptée. — Toutefois, même avec cette correction, la phrase, il faut l'avouer, sera encore bien singulière ; car comment la même porte peut-elle appartenir à la fois et à Voreppe et à Saint-Marcellin, qui sont à 36 kilomètres l'un de l'autre. Il faut évidemment renoncer à comprendre. [*N. du T.*]

CHAPITRE XVI.

Les Voconces et Die.

Le pays des Voconces, comme nous l'apprend Strabon, s'étend dans les montagnes tournées vers le nord, au-dessus des Cavares et des Salyes, et jusqu'au pays des Allobroges. Des fenêtres de notre maison de l'Argentaine, et de quelques autres lieux voisins situés chez les Allobroges, on aperçoit tout un côté du pays des Voconces, élevé comme une muraille sur les bords de l'Isère, et ces montagnes des Voconces, par le froid qu'elles produisent, nuisent beaucoup à nos récoltes ([1]). Dans cette direction, vers le nord, entre l'Isère et les montagnes des Voconces, depuis le pays des Cavares jusqu'au confluent du Drac et de l'Isère, est une plaine étroite et de largeur inégale que quelques-uns attribuent aux Allobroges, mais que je croirais volontiers appartenir aux Voconces ([2]).

Les Voconces touchent au Mont-Ventoux et aux Médulles vers le midi ; dans la direction de l'ouest, vers le milieu du pays des Cavares, ils touchent aux Tricastrins ; par la vallée du Trièves, à l'orient, la partie supérieure du pays des Voconces s'étend jusqu'au Drac.

Le nom des Voconces vient peut-être, par altération, du mot Vercors, sous lequel on désigne une contrée élevée de ce pays dans la direction de l'Isère et des Allobroges. (³)

A peu près au milieu du pays des Voconces est une chaîne élevée dont les versants sont tournés au nord et au midi, d'où coule la Drôme. César, en conduisant son armée d'Italie chez les Helvètes, traversa le pays des Caturiges (⁴), des Voconces et des Allobroges.

Si nous en croyons Strabon, dans son quatrième livre, les Voconces ont dans leurs montagnes des vallées profondes et remarquables, et qui ne le cèdent en rien aux vallées du pays des Allobroges. Dans le pays des Voconces, comme Pline nous l'apprend, existait autrefois le canton des Vertacomacores, d'où sortirent les colons qui fondèrent Novarre (⁵).

Dans la plaine des Voconces qui touche à l'Isère on trouve Saint-Nazaire, célèbre par un pont solide et étroit sur la Bourne; Saint-Jean; Pont-en-Royans; Saint-Just, remarquable par une abbaye construite par le dauphin Humbert; Beauvoir, maison considérable des dauphins, comme l'étendue de ses ruines suffit pour le prouver. A peu de distance de là, les dauphins possédaient et se réservaient pour la chasse la belle forêt de Claye. On trouve ensuite Iseron, Cognin, Armieu, Saint-Quentin et Sassenage. Au-dessus de cette plaine on monte dans les montagnes des Voconces, dont les trois premières sont appelées Autrans, Méaudre et Lans, du nom des villages qu'on y trouve. Dans toutes ces montagnes sont des vallées abondantes en productions, et, quoique leur ascension soit difficile et s'opère par des sentiers étroits, cependant, lorsqu'on y est parvenu, elles présentent beaucoup d'agrément et une très belle vue, surtout pendant l'été (⁶). A l'entrée de la vallée de Lans se trouve la source de la

Bourne, qui arrose toute cette vallée, et qui, après avoir traversé le Villard-de-Lans, descend, à travers des collines escarpées et des défilés presqu'impénétrables, vers le Pont-en-Royans, et va enfin se réunir à l'Isère au-dessous de Saint-Nazaire. C'est une rivière aux eaux transparentes, analogue à la Sorgues, dans laquelle on pêche d'excellents poissons, et qu'on peut presque partout passer à gué, à moins qu'elle ne soit grossie par des pluies ou par la fonte des neiges.

Au-dessus de la plaine de Saint-Jean est un monastère de Chartreux, au milieu des collines de Bouvante ; et dans une montagne qui touche, d'un côté, à Château-Double, et de l'autre, à Chabeuil dans le pays des Cavares, est l'abbaye de Léoncel, de l'ordre de Citeaux. En vertu d'une constitution publiée à Valence le 5 des ides du mois d'août de l'année 1170, Frédéric (Barberousse) déclara que ce monastère ne paierait aucun impôt dans les archevêchés d'Arles et de Vienne, ni dans aucun des évêchés leurs suffragants ; concession qui fut ratifiée par le chancelier Godefroy, au nom de Robert, archevêque de Vienne et archichancelier du royaume de Bourgogne [7].

Non loin du confluent du Drac et de l'Isère, sur un rocher escarpé du pays des Voconces, au-dessus de Seyssinet, est la tour de Pariset dans laquelle aucun animal vénimeux ne peut vivre, et même, suivant Gervais [8], si l'on répand quelque part de la terre de ce château, immédiatement l'on voit fuir tous les insectes nuisibles. On trouve auprès de cette tour des pierres semblables à des pierres précieuses [9].

En montant plus haut sur le flanc de la montagne, auprès de Miribel, se trouve la Fontaine-Ardente, dont l'eau s'allume et s'enflamme par le feu qu'on y jette ; plus on jette d'autre eau sur cette flamme, plus le feu devient actif, et, par un temps pluvieux, la flamme est encore excitée davantage. Selon Gervais, les flambeaux allumés sont éteints par cette fontaine et ceux qui sont éteints sont rallumés par elle ([10]).

Peu après est le Mont-Inaccessible, montagne carrée et très élevée, ainsi appelée parce que, disait on, personne ne peut l'escalader. Cependant un chevalier lorrain, nommé Julien, en se rendant à Naples avec le roi Charles VIII, parvint, à force d'adresse, au sommet de cette montagne, et aujourd'hui l'on y monte fréquemment ([11]).

Nous avons vu et décrit par nous-même ces trois merveilles, dont beaucoup de savants étrangers ont fait mention.

Près de Gresse, village voisin du Mont-Inaccessible, est la source de la Gresse, rivière qui, au grand détriment des populations voisines, se jette dans le Drac en deçà de Vif ([12]).

Au-delà du Mont-Inaccessible, sur un sommet élevé du pays des Voconces, au-dessus de la Baume des Arnauds ([13]), sort la rivière de la Drôme, qui coule dans une vallée voisine, à laquelle, ainsi qu'à un village, elle donne son nom (Valdrôme) ([14]). Elle entre ensuite dans le lac de Luc. Sortie de ce lac, elle arrose Die et Aouste, puis, descendant en plaine, elle passe à Crest, coule à travers le territoire des Cavares, et va se jeter dans le Rhône entre Livron et Loriol. Partout, même auprès du Rhône, on peut passer cette rivière à gué, excepté quand elle est grossie par des pluies ou la fonte des neiges, ce qui arrive fréquemment. La Drôme est une des cinq rivières que Strabon indique comme prenant leur source

CHAPITRE XVI. — LES VOCONCES ET DIE.

dans les Alpes et se jetant dans le Rhône entre la Durance et l'Isère.

Comme Luc est une ville antique des Voconces, je ne dois pas oublier que, peu après la source de la Drôme, à une lieue environ, est un lieu fermé de toutes parts par des rochers en forme de demi-cercle tourné vers le nord. Ce lieu avait deux issues ou sorties assez éloignées l'une de l'autre, chacune large d'environ dix-huit pas, l'une tournée tout-à-fait au nord, l'autre légèrement inclinée vers l'ouest. Autrefois la Drôme traversait ces deux issues, entrant par celle du nord et sortant par celle de l'ouest, et l'on pouvait très facilement monter de cette localité, en suivant les bords de la Drôme, pendant deux lieues, jusqu'à la montagne qui est entre Baurières et la Baume des Arnauds. C'est dans ce demi-cercle qu'était située la ville de Luc, effroyable par la localité même, ses tours et ses murailles, ville ancienne, forte, et, suivant l'usage antique, étroite; ayant deux portes, chacune vers l'une des issues; au milieu à peu près, une citadelle très forte, carrée, d'une hauteur et d'une construction admirables, avec beaucoup de voûtes et de fenêtres tournées vers le sud-ouest. Longtemps avant la fondation de Die, Luc avait la suprématie dans cette partie des Voconces, puisque, selon Pline, au livre troisième, Luc était une des capitales de la cité fédérée des Voconces (15). Mais il y a environ soixante ans, une partie du rocher septentrional s'écroula et s'étant séparée du rocher inférieur, ferma, par sa chute, les deux issues de Luc. Le cours de la Drôme se trouva ainsi barré, et, pendant quelque temps, cette rivière forma un lac au-dessus de l'entrée supérieure de la vallée; puis, se creusant peu à peu des issues à travers les rochers qui la barraient, elle descendit vers la ville. Mais, comme la portion du rocher vers l'issue occidentale lui fermait le passage, la Drôme s'arrêta encore, inonda la ville, et, après l'avoir presque entièrement couverte, se fraya de nouvelles voies à travers les circuits du rocher supérieur, attendu que les rochers inférieurs, par le poids et la pression de ceux qui se trouvaient au-dessus d'eux, fermaient tous les passages vers la plaine. Mais, comme la ville ne fut pas immédiatement submergée, à cause du barrage de la Drôme vers l'issue supérieure, les habitants purent s'enfuir avec leurs meubles et se retirer dans des localités voisines. Quelques-uns fixèrent leur demeure un peu au-dessous de l'ancienne ville de Luc, au pied de la montagne du nord dont nous avons déjà parlé, et donnèrent à ce village le nom de la ville antique, qu'il conserve encore aujourd'hui avec une église appelée le Prieuré.

Ce que j'avais entendu dire et ce que j'avais lu de Luc, j'ai pu le vérifier, de mes propres yeux, le 6 des ides de septembre de l'année 1533, à la fête de la nativité de Marie ; et comme il n'avait pas plu depuis plusieurs mois, l'eau était tellement basse que la citadelle antique apparaissait au-dessus des eaux à la hauteur d'environ quarante pieds, aussi bien conservée que si elle venait d'être bâtie, avec deux doubles fenêtres, l'une au niveau des eaux, l'autre à peu de distance du sommet. Dans beaucoup de lieux existent encore des édifices au-dessous des eaux, et on les reconnaît par les saillies des pierres. Nous avons vu aussi une tour de la ville, au-dessous des eaux, vers la partie nord de la route inférieure, avec la voûte supérieure et les murailles qui partaient de cette tour jusqu'à la citadelle ci-dessus décrite ; l'eau, à cet endroit, ne s'élevait pas à plus d'un pied au-dessus des ruines. Cette tour et ces murailles sont peu éloignées du rocher septentrional, qui est nu et blanc dans la partie où l'éboulement s'est opéré, et couvert de broussailles partout ailleurs. La première fois que j'aperçus ces lieux, j'éprouvai un sentiment d'horreur et de crainte, comme si la submersion de cette ville était le résultat d'un jugement de Dieu, quoiqu'on aperçoive clairement les traces de la chute du rocher. Beaucoup de personnes, en réunissant des pièces de bois, naviguent sur ces lacs pour pêcher et vont même prendre dans la tour les pigeons qui y abondent. Quelquefois, auprès de la citadelle, on aperçoit le faîte de l'église de cette ville, mais lors de la crue des eaux, on n'aperçoit plus aussi clairement ces édifices. Pendant l'été de l'année 1535, beaucoup de gens allèrent au pied de la tour et dans l'intérieur de l'église, où il existe encore trois autels entiers; car, pendant cet été, la sécheresse fut si grande que les fontaines et les fleuves tarirent presque complètement, et Luc paraissait presque en entier. Près de ces issues, aujourd'hui fermées, se trouve le chemin, très tortueux, qui conduit à Die, à Serres et à Gap, sur le flanc de la montagne septentrionale de la ville submergée, chemin rude et escarpé. A mon avis, les deux issues de Luc pourraient être ouvertes de nouveau, en commençant par celle du bas; mais les dépenses l'emporteraient peut-être sur les avantages qu'on pourrait en retirer [16].

Au-dessous de Luc est Die, ville appartenant également aux Voconces, aujourd'hui capitale de la contrée adjacente [17]. Elle est située dans une vallée ouverte au couchant, dans la direction de Crest et le cours de la Drôme vers le Rhône; à l'orient cette vallée a une issue vers Luc, où autrefois, avant la submersion de cette ville, conduisait une route le long de la Drôme. Die est entourée par des montagnes escarpées et arrosée par la Drôme. L'*Itinéraire* d'Antonin l'appelle *Dea Vocontiorum*, et la place entre Luc et Augusta (Aouste)...... Il l'attribue à la province de Vienne, et aujourd'hui encore elle dépend de l'archevêque de cette ville. La porte de Die, dans la direction de Luc, est semblable par son architecture aux portes antiques de Grenoble. Die et Valence avaient autrefois chacune son évêque ; plus tard, les deux évêchés furent réunis et leur évêque est suffragant de l'archevêque de Vienne ([18]).

Il existe à Die un grand nombre d'inscriptions de marbre, souvent importantes, et de tombeaux antiques qui prouvent que cette ville fut habitée par les Romains et d'autres personnages considérables par leur dignité et leurs vertus. Les plus importants habitèrent le Puy-d'Ornhion, forteresse voisine de Die........... Non loin de là est l'abbaye de Valcroissant.

On se rend de Die à Grenoble en se dirigeant sur la gauche, par un chemin difficile et à travers des montagnes escarpées. On trouve sur la route : le Vercors, Rencurel, Villard-de-Lans, Lans, Sassenage, puis Pariset et Seyssins. En se dirigeant à droite, on traverse le col de Menée, le Monestier-de-Clermont, Vif, le Drac, et l'on arrive à Grenoble. Il y a une autre route intermédiaire entre les deux précédentes, par le col de Gresse, le Mont-Inaccessible, le Monestier-de-Clermont et Vif. Cette route n'a que neuf lieues ; elle est plus longue que la première, mais de deux lieues plus courte que la seconde ([19]).

Au-dessous de Die, sur les bords de la Drôme, est Augusta (Aouste-en-Diois), ainsi appelée de l'empereur

Auguste. On y fabrique d'excellents tuyaux, qui se vendent jusque dans des contrées lointaines ([20]).

On trouve ensuite Crest, ville ouverte, auprès de laquelle, comme à Aouste, il existe un pont de pierres sur la Drôme. Cette ville fut bâtie au-midi et au pied d'un monticule élevé par la famille des Arnauds, famille roturière, mais néanmoins riche, nombreuse et puissante. Elle prit le nom de Crest de ce monticule élevé et en pente, incliné de toutes parts, et reçoit souvent le surnom d'*Arnaud* de la famille qui l'a construite. Sur cette éminence se trouve un château qui, par sa largeur, son épaisseur et son élévation, l'emporte sur tous ceux que nous ayons jamais vus. Cette famille, tant elle était puissante, bâtit encore Château-Arnaud, près de Die, et la Baume des Arnauds, dans le territoire de Gap ([21]).

A une époque plus récente, le territoire de Die, comme celui de Valence, avait été érigé en comté. A la tête de ces comtés se trouvait une orpheline que les Arnauds voulaient marier à l'un d'entre eux. Mais l'un des fils du comte de Poitiers, qui parcourait alors ce pays, défendit la comtesse, chassa les Arnauds, épousa cette noble femme, et, par ce mariage, obtint les comtés de Die et de Valentinois ([22]).

Comme Die et Valence avaient des évêques, Crest était la principale ville des comtés de Diois et de Valentinois, et c'est là qu'on rendait la justice aux habitants de l'un et de l'autre. Mais après que Montélimar fut tombé au pouvoir du comte, une partie du comté de Valentinois fut justiciable de cette ville.

Au-delà du pont de Crest et de la Drôme, dans l'église de Saint-François existe encore la sépulture des comtes de Valentinois et de Diois de la maison de Poitiers. Le 26 août 1467, Louis de Poitiers, évêque de Valence et de Die, établit, érigea et fonda, dans l'église de Crest, une communauté de neuf chanoines, dix prêtres et huit novices [23].

Près de Crest, sur la colline de Saou, est une abbaye fondée, dit-on, par les Adhémar.

Dans la partie orientale du pays des Voconces est la vallée du Trièves, dont la première ville est Mens. La route de Grenoble à Sisteron traverse cette vallée. Cette route monte jusqu'à la Croix-Haute, et descend ensuite vers Sisteron, Aix et Marseille. La Croix-Haute est dominée par une vallée qu'entourent des montagnes très élevées, et dont l'entrée et la sortie, par le peu de largeur du chemin, pourraient être défendues contre une armée par une poignée d'hommes. Là, entre Luz et Saint-Julien (en Beauchêne), en allant vers Gap, est une plaine, au pied de la colline, que l'on appelle le lieu du Carnage, parce que les montagnards y massacrèrent une troupe de Bretons ou d'autres soldats errants [24]. De la Jarjatte, village voisin de la Croix-Haute, sort la rivière du Buesch, qui coule au milieu de la vallée, arrose Luz, Saint-Julien, Saint-André (en Beauchêne) et la Faurie, villages de ces montagnes ; puis, après être sorti des défilés de la vallée, il passe à Aspremont, et, peu après, en-deçà de Serres, reçoit une autre rivière également appelée Buesch et qui vient de Veynes [25]. De là, coulant entre le pays des Médulles et celui des Sigoriens, il se jette dans la Durance sous les murs de Sisteron, traversé par un pont peu avant son confluent.

A la Croix-Haute, sur une montagne, sont deux sources. De l'une sort l'Ébron, qui, après avoir reçu un ruisseau descendant du sommet de la montagne, coule à travers la

CHAPITRE XVI. — LES VOCONCES ET DIE.

vallée du Trièves et va se jeter dans le Drac. De l'autre source sort le torrent de Lunel, qui se jette dans le Buesch, une lieue après son origine, donne son nom au village de Lune (ou Luz), et produit d'excellents poissons. Au-dessus de cette vallée étroite du Buesch est, à l'orient, la chartreuse de Durbon, entourée de rochers de tous les côtés.

Dans le pays des Voconces, près d'Aspres, non loin de Saint-Pierre-d'Argenson, est une fontaine dont l'eau, dans quelques parties, a la saveur du vin (26).

Autrefois un juge rendait la justice à Serres, sur les bords du Buesch; mais, sous le règne de Louis XII, ce tribunal fut transféré à Gap.

Nous avons décrit la partie septentrionale du pays des Voconces, passons à la partie méridionale.

NOTES DU CHAPITRE XVI.

(1) Il s'agit de la grande chaîne calcaire à laquelle appartiennent la Dent de Moirans, le plateau d'Autrans et de Méaudre, celui de Saint-Nizier, la Moucherolle, le Col-de-l'Arc, le Col-Vert, etc. ; en un mot, de tout ce massif entre le Diois et le Graisivaudan, qui renferme le Vercors et le Royannais. C'est bien là en effet le pays des Voconces. [*N. du T.*]

(2) Ici encore Aymar tranche trop brièvement une des questions les plus controversées de la géographie ancienne : quelles étaient les limites et l'étendue du pays des Allobroges? Aymar nous paraît avoir eu raison lorsque, dès le début de sa description, il nous a dit que l'Allobrogie était bornée au nord et à l'ouest par le Rhône, au sud par l'Isère; par conséquent, nous croyons qu'il a encore raison ici de comprendre dans le pays des Voconces, et non dans celui des Allobroges, la partie de la plaine ou plutôt de la vallée de l'Isère, située sur la rive gauche de cette rivière jusqu'à son confluent avec le Drac. C'est l'opinion que d'Anville a adoptée, sinon dans son texte, où il y a quelque hésitation, du moins dans sa carte ; c'est celle qui a été très savamment soutenue, et, je le crois, démontrée par M. Champollion-Figeac (*Antiquités de Grenoble* ou *Histoire ancienne de cette ville d'après ses monuments*, Grenoble, 1807, in-4º); c'est celle qu'ont adoptée Grillet, dans son *Dictionnaire de Savoie*; MM. Ladoucette et Delacroix, dans leurs ouvrages fréquemment cités; M. Amédée Thierry, dans son *Histoire des Gaulois*; M. Garigins-la-Sarra (*Mémoire pour l'histoire du royaume de Provence et de Bourgogne-Jurane*, Lausanne, grand in-8º, 1851, pag. 3); etc., etc. Telle n'est pas toutefois l'opinion de M. Walckenaër (*Géographie de la Gaule Cisalpine et de la Gaule Transalpine*,

I, pag. 262). Suivant lui, les Allobroges devaient s'étendre sur l'une et l'autre rive de l'Isère et comprendre, sur la rive gauche de cette rivière, au moins une partie des pays qui formèrent plus tard le diocèse de Grenoble. A défaut de textes formels, soit pour soutenir, soit pour combattre cette opinion, on ne peut avoir recours qu'à des inductions, et il n'y a d'autre moyen de solution que d'examiner jusqu'à quel point ces inductions sont plausibles. M. Walckenaër semble s'autoriser de trois raisons : 1º Il lui parait que la confédération des Voconces aurait été trop considérable si elle avait renfermé toutes les contrées de la rive gauche de l'Isère entre les Cavares et les Tricoriens, et il pense que les Allobroges devaient en avoir une partie. — Pourquoi donc ? Est-ce que les Allobroges n'avaient pas assez de posséder tous les pays depuis le lac Léman jusqu'à l'Isère ? Fallait-il donc qu'ils enviassent aux Voconces leurs montagnes, en beaucoup de parties arides, et les quelques plaines, souvent inondées, des bords du fleuve ? — 2º La principale autorité sur laquelle s'appuie M. Walckenaër est le texte célèbre de la lettre de Plancus à Cicéron (*Ad famil.* x, *epist. 25*): *Cularone ex finibus Allobrogum*. Expliquant tout le mouvement militaire et toutes les opérations de Plancus, M. Walckenaër, avec cette lettre et les précédentes, veut prouver que le général romain est encore, quoiqu'il ait battu en retraite, dans le pays des Allobroges; que cependant il a repassé l'Isère, et, par conséquent, que le pays des Allobroges se prolongeait sur la rive gauche de cette rivière. — J'avoue que je tire, et de l'ensemble et du texte spécial de la lettre de Plancus, des conclusions entièrement opposées à celles qu'en tire M. Walckenaër. Sans doute, l'armée romaine a repassé l'Isère; sans doute, les ponts sur cette rivière ont été détruits; mais, comme son devoir l'y oblige, Plancus est à l'arrière-garde, l'armée est hors de danger. Le général, ayant tout surveillé, est resté seul sur la rive droite, à l'extrême frontière des Allobroges, et c'est avant d'abandonner, à son tour, ce pays qu'il écrit à Cicéron. De là son insistance. D'ailleurs, que veulent dire ces expressions : *ex finibus Allobrogum*, sinon que Plancus est à l'extrémité du pays des Allobroges ? Or, aurait-il pu s'exprimer ainsi, si *Cularo*, par suite de l'extension de l'Allobrogie sur la rive gauche, avait été *dans le pays* et non *à la frontière des Allobroges* ? Le texte de Plancus conclut évidemment pour nous et contre M. Walckenaër. — 5° Pour achever sa démonstration, M. Walckenaër a besoin d'affirmer que Cularo était sur la rive gauche de l'Isère, dans la plaine, c'est-à-dire là où est réellement Grenoble aujourd'hui. Je regrette que M. Champollion (ouvrage cité, pag. 12) admette également ceci, quoiqu'il restreigne les Allobroges à la rive droite. Il faut, je crois, faire une distinction. Cularo, ville ou *pagus* des Gaulois, était sur la rive droite, sur le revers du mont Rachais, dans les faubourgs actuels de Saint-Laurent et de la Perrière, et sur la montée étroite et escarpée de Chalemont. C'est là que se trouvent les plus anciens monuments de Grenoble, et la nécessité de la défense explique assez que les Allobroges aient bâti leur ville sur ces rochers, alors autrement étendus qu'ils ne le sont aujourd'hui, puisqu'ils se prolongeaient jusqu'à la rivière. Devenus maîtres du pays, les Romains étendirent Cularo sur la rive droite, et la ville romaine, dont l'enceinte fut tracée par Dioclétien et Maximien, comme le rapportent les inscriptions que nous avons citées, renferma une petite portion du territoire des Voconces. Sous une domination commune, qui datait déjà de plusieurs siècles, les vieilles appellations d'Allobroges et de Voconces s'oubliaient et les anciennes rivalités avaient disparu. Gratien, comme nous le voyons dans Ausone (*In Gratiani Proconsulatu*, v. 584), et dans la Notice des Dignités des Gaules (*Ap. script.* de D. Bouquet, tom. II, pag. 10), embellit encore Cularo, qui peu à peu reçut et garda son nom. Ces embellissements s'effectuèrent toujours dans la plaine, sur la rive gauche, et c'est toujours de ce côté que Grenoble s'est étendue et qu'elle s'étendra encore ; là ont eu lieu, en s'espaçant de plus en plus, et l'enceinte romaine, et celle de Lesdiguières, et celle qu'on a construite de 1832 à 1836, tandis que la rive droite, emprisonnée par la montagne, n'a reçu que des établissements militaires plus considérables, sans avoir la possibilité de s'agrandir. Cependant, c'est bien là le noyau primitif de Grenoble, c'est bien là le vieux Cularo gaulois, ville ou village fort ignoré avant la conquête romaine, mais forteresse des Allobroges contre les Voconces, qu'ils avaient en face d'eux, de l'autre côté de la rivière, comme le prouverait même, s'il fallait encore d'autres preuves, le passage dans lequel Tite-Live (XXI, 31) nous représente Annibal, depuis l'Ile, c'est-à-dire depuis le confluent du Rhône et de l'Isère, marchant à travers le pays des Voconces, accompagné, il est vrai, des Allobroges, mais évidemment hors de leur pays. Concluons donc avec Aymar, et avec toutes les autorités citées plus haut, que l'Isère séparait les deux confédérations des Allobroges et des Voconces, et que ces derniers possédaient la rive gauche de cette rivière jusqu'à son confluent avec le Drac. [*N. du T*].

(3) L'étymologie est, qu'on me permette l'expression, singulièrement tirée par les cheveux. Le *Vercors* (*Vercorium*) est une vallée de trente-cinq kilomètres de long sur cinq ou six de large, arrosée dans sa partie méridionale par le Vernaison, qui tourne ensuite à l'ouest, dans la gorge des Goulets, pour aller se jeter dans la Bourne au Pont-en-Royans. Au nord elle est bornée par la Bourne. Le Vercors, pays sauvage et isolé, renferme cinq communes : *La Chapelle*, chef-lieu de canton ; *Saint-Agnan*; *Saint-Martin*; *Saint-Julien*; *Vassieux*. d'une population totale de cinq mille âmes (Voir *Statistique* de Delacroix, pag. 449). [*N. du T.*]

(4) Peuple des Alpes Cottiennes, aujourd'hui Chorges, chef-lieu de canton du département des Hautes-Alpes : on en trouvera la description un peu plus loin. [*N. du T.*]

(5) *Novaria ex Vertacomacoris, Vocontiorum hodieque pago* (Plin., III, 21. 2). C'est évidemment du mot *Vertacomacori*, altéré, que s'est formé le nom actuel de Vercors. — Pline a fréquemment parlé des Voconces ; L. III. 5. 4. — VII. 18. 2. — II. 59. 3. — XIV. 11. 3. — XXIX. 12. 2., mais sans nous donner aucun détail important. Presque partout, dans ces passages, il s'agit de faits merveilleux : du vin des Voconces, de pierres tombées du ciel dans leur pays, d'un chevalier Voconce qu'on disait avoir été mis à mort par l'ordre de Claude, pour avoir porté sur lui un de ces prétendus œufs de serpent que les Druides vendaient au poids de l'or, etc., etc. [*N. du T.*]

(6) C'est dans ces montagnes, et non à Sassenage, que se fabrique ce fromage bleu, célèbre sous le nom de fromage de Sassenage, et plus exactement sous celui de fromage des quatre montagnes : *Autrans, Méaudre, Lans* et *Villard-de-Lans*. — Ce qu'Aymar nous dit plus loin de la route qui conduisait de Die à Grenoble par Lans, Saint-Nizier et Pariset, justifie ce qu'il dit ici du mauvais état et des

difficultés des chemins qui conduisent dans ces montagnes. Ils ne sont pas beaucoup meilleurs pour aller de Lans à Méaudre et à Autrans ; mais, pour se rendre de Grenoble à Lans et au Villard-de-Lans, on a ouvert, depuis quelques années, par les côtes de Sassenage, Engins et les gorges d'Engins, une des routes les plus belles et les plus pittoresques que les touristes puissent parcourir. [*N. du T.*]

(7) Robert Ier, archevêque de Vienne, de 1178 à 1195. [*N. du T.*]

(8) Auteur des *Otia imperialia*, déjà cité plusieurs fois. [*N. du T.*]

(9) Ces ruines de Pariset, désignées sous le nom de *Tour de Saint-Veran* ou *de Saint-Verin*, et, par altération, de *Tour Sans-Venin*, ont attiré de bonne heure l'attention du vulgaire et des savants, par l'obscurité même qui en environne l'origine. Déjà, comme on le voit, à l'époque d'Aymar du Rivail, probablement même trois siècles auparavant, c'est-à-dire au commencement du XIIIe siècle, à l'époque où écrivait Gervais de Tilbury, le château de Pariset était en ruines et l'on ignorait, comme nous l'ignorons, si c'était un monument ecclésiastique ou féodal. De là, et aussi du nom altéré de cette tour, enfin de sa situation pittoresque, naquirent ces légendes et ces fables auxquelles personne aujourd'hui ne croit plus, même dans le triste et pauvre village bâti derrière cette tour. Toutefois, Aymar du Rivail ajoute à la tradition vulgaire une circonstance qui mérite de nous arrêter un instant : je veux parler de ces espèces de pierres précieuses que, suivant lui, l'on rencontre à Pariset. S'il était le seul à en faire mention, nous n'en dirions rien ; une fable de plus ou de moins chez lui, cela ne compte pas. Mais d'autres écrivains du Dauphiné ont également parlé de pierres précieuses que l'on trouve, sinon à Pariset ou à la Tour-sans-Venin, du moins au pied occidental des mêmes montagnes, à Sassenage. Salvaing de Boissieu (*Septem miracula Delphinatus*, pag. 24) a notamment célébré *ces pierres rouges qui guérissent les maladies des yeux et qui sont aussi précieuses que les pierreries de l'Inde:*

> Punicei flunt, res visu mira, lapilli,
> Queis ea vis, totum late celebrata per orbem,
> Mansit, ut inserti læsis medcantur ocellis ;
> Gemmea nec quicquam pretiosius India mittit.

Sans doute Salvaing de Bossieu ne parle pas sérieusement dans cette imitation, souvent ingénieuse et heureuse des métamorphoses d'Ovide, qu'il a intitulée les *Sept merveilles du Dauphiné*. C'est un grave magistrat qui cultive les Muses dans ses vacances, par passe-temps, comme Pasquier écrivant ses vers sur la puce de mademoiselle Des Roches (Édit. de 1723, tom. II, pag. 945 et suiv.). Mais ici il est l'organe d'une tradition populaire dont on retrouve l'écho jusque dans des ouvrages scientifiques, comme nous allons le voir tout-à-l'heure; et lui-même, qui souvent se moque en prose des merveilles qu'il célèbre en vers, traite très sérieusement, dans la notice qu'il a mise en tête de ce petit poème, les pierres de Sassenage : *Hinc etiam vernaculi quidam lapilli puniceo colore effodiuntur, ad purgandos oculos efficacissimi, quos ideo pretiosos appellant.* Il faut donc tâcher de s'en rendre compte. — J'avais d'abord été tenté de croire que Salvaing de Boissieu et Aymar du Rivail avaient pris pour des pierres précieuses ces rognons de silex empâtés dans du calcaire de l'étage néocomien, qu'on trouve dans tout le terrain des Balmes de Fontaine et de la Tour-sans-Venin, et qui sont susceptibles d'un beau poli qui leur donne de la ressemblance avec l'agate. Mais beaucoup des murs et même des maisons de Grenoble sont construits avec ces pierres, qui ne sont ni rares, ni précieuses. Ce n'est donc pas d'elles qu'il s'agit. Ce qui achève de le prouver, c'est que ces rognons sont difficiles à séparer du calcaire blanchâtre qui les empâte. — Recourons à la science. Dans les dictionnaires d'histoire naturelle, sauf celui de M. d'Orbigny, on mentionne sous le nom de *pierres de Sassenage* une espèce de pierres que l'on désigne également sous le nom de *chélidoines*. Qu'est-ce que les *chélidoines*, nom aujourd'hui inconnu dans a nomenclature minéralogique? Le mot *chélidoine* vient du mot grec χελιδών, qui signifie hirondelle. Mais pourquoi a-t-on donné à une espèce de pierre le nom de *pierre d'hirondelle?* Il faut le demander à Pline, qui a des fables et des contes à revendre même à Gervais de Tilbury et à Aymar du Rivail. Le célèbre naturaliste nous dit (XXV, 50; 1) qu'on donne le nom de chélidoine à une plante (*Chelidonium majus* Linn. ou *grande éclaire*), qui fleurit à l'arrivée des hirondelles et se fane à leur départ, et dont ces oiseaux se servent pour rendre la vue à leurs petits; que l'on donne le même nom (XXXVII, 56. 3) à une pierre qui est, d'un côté, de la couleur des hirondelles, et, de l'autre, de couleur purpurine. Tel est le point de départ de contes populaires très répandus. J'ai entendu mille fois, dans mon enfance, en Bretagne, parler de pierres merveilleuses qu'on trouve dans les nids des hirondelles et qui guérissent radicalement tous les maux d'yeux. Par malheur, il n'y a qu'une de ces pierres par nid, et tout le monde en a entendu parler, sans que, à ce que je sache, personne puisse affirmer les avoir trouvées. Dès lors, ces pierres ressemblent un peu à cette herbe merveilleuse que l'abbé Albert, dans son *Histoire du diocèse d'Embrun* (tom. 1er, pag. 23), sait très bien croître sur les montagnes de son diocèse, avoir la propriété d'attirer le fer, être très commode aux voleurs pour arracher les serrures, mais que, en définitive, personne ne connaît et que personne n'a vue. Que des fables semblables aient cours dans les rangs infimes de la société, cela est triste, mais cela se comprend. Ce qui ne se comprend pas et ce qu'on ne peut trop déplorer, c'est que des hommes instruits, des savants dont le nom fait autorité, viennent appuyer ces fables, les propager, leur donner créance. Ainsi, l'auteur de l'article *Agate* du *Dictionnaire d'histoire naturelle*, publié en 1816 (tom. 1er, pag. 197), dit qu'on trouve dans les ruisseaux des environs de Sassenage de très petites calcédoines ou agates de forme lenticulaire, appelées *pierres de chélidoine* « parce qu'elles » ont quelque ressemblance avec les semences de cette plante, et » *pierres d'hirondelles*, parce qu'on en a trouvé dans l'estomac de » ces oiseaux ! » Voilà donc un savant qui, de sa propre autorité, donne au mot chélidoine une étymologie nouvelle et qui transforme les ruisseaux de Sassenage en nids de pierres merveilleuses, pourquoi pas magiques ? Dans l'article *chélidoine* du *Grand Dictionnaire des sciences naturelles*, publié de 1823 à 1828, un savant illustre dit (tom. VIII, pag. 367) que les *chélidoines* sont des cailloux lenticulaires, très polis, appartenant à la classe des agates, appelés aussi *pierres d'hirondelles*, parce qu'on croyait autrefois qu'elles venaient des nids de cet oiseau ; qu'on les trouve à Sassenage dans le Furon ; qu'on les emploie à chasser la poussière ou les corps étrangers introduits dans l'œil ; qu'ils glissent facilement entre la paupière et le globe de l'œil, à cause de leur petitesse, de leur forme et de leur poli. Dans le même ouvrage (tom. XI, pag. 256 et 269), MM. Desfontaines et Brard, à l'article *Pierres de Sassenage*, insistent encore sur ces merveilles. Suivant l'un, ou trouve dans l'estomac des hirondelles des concrétions appelées pierres d'hirondelles ou chélidoines, auxquelles on a eu tort d'attribuer des vertus imaginaires ; suivant l'autre, les pierres de Sassenage sont de petits *galets blancs* et lenticulaires que l'on trouve dans les grottes calcaires de ce village. — Et voilà comment on écrit l'histoire naturelle ! En définitive, Sassenage est remarquable par ses grottes ou *Cuves*, sa situation pittoresque, l'abondance et la limpidité de ses eaux, enfin par de magnifiques pierres de taille du terrain néocomien, d'une blancheur admirable, qui n'ont jamais guéri les maux d'yeux de personne, qui causeraient même, par leur éblouissante blancheur, de redoutables ophthalmies si on les fixait trop longtemps aux rayons du soleil. Le Furon, comme toutes les eaux courantes, entraîne, il est vrai, des cailloux roulés ; parmi ces cailloux, il en est de charmants par leurs couleurs, les uns rouges, les autres blancs, d'autres verts, d'autres enfin colorés par diverses matières, en zones ou en bandes. Ce sont de charmants jaspes, mais provenant de plus haut, des terrains de molasses qui se trouvent à Saint-Nizier, et qui, du reste, existent en plus grand nombre et plus beaux encore dans les *Poudingues* de Voreppe, et surtout au-dessus de Saint-Égrève, sur la nouvelle route de ce village à Quaix et à Proveyzieux, sur la rive droite de l'Isère, en face de Sassenage. Sans doute, dans certaines maladies des yeux, l'emploi de corps lisses et polis est très utile, et les comptes-rendus de l'Académie des sciences viennent encore de nous apprendre (septembre 1852) l'usage que M. le docteur Guyon, inspecteur du service de santé en Algérie, fait, dans ce cas, de disques en ivoire de son invention. Mais les pierres de Sassenage, ou plutôt les jaspes de Saint-Nizier et de Proveysieux, ne sont pas de nature à entrer dans l'œil ; ils n'ont rien de magique ; ce ne sont point des *pierreries rouges* plus précieuses que celles de l'Inde, comme dit Salvaing de Boissieu ; ce ne sont pas davantage des galets lenticulaires blancs, comme dit M. Brard ; ou, pour mieux dire, ce sont des cailloux roulés de diverses formes et de couleurs variées, curieux en ce qu'ils ont été apportés de montagnes très éloignées, et agglutinés solidement par un ciment calcaire et qui feraient de magnifiques mosaïques. Mais la Tour-sans-Venin et Sassenage les comptent en très petit nombre, et quant à leurs vertus miraculeuses, il faut les laisser à Gervais de Tilbury, à Aymar du Rivail, à Salvaing de Boissieu, pour lequel c'est un jeu d'esprit, et aussi (pourquoi sommes-nous obligé de l'ajouter?) aux auteurs du *Dictionnaire des sciences naturelles*, qui auraient bien dû prendre quelques informations avant de venir prêter l'autorité de leur nom à des fables puériles et ridicules. [*N. du T.*]

(10) Nous trouvons ici, coup sur coup, et du reste Aymar nous en avertit, trois des merveilles du Dauphiné. Ce qu'on appelle la *Fontaine-Ardente* est une exhalaison de gaz qui se forme naturellement dans un ravin, au-dessus du village de Saint-Barthélemy, sur la rive gauche de la Gresse. Mais, comme le remarque justement Perrin-Dulac (*Description générale du département de l'Isère*, tom. 1er, pag. 98), rien n'est plus impropre que le nom de fontaine donné au mince filet d'eau bourbeuse dans une partie duquel le phénomène se produit. Ce qui a fait la réputation de cette prétendue fontaine, c'est un passage de *la Cité de Dieu*, de saint Augustin (XXI, 7), dans lequel l'éloquent évêque d'Hippone, voulant prouver aux incrédules qu'il existe dans la nature beaucoup de faits dont ils ne peuvent se rendre compte, leur cite, en premier lieu, l'exemple de cette fontaine d'Épire dont parle Pline (II, 106. 7), appelée *Source de Jupiter*, qui éteint les torches qu'on y plonge et les rallume si on les en approche éteintes ; puis, celui de la Fontaine-Ardente, près de Grenoble, qui, suivant les voyageurs, a les mêmes propriétés. Nous venons de voir que Gervais de Tilbury et Aymar du Rivail ont reproduit ce passage de saint Augustin. Il en est de même de Salvaing de Boissieu, dont le volume s'ouvre par une pièce intitulée : *Pyrocrène* ou *la Fontaine-Ardente*. Ici encore Salvaing est poète plus qu'historien. Il célèbre, en 1656, des traditions déjà ébranlées dès 1618, dans un ouvrage intitulé : *Histoire naturelle de la Fontaine qui bruste, près de Grenoble, avec la recherche de ses causes et principes et simple traité des feux souterrains, par M. Jean Tardin, docteur en médecine;* Tournon, petit in-18. — Ce livre bizarre, rempli de beaucoup de divagations sur le déluge, la fin du monde, Platon et les Pythagoriciens, le symbole de la Trinité, représentée par la flamme, etc., écrit à une époque où la méthode d'observation de Bacon commençait à peine à être connue

et pratiquée même en Angleterre, contient cependant de très bonnes idées et des hypothèses aujourd'hui admises dans la science. C'est ainsi, par exemple, que (pag. 247 et 296), décrivant les mines d'anthracite et les eaux chaudes de la Motte, il attribue ces faits à la même cause que les jets de flamme de la Fontaine-Ardente, c'est-à-dire à l'action d'un feu souterrain et central. Du reste (pag. 312), il se permet de douter, malgré Pline et saint Augustin, que cette fontaine éteigne les flambeaux allumés et rallume ceux qui sont éteints. — Ce qui est positif, c'est qu'il existe là, comme au Canada, en Toscane, en Chine, un dégagement naturel, et parfois assez considérable, d'hydrogène carboné ; que ce gaz ne brûle pas spontanément, mais qu'il s'enflamme à l'approche d'une allumette et entretient même la combustion sur l'eau ; que ce dégagement de gaz est plus ou moins considérable suivant que le temps est sec ou pluvieux. Voilà ce que la science constate et explique ; toutes les autres circonstances sont des fables, *aniles fabulæ*. — *Voir* aussi l'article de M. le docteur Sylvain Eymard, dans l'*Album du Dauphiné*, tom. II, pag. 86. [*N. du T.*]

(11) Salvaing de Boissieu (*Sept. mir. Delphin.*, pag. 53 et suiv.), a publié la lettre écrite du sommet du Mont-Inaccessible par ce chevalier *Domp-Julien*, au président du parlement de Grenoble, au mois de juin 1492, ainsi que les attestations et les rapports concernant cette ascension. — Cette montagne, située entre le Vercors et Clelles, à droite de la route de Grenoble à Marseille par la Croix-Haute, est, en effet, l'objet du troisième chant de Salvaing de Boissieu, qui y place le berceau de la tulipe :

> Adventu Superum pictis humus undique ridet
> Floribus, et vario tunc primum nata canistro
> Tulipa, flos teneris incognitus ante puellis,
> Nunc decus hortorum, nunc almi gloria veris.

La tulipe jaune ou *Tulipa sylvestris* se trouve effectivement en très grande quantité, à la fin d'avril, dans les prairies de Gresse, au pied du Mont-Aiguille. Mais on la trouve, au mois de mai, tout près de Grenoble, au Mont-Rachais au-dessus de la Bastille. Ce n'est pas, du reste, la tulipe des jardins, laquelle paraît être originaire de la Cappadoce. — Quant à ce qu'ajoute Aymar du Rivail, que, depuis l'ascension opérée sous Charles VIII, on monte fréquemment au sommet du Mont-Aiguille, c'est l'inverse de sa tendance habituelle; il affaiblit les merveilles. En réalité, cette ascension est rare et pénible. Deux ascensions nouvelles de cette montagne, opérées le 16 juin et le 6 juillet 1854, la première par Jean Liotard, seul sur cinq personnes qui l'avaient entreprise ; la seconde par sept personnes sur neuf, ont été l'objet de procès-verbaux en due forme insérés par M. Delacroix dans sa *Statistique de la Drôme* (pag. 185-188), et par M. Sylvain Eymard dans l'*Album du Dauphiné* (tom. IV, pag. 46 et suiv.) [*N. du T.*]

(12) J'ai dû ici corriger le texte. Aymar dit en effet : *Gressa.... in Dravum* SUPRA *Vivum confluit*. Or, la Gresse se jette dans le Drac *au-dessus* du Pont-de-Claix, mais à quatre kilomètres *au-dessous* de Vif. [*N. du T.*]

(13) Hautes-Alpes. [*N. du T.*]

(14) Valdrôme (département de la Drôme). [*N. du T.*]

(15) L'autre était Vaison : *Vocontiorum civitatis fœderatæ duo capita : Vasio et Lucus Augusti*. (Plin., *Histoire naturelle*, III, 5. 6) [*N. du T.*]

(16) Ce terrible événement, dont Chorier ne parle pas, est de l'année 1442, comme on le voit par une supplique adressée au dauphin Louis XI par les habitants des villages voisins. (*Voir* l'article de M. Pilot, *Album du Dauphiné*, tom. III, pag. 155). La masse des rochers entraînés par cette épouvantable inondation, porte le nom de *Claps de Luc*, mot qui, en Dauphiné, désigne un amas de pierres et de rochers couvrant un terrain inculte. Le vœu d'Aymar en ce qui concerne le lac a été en partie accompli. Les Chartreux de Durbon, dont il était devenu la propriété, en commencèrent le dessèchement en 1788, et cet ouvrage a été continué depuis cette époque. Quant aux *Claps*, qui occupent une longueur d'un kilomètre, ils sont aujourd'hui traversés par la grande route de Gap à Valence. Toutefois, le dessèchement complet présente de très grandes, et peut-être d'insurmontables difficultés, par suite des eaux des torrents qui, à la moindre pluie, se précipitent dans ce bassin. Aussi, continue-t-on d'admirer les deux cascades qui se précipitent, comme à l'époque d'Aymar du Rivail, la première du rocher supérieur dans le petit lac, la seconde du grand lac dans le bassin de la Drôme.

M. Delacroix prétend que le petit village de Luc, chef-lieu de canton, de sept cents habitants, n'est pas au nord, mais sur l'emplacement même de la ville antique, déjà singulièrement déchue de sa splendeur et même en partie ruinée lorsque, en l'année 69 de notre ère, Valens, général de Vitellius, traversa la Gaule, en la ravageant, pour se rendre en Italie (Tacite, *Histoires*, I. 66), et qu'il existe encore à Luc un certain nombre de monuments et d'inscriptions d'origine romaine (Delacroix, *Statistique de la Drôme*, pag. 250 et 527). Toutefois les allégations d'Aymar nous rapportant ce qu'il a vu de ses yeux, et distinguant si nettement la ville antique et le village actuel, méritent bien d'être prises en sérieuse considération. [*N. du T.*]

(17) Die, chef-lieu d'arrondissement, ville de trois mille cinq cents âmes, sur la Drôme, est une des localités de la France les plus riches en autels tauroboliques et en inscriptions de toute nature. Ces inscriptions, plusieurs fois recueillies, ont été rassemblées et commentées avec soin par M. Delacroix (*Statistique de la Drôme*, pag. 476-497). [*N. du T.*]

(18) La réunion des deux évêchés fut décrétée par une bulle de Grégoire X, le 25 septembre 1276. Mais, en 1687, l'évêché de Die fut reconstitué par Innocent XI, et n'a été définitivement réuni à celui de Valence qu'en 1790. [*N. du T.*]

(19) Ici Aymar du Rivail, sauf en ce qui concerne les distances, toujours très arbitrairement données, est d'une remarquable exactitude pour la direction de ces trois routes. On peut facilement s'en assurer en consultant la bonne carte qui se trouve à la fin de la nouvelle édition de la *Statistique de la Drôme*, par M. Delacroix. La première route de Die à Grenoble, en se dirigeant à gauche, passe par le col de Vassieux et la forêt du même nom ; puis, laissant à sa gauche cette admirable route des grands et des petits Goulets, une des plus belles œuvres de notre temps, qui conduit dans le Royannais, et suivant quelque temps la vallée du Vernaison par la Chapelle, Saint-Martin et Saint-Julien-en-Vercors, elle incline à droite pour aller à Villard-de-Lans. Jusque-là la route n'a pas beaucoup changé depuis l'époque d'Aymar du Rivail ; elle est toujours très pénible. Mais depuis Villard-de-Lans jusqu'à Grenoble (vingt-huit kilomètres), il existe une route nouvelle admirablement dirigée à travers la vallée de Lans, les pittoresques

gorges d'Engins, Engins, les côtes de Sassenage et Sassenage, où elle rejoint la plaine de Grenoble, laissant ainsi à droite cette montagne escarpée de Saint-Nizier et de Pariset qu'elle suivait, à ce qu'il paraît, à l'époque d'Aymar du Rivail. — La seconde route, la plus suivie de toutes, tourne à droite, comme dit Aymar, passe par Saint-Romans, Châtillon, Nonières, le col de Menée, qu'Aymar appelle *Collum Minutum* et que les habitants appellent le col de Minuit ; de là elle descend à la route nationale de Grenoble à Marseille par la Croix-Haute, qu'elle rejoint un peu au-dessus du Percy-en-Trièves ; puis, laissant Clelles à droite et le Mont-Aiguille ou le Mont-Inaccessible à gauche, elle arrive au Monestier-de-Clermont, Vif, le Pont-de-Claix et Grenoble. — La troisième route, intermédiaire entre les deux précédentes, comme dit très justement Aymar, passe par le village de Romeyer, le cabaret de Prapeyrt, qui se trouve au sommet du col, puis longeant à droite le pied du Mont-Aiguille, et laissant à gauche cette longue chaîne calcaire qui commence aux montagnes de Glandasse, pour se continuer par les sommets du Grand-Veymont, de la Moucherolle et de Saint-Nizier, la route, près de Gresse, traverse la rivière de ce nom à sa source (*collum Grussum* d'Aymar), et enfin aboutit peu au-dessus du Monestier-de-Clermont, à la route nationale de Grenoble à Marseille. [*N. du T.*]

(20) *Fistulæ* — Tuyaux de plomb ou de terre cuite connus en Dauphiné sous le nom de *bourneaux*, et dont on fait un grand usage pour les fontaines publiques et particulières et pour l'écoulement des eaux. — C'est principalement à Dieu-le-Fit, ville de quatre mille âmes, et à Nyons que l'on fabrique aujourd'hui des poteries et des briques très estimées. M. Delacroix (pag. 497, 372 et 374) estime à plus de 600,000 francs le produit annuel des poteries de la seule ville de Dieu-le-Fit. Il en existe à peine aujourd'hui à Aouste, qui, située à deux kilomètres de Crest, participe à l'industrie de cette ville, laquelle consiste surtout dans la filature et la teinture de la soie et du coton. [*N. du T.*]

(21) Je n'ai rien pu trouver dans Chorier sur cette famille des Arnauds. Il n'en parle ni dans son *Nobiliaire*, ni dans son *Histoire du Dauphiné*, où il raconte (II, pag. 24) d'une manière peu nette l'origine de la maison de Poitiers dans les comtés de Valence et de Die. — Il reste de l'ancien château de Crest une tour très solide et

très élevée qui sert de prison militaire. Elle est bâtie sur un rocher qui a la forme d'une crète de coq, ce qui, dit-on, a fait donner à la ville le nom qu'elle porte. L'illustration de cette ville ne remonte pas au-delà de la guerre des Albigeois, époque où nous la voyons assiégée par Simon de Montfort. (Cf. Delacroix, pag. 470, et Jules Ollivier, *Album du Dauphiné*, I, pag. 21). [*N. du T.*]

(22) Toute cette histoire ressemble singulièrement à un roman; ce qui est certain, toutefois, c'est qu'Aymar, fils naturel du comte de Poitiers, épousa la fille d'une comtesse de Marsanne qui avait des droits sur ces pays, et en fut investi comte en 1116 suivant les uns, en 1189 suivant les autres. La tradition romanesque sur la comtesse de Marsanne se trouve dans Duchesne (*Histoire généalogique des comtes de Valentinois et de Diois*, in-4°, 1628, *Preuves*, pag. 5). Seulement, dans cette tradition, c'est contre les évêques de Valence et de Die que le comte de Poitiers protège la comtesse de Marsanne; les Arnauds n'y figurent pas. M. Jules Ollivier a très bien discuté toute cette histoire (art. Étoile de l'*Album du Dauphiné*, IV, pag. 165). [*N. du T.*]

(23) Louis II, de Poitiers, siége de 1448 à 1468. [*N. du T.*]

(24) On ne voit pas trop ce que les Bretons ou les Anglais seraient venus faire là. En supposant que la tradition soit fondée, ne vaudrait-il pas mieux admettre qu'il s'agit d'un massacre de Sarrasins, au Xe siècle? [*N. du T.*]

(25) La Jarjatte et Luz sont dans le département de la Drôme; Saint-Julien, Saint-André, Aspres, Aspremont, Serres, localités que traverse la route nationale de Grenoble à Marseille, sont dans le département des Hautes-Alpes. Le Buesch de Veynes n'a qu'une importance très secondaire. [*N. du T.*]

(26) La *Fontaine vineuse*, une des sept merveilles du Dauphiné, suivant Salvaing de Boissieu (*Sept. mir. Delph.*, *Silva* V, pag. 107-128). Ce sont des eaux ferrugineuses très bonnes pour les embarras gastriques, analysées, dit Ladoucette (pag. 150) par M. Vautier en 1808, et n'ayant pas le moindre rapport avec le vin. [*N. du T.*]

CHAPITRE XVII.

Vaison, le Buis, Nyons.

A l'extrémité du pays des Voconces se trouve la ville de Vaison (¹). Elle est adossée à une colline voisine du Mont-Ventoux, mais peu élevée, tournée vers l'est et le nord, côtés où elle a en face d'elle une vallée assez profonde et une plaine de médiocre étendue.... Suivant Pline (l. III), les deux capitales de la cité fédérée des Voconces étaient Vaison et Luc...... Suivant Pomponius Méla, les villes les plus opulentes de la Gaule Narbonnaise étaient Vaison chez les Voconces, Vienne chez les Allobroges, Avignon chez les Cavares et quelques autres qu'il a décrites. L'*Itinéraire* d'Antonin parle de Vaison comme d'une ville de la province Viennoise, à peu de distance de Carpentras. Aujourd'hui c'est une ville modeste et peu remarquable, quoiqu'elle ait un évêque suffragant de l'archevêque d'Avignon. Au nord, la rivière de l'Ouvèze baigne Vaison, et sur cette rivière, dans la ville, est un pont de pierres, ouvrage des Romains ou de quelqu'autre nation puissante (²). L'Ouvèze prend sa source dans la montagne de Chamouse, dans le territoire de Montauban et se jette dans la Sorgues, beaucoup au-dessous de Vaison, près de Bédarrides. Au-dessus de Vaison est Mollans, où l'on passe aussi l'Ouvèze sur un pont (³).

On trouve ensuite le Buis (⁴), également ville du pays des Voconces, supérieure par sa puissance, son étendue et sa population à toutes les villes voisines. Suivant les habitants, avant la fondation de cette ville, il existait un grand buis auprès d'une fontaine qui jaillissait dans cette localité ; c'est autour de ce buis que fut construite la ville, qui prit le nom de cet arbre. Cette fontaine, réduite à l'état de puits, est encore aujourd'hui appelée la fontaine par excellence.... L'Ouvèze inonde fréquemment le Buis et y endommage le pont de pierres.

On monte du Buis vers Montauban, ville qui a donné son nom à une noble famille de ces montagnes. En allant encore plus loin, on arrive à Orpierre, autre ville des Voconces, ainsi appelée soit d'une mine d'or qui existe dans ces montagnes, soit des pierres qui se trouvent dans le fleuve et les rochers voisins, dans lesquelles on trouve de l'or et des parties semblables à des pierreries (⁵). Nous avons recueilli là beaucoup de ces pierres semblables à des diamants. On appelle aussi cette ville Vaupierre, parce qu'elle est située dans une vallée tellement entourée de pierres et de rochers qu'on peut à peine l'apercevoir (⁶). Autour de Vaupierre sont Laborel, Étoile, Sainte-Colombe, Saléon, Chauvac, Châteauneuf-de-Chabre, Pomet et d'autres petits villages (⁷).

Le Buesch n'est pas éloigné d'Orpierre, et de cette partie méridionale du pays des Voconces on monte toujours quand on se dirige vers le nord, jusqu'à la Drôme. C'est dans ces contrées, dans le pays des Voconces et dans le diocèse de Vaison, que se trouve la ville de Nyons, suffisamment défendue par ses murailles sans le secours de l'artillerie; elle est située dans une vallée et entourée de tous côtés par des montagnes. Jusqu'au temps de Charlemagne, pas le plus léger souffle de vent ne pouvait entrer dans cette vallée, à cause des montagnes; aussi était-elle stérile et n'offrait-elle aucune des commodités de la vie, quoique la ville comptât beaucoup d'habitants. Saint Césaire, évêque d'Arles (8), déjà célèbre par ses miracles, ayant vu cette stérilité, se rendit sur les bords de la mer à peu de distance de sa ville épiscopale, remplit son gant de ce vent du midi que l'on appelle vent marin, et venant ensuite dans la vallée de Nyons, jeta contre un rocher son gant rempli de vent, et, au nom du Christ, ordonna à ce rocher de produire un vent perpétuel. Immédiatement il se fit dans le rocher un trou, d'où sort, depuis ce temps, un vent que les habitants appellent le *Pontias*, parce que, par la volonté de Dieu, il a été transporté là des bords de la mer (en latin *pontus*) (9). Ce vent féconde tout et ne dépasse pas les confins de cette vallée, comme si c'étaient là les limites qui lui ont été assignées. C'est ce que nous lisons dans Gervais et dans les historiens qui ont écrit la vie de saint Césaire. Tandis que, jeune encore, nous nous rendions en Italie, en partant d'Avignon, nous passâmes par ces lieux et nous apprîmes des habitants que, cette année, les récoltes avaient manqué parce que ce vent particulier n'avait pas soufflé à la manière accoutumée; y passant une seconde fois, nous sentîmes le souffle de ce vent vers l'aurore (10), et nous ne sentîmes plus rien au-delà de la vallée. Ce qui nous porte à penser que cette tradition ne manque pas de vérité, c'est que, avant qu'il y eût des archevêques à Avignon, l'évêque de Vaison était suffragant de l'archevêque d'Arles, et il est vraisemblable que saint Césaire pût aller dans le territoire de son suffragant, qui devait exciter son intérêt particulier. Il existe encore à Nyons une abbaye de femmes qui dépend d'une autre abbaye bâtie à Arles par saint Césaire, et jusqu'à nos jours on l'appelle l'abbaye de Saint-Césaire. Mais, pour que les hommes de peu de foi ne doutent pas que cela ne soit arrivé par la volonté de Dieu, ils n'ont qu'à lire le second livre de Pline, qui nous apprend qu'il existe en Dalmatie une caverne qui produit du vent, et, dans la Cyrénaïque, des rochers consacrés au vent (11). Que le Pontias ait une origine miraculeuse et divine, c'est ce que prouvent ces circonstances, qu'il sort d'un rocher, et qu'il ne dépasse pas les limites du territoire de Nyons, ce qui ne peut arriver sans une intervention divine. Ajoutez que ce vent féconde tellement la vallée par son souffle qu'elle l'emporte sur toutes les autres par sa fertilité et l'abondance de ses récoltes; ainsi, pour n'en citer que quelques exemples, elle produit tant de bonnes pommes, de poires (12), de prunes et d'olives que les habitants en tirent de grandes richesses en les vendant à Avignon et dans beaucoup d'autres lieux, non-seulement voisins, mais même très éloignés.

L'Eygues ou l'Aigues, qui arrose Nyons au midi, descend de Rosans, et, après avoir passé à Tulette, va se jeter dans le Rhône au-dessus d'Orange et de Caderousse. A Châteauneuf-de-Bordette, non loin de Nyons, est un torrent qui produit naturellement des pierres rondes qui peuvent servir à toute espèce de machines de guerre (13).

Près de Nyons on trouve Valréas et Taulignan, villes fortifiées; plus haut, Rosans, qui appartient également au pays des Voconces, et qui donne son nom à toute cette contrée. On se rend de Nyons à Rosans et à Serres, par une route directe, mais montueuse et difficile. Après avoir traversé le Buesch, on rencontre Veynes, village des Sigoriens, et enfin Gap. C'est par cette route que, jeune encore, nous nous rendîmes d'Avignon en Italie. Une route plus facile, mais plus longue, conduit de Nyons à Gap, par les Pilles, Sainte-Jalle, Péroges, Montauban et Orpierre (14). C'est par cette extrémité du pays des Voconces qu'Annibal, en quittant le pays des Tricastrins, se rendit en Italie.

Au temps de Strabon, deux routes conduisaient d'Espagne en Italie par Nîmes. L'une, plus courte, se dirigeait vers les Alpes, à travers le pays des Voconces, l'autre, plus longue, par le rivage de Marseille et du pays des Ligures. Par cette route, les montagnes, déjà moins élevées, rendent plus facile l'entrée en Italie; en la suivant, on va de Nîmes en Italie par Beaucaire, Tarascon, Aix et Antibes jusqu'au Var, où commence l'Italie. La route par le pays des Voconces et les Alpes Cottiennes est commune avec la première, comme le dit Strabon, jusqu'à Beaucaire et Tarascon. Puis elle va par les frontières des Voconces jusqu'au commencement de la montée des Alpes, par la Durance et Cavaillon; puis, longeant sur un autre point, les frontières des Voconces, elle arrive au pays du roi Cottius et à Embrun. De là, on arrive à Briançon, Scingomagus (15), le passage des Alpes, Exilles, où finit le pays de Cottius et où commence l'Italie. Comme Strabon a indiqué les routes qui existaient de son temps dans le pays des Voconces, routes qui seraient en partie inconnues aujourd'hui par suite des changements survenus chez ces peuples, j'indiquerai les routes plus modernes. Maintenant on se rend de l'Espagne et de la Narbonnaise en Italie par Nîmes, Avignon, Carpentras, Malaucène, Vaison, le Buis, Meuillon, Ribiers, la Saulce;

ou, du Buis, par Sainte-Euphémie, Saint-Alban, Montauban, Orpierre, la Saulce, Tallard, la Bréole, Barcelonnette et Coni; ou, d'Orpierre, par la Saulce, Gap, Chorges, Embrun, Briançon, Cézane, Oulx, Exilles, Chaumont et Suze. Quelquefois, par une route plus longue, on traverse Nîmes, le Pont-Saint-Esprit, Saint-Paul-Trois-Châteaux, Crest, Aouste, Die, Luc, la Baume des Arnauds, Veynes, Gap, puis les localités déjà indiquées. La route la plus longue est par Montélimar, Loriol, Valence, Romans, Saint-Marcellin et Grenoble. De là trois chemins conduisent en Italie, comme nous l'avons dit précédemment. Strabon et l'*Itinéraire* d'Antonin ne mentionnent que les villes les plus célèbres et les villages où il existait des étapes; ils passent sous silence les autres localités, en assez grand nombre, situées sur la route même ou près de la route.

NOTES DU CHAPITRE XVII.

(1) Chef-lieu de canton du département de Vaucluse (arrondissement d'Orange), ville de dix-neuf cents habitants. [*N. du T.*].

(2) Des anciens édifices qui décoraient Vaison il ne reste plus que des ruines. Le seul monument qui soit bien conservé est le pont jeté sur l'Ouvèze. Il est d'une seule arche, très solide, assez large pour que trois voitures puissent y passer de front. Les trous dont les pierres sont percées et leur grosseur énorme font voir qu'il est de construction romaine. Il faisait autrefois communiquer deux quartiers de la ville. Il est bâti sur deux rochers rapprochés en cet endroit, éloignés partout ailleurs. [*N. du T.*]

(3) Montauban, ancienne capitale d'une des Baronnies, n'est plus qu'une petite commune de cinq cent cinquante habitants (canton de Séderon, arrondissement de Nyons, département de la Drôme). — La montagne de Chamouse est remarquable par l'abondance et la variété des plantes qu'elle produit. — Mollans, commune de douze cents âmes, au pied du Mont-Ventoux (canton du Buis), est une localité ancienne et remarquable par sa fertilité et ses eaux minérales. [*N. du T.*]

(4) Chef-lieu de canton du département de la Drôme, autrefois capitale du territoire des Baronnies; population de deux mille deux cents âmes. Son nom vient des buis qui croissent en abondance sur toutes les montagnes voisines. [*N. du T.*]

(5) Cet or et ces pierreries ne sont vraisemblablement rien autre chose que ces *pyrites* (sulfates de fer et de cuivre) qui présentent de charmants cristaux d'un jaune d'or et d'un éclat très vif, et que tous les ouvriers des mines des Alpes montrent comme de l'or aux

voyageurs inexpérimentés. — Orpierre, commune du département des Hautes-Alpes, communique avec Montauban, dans le département de la Drôme, par le col de Perti, couvert de neiges presque toute l'année. [*N. du T.*]

(6) « Orpierre est située au pied de hautes montagnes sur les bords
» d'un *buesch* ou torrent appelé le *Céant* (ou mieux le *Soyans*). Il
» n'y a qu'une rue longue et si étroite qu'on n'y voit point le soleil
» à midi.... Dès la pointe du jour notre conducteur nous fit passer
» le Céant à gué, puis, dans un bac, un autre buesch plus grand qui
» se jette dans la Durance. » (Millin, *Voyages*, IV, pag. 168.)
[*N. du T.*]

(7) Toutes ces localités sont dans l'arrondissement de Gap, et dans le département des Hautes-Alpes. [*N. du T.*]

(8) Encore une preuve de l'ignorance chronologique de notre auteur. Il vient de dire que la vallée de Nyons était restée stérile jusqu'à Charlemagne, et maintenant il va nous raconter la légende qui fait de saint Césaire le bienfaiteur de cette vallée. Or, saint Césaire gouverne l'église d'Arles de 501 à 542. Par conséquent, il meurt deux cent vingt-six ans avant l'avénement de Charlemagne au trône des Francs. Donc, ou la stérilité de la vallée avait cessé avant Charlemagne, ou la légende de saint Césaire est une fable, et elle en a bien toute l'apparence, il faut l'avouer. Il n'en est pas dit un mot dans la vie de saint Césaire, imprimée par Mabillon et les Bollandistes (au 27 août). [*N. du T.*]

(9) Ce nom viendrait peut-être plutôt du pont jeté sur l'Aigues et d'où souffle ce vent singulier. (*Voir* le curieux article sur Nyons dans l'*Album du Dauphiné*, tom. III, pag. 114). M. de Terrebasse renvoie à l'ouvrage suivant : *Histoire naturelle ou relation exacte du vent particulier de la ville de Nyons en Dauphiné, dit le vent de Saint-Césarée d'Arles, et vulgairement le Pontias;* par G. Boule, marseillois, conseiller et historiographe du roy; Orange, 1648, in-8º de 150 pages. Cet ouvrage est plus bizarre qu'instructif, attendu qu'il manque complètement de conclusion. Dans quelques parties de son livre, Boule a un esprit de critique assez remarquable. Ainsi (chap. 3), il ne paraît pas avoir un grand respect pour les contes de Gervais de Tilbury, auquel celui qui concerne saint Césaire ap-

partient encore ; ainsi (pag. 55), il ne peut admettre que le nom de *Pontias* vienne du mot *Pontus*, ni, par conséquent, que saint Césaire ait été chercher ce vent sur les bords de la mer, attendu, ajoute-t-il avec un bon sens narquois, que la Provence et tous les bords du Rhône sont assez fertiles en vents, sans que saint Césaire ait eu besoin d'aller s'en procurer aussi loin. Ainsi enfin (chap. 7 et 8), il cite de nombreux exemples pour prouver que ces phénomènes peuvent s'expliquer naturellement. Mais là s'arrête la partie critique. Depuis le chapitre 10 jusqu'à la fin, Boule détruit son propre ouvrage. Les protestants étaient, à l'époque où il écrivait, très nombreux à Nyons. Il essaie de les convaincre de la certitude des miracles ; il leur cite des miracles anciens et nouveaux admis par eux (chap. 14) ; il leur demande quelle est leur règle pour admettre ou pour rejeter les miracles ; et il est, en un mot, très disposé à admettre celui de Nyons, pour deux motifs surtout qui paraissent singulièrement fragiles : le premier, ce sont les vertus de saint Césaire, qu'il place trois cents ans avant Charlemagne ; le second, la célébrité de Gervais de Tilbury, précédemment attaqué par lui, mais que, ici, il tient en grande estime *à cause de sa naissance et de ses dignités !* — M. Delacroix (*Statistique*, pag. 245 et 573) a rapporté plusieurs autres opinions émises sur les causes de ce vent singulier. Une seule explication scientifique en a été donnée ; elle appartient à M. Scipion Gras, qui, dans un opuscule spécial, attribue ce phénomène à la position de Nyons entre une gorge étroite et une vallée plus large, et à la différence de température qui existe entre l'une et l'autre partie, surtout pendant la nuit, seul moment où, en effet, le Pontias se fait sentir. [*N. du T.*]

(10) *In aurora.* — Est-ce dans la direction de l'est ? Est-ce au lever du soleil ? On pourrait hésiter si l'on ne savait pas, comme je l'ai dit tout-à-l'heure, que le Pontias commence avec la nuit et diminue à mesure que le soleil monte à l'horizon. [*N. du T.*]

(11) Voici le passage de Pline auquel Aymar fait allusion : *Specus ventos generant, qualis in Dalmatiæ ora, vasto in præceps hiatu, in quem dejecto levi pondere, quamvis, tranquillo die, turbini similis emicat procella. Nomen loco est Senta. Quin et in Cyrenaica provincia rupes quædam Austro traditur sacra, quam profanum sit attrectari hominis manu, confestim Austro volvente arenas* (ii,

44. 4). — Le raisonnement d'Aymar est au moins bizarre. Pour prouver *aux hommes de peu de foi* que le vent de Nyons ne s'explique pas naturellement, mais qu'il est le résultat d'un miracle, il nous cite deux exemples semblables rapportés par un auteur païen et qui sont arrivés chez des nations païennes ! Au risque de passer *pour des hommes de peu de foi*, on pourrait lui dire : ou il y a miracle partout, et c'est ce qu'Aymar n'admettrait pas pour la Dalmatie et la Cyrénaïque; ou il n'y a miracle nulle part, et ces effets s'expliquent dans les trois localités par des causes toute naturelles. Cette conclusion semblerait un peu plus logique que la sienne. [*N. du T.*]

(12) Le texte porte : *bonis pomis, pirisque et olivis et volemis necnon prunis valet* (pag. 130). — Nous n'avons pu rendre le mot *volemis*. *Volema* ou *Volemum* est, suivant Ducange, une bonne et grosse poire, et Calepin ajoute qu'on appelait ainsi ces poires, parce qu'elles remplissaient la paume de la main (en latin *vola manus*.) Virgile a célébré cette espèce de poires :

. . . . Nec surculus idem
Crustumis Syriisque piris gravibusque volemis.

(*Georg.*, ii, 88.)

Le P. Larue et Desfontaines présument que les poires appelées *Volemæ* ou *Volema* sont les poires de *Bon-Chrétien*. [*N. du T.*]

(13) Pendant les premiers temps où l'on fit usage de l'artillerie, on se servit de boulets de pierre. Les boulets de fer sont beaucoup plus modernes. Mais alors les armées trouvaient des arsenaux tout approvisionnés sur les bords du Rhône, et le torrent voisin de Nyons, dont parle Aymar, n'a rien de particulier à cet égard. En effet, à de très rares exceptions près, telles que le rocher de Pierre-Scize à Lyon, les collines de Vienne, les rochers de Crussol et de la Voulte en Ardèche, celui de Pierrelatte et le monticule des Doms à Avignon, les coteaux qui bordent les deux rives du Rhône, et même les plateaux qui s'étendent à droite et à gauche, à une assez grande distance, jusqu'aux montagnes du Vivarais d'une part, et jusqu'aux premiers contre-forts des Alpes de l'autre, ne sont composés que de cailloux roulés que le soc de la charrue met au jour, et dont quelques-uns sont énormes. C'est avec ces cailloux entiers que la plupart des villages des plaines sont construits ; c'est avec ces

cailloux brisés que l'on forme le macadamisage des routes. Transportés dans ces plaines et accumulés en collines, sans ciment, sans agglutination, à des époques diverses assurément, ces cailloux, qui proviennent de diverses localités de la chaîne centrale des Alpes, offrent au minéralogiste de curieux objets d'études. Il trouve, en effet, dans le même lieu, des échantillons de toutes les variétés de roches feldspathiques, amphiboliques, porphyriques, de gneiss, etc., mais presque toujours des roches primitives. [*N. du T.*]

(14) Il y a encore ici un mot sur la route d'Annibal, qu'Aymar conduit du pays des Tricastrins par l'extrémité du pays des Voconces. — *Châteauneuf-de-Bordette*, petite commune de deux cent cinquante habitants, canton de Nyons. — *Valréas*, patrie du cardinal Maury, ville de quatre mille habitants, est aujourd'hui un chef-lieu de canton du département de Vaucluse. — *Taulignan*, commune de deux mille âmes, fait partie du canton de Grignan (Drôme). — *Rosans* (Hautes-Alpes), commune de neuf cents âmes. — *Serres*, sur le Buesch (Hautes-Alpes), population de douze cents âmes. — *Veynes* (Hautes-Alpes), sur le petit Buesch, commune de deux mille âmes. — C'est encore par ces diverses localités, aujourd'hui comme au XVI° siècle, que passe la route nationale du Pont-Saint-Esprit à Briançon, ou autrement dite encore, depuis les travaux du Mont-Genèvre, sous l'Empire, route d'Espagne en Italie. — La route de Nyons à Orpierre (Hautes-Alpes) par les Pilles (six cent dix-sept habitants), Sainte-Jalle (six cent cinquante habitants), etc., est aujourd'hui une route départementale. [*N. du T.*]

(15) *Scingomagus*, dont la position exacte est inconnue, se trouvait entre Briançon et Exilles. C'est peut-être Cézane. [*N. du T.*]

CHAPITRE XVIII.

Meuillon, les Baronnies et la vallée de Sault.

Au-delà de l'extrême région des Voconces, se trouve la ville de Meuillon (ou Mévoillon), située au pied d'une haute montagne, environnée de tous côtés par une plaine et à peu de distance du Mont-Ventoux. [Nommée autrefois *Médulle*,] et considérée comme la capitale et la plus célèbre cité de ces contrées, elle donnait, comme il est arrivé ailleurs, son nom aux Médulles, qui s'étendaient jusqu'aux parties les plus éloignées du Buesch (¹). Aujourd'hui encore, Meuillon est la capitale de ce pays, attendu que l'on a constitué dans ces contrées ce que l'on appelle aujourd'hui des Baronnies, au nombre de deux, ayant pour capitales Montauban et Meuillon, dont chacune a sous ses lois des bourgades et des villes distinctes. L'extrémité du pays des Voconces appartint alors à ces Baronnies. Nyons est une partie de la Baronnie de Montauban, le Buis dépend de Meuillon, tandis que Vaison, autre capitale des Voconces, appartient au Comtat-Venaissin. Précédemment Meuillon appartenait à une noble famille de ces montagnes, qui en tirait son surnom. Aux ides de novembre de la quatrième année de son pontificat

(13 novembre 1309), le pape Clément (V), dans l'église de Groseau, près de Malaucène, permit à Raymond (IV le Jeune) de Meuillon, sans préjudice des droits d'autrui, de fonder, dans sa ville du Buis, au diocèse de Vaison, ville opulente et qui renfermait alors sept cents maisons, un couvent de Dominicains de vingt-cinq pères au plus. Raymond le bâtit en dehors des murs du Buis, et ce couvent existe encore. Enfin ces deux Baronnies passèrent aux dauphins, qui y établirent un bailli, résidant au Buis, et des jugements duquel on peut en appeler au parlement du Dauphiné (²).

A Meuillon réside la famille Dupuy de Montbrun. Nous y avons vu autrefois Falquet Dupuy et son épouse, qui avaient eu trente-deux enfants, seize garçons et seize filles (³). Tous les deux me l'attestèrent.

De Montbrun coule la rivière de Thoulourenc, qui passe au pied du Mont-Ventoux, se jette dans l'Ouvèze entre Mollans et Vaison, et sépare, dans la dernière partie de son cours, le Comtat-Venaissin du Dauphiné, de même que, à l'ouest, le Mont-Ventoux les sépare dans une autre partie.

Je ne dois pas oublier d'ajouter que Strabon, dans son ignorance des lieux, nomme les Médulles tantôt Médualles (Μεδυάλλοι), tantôt Médilles (l. IV). C'est à tort, comme s'en aperçoivent tous ceux qui parcourent ces localités.

Au-delà des Médulles jusqu'à la Durance et aux Salyes, au-dessus des Mémines et de Vaucluse, sont les Albiens ou Albièces, qui, au témoignage de Strabon, habitent les montagnes tournées vers le nord. Toutefois ils possèdent aussi la plaine qui, au-dessous de Cadenet et de Manosque, touche à la Durance. Mais Pline (l. III) attribue ces contrées aux Vulgientes, aux Allebécères et aux Apollinaires, et il nous dit qu'*Apta Julia* (Apt) est une ville latine des Vulgientes, des Allebécères et des Apollinaires ([4]).

Apt est située sur la rivière de Calavon ; auprès de cette ville existe le pont de Jules, ce qui fait penser qu'Apt Julia avait été fondée par Jules César. Apt possède le corps de sainte Anne, et son église épiscopale est gouvernée par Jean Nicolaï, gouverneur du Comtat-Venaissin, notre allié ([5]). Au-dessous d'Apt on trouve les villages de Murs et de Lourmarin, et, dans la plaine, les villes de Pertuis et de la Tour-d'Aigues, l'une et l'autre agréables par leur position. A l'orient d'Apt, sont, sur une colline, Céreste, et au-dessous, peu en deçà de la Durance, Manosque, célèbre par la force de ses murailles, le nombre de ses habitants et l'abondance des amandes qu'elle produit. Au-dessus de Céreste on trouve Forcalquier, ville récente ([6]), capitale de tout le nouveau comté, qui porte son nom et qui s'étend jusqu'à Sisteron et à la Durance.

Dans ce comté de Forcalquier, au-dessus d'Apt, est la puissante, noble et antique famille d'Agout. Comme nous le lisons dans les anciens documents de cette famille, Loup d'Agout était maréchal de l'Empire, et, le 16 des calendes de mai de l'année 1004, la douzième de l'indiction, il obtint de Henri II, dans l'abbaye de Saint-Sauveur, près de Pavie, le château et la vallée de Sault, qui est étendue, couverte de bois et abondante en glands ([7]).... Cette vallée est située au pied du Mont-Ventoux, au midi, au-dessous de Meuillon, et touche au Comtat-Venaissin. La famille d'Agout en a conservé le nom jusqu'à nos jours. Elle avait le droit de battre monnaie, d'exercer les trois degrés de justice, et beaucoup d'autres priviléges considérables. Je tiens de la bouche de Louise d'Agout, dame de cette vallée ([8]), que, chaque année, plus de vingt mille porcs paissent les glands dans cette forêt, et qu'elle perçoit sur eux un droit de 20,000 florins, fait que j'aurais eu de la peine à croire si je n'avais pas eu le témoignage d'une si noble dame ([9]).

J'ai souvent parcouru ces contrées, et j'ai eu avec cette famille d'Agout beaucoup de relations et d'amitié. Lorsque j'épousai Margo d'Avignon, à Mourmoiron, ville du Comtat-Venaissin, très voisine de cette vallée de Sault, l'illustre Louis d'Agout, fils de Louise dont je viens de parler, et Falquet Dupuy, dont nous avons parlé plus haut, assistèrent à notre mariage. A cette époque, traversant la forêt de la vallée de Sault, pour me rendre de Mourmoiron à Flassan, je m'égarai pendant quelque temps, et si le noble Simon Alban, seigneur de Flassan, ne m'avait pas rencontré, j'aurais passé la nuit, avec de grands dangers, au milieu de cette forêt, tant elle est grande.

Depuis cette époque où j'épousai Margo, la renommée de sa beauté se propagea tellement que, lorsque je la conduisis dans le Dauphiné, des troupes d'hommes et de femmes quittaient leurs champs et accouraient à Valence et à Romans dans le but de la voir; c'est qu'en effet elle l'emporte par la beauté sur toutes les autres femmes ([10]).

....
....

NOTES DU CHAPITRE XVIII.

(1) Le chapitre que nous traduisons maintenant a tout simplement ce titre dans Aymar : MEDULLI. Notre auteur tranche ainsi une question très controversée. Pour lui, les Médulles, peuplade gauloise dont parlent et Strabon (IV, Edit. Oxonii, pag. 285), et Pline (III, 24. 4), dans la célèbre inscription désignée sous le nom de Trophée des Alpes, occupaient cette partie du département actuel de la Drôme connue autrefois sous le nom de Baronnies, dont Meuillon, Mévouillon ou Méouillon (on trouve les trois formes), et Montauban étaient les deux principales villes, et cette partie du département de Vaucluse qui forme aujourd'hui le canton de Sault. Aymar ne dit pas quels sont les motifs qui lui font adopter cette solution; mais il est évident qu'il s'appuie surtout sur la similitude des noms. Et, en effet, comme nous le voyons dans plusieurs actes anciens publiés par Valbonnais, le nom latin de Meuillon est *Castrum Medulionis*. Cela me paraît décisif. Assurément je ne suis pas, au contraire peut-être de la généralité des traducteurs, suspect de partialité en faveur du chroniqueur que je traduis; on s'aperçoit assez que je le combats plus souvent que je ne le défends. Toutefois, ici, je prendrai son parti. Il me paraît avoir résolu une difficulté que d'Anville, M. Walckenaër, Gosselin, enfin M. Desjardins, n'ont pas pu résoudre, faute, peut-être, d'avoir une connaissance suffisante des localités. Ainsi, d'Anville, s'appuyant surtout sur l'ordre suivi dans le Trophée des Alpes pour l'énumération des peuples, place les Médulles entre les *Centrones* (la Tarantaise) et les *Uceni* (l'Oisans), c'est-à-dire dans la Maurienne, et leur donne pour capitale Miolans. C'est également l'opinion de Grillet dans son Dictionnaire (tom. 1er, Introduction, pag. 7 et 8). Mais, lorsque l'on étudie d'un peu plus près l'inscription du

Trophée des Alpes, telle que Pline nous la rapporte, on voit que les Médulles sont suivis des *Uceni* et des *Caturiges*. Or, en admettant que l'ordre d'énumération soit strictement l'ordre de position, cela ne contredit pas du tout la solution proposée par Aymar et que j'adopte très volontiers, puisque tout le monde admet que les Caturiges correspondent au pays de Chorges. Les Baronnies et Chorges n'ont, comme intermédiaires, que les territoires du Buesch et de Gap, dont le Trophée des Alpes n'a pas fait mention. Quant au texte de Strabon, il ne s'oppose pas non plus, le moins du monde, à cette solution. Que nous dit-il en effet? Qu'après les Voconces (dans la direction du sud-est) on rencontre les Sicoriens et les Tricoriens, après ceux-ci, les Médulles, qui, tous, habitent de très hautes montagnes : Μετὰ δὲ Ὀυοκουντίους Σικόνιοι καὶ Τρικόριοι καὶ μετ' αὐτοὺς Μεδοάλλοι ὑπὲρ τὰς ὑψηλοτάτας ἔχουσι κορυφάς (IV, pag. 285). Or, si, avec d'Anville lui-même, nous plaçons les Tricoriens dans la vallée du Drac, la position des Voconces étant, du reste, parfaitement déterminée, celle des Médulles se trouve correspondre aux Baronnies du moyen-âge, c'est-à-dire à Meuillon et aux contrées voisines. Les inductions d'après les textes, les conséquences à tirer de la similitude des noms, tout se concilie et il est parfaitement inutile d'aller transférer les Médulles dans la Maurienne. Cette fois, donc, Aymar nous paraît avoir rencontré plus juste que les savants modernes; c'est assez rare pour qu'on le note et qu'on lui en tienne bon compte. [*N. du T.*]

(2) Ce fut ce même Raymond IV, dit le Jeune, qui, en 1317, pour échapper aux attaques incessantes du gouverneur du Comtat-Venaissin, céda sa baronnie au dauphin Humbert II. Un neveu de Raymond, Agout de Baux, de la maison des princes d'Orange, irrité de cette donation qui le privait de la plus belle portion de son héritage, suborna, pour empoisonner Raymond, un cuisinier dont le crime fut découvert et cruellement expié. [*N. du T.*]

(3) Bon catholique comme il l'était, Aymar du Rivail aurait frémi d'horreur s'il avait pu prévoir que l'un, sans doute, de ces trente-deux enfants de Falquet-Dupuy, alors âgé de cinq ans au moment où Aymar écrivait, allait, trente ans plus tard, acquérir, à la tête des protestants, une terrible réputation. Dupuy-Montbrun, ce redou-

table lieutenant, puis successeur du baron des Adrets, et qui, après treize ans d'une vie d'agitation, d'actes de bravoure et de férocité, fut décapité à Grenoble en 1575, était né au Château-de-Montbrun, dans les Baronnies, en 1530. [*N. du T.*]

(4) Le texte de Pline (III, 5. 6) est tout différent de la mauvaise leçon que suit Aymar du Rivail. Le voici : *Apta Julia Vulgientium, Alebece Reiorum Apollinarium*; c'est-à-dire que, parmi les colonies fondées dans cette partie des Gaules, on doit compter *Apt* chez les Vulgientes, et *Alébécé* chez les Reies Apollinaires] (vraisemblablement, Albiosc, petit village du canton de Riez, dans les Basses-Alpes). En ce qui concerne les Albièces, Pline ne prononce pas une seule fois leur nom ; ils ne sont mentionnés que par Strabon, qui les place, d'une manière très vague, dans les montagnes, au nord, entre les Salyes et les Voconces, et, avant lui, par César, qui en parle comme d'anciens alliés des Marseillais et comme d'un peuple montagnard très exercé au métier des armes. On a beaucoup discuté sur la position des Albièces (*Voir les Recherches sur le département des Basses-Alpes*, par M. Henry, pag. 15 et suiv.). Ce qui semble le plus probable, c'est qu'ils occupaient le territoire de Riez, sur la rive gauche de la Durance, dans le département actuel des Basses-Alpes, tandis que les Vulgientes, dont la principale ville était Apt, habitaient sur la rive droite de cette rivière, dans le département actuel de Vaucluse. On comprend, du reste, que, dans ce genre de recherches, il suffit d'approximations. Vouloir déterminer exactement les limites, sans doute très variables, de ces peuples, c'est vouloir arriver à une exactitude mathématique qui éternise les querelles et les discussions oiseuses. Aussi, nous ne discuterons pas auquel de ces deux peuples, Valensolle, Cadenet, Manosque, ont pu appartenir ; il est très probable que ces villes ont appartenu tantôt à l'un, tantôt à l'autre. Il nous semble seulement qu'on peut considérer comme acquis à la science les deux points suivants : 1° que les *Vulgientes* et les *Albièces* étaient voisins, mais distincts ; 2° que les uns et les autres habitaient les deux rives de la Durance, depuis la jonction de l'Asse et du Verdon avec cette rivière, sur la rive gauche, jusqu'au point où elle reçoit le Calavon sur la rive droite et où commençait le pays des Cavares. [*N. du T.*]

(5) Jean Nicolaï, recteur du Comtat-Venaissin sous les papes Jules II et Léon X, évêque d'Apt de 1527 à 1533.

(6) *Ville récente*, pour Aymar, veut dire une ville qui ne date que du moyen-âge. Cependant beaucoup de savants croient que c'est la ville désignée dans les Itinéraires sous le nom de *Forum Neronis*. M. Walckenaër pense que c'est le *Forum Quariatium* des Romains. Dans l'un et l'autre cas elle serait antique. Le comté de Forcalquier (aujourd'hui chef-lieu d'arrondissement du département des Basses-Alpes) fut formé en 1054 et fut réuni, en 1208, au comté de Provence, dont il suivit, depuis lors, les destinées. [*N. du T.*]

(7) La charte originale est dans Guy-Allard : *Généalogie de la famille d'Agout;* Grenoble, 1672, in-4º.

(8) Louise d'Agout, dame de la vallée de Sault, mariée à Claude de Montauban, gentilhomme du Dauphiné, sœur et héritière de Raymond d'Agout, mère de Louis de Montauban, substitué au nom et armes de la maison d'Agout.

(9) L'industrie et l'agriculture ont beaucoup gagné dans cette vallée, qui appartient au département de Vaucluse. « L'élévation du sol, » dit Millin (*Voyages*, tom. IV, pag. 167), « ne permet pas de cultiver » l'olivier ; mais les chemins sont bordés de mûriers ; on élève beau- » coup de vers à soie. La culture des céréales paraît bien entendue, » et la vue s'étend sur des vignobles et des pâturages. Les coteaux » sont couverts de genevriers, de chênes verts et de pins. Le thym, » la lavande, le basilic parfument les hauteurs, et sont portés aux » ateliers de distillation à Sault et à Bedouin. » [*N. du T.*]

(10) Nous n'osons pas aller plus loin. C'est ici qu'Aymar a donné sur les beautés et les vertus de Margo ces détails d'une nature si singulièrement intime que nous avons transcrits dans une note de notre rapport. Ils ne supporteraient pas la traduction. C'est déjà une assez grande hardiesse que de les avoir cités même en latin. [*N. du T.*]

CHAPITRE XIX.

Les Sigoriens et Gap.

Après les Voconces et les Médulles sont les Sigoriens, que Strabon, dans son ignorance des lieux, appelle Tricoriens, Siconiens et Iconiens, et qu'il a tort de confondre avec les Médulles; car les Médulles habitent en-deçà des Sigoriens, qui, au témoignage de Strabon lui-même, habitent les points les plus élevés des montagnes; la montée, en ligne droite, pour arriver au sommet de leurs demeures est de cent stades, et c'est de leur frontière que l'on commence à descendre vers l'Italie (1). D'après cette description de Strabon, le pays des Sigoriens s'étend depuis le Buesch et la Durance jusqu'au sommet des Alpes; leur nom vient de la ville de Sigoyer, située entre le Buesch et la Durance, au-dessus de Sisteron (2), et d'un autre Sigoyer au-delà de la Durance (3), ce qui prouve l'erreur de Strabon relativement au nom de ces peuples. Sur les deux rives de la Durance les Sigoriens habitaient une plaine agréable et des monticules fertiles. Mais, au-delà de la Durance, après une plaine, commence l'ascension vers les sommets élevés des montagnes, surtout par la vallée où se trouvent la Bréole et le Lauzet. Ce dernier village est éloigné de Chorges de quatre lieues, d'Embrun, de Gap et de Tallard de cinq, de trois de la ville de Seyne (⁴). Après le Lauzet, à trois lieues de distance, est Barcelonnette, dans une vallée ayant sept lieues de longueur vers l'orient ; c'est par cette vallée, dans la direction de l'est, qu'on se rend à Coni et en Italie ; au midi, on descend à Nice par Saint-Etienne. Dans cette vallée il y a dix-huit bourgades, que les chrétiens appellent paroisses. Au midi, Barcelonnette est arrosée par la rivière de l'Ubaye, qui, de là, arrose plusieurs vallées, surtout celle de la Bréole, et va se jeter dans la Durance, beaucoup au-dessus de Tallard. Barcelonnette fut bâtie par un comte de Provence (⁵). C'est une ville carrée, ayant de longueur trois cent cinquante pas, et de largeur deux cent soixante. Elle a quatre portes et une muraille de quatre pieds d'épaisseur, d'une hauteur suffisante, et dont le circuit est fortifié de vingt-deux tours éloignées l'une de l'autre de cinquante pas. Chacune de ces tours est percée, sur chaque côté, depuis la base jusqu'au sommet, de trois ouvertures garnies de machines de guerre ; de même il existe, dans chacune des parties du mur entre les tours, deux ouvertures également fortifiées. Au nord, à deux ou trois cents pas, Barcelonnette est environnée de collines. Toute cette vallée abonde en prairies, en froment, en avoine et en bestiaux ; mais le froid empêche les vignes d'y croître.

Au-dessous du Lauzet, au midi, est le village de Méolans (ou Miolans) ; en allant de Seyne à Barcelonnette par le col Bas, après avoir franchi ce col, on traverse Méolans, qui est à deux lieues de Barcelonnette ; entre les deux sont les villages des Thuiles et de Saint-Pons.

Suivant Tite-Live, Annibal, quittant le pays des Allobroges, se dirigea vers celui des Tricastrins, puis, par l'extrémité du territoire des Voconces, tourna vers les Tricoriens sans rencontrer d'obstacles, jusqu'à ce qu'il fût arrivé à la Durance. Tite-Live a pris les Tricoriens pour les Sigoriens, comme la connaissance des lieux le prouve, et nous avons vu souvent la ville de Sigoyer, qui, aujourd'hui encore, existe dans ces contrées non loin de Tallard. Peut-être les Tricoriens ne sont-ils rien autre chose que les habitants de Tallard. Après avoir passé la Durance à gué, Annibal monta vers les Alpes par la vallée de la Bréole, qui appartient aux Sigoriens, et après Barcelonnette, ville des Sigoriens, descendit vers l'Italie. Nous avons fréquemment vu cette route d'Annibal, depuis le pays des Allobroges jusqu'à cette partie des Alpes, et nous avons pu reconnaître l'exactitude de la description que Tive-Live a tracée de ces localités. Ceux qui croient qu'Annibal a passé ailleurs n'ont jamais parcouru ces pays et s'en réfèrent uniquement à des ouï-dire ou à des systèmes divers d'historiens. Les autres historiens sont, du reste, d'accord avec Tite-Live pour la route d'Annibal jusque chez les Sigoriens. Ils n'en diffèrent que pour le reste. Mais, comme selon Tite-Live, il est certain qu'Annibal, ayant frayé le passage des Alpes, descendit chez les Tauriniens, il est d'autant plus étrange qu'on discute sur quel point il a passé les Alpes. On admet vulgairement qu'il a passé les Alpes Pennines, et que c'est de là que cette partie des Alpes a reçu le nom qu'elle porte. Célius prétend qu'Annibal passa par le mont de Crémone; mais comme Tite-Live lui-même le fait observer, ces deux passages l'auraient conduit, non chez les Tauriniens, mais chez les Gaulois Libuens par les montagnes des Salasses, et il n'est pas vraisemblable, ajoute-il, que ces routes vers la Gaule Cisalpine fussent alors praticables, car elles étaient fermées par des peuples demi-germains. Enfin, dit encore l'historien, ces sommets des Alpes n'ont pas reçu le nom de *Pennines*, du passage des Carthaginois (Pœni), mais d'une divinité qu'on y adorait.

Dans son *Index des Commentaires de* César, Marliani, après beaucoup d'autres, écrit que ce fut par le Mont-Cenis (ou *le mont des Cendres*) qu'Annibal, ayant réduit en cendres les obstacles qu'il rencontrait, conduisit les Carthaginois en Italie. Mais comme, au témoignage de tout le monde, Annibal, en gagnant l'Italie, traversa la Durance, ceux qui admettent qu'il passa par les Alpes Pennines, par le pays des Centrons ou par le Mont-Cenis, sont confondus par cette réflexion qu'en passant par là, il ne serait pas parvenu à la Durance, puisque ces routes sont éloignées de cette rivière. Si nous en croyons Plutarque, ce fut par la montagne vulgairement connue sous le nom de Mont-Genèvre, dont un des versants sert de lit à la Durance et dont l'autre est tourné vers le pays des Tauriniens, qu'Annibal se rendit en Italie. Mais, par cette route, Annibal n'aurait pas traversé la Durance chez les Tricoriens et les Sigoriens; il se serait dirigé par le territoire de Chorges, d'Embrun et de Briançon, dont aucun historien ne fait mention en exposant sa marche. D'ailleurs, du Mont-Genèvre, Annibal n'aurait pu montrer à ses soldats l'Italie et les plaines du Pô, comme nous dirons, dans notre second livre, qu'il les fit voir d'un sommet élevé, et cela avant d'avoir fait dissoudre la roche qui lui faisait obstacle.

Quelques-uns croient que cette roche se trouvait chez les Sigoriens, en-deçà de la Durance près de Sisteron; mais ils peuvent voir par l'inscription même gravée sur

CHAPITRE XIX. — LES SIGORIENS ET GAP.

cette pierre qu'Annibal n'a rien fait là, et que ce rocher a été ouvert, plusieurs siècles après, par Postumus Dardanus, patricien et consulaire de la province Viennoise, pour la facilité des communications.

La route d'Annibal par Tallard et, après avoir passé la Durance, par la Bréole, Barcelonnette, la Roche-Coupée et Coni, est parcourue avec rapidité par les Espagnols, les Narbonnais, et les Avignonnais qui se rendent à Rome pour recevoir les ordres sacrés ou pour quelqu'autre motif. Tallard est aujourd'hui une vicomté appartenant à la maison de Clermont (⁶).

Dans le territoire des Sigoriens, en-deçà de la Durance, était la ville d'Argentina, qui, plus tard, au témoignage de Gervais, fut appelée *Vapingum* (Gap). Ce n'est pas le seul exemple de ces changements de noms, puisque, au témoignage de Gervais lui-même, Arles était autrefois appelée Constantia, Pavie Ticinum, Constantinople Bysance. Argentina tira son nouveau nom de sa situation et s'appela *Vapingum*, parce qu'elle est située dans une vallée fertile *(in valle pingui)*. C'est qu'en effet depuis Gap jusqu'à Sisteron, s'étend une vallée agréable et fertile en productions de toute nature......................

A Gap réside l'évêque de ce pays ; la cathédrale est dédiée à la Sainte-Vierge. On y honore aussi saint Arnoul, qui fut évêque de cette ville (⁷). Quoiqu'il soit mort depuis plusieurs siècles, on voit cependant son corps entier. On rapporte qu'il appartenait à la branche de Vendôme de la maison de Bourbon (⁸).

On fabrique à Gap d'excellentes chandelles de chèvres et de boucs, animaux qui, dans toutes ces contrées, ont beaucoup de graisse. Ces chandelles sont transportées et vendues dans des pays éloignés. Entre Gap et Sigoyer, il y a trois lieues.

Près du pont de Céuse, dans le territoire de Gap, est un lac profond au milieu duquel, si l'on en croit Gervais, il y a une croûte épaisse qui forme un pré ; lorsque le temps est venu, on attire cette île flottante sur les bords avec des filets ; on fauche et on récolte l'herbe ; puis l'on coupe les cordes et la motte va reprendre sa place. Cette localité est au-dessous de Gap, à une lieue de Tallard, dans le village de Pelleautier. Aujourd'hui on coupe et on récolte l'herbe de cette motte sur place et sans l'amener à terre ; car elle est devenue assez solide pour supporter les hommes et les troupeaux qui viennent y paître ; quelques autres mottes se sont formées près de la terre ferme ([9]).

Les Voconces, dont Luc et Vaison étaient les capitales, ayant cessé d'exister, leur pays, en ce qui concerne la justice, a été divisé entre plusieurs bailliages ; la partie en-deçà, ayant Luc pour chef-lieu, a été divisée entre le bailliage de Vienne, celui du Graisivandan, et enfin celui de Crest dans le comté de Die, quoique l'évêque de Die ait aussi beaucoup d'autorité dans ces pays. La partie plus reculée du pays des Voconces, ayant autrefois pour capitale Vaison, dépend également de plusieurs bailliages : en partie de celui du Buis, en partie, comme les Sigoriens, de celui de Gap. On détacha également du bailliage du Graisivaudan, pour l'attribuer à celui de Gap, le pays appelé Champsaur. On désigne sous ce nom une plaine et une vallée que l'on rencontre, après avoir franchi un monticule, sur la route de Gap à Grenoble. Ce pays a pour capitale Saint-Bonnet, où Béatrix de Hongrie, épouse d'un dauphin, a construit une très-forte tour contre les incursions des ennemis. Il y a quelques années, les habitants, et surtout les femmes, s'étant retirés, pour leur sûreté, dans cette tour, avec leurs meubles, les gens de pied que le seigneur de Lorges conduisait en Italie ([10]), brûlèrent cette ville.

Au temps du dauphin Humbert, le Champsaur était un duché. Sur les hauteurs de Champoléon, dans le Champsaur, le Drac prend sa source et ravage le territoire même de Champoléon, de telle façon que l'archevêque de Lyon, Henri de Villars, gouverneur au nom du dauphin Humbert, et plus tard, Charles VII, Louis XI, Charles VIII et Louis XII, firent aux habitants de Champoléon la remise de la moitié des impôts, de peur que, par misère, ils ne quittassent ces lieux. Le Drac coule à travers toute la vallée du Champsaur, reçoit, au-dessous de la Mure, la rivière de la Bonne, et au-dessous de Vizille, près de Champ, la Romanche. La Bonne est une rivière qui vient d'une vallée à laquelle elle donne son nom (Valbonnais), au nord du Champsaur, et passe sous un pont de pierres très-élevé entre Corps et la Mure ([11]). Quant au Drac, après avoir traversé, auprès de Claix, une roche resserrée, il arrose et ravage le territoire de Seyssinet et de Grenoble, et va se jeter dans l'Isère près de cette ville. Les chrétiens, ayant partout divisé les pays en évêchés, le Champsaur jusqu'à Ponthaut appartint à l'évêché de Gap. Du Champsaur, une route étroite et resserrée entre des montagnes conduit à Grenoble par la Mure et Champ.

NOTES DU CHAPITRE XIX.

(1) Tout-à-l'heure, à propos des Médulles, j'ai cru devoir donner raison à Aymar du Rivail sur les savants modernes. C'était rare; ici je suis obligé de revenir à mes critiques habituelles. Aymar a accumulé les erreurs et les fausses interprétations dans ce chapitre et surtout dans ces premières lignes. Strabon, comme on le voit dans le texte que j'ai cité un peu plus haut, ne confond pas les Tricoriens avec les Médulles, puisqu'il nous dit que les Siconiens et les Tricoriens sont placés entre les Voconces et les Médulles. En second lieu, il ne faut pas tant reprocher à Strabon son ignorance des Sigoriens; cette ignorance n'est pas particulière au géographe grec; elle lui est commune avec tous les auteurs de l'antiquité et tous les savants modernes, dont aucun, à l'exception d'Aymar du Rivail, n'a prononcé une seule fois ce nom. Strabon est même le seul qui parle des Siconiens; mais les Tricoriens sont cités par Pline et par Tite-Live à propos de la marche d'Annibal. Trompé par l'analogie du nom de *Sigoyer* et de celui de *Siconiens*, Aymar du Rivail a inventé des Sigoriens, dont lui seul a entendu parler. Il faut rétablir la vraie leçon, et mettre les *Tricoriens* partout où Aymar a mis les *Sigoriens*. Mais cela ne suffit pas. Très certainement, ni Gap, ni Sigoyer (qui n'a rien d'antique), ni Tallard, ni Miolans, ni Barcelonnette, etc., n'appartenaient au territoire des Tricoriens; la plupart de ces localités faisaient partie du pays des Caturiges. Suivant d'Anville (*Notice*, pag. 657), les Tricoriens occupaient la vallée du Drac, depuis son confluent jusqu'à la vallée du Champsaur, où ce torrent prend sa source. Suivant M. Walckenaër (*Géographie des Gaules*, etc., I, pag. 158), les Tricoriens habitaient non-seulement cette vallée du Champsaur, où les place d'Anville, mais

ces autres vallées, si sauvages, des Hautes-Alpes, connues sous le nom de Dévoluy et de Valgodemard. J'ajoute que c'était là leur point de départ au midi; mais que, au nord, comme le prouve la marche d'Annibal, ils descendaient jusqu'au confluent du Drac et de l'Isère. Alors, tout se concilie parfaitement : les Voconces occupent les montagnes entre les Cavares à l'ouest, et la rive gauche du Drac à l'est, où ils touchent aux Tricoriens; ceux-ci, au sud-ouest, touchent aux Médulles, qui les séparent des Tricastins ; au nord, ils ont les Allobroges ; à l'est, probablement les Uceni, ancien peuple de l'Oisans. Mais cela ne ressemble en rien à la géographie d'Aymar. [*N. du T.*]

(2) Sigoyer-du-Dô (Hautes-Alpes).

(3) Sigoyer, dans les Basses-Alpes.

(4) La Bréole ou la Bréoulle, le Lauzet et Seyne appartiennent au département des Basses-Alpes. L'abbé Albert, (*Histoire du diocèse d'Embrun,* I, pag. 419 et 485) a donné des renseignements intéressants sur ces localités. Son article sur Seyne, dont il était curé, est développé et très curieux. Chorges, Embrun, Gap et Tallard font partie du département des Hautes-Alpes. Par extraordinaire, les distances indiquées par Aymar sont, à peu de chose près, exactes. [*N. du T.*]

(5) Raymond-Bérenger V, comte de Provence, vers 1251, en mémoire des comtes de Barcelonne, dont il était descendu.

(6) Nous avions d'abord supprimé cette dissertation ; on nous a conseillé de la rétablir. Elle est remplie d'erreurs sans aucun doute ; mais elle a au moins le mérite de fournir des arguments contre plusieurs des systèmes auxquels a donné lieu le passage des Alpes par Annibal. Ce n'est pas ici le moment d'examiner la valeur de ces systèmes, ni même celui qu'Aymar expose en cet endroit, sans se préoccuper de se mettre d'accord avec lui-même, sans remarquer que, si Annibal est allé par Barcelonnette, il n'a pu passer ni par Pénol, ni par Lyon. Nous reviendrons complètement sur tous ces faits dans un appendice placé à la fin de ce volume.—Le *Postumus* dont parle Aymar est un des trente tyrans, comme on les appelle vulgairement, proclamés dans diverses parties de l'empire sous Gallien à partir de 253. Postume fut proclamé empereur dans les Gaules en 257, et massacré à Mayence

avec son fils, qu'il avait associé à sa fortune, en 267. M. Amédée Thierry (*Histoire de la Gaule sous la domination romaine*, II, pag. 558 et suivantes) a curieusement exposé toute cette histoire de l'empire transalpin. M. de Terrebasse renvoie également à une dissertation de M. Mermet sur Postume (*Archives historiques du département du Rhône*, tom. v, pag. 213) et, au sujet de l'inscription que cite Aymar, à une dissertation de M. le comte de Villeneuve, publiée à Marseille en 1819. — La citation de Plutarque que fait Aymar n'a pas la moindre valeur, Plutarque n'a pas écrit de vie d'Annibal; celle qu'Aymar cite est l'œuvre apocryphe d'Annius de Viterbe. [*N. du T.*]

(7) L'épiscopat de Saint-Arnoul est de 1065 à 1075. [*N. du T.*]

(8) La branche de Vendôme était en faveur sous François Ier, puisque celui-ci avait érigé Vendôme en duché-pairie pour Charles de Bourbon, représentant de la branche cadette, mais devenu chef de toute la maison de Bourbon par la mort du dernier représentant de la branche aînée, le trop célèbre connétable tué au siége de Rome en 1527. C'est donc une flatterie à l'adresse de cette maison, qui, à la fin du siècle, devait régner sur la France. Mais cette tradition n'a pas le moindre fondement. Saint-Arnoul est du milieu du XIe siècle, et le comté de Vendôme ne passa, pour la première fois, dans la maison de Bourbon que trois siècles plus tard, en 1374, par le mariage de Jean Ier, chef de la branche cadette, avec l'héritière de la maison de Vendôme, Catherine, sœur du dernier comte Bouchard VII. Le seul fait vrai, c'est que Saint-Arnoul était né à Vendôme. (*Voir : Acta sanctorum*, 19 septembre.) [*N. du T.*]

(9) La Motte-Tremblante de Pelleautier, l'une des prétendues merveilles du Dauphiné, selon Gervais de Tilbury (Note de M. de Terrebasse). — Pelleautier est un village à dix kilomètres au sud-ouest de Gap, sur une hauteur que commande la montagne de Céuse. Des attérissements successifs y ont formé un marais qu'une compagnie se proposait, il y a quelques années, de dessécher, au risque de détruire, dans l'intérêt de l'hygiène et de l'agriculture, une *merveille* qui n'a rien de *merveilleux* (*Voir* Ladoucette, pag. 105). [*N. du T.*]

(10) Jacques de Montgommery, seigneur de Lorges.

(11) Ce pont, appelé Ponthaut, fort remarquable par sa hardiesse

et son élévation, se trouve sur la route nationale de Grenoble à Gap. On y arrive de la Mure, aujourd'hui, par une route récemment rectifiée et admirablement dirigée. Au-dessous du pont actuel, qui date, non de Lesdiguières, comme on le dit, mais de l'année 1751, comme le prouve M. Pilot (*Statistique de l'Isère*, IV, pag. 533), on aperçoit l'ancien pont, déjà très hardi, dont parle Aymar du Rivail, et, au-dessous de celui-ci, les ruines d'un autre pont que beaucoup de personnes instruites croient être un pont romain, mais qui, dans tous les cas, est singulièrement modeste, en comparaison du pont du moyen-âge, et surtout de celui de 1751, chef-d'œuvre de M. Bouchet, inspecteur général des ponts et chaussées. [*N. du T.*]

CHAPITRE XX.

Les Alpes Maritimes. — Chorges et Embrun.

Les Alpes Maritimes sont la partie de ces montagnes tournée vers la mer d'Afrique et qui commence auprès de Nice. Au témoignage de Tacite, Néron accorda le droit latin aux nations des Alpes Maritimes ([1]). Ces montagnes renferment la partie supérieure du pays des Sigoriens, aussi bien que les Caturiges, que Ptolémée appelle les Caturges et qu'il place, à tort, dans les Alpes Grecques; car les Alpes Grecques sont très-éloignées du pays des Caturiges. Pour réfuter Ptolémée, nous avons notre propre expérience. J'ai, en effet, fréquemment parcouru ces contrées, attendu que mon frère Guigues exerçait de hautes fonctions dans les Alpes Maritimes. Les Caturiges sont ainsi appelés de *Caturice* ou *Caturige*, aujourd'hui Chorges, ville située en deçà de la Durance, à trois lieues de Gap, et qui, à l'époque de César, était la capitale de cette contrée. Les Caturiges avaient sous leurs lois le territoire d'Embrun et toute la vallée sur les deux rives de la Durance jusqu'au Pertuis-Rostang et jusqu'au sommet du versant occidental des Alpes. Avant la fondation de Gap et l'établissement de son évêché, l'autorité des Caturiges s'étendait, dans la partie inférieure, jusqu'à la frontière du pays des Voconces. L'établissement des diocèses confondit en quelques points les limites et les frontières des peuples. Associés aux Garucelles et aux Centrons, les Caturiges occupèrent les points les plus élevés des montagnes et tentèrent de s'opposer au passage de l'armée que César conduisait d'Italie, à travers les Alpes, contre les Helvètes. Mais ils furent repoussés dans plusieurs combats, et, le septième jour depuis son départ d'Oulx, César put pénétrer dans le pays des Voconces. Ensuite il parvint, avec son armée, chez les Allobroges, et des Allobroges chez les Sébusiens ([2]), comme nous le raconterons en détail dans notre second livre. Suivant Pline, les Caturiges jouissaient du droit latin, ainsi que plusieurs nations issues des Caturiges, les Vagiens-Ligures et les habitants de Menton ([3]).

A quatre lieues au-delà de Chorges (Caturice), on rencontre Embrun, ville située sur une colline, arrosée au midi par la Durance, très-forte par sa position, car les rochers ne permettent d'arriver à cette ville que par un seul passage vers le nord ([4])..... A l'époque de Strabon, Embrun n'était qu'une bourgade soumise à Chorges. Plus tard, Embrun commença à avoir la suprématie même sur Chorges, et Pline nous dit que l'empereur Galba ajouta au rôle de la province les Avantiques dans l'Helvétie, et, dans les Alpes, les Embrunois, dont la capitale est Digne ([5]). Car, à cette époque, la domination des Sigoriens se terminait à cette partie des Alpes, où commençait celle des Embrunois. Ce qui le prouve, c'est que Barcelonnette, située chez les Sigoriens, appartient au diocèse d'Embrun et l'archevêque d'Embrun en tire de grands revenus. C'est à tort que Ptolémée place Embrun dans les Alpes Grecques, puisque l'*Itinéraire* d'Antonin nous dit qu'Embrun était la métropole des Alpes Maritimes, à moins, toutefois, qu'on n'objecte que ces expressions sont une interpolation qui n'appartient pas à Antonin.

Quoi qu'il en soit, Embrun a un archevêque, qui a pour suffragants les évêques de Digne et de Glandève, l'un et l'autre dans les Alpes Maritimes (6). L'archevêque d'Embrun pouvait, selon Gui-Pape, battre monnaie et, entre autres titres, il prend ceux de prince d'Embrun et de grand chambellan de l'Empire, comme nous le lisons dans d'anciens documents de cette Église. Ces documents m'ont été montrés par mon frère, Guigues Rivail, protonotaire, chanoine d'Embrun, vicaire de Nicolas de Fiesque, cardinal, archevêque de cette ville (1511-1517). Dans la célèbre cathédrale de Notre-Dame d'Embrun, les chrétiens malades obtiennent de Dieu, par l'intervention de Marie, d'excellents et salutaires remèdes. A Embrun réside le bailli de tout ce pays et des contrées adjacentes. Gervais raconte qu'il y a dans le territoire d'Embrun une grande pierre que l'on peut mettre en mouvement en la touchant même avec le petit doigt, et qui reste immobile si l'on en approche le corps entier et même un nombre infini d'attelages de bœufs. Dans le même pays, dit-il, au territoire du château de Barles, jaillit une fontaine dont les eaux guérissent les goîtreux qui en boivent et qui s'en lavent.

Au-delà d'Embrun, près de la Durance, est la ville, ou plutôt l'ancien bourg de Rame ou Casse-Rom, dont parle l'*Itinéraire* d'Antonin, comme étant à sept milles d'Embrun (7). On traversait autrefois ce village pour se rendre d'Embrun à Briançon. Mais aujourd'hui la route passe par Saint-Clément, et, laissant Rame à gauche, on traverse la Durance sur un pont de bois. On passe ensuite à gué la rivière qui vient de Guillestre et qui se jette dans la Durance (⁸). Puis on rencontre Saint-Crépin, où séjournent les voyageurs. Là commence la montée vers le Pertuis-Rostang. Là, du midi au nord, s'élèvent, comme une muraille, d'énormes rochers qui touchent à la Durance, et à travers lesquels on a pratiqué, pour pénétrer dans le Briançonnais, une espèce de porte qu'on appelle vulgairement le Pertuis-Rostang *(Foramen-Rostagni)* (⁹). Un seul homme pourrait facilement y arrêter le passage d'une armée qui se rendrait d'Embrun à Briançon, à cause de la montée que dominent les collines. Mais, de l'autre côté la route n'est pas beaucoup au-dessous des collines. En deçà de ce passage, dans l'Embrunois, au milieu de hautes montagnes est l'abbaye de Boscodon, d'où descendent des bois de construction qui sont portés par la Durance dans le pays des Salyes et jusqu'à Marseille (¹⁰).

NOTES DU CHAPITRE XX.

(1) *Nationes Alpium Maritimarum in jus Latii transtulit* (Tac. Annal. xv. 32). [*N. du T.*]

(2) Ou plutôt chez les Ségusiens, peuple de la Bresse, du Lyonnais, etc. Ces combats, racontés par César (*De bello Gall.*, i, 10), ne présentent qu'une difficulté : quelle est la ville qu'il appelle *Ocellum* ? C'était la dernière place de la Gaule Cisalpine : *citerioris provinciæ oppidum;* elle était donc sur le versant italien des Alpes. Était-ce Exilles ? C'est peu probable, car le nom latin d'Exilles est *Exiliæ.* Était-ce Usseau, comme le pense d'Anville (pag. 501) ? Était-ce Oulx, comme nous avons traduit ? Du reste, toutes ces localités sont peu éloignées les unes des autres. [*N. du T.*]

(3) *Et qui Montani vocantur* (Plin. III, 24. 3). Le dernier traducteur de Pline, M. Littré (Coll. Nisard, i, pag. 177) traduit le mot *montani*, comme s'il était un adjectif, par le mot *montagnards.* Il nous semble que Pline indique assez les Ligures de Menton dans la principauté de Monaco. [*N. du T.*]

(4) Les grands travaux exécutés dans la petite ville de Mont-Dauphin, entre Embrun et Briançon, sous la direction de Vauban, à la fin du XVIIe siècle, ont fait perdre presque toute leur importance aux fortifications d'Embrun, ville qui, du reste, est dominée par des montagnes. — Mont-Dauphin a été construit par Vauban, en 1694, mais n'a été érigé en communauté de ville qu'en 1755. (Cf. l'abbé Albert, *Histoire du diocèse d'Embrun*, i, pag. 180, et Ladoucette, pag. 46 et 75). [*N. du T.*]

(5) J'ai traduit littéralement mon auteur : *Teste Plinio, ex Inalpinis Ebroduntios et in Helvetiis Avanticos Galba imperator formulæ adjecit, et Diniam esse Ebroduntiorum oppidum Plinius tradit* (pag. 144). Voici maintenant le texte de Pline : *Adjecit formulæ Galba imperator ex Inalpinis Avanticos atque* BODIONTICOS,

quorum oppidum Dinia (iii, 5. 6). Le texte de Pline est parfaitement clair ; la transcription qu'en a faite Aymar, et que nous avons dû suivre dans notre traduction, est parfaitement inintelligible. Cela tient à deux choses surtout : à l'addition des mots *in Helvetiis* ; à la substitution du mot *Ebroduntii* au mot *Bodiontici*. Pour la première, Aymar est inexcusable ; rien ne l'autorisait à ajouter les mots *in Helvetiis*, que le désir de présenter ici une énigme insoluble, car jamais personne n'aurait pu comprendre comment les Avantiques, peuple voisin des Caturiges et des Embrunois, pouvaient être des peuples Helvétiques. En supprimant cette malencontreuse addition, et en revenant au texte si simple de Pline, nous faisons déjà disparaître une des causes d'obscurité de ce passage. Mais, pour le rendre parfaitement clair, il faut rejeter la mauvaise leçon *Ebroduntios* ; car, comment comprendre que Digne ait jamais été dans l'Embrunois ? Ici il ne faut pas accuser Aymar du Rivail ; il suivait une mauvaise leçon adoptée et répétée dans toutes les éditions de Pline, jusqu'à celle donnée en 1685 par le Père Hardouin. A partir de celle-ci, toutes les éditions de Pline portent *Bodionticos*, et, grâce à cette substitution, qui serait plus complète encore si, comme le proposait Gassendi, dans sa *Notitia ecclesiæ Diniensis*, on lisait *Bledonticos*, tout devient parfaitement clair. — Les *Avantiques*, dont le nom ne se trouve pas ailleurs, habitaient les bords de la petite rivières du Vançon, un des affluents de la Durance, et correspondaient à une partie de l'arrondissement de Sisteron ; les *Bodiontiques*, ou mieux les *Blédontiques*, habitaient les bords de la Bléonne (en latin *Bledona*), autre affluent, mais plus considérable, de la Durance, et qui forme la vallée de Digne. Ces positions déterminées, et les antiquaires des Basses-Alpes sont aujourd'hui d'accord sur ce point (*Voir* les *Recherches sur les antiquités des Basses-Alpes*, par M. Henry, pag. 25, 77 et 103), le passage de Pline n'offre plus aucune difficulté. Il n'y a donc là rien qui concerne Embrun, et le raisonnement qui suit dans Aymar du Rivail tombe tout-à-fait à faux. [*N. du T.*]

(6) L'archevêque d'Embrun avait pour suffragants non-seulement les évêques de Digne et de Glandève, mais ceux de Vence, de Senez, de Nice, et depuis 1244, celui de Grasse. [*N. du T.*]

(7) *Rama*, ancienne station romaine dont parle l'*Itinéraire* d'Antonin, et que l'*Itinéraire de Bordeaux à Jérusalem* (écrit vers 335,

comme le dit Châteaubriand, qui en a reproduit le texte, *Itinéraire de Paris à Jérusalem*, tom. III, pag. 189), appelle *Mutatio Rame*, et qu'il place entre *Mansio Hebridum* et *Mansio Byrigantum* (Embrun et Briançon), à l'entrée des Alpes Cottiennes (*inde incipiunt Alpes Cottiæ*), n'existait plus dès le temps où Aymar écrivait. Une partie du territoire de Rama fut emportée par la Durance au XIIe siècle, et cette rivière détruisit entièrement la bourgade au siècle suivant. On n'y voit plus que des débris de l'église et du château. Le territoire de cette commune a été partagé entre les deux communes de la Roche et de Champcelas (*Voir* Ladoucette; *Histoire des Hautes-Alpes*, pag. 549. — Cf. *Histoire géographique, naturelle, ecclésiastique et civile du Diocèse d'Embrun*, par l'abbé Albert, curé de Seynes, 1783 (sans lieu), tom. Ier, pag. 146 et 163.) [*N. du T.*]

(8) La route moderne suit encore, à quelque chose près, la direction qu'indique Aymar du Rivail. Mais elle traverse la Durance sur un beau pont de pierres peu après Saint-Clément, et entre Saint-Clément et Mont-Dauphin, également sur des ponts, le Rioubel, qui passe à Guillestre, et le Guil, qui prend sa source au Mont-Viso, et passe aujourd'hui à un kilomètre au nord de Guillestre. [*N. du T.*]

(9) Parmi beaucoup d'hypothèses auxquelles cette tranchée a donné lieu, la plus vraisemblable est celle de M. Fauché-Prunelle, qui l'attribue à un chef sarrasin nommé *Rostan* ou *Roustan* (Voir *Bulletin de l'Académie delphinale*, I, pag. 450). [*N. du T.*]

(10) La forêt nationale de Boscodon située dans la commune des Crottes, au sud-ouest d'Embrun, est arrosée par le torrent de Boscodon, un des plus impétueux et des plus dangereux du département. Elle appartenait à une abbaye fondée au XIIe siècle et supprimée en 1763. Elle renferme douze cents hectares et l'on y exploitait, avant la Révolution, cinq cents pièces de bois, dont on formait des radeaux qui descendaient la Durance. On exploite dans la vallée du Boscodon de l'albâtre gypseux et du sulfate de chaux que l'on travaille comme du marbre. On a essayé aussi, mais sans succès, de tirer parti de pyrites cubiques de soufre et de cuivre qu'on trouve çà et là dans la montagne de Boscodon (*Voir* Ladoucette ; *Histoire des Hautes-Alpes*, pag. 84, 85 et 545. — Cf. l'abbé Albert, I, pag. 123). [*N. du T.*]

CHAPITRE XXI.

Les Alpes Juliennes et Cottiennes; Briançon.

Après le territoire d'Embrun, dans les parties les plus élevées, sont les Alpes Juliennes par lesquelles Bellovèse descendit en Italie avec une armée, comme nous le dit Alciat, dans ses *Commentaires sur Tacite*. Cette partie des Alpes fut ensuite appelée Alpes Cottiennes, parce que le roi Cottius, qui y régnait (à l'époque d'Auguste), y fit construire, à grands frais, si nous en croyons Ammien Marcellin, des routes solides, commodes et faciles pour les voyageurs, routes intermédiaires entre les autres routes des Alpes. Les Alpes Cottiennes ont des sommets très escarpés, et personne, avant Cottius, ne pouvait les franchir sans de grands dangers. Pour ceux qui viennent de France, elles paraissent n'offrir qu'un plan rapide et incliné, rendu plus redoutable, surtout au printemps, par les masses de rochers qui surplombent de toutes parts. Suivant Ammien Marcellin (l. xv), les Alpes Cottiennes commencent à la ville de Suze, et, selon Strabon, les états de Cottius se terminaient à Oulx; d'après Volaterranus ([1]), elles renferment le Mont-Cenis. Je présume que le roi Cottius améliora, dans cette partie des Alpes, le passage par le Mont-Genévre et qu'il ouvrit une route nouvelle par le Mont-Cenis, puisque l'une et l'autre montagne appartiennent aux Alpes Cottiennes, qui, dit Ammien Marcellin, sont, par leurs défilés, la défense et le rempart de la Gaule vers l'est.

Pline nous dit, dans son troisième livre, qu'il existait dans les Alpes douze cités qui, avec les Octoduriens, les Centrons limitrophes et les Caturiges, reçurent le droit latin, et, en vertu de la loi de Pompée, les privilèges municipaux ([2]).

Dans ces Alpes Juliennes ou Cottiennes, depuis le col du Lautaret et le Pertuis-Rostang, jusqu'à Suze et Saluces, se trouvent les Briançonnais, qui ont élevé et construit, à peu près au milieu de leur territoire, une ville à laquelle ils ont donné leur nom. Briançon, suivant l'*Itinéraire* d'Antonin, est à dix-huit milles de Rama; il faut monter de toutes parts, excepté au nord, pour arriver dans cette ville, qui a une forte citadelle et est située, pour ainsi dire, dans les gorges et sur le sommet des Alpes. Près de cette ville, au midi, coule la Durance, et, un peu en deçà, la petite rivière de la Guisane, qui vient de la montagne du Lautaret et se jette dans la Durance.

Les Briançonnais portaient autrefois le nom de *Brigantii*; c'était, dit Strabon (l. IV), un peuple cruel, surtout envers les Italiens. Lorsqu'ils s'emparaient d'un village, non-seulement ils massacraient les hommes faits, mais les enfants mâles; ils allaient jusqu'à tuer les femmes enceintes que leurs devins leur disaient avoir conçu des mâles; c'est ce qui leur fit donner ce nom de *Brigantii*, qui, dans leur langage et celui des habitants de la Gaule, exprime la cruauté. Aujourd'hui ils s'appellent

Briançonnais, et leur ville, *Brigantium*, est devenue Briançon (³).

A Briançon aboutissent trois routes, deux venant de Grenoble par l'Oisans et Gap, la troisième du pays des Voconces. Comme reste de son ancienne puissance, Briançon est le centre du bailliage de tout ce territoire. Chaque année les Brianconnais paient au dauphin un impôt de 4,000 ducats prélevé sur tout leur territoire.

Dans la Bretagne, aujourd'hui l'Angleterre, il existait d'autres *Brigantii*, dont Juvénal a dit :

Dirue Maurorum attegias, castella Brigantum (4).

On trouve, au-dessus de Côme, une ville de *Briansonia* voisine de la Vindélicie, suivant Strabon (⁵) ; et, dans la Tarantaise, un fort et magnifique château appelé *Briansonium* (⁶).

Près du Pertuis-Rostang, en deçà de la Durance, dans le Briançonnais, est la vallée à laquelle Louis XII, qui la traversait pour se rendre en Italie, donna son nom (⁷). La montagne que l'on franchit après Briançon s'appelle le Mont-Genèvre.... Il touche d'un côté à la Durance, de l'autre au Piémont. Les habitants, par corruption de son véritable nom, l'appellent le Mont-Jan (⁸). Nous avons fréquemment parcouru ces contrées pour nous rendre en Italie. Sur le sommet des montagnes situées dans le Briançonnais existent, dit Strabon, un grand lac et deux sources peu éloignées l'une de l'autre. De l'une, ajoute-t-il, sort la Durance, qui, à travers des localités âpres et difficiles, va se jeter dans le Rhône ; de l'autre côté naît la Doire, qui, en traversant le pays des Salasses (⁹), va se perdre dans le Pô. De l'autre source, placée plus bas, sort le Pô, qui, à travers l'Italie, va se jeter dans la mer Adriatique ([10]). Strabon place donc dans la même source le point de départ de la Durance et de la Doire, et, en effet, comme nous l'avons vu au Mont-Genèvre, ces deux rivières prennent leur source à peu de distance l'une de l'autre et vont dans deux directions contraires ([11]). Au témoignage de Tite-Live, la Durance est une rivière des Alpes, et la plus difficile à traverser de toutes les rivières de la Gaule ; car, quoiqu'elle ait une grande masse d'eau, elle n'est cependant pas navigable, parce que n'étant pas renfermée entre des rives certaines, elle coule à la fois dans plusieurs lits qui ne sont pas toujours les mêmes. Elle forme ainsi, chaque jour, de nouveaux gués et de nouveaux gouffres, et n'offre, dès lors, aux voyageurs, que des passages très incertains. Elle entraîne avec ses eaux des blocs de pierres arrondis ([12]) ; elle n'offre rien de stable, ni de sûr, et quand elle est augmentée par les pluies, elle fait, en coulant, un bruit effroyable. Ces changements de lit ne permettent donc que très difficilement de la traverser à gué.... Cependant les habitants nous ont dit que, dans le pays des Sigoriens, on peut traverser la Durance à gué depuis le mois de juin jusqu'au mois de mars ; alors, en effet, la Durance n'augmente pas, en été, parce que toutes les neiges sont fondues, en hiver, parce que la neige ne fond pas étant durcie par les gelées ([13]). A peu de distance de sa source, dans le Mont-Genèvre même, la Durance reçoit la rivière de la Nevache ([14]), coule ensuite à travers le pays des *Brigantes*, des *Caturiges*, des *Sigoriens* et des *Vulgientes*, et, augmentée de beaucoup d'autres rivières, va se jeter dans le Rhône, au-dessous d'Avignon, entre le pays des *Salyes* et celui des *Cavares*.

C'est à tort que Strabon dit que la Doire, qui prend sa

source au Mont-Genèvre, traverse le pays des Salasses. Cette Doire (13), après être descendue du Mont-Genèvre, reçoit, au-dessous d'Oulx, à Bardonenche, une autre rivière qui vient des Alpes, puis coulant au-delà de Suze, à travers les plaines du Piémont, va se jeter dans le Pô, à Turin. Dans le pays des Salasses, comme nous le dirons dans notre article sur Aoste, coule une autre rivière également appelée la Doire (16) ; l'erreur de Strabon vient de ce qu'il a confondu ces deux rivières, qui, cependant, sont éloignées l'une de l'autre de beaucoup de milles.

Sur le Mont-Genèvre il y a un village, et, à la descente de cette montagne vers l'Italie, un lieu étroit et en pente rapide. Alors commence la vallée de Suze, que traverse et arrose la Doire. A l'entrée de cette vallée et à l'extrémité de ces défilés du Mont-Genèvre est la petite ville de Cézane, qui, dans l'antiquité, portait le nom de Scingomagus (17), comme le dit Strabon, au livre IV ; plus tard elle fut la capitale d'un marquisat, mais, par suite d'un crime de lèze-majesté dont un des marquis s'était rendu coupable, ce marquisat fut réuni au Dauphiné.

On trouve ensuite Oulx sur la Doire, où il y a un couvent de religieux dans lequel on voit un vase à renfermer du vin qui contient cinq cents setiers (18).

Puis on rencontre Salabertrand et Ocellus, que, par corruption du nom, les habitants appellent aujourd'hui Exilles (19). C'est à tort que Marliani, dans son *Index aux Commentaires de César*, dit qu'Ocellus est la ville qu'on appelle aujourd'hui la Novalèze. En effet, on ne va pas en ligne droite de Briançon à la Novalèze. Des frontières des Voconces, on va, par Embrun, Briançon, Scingomagus et le passage des Alpes, à Ocellus, dernière ville de la Gaule Transalpine, comme le dit Strabon au commencement de son quatrième livré. César se rendit, avec son armée, en sept jours, d'Ocellus sur les frontières des Voconces, dans la province citérieure, et, de là, chez les Helvètes. Je suppose qu'Ocellus a été ainsi appelé parce que, de là, on ne voit pas complètement l'Italie ; de manière que cette ville n'est pas l'œil *(oculus)*, mais le petit œil *(ocellus)* de la péninsule. La très forte citadelle d'Exilles est sur un monticule élevé de toutes parts, arrosé au midi par la Doire ; pour défendre ce pays et le Dauphiné du côté de l'Italie, les dauphins entretiennent une garnison dans cette citadelle [20].

En descendant plus bas on rencontre Chaumont, petite ville remarquable par l'abondance de ses fontaines. Ensuite, au pied de cette vallée et des Alpes, est Suze, par où l'on va à Turin, et qui est située à neuf lieues de Briançon. C'est une des routes pour se rendre de France en Italie. Il y en a une autre, même dans le territoire de Briançon, par Guillestre, Château-Queyras et Ristolas ; puis, à gauche, en s'engageant dans les montagnes, par le col de la Croix ; enfin, dans la plaine, après la descente, par Saluces, en laissant au nord la vallée de Luzerne et Pignérol. Si, à Château-Queyras, on prend la droite, on trouve, en montant, le col de l'Agnel, et, en descendant, Château-Dauphin, assez fort, placé là pour indiquer les limites du Dauphiné.

Quelques Piémontais, partisans de Louis-Jean, marquis de Saluces, ayant, dernièrement, envahi Château-Dauphin, y firent un noble prisonnier et précipitèrent du haut de la citadelle le gouverneur. A ce sujet, par les ordres de François Ier, roi très chrétien, nous fûmes envoyé en ambassade auprès de Charles (III), duc de Savoie et prince de Piémont, afin de savoir s'il était complice de ces crimes, demander que les coupables nous fussent livrés, et en cas de refus, lui déclarer la guerre. Le duc nous dit que le but de notre discours lui paraissait bien aigre (21); du reste, il déclara désapprouver le crime, et, le lendemain, il nous donna une réponse humble et équitable que nous apportâmes à Sa Majesté. L'affaire fut ainsi étouffée. Nous avions pour collègue dans cette ambassade Ennemond Mulet, conseiller au parlement du Dauphiné.

De Guillestre on se rend aussi en Italie par Vars, Saint-Paul, l'Arche, Entremont, où se réunit un autre chemin qui passe par la Bréole.

A dix lieues au midi du Mont-Genèvre, en suivant le sommet des montagnes au-dessus de Château-Queyras, ville du Briançonnais, est le Mont-Viso, situé entre les cols de la Croix et de l'Agnel, en-deçà de Château-Dauphin, et s'élevant en un sommet très escarpé du côté de l'Italie.

Le Pô, suivant Pline (22), prend sa source dans le Mont-Viso, dans une fontaine du même nom (23), s'enfonce dans un canal souterrain, et, reparaissant ensuite dans le territoire des Forovibiens, porte dans la mer Adriatique les eaux de trente rivières des Alpes et des Apennins; parmi ces rivières la Sture, l'Orco (24), les deux Doires et le Sessitès *(la Sesia)* prennent leur source dans les Alpes du Dauphiné. Je ne mentionne pas les autres affluents venant des Alpes ou des Apennins, parce qu'ils ne prennent pas leur source chez nous. Comme autour de la fontaine appelée Viso (25), il croît beaucoup d'arbres résineux appelés *Pades* en Gaulois, Pline, d'après Métrodore de Scepsis, dit que c'est de là que vient le nom de *Padus* (que les Romains donnaient au Pô) (26). Les Grecs et les poètes l'appellent Eridan, et il est célèbre par la chute de

Phaéton. Pline et Polybe ont écrit sur le Pô beaucoup d'autres choses que je passe sous silence ; car, quoiqu'il prenne sa source dans le Dauphiné, cependant il coule dans l'Italie, que nous ne décrivons pas. Au Mont-Viso est le Trou-de-la-Traversette, qui conduit de Château-Queyras à Château-Dauphin et à Saluces, par un chemin plus court que celui qui passe par les cols de la Croix et de l'Agnel ([27]).

Dans le territoire de Briançon et d'Embrun, il arrive, parfois, aux mois de mai, juin, juillet et août, qu'il tombe, à l'aurore, de la manne qui s'attache aux branches des arbres et les entoure en tombant. Cette espèce de nourriture est récoltée avant le lever du soleil, parce que la chaleur du soleil la fait fondre. Elle est blanche et douce comme du sucre ([28]).

Entre le Mont-Genèvre et la Maurienne les montagnards chauffent leurs fours, pour cuire le pain, avec de la fiente de vache.

L'ancienne route de Milan à Vienne des Allobroges passait par les Alpes Cottiennes, et l'*Itinéraire* d'Antonin nous en indique les stations. Ce sont, depuis Turin : Suze, Oulx, Briançon, Rama, Embrun, Chorges, Gap, Mont-Séleucus([29]), Luc, Die, Aouste, Valence, Roussillon, enfin Vienne. Au-dessus de Serres, existe aujourd'hui la Bastie-Mont-Saléon. Selon l'*Itinéraire*, Oulx est à seize milles de Suze, à dix-neuf de Briançon ; Rama est à dix-huit de Briançon, à dix-sept d'Embrun ; Chorges, à seize d'Embrun ; Gap, à douze de Chorges ; Mont-Séleucus, à vingt-trois ; Luc, à vingt-six de cette ville ; Die, à douze de Luc ; Aouste à vingt-trois de Die ; Valence, à vingt-deux d'Aouste ; Roussillon, à la même distance de Valence ; enfin, à vingt-six milles, on rencontre Vienne des Allobroges. Cette route est encore suivie de notre temps, quoiqu'il en existe une nouvelle, depuis les Alpes Cottiennes jusqu'à Vienne, par le Mont-Cenis et Grenoble. Elle est plus courte ; mais, à l'époque d'Antonin, elle était inconnue et n'était même pas praticable ([30]).

NOTES DU CHAPITRE XXI.

(1) Raphaël Maffei, surnommé *Volterran* ou *Volaterranus*, de la ville de Volterre, en Toscane, où il était né, en 1452, auteur d'une volumineuse compilation en trente-huit livres, intitulée : *Commentarii Urbani*, publiée pour la première fois en 1506, in-f°, et réimprimée à Paris en 1526, quatre ans après la mort de son auteur. [*N. du T.*]

(2) Ici encore Aymar fait dire à l'auteur qu'il cite plus et autre chose qu'il ne dit. Voici le texte de Pline : *Sunt præterea Latio donati incolæ, ut Octodurenses, et finitimi Centrones, Collianæ civitates, Caturiges et ex Caturigibus orti*... (III, 24. 5). [*N. du T.*]

(3) Sans être Dauphinois, Pasquier a plus de patriotisme dauphinois qu'Aymar du Rivail. Il paraît ignorer tout-à-fait cette étymologie peu flatteuse pour les Briançonnais. Suivant lui, le mot *brigands* vient de *brigade*, c'est-à-dire troupe armée; on le trouve avec ce sens dans une ordonnance de Charles V. Mais, comme sous Charles VI, pendant les guerres civiles entre les Armagnacs et les Bourguignons, les soldats ou *brigands* commirent beaucoup de méfaits, ce nom, d'abord très honorable, désigna désormais des voleurs et des assassins. — *Recherches de la France*, l. VIII, ch. 43, tom. 1ᵉʳ, pag. 836. [*N. du T.*]

(4) Sat. XIV, v. 196. [*N. du T.*]

(5) Brégentz, sur le lac de Constance.

(6) Briançonnet en Tarantaise.

(7) La *Valkouise*, auparavant la *Valpute*. Le changement de nom est antérieur à Louis XII. M. Fauché-Prunelle (*Bulletin de l'Aca-*

démie delphinale, 1, pag. 452) cite une lettre de Louis XI, en date du 18 mai 1478, rapportée par Perrin dans son *Histoire des Vaudois*, et dans laquelle cette vallée est déjà appelée *Val-Loyse*. D'ailleurs, ni Louis XII, ni aucune armée n'a pu traverser la Vallouise. Cette vallée est formée de trois vallons : celui du Gy, celui de la Ronde, enfin la vallée de la Gyronde, nom donné à la rivière formée de la réunion de ces deux torrents à Vallouise. Or, le Gy prend sa source dans les glaciers les plus élevés du Pelvoux, à une hauteur et dans des positions où jamais armée n'a pu passer (4500 mètres). Les cols mêmes qui font communiquer cette vallée avec les vallées voisines ne sont praticables que pour les piétons. [*N. du T.*]

(8) J'ignore si cette appellation était connue au XVIe siècle. Elle est assurément ignorée aujourd'hui. Les habitants, comme les géographes, appellent cette montagne le *Mont-Genèvre*. [*N. du T.*]

(9) *Le Val d'Aoste*, qui sera décrit un peu plus loin. [*N. du T.*]

(10) Il y a ici (*Géographie* de Strabon, IV, 6. 5) une très singulière erreur qu'Aymar aurait dû relever, d'autant plus, et il le prouve plus bas, qu'il connaissait la vraie source du Pô, et qu'il relève justement, dans ce même chapitre, la confusion, beaucoup moins grave, que Strabon a faite des deux Doires. Le Pô ne prend sa source ni auprès de la Durance, ni auprès de la Doire, ni dans aucune partie du Mont-Genèvre. La source du Pô est au Mont-Viso, montagne bien autrement élevée que le Mont-Genèvre, et plus au midi. Il y a, de l'un des cols à l'autre, environ dix lieues à vol d'oiseau. [*N. du T.*]

(11) Voilà une de ces erreurs consacrées que tout le monde répète. Sur le col du Mont-Genèvre, à 2000 mètres environ au-dessus du niveau de la mer, en face du village qui porte le même nom, dans la direction du midi, s'ouvre un vallon d'environ une lieue de longueur et qui se nomme le *Val-Gondrand*. Là se trouvent deux sources et deux maigres ruisseaux, qui, à l'extrémité nord de ce vallon, coulent sur les deux flancs de la montagne, l'un à l'orient vers l'Italie, l'autre à l'occident vers la France. Tout le monde dit, au Mont-Genèvre, à Briançon, à Cézane, comme on lit dans tous les livres, que le premier de ces ruisseaux est la Doire et le second la

Durance. De là même ces vers, très connus, que la Doire adresse à la Durance :

> Adieu donc, ma sœur la Durance ;
> Nous nous séparons sur ce mont,
> Tu vas ravager la Provence,
> Et moi féconder le Piémont.

Mais n'en déplaise à l'homme d'esprit qui a écrit ces vers, aux préjugés locaux et aux géographes, il faut dire que c'est là une de ces opinions qui n'ont aucune valeur quand on les examine de près. Déjà le marquis de Pezay, dans son petit livre sur *Les passages des Alpes* (pag. 15), Ladoucette et plusieurs autres savants, ont fait remarquer que le maigre ruisseau qui vient du Mont-Genèvre usurpe le nom de Durance, qui devrait être réservé au ruisseau, bien autrement considérable, qui vient de Nevache. Leurs raisons n'ont pu prévaloir contre le préjugé. Au risque de n'être pas plus heureux, je vais reprendre la question, que j'ai étudiée sur les lieux mêmes, et l'excellente carte du général Bourcet à la main. — Je commence par faire remarquer que, au mois de juillet, la Durance était considérable non-seulement au pont de Servières, où elle a reçu la rivière de Servières sur la rive gauche, et la Guisane sur la rive droite, mais à Briançon, et même en remontant, depuis Briançon jusqu'à la Vachette, où commence l'ascension vers le col du Mont-Genèvre. A la Vachette, on ne peut s'empêcher d'être frappé d'un fait bizarre : on laisse au nord un ruisseau considérable, même une rivière, que l'on voit arroser une fertile vallée ; tout le monde vous dit que cette rivière s'appelle la Clarée ; et l'on suit, en montant, un ruisseau qui descend de l'est, ruisseau très modeste, qui a cependant un certain volume jusqu'à la fontaine monumentale élevée par M. Ladoucette en l'honneur du ministre de l'intérieur Crétet, mais qui, au-dessus de cette fontaine, n'a qu'un lit que l'on traverse d'une enjambée, rempli de cailloux, et dans lequel, au mois de juillet, on pouvait se promener en se mouillant à peine la plante des pieds : tout le monde vous dit que c'est la Durance ! Évidemment ce maigre ruisseau est un usurpateur : il reçoit un honneur et un nom qui ne lui appartiennent pas ! La véritable Durance est la rivière désignée sous le nom modeste de la Clarée, et qui, à tort, en arrivant à la Vachette, est absorbée par les géographes dans le ruisseau du

Mont-Genèvre, tandis que, en réalité, elle s'aperçoit à peine de recevoir le tribut de ce ruisseau. Au moment où le ruisseau, qui descend du Mont-Genèvre et qu'on honore du nom de Durance, se jette dans la Clarée, entre les villages des Alberts et de la Vachette, il n'a qu'un cours de cinq à six kilomètres ; la Clarée, au moment où elle reçoit ce ruisseau, a déjà près de vingt-cinq kilomètres de cours. Mais elle a un très grand tort, et c'est le seul : elle sort d'une montagne sans célébrité. En effet, la Clarée prend sa source dans la montagne de Val-Étroite, qui, et cela devrait la rendre un peu plus célèbre qu'elle ne l'est, se trouve à la fois sur les frontières de France, de Savoie et de Piémont. Dans cette montagne on trouve trois sources pour la Clarée : à l'est, au col de la Muande ; à l'ouest, au col de Rochille, où elle est alimentée par de petits lacs; au nord, au col de Rochachille. Ces trois sources ne fournissent, du reste, que trois petits ruisseaux, et la Clarée, formée par eux, est peu de chose jusqu'à Nevache, où, à dix kilomètres environ de son point de départ, elle reçoit plusieurs autres ruisseaux. Elle arrose ensuite la charmante vallée du Val-des-Prés jusqu'à la Vachette, où elle reçoit le mince filet d'eau qui vient du Mont-Genèvre et que l'on décore pompeusement du nom de Durance, nom qui, comme le prouvent ces détails, devrait évidemment être réservé à la Clarée. — Il en est de la Doire comme de la Durance. Le ruisseau qui porte ce nom est peu de chose depuis le Val-Gondrand, dans le Mont-Genèvre, jusqu'au-dessous du village de Clavière, qui fait aujourd'hui partie des États-Sardes. Là, il reçoit d'autres ruisseaux, qui le grossissent beaucoup, et va se réunir, au-dessous de Cézane, à une rivière bien plus considérable, qui est la vraie Doire. Celle-ci prend sa source au sud-est, au col de Mayt, arrose, dans une longueur de vingt kilomètres jusqu'à ce point, la vallée de Cézane. Réunies près de cette ville, les deux rivières qui constituent la Doire (*Doria Riparia*), arrosent la vallée d'Oulx, où elles reçoivent le ruisseau qui vient de la vallée de Bardonenche, puis les vallées de Salabertrand et d'Exilles jusqu'à Suze, laissant à droite les vallées de Fenestrelle et de Pignerol, avec lesquelles elles communiquent par le col de l'Aigle. — Ces usurpations ne sont pas, du reste, particulières à la Doire et à la Durance. Dans le mont de la Fourche (le mont *Furca*), où le Rhône prend sa source, les habitants, comme nous le lisons dans de Saussure (*Voyages dans les Alpes*, III, pag. 482), désignent, avec dédain, sous le nom d'*eaux de neige* ou *eaux du glacier*, les deux torrents qui constituent en réalité la source du Rhône, et réservent ce nom à une fontaine modeste qui sort de terre, beaucoup plus bas, au milieu d'une petite prairie. Ils l'appellent Rôtbe (la rouge), d'où est peut être venu le nom de Rhône, à cause d'un sédiment rougeâtre qu'elle dépose. Du moins cette usurpation a-t-elle un motif : cette source est pure et limpide ; en outre, elle est relativement chaude et conserve, toute l'année, à peu près la même température. Mais il n'y a aucun motif semblable pour justifier ou excuser l'usurpation des noms de Doire et de Durance, pris par les deux filets d'eau qui proviennent du Mont-Genèvre. C'est commettre une erreur inexcusable que de refuser à la Clarée et à la rivière de Cézane l'honneur qui leur appartient légitimement et que je m'efforce de leur faire rendre malgré les préjugés. [*N. du T.*]

(12) Aymar veut sans doute parler ici de ces roches, très recherchées des minéralogistes et connues sous le nom de *Variolites de la Durance*, roches feldspathiques, verdâtres, avec des nœuds violets ou blanchâtres empâtés, désignées sous le nom de *Cornéennes* par divers auteurs, sous celui de *Spilites* par M. Brongniart. [*N. du T.*]

(13) Nous ne savons de quelle partie de la Durance Aymar a entendu parler ici. Mais les personnes qui connaissent ce redoutable torrent ne croient pas que, au-dessous de Briançon, il soit possible de le traverser à gué dans aucune saison de l'année. [*N. du T.*]

(14) Il n'y a pas de rivière de ce nom. Aymar veut parler de la Clarée, qui est la véritable Durance, comme nous le démontrons dans une note ci-dessus, et qui passe à Nevache. [*N. du T.*]

(15) *Doria Riparia*, ou *petite Doire*. [*N. du T.*]

(16) *Doria Baltea* ou *grande Doire*. [*N. du T.*]

(17) Aymar tranche ici une question controversée, ainsi que je l'ai dit dans une note du précédent chapitre. Il est cependant très probable qu'il a raison. [*N. du T.*]

(18) *Vas vinarium quingentorum sextariorum*, dit le texte (pag. 150). — Que veut dire *vas vinarium* ? Est-ce une bouteille ou une amphore ? Cela paraît bien difficile ; le *sextarius* ou *setier*

vaut 0,54 litres, par conséquent ce serait une contenance de 270 litres. Est-ce un tonneau ? un tonneau de 270 litres n'a rien de merveilleux. Qu'a voulu dire Aymar du Rivail ? Nous avons traduit mot à mot, laissant l'interprétation à de plus habiles. [*N. du T.*]

(19) Il est infiniment plus probable qu'*Ocellum* (et non *Ocellus*) correspond à Oulx. [*N. du T.*]

(20) J'ai exposé précédemment (chap. Ier, note 10, pag. 6 et 7) comment, par suite du traité d'Utrecht, en 1713, tout le versant oriental du Mont-Genèvre, par conséquent les pays dont parle ici Aymar du Rivail, ont été abandonnés par la France au roi de Sardaigne. Les frontières se trouvent aujourd'hui au sommet même du col du Mont-Genèvre. Toutefois, *ces vallées cédées*, comme on les désigne encore aujourd'hui, c'est-à-dire celles de Cézane, Oulx, Salabertrand, Exilles, Chaumont, Bardonenche, Pignerol, Fenestrelle, Château-Dauphin, Pragelas, Val-Cluzon, Suze, ne sont piémontaises que de nom. Elles sont restées françaises par les mœurs et la langue. Les traités politiques et la géographie physique, cette fois d'accord, ont été vaincus par les habitudes qu'une longue incorporation au Dauphiné et à la France avait fait contracter. [*N. du T.*]

(21) Je traduis littéralement : *nostræ orationis finem dux esse acclosum dixit* (pag. 152). — Évidemment il s'agit de qualifier l'ensemble, le caractère, le but même du discours, et voilà pourquoi Aymar emploie le masculin ; s'il avait voulu indiquer seulement la fin de son discours, la péroraison, il aurait très probablement écrit : *acclosam*. [*N. du T.*].

(22) III, 20. 3. [*N. du T.*]

(23) C'est bien ainsi qu'Aymar entend les mots *Visendo fonte* de Pline, et ce sens est très raisonnable ; mais on peut aussi adopter la leçon *visendo fonte*, et traduire, comme M. Littré : *La source est digne d'être visitée*. Nous avons dû suivre le sens adopté par notre auteur. [*N. du T.*]

(24) Quelle est la rivière à laquelle Pline et Aymar donnent le nom d'*Orgum* ? S'agirait-il de l'Oglio, affluent de gauche du Pô, entre l'Adda et le Mincio ? Mais il est fort éloigné des Alpes de France et de Savoie. Il est infiniment plus probable qu'il s'agit ici de la petite rivière de l'Orco, qui prend sa source sur le flanc oriental du Mont-

Iseran, près de celle de l'Isère, mais dans une direction contraire, et qui, après un cours de peu d'étendue, se jette dans le Pô, sur la rive gauche, un peu au-dessous de Chivasso, au nord-est de Turin, presque à égale distance du confluent de chacune des deux Doires. [*N. du T.*]

(25) *Circa fontem Visendum.* [*N. du T.*]

(26) On ne connaît que le cymrique *ffawndd*, nom pluriel, sans singulier, qui signifie des *Pins*. — *Voy.* Dieffenbach, Celtica, I, pag. 169. [*N. de M. Littré.*]

(27) Nous renvoyons, pour le Trou-de-la-Traversette et la description des cols de l'Agnel et de la Croix, à l'un des appendices placés à la fin de ce volume. Nous traitons ces questions à propos des systèmes sur le passage des Alpes par Annibal. [*N. du T.*]

(28) La manne de Briançon paraît être un suc résineux qui se forme par transsudation, pendant la nuit, sur les feuilles des mélèzes, et qu'on ne peut récolter que les jours de grande sécheresse, car il ne s'en forme ni pendant l'automne, l'hiver et le printemps, ni lors des grandes pluies, même pendant l'été. L'abbé Albert (*Histoire du Diocèse d'Embrun*, I, pag. 21) en parle comme d'une des sept merveilles du Dauphiné; il assure qu'elle ne se forme que pendant le mois d'août et sur celles des branches des mélèzes les plus exposées au soleil; que ces branches meurent quelque temps après; que, lorsque la chaleur et la sécheresse sont très fortes, les feuilles des mélèzes en paraissent toutes couvertes, et qu'à les voir on dirait qu'elles ont été trempées dans de la cassonade, dont la manne a, en effet, la couleur et le goût. Jusqu'ici le bon curé, sauf quelques exagérations, paraît avoir raison; mais on ne peut guère le croire lorsqu'il ajoute que, de l'aveu des médecins les plus célèbres, cette manne ne le cède qu'à celle d'Orient et de Calabre, et qu'on l'exporte dans toutes les parties de l'Europe. En réalité, il se forme sur les mélèzes du Briançonnais, pendant quelques-unes des nuits des mois les plus chauds de l'année, un suc résineux, doux, agréable au goût, légèment purgatif. M. Ladoucette (*Histoire du département des Hautes-Alpes*, 2e édition, pag. 17), M. Loiseleur-Deslongchamps, (article *Mélèze* du *Dictionnaire des sciences naturelles*, XXIX, pag. 515), le disent également, et cela m'a été confirmé par des hommes instruits du pays, parmi lesquels je me permettrai de citer M. le doc-

teur Chabran, médecin distingué de Briançon, mais né dans le Queyras, où les forêts de mélèzes sont nombreuses, et où, dans sa jeunesse, il a recueilli bien des fois ce produit spontané des mélèzes. M. Loiseleur-Deslongchamps ajoute que cette manne est seulement employée par les gens de la campagne. Déjà le célèbre botaniste dauphinois, Villars, avait émis le doute qu'on pût en récolter beaucoup, et M. Chabran m'a affirmé qu'on n'en tirait exactement aucun parti. Je me suis assuré, en effet, qu'on n'en trouve chez aucun pharmacien, soit de Grenoble, soit de Briançon. La manne qu'on vend dans les officines de ces villes provient, comme toute celle qu'on vend ailleurs, de ce frêne de Calabre que Linnée a désigné sous le nom de *fraxinus rotundifolia*, dont il existe, au Jardin-des-Plantes de Grenoble, un sujet encore jeune, et dont les feuilles sont étroites, le bois blanc et noueux. On l'y récolte soit par des incisions sur les branches, ce que l'on appelle *manna di forzatella*, soit en la recueillant sur les feuilles, ce que l'on appelle *manna di fronde*, soit, enfin, en incisant le corps même de l'arbre, ce qui forme la *manna di corpo* (*Voir* le *Dictionnaire d'histoire naturelle de 1818*, article *Manne*, tom. XIX). Ainsi deux choses sont constatées : il se forme, dans certaines nuits de l'année, sur les mélèzes, un suc résineux désigné sous le nom de manne ; cette manne n'est d'aucun usage. Le second point ne peut être contesté, quoi qu'en dise l'abbé Albert ; le premier paraît tout aussi prouvé par les autorités que j'ai citées. Toutefois il peut sembler étrange que Pline, qui a parfaitement distingué le mélèze (*larix europea*) du pin, du sapin, du picéa, etc., etc, ne parle pas (XVI, 19. 1) de ce fait curieux, lui qui s'occupe surtout des bizarreries, vraies ou supposées, de la nature ; que ce silence se remarque également chez Tournefort, qui (nouvelle édition, tom. III, pag. 510, et planches, V, n° 557) a maintenu la distinction de Pline ; chez Linnée, qui a confondu les genres ; chez Jussieu, qui les a, avec raison, rétablis. Qu'en conclure ? C'est que, en Italie, les mélèzes, du reste peu nombreux, ne se trouvent pas exposés à ces variations si considérables de température qu'ils éprouvent, pendant l'été, sur les hautes montagnes du Briançonnais ; que les forêts de mélèzes n'existent, en France, que dans cette partie du Dauphiné et que le phénomène n'a pu s'observer que là ; enfin qu'il doit se reproduire dans les contrées placées dans des conditions analogues. C'est, en effet, ce qui a lieu. Nous lisons dans de Saussure (*Voyages dans les Alpes*, tom. II, pag. 156) que, dans la vallée de Chamouni, le miel est blanc comme celui de Narbonne, brillant comme du sucre, parfumé et sans le goût de drogues des miels méridionaux. Le savant naturaliste ajoute que ces qualités sont restreintes au miel de Chamouni et que, dans les villages tout voisins, on ne trouve que du miel commun. A quoi attribuer ce fait? « Ce n'est pas au genépi (*Achillæa genepi* des Suisses, *Alchemilla rupestris* des Savoisiens), dit l'illustre Genevois ; car il n'est pas trop commun à Chamouni, et il croît d'ailleurs également sur les montagnes voisines. L'opinion la plus probable attribue aux mélèzes cette bonne qualité. Effectivement, les feuilles de cet arbre, très commun dans la vallée de Chamouni, *transsudent, en certains temps de l'année, une espèce de manne que les abeilles recueillent avec beaucoup d'empressement.* » De Saussure ajoute, avec raison, qu'il resterait à s'informer si, partout où les mélèzes abondent, le miel a les mêmes qualités. Je crois que les recherches que de Saussure a provoquées ne seraient pas favorables à l'explication qui lui a été donnée par les habitants de Chamouni et qu'il a transcrite, sans, du reste, l'adopter. En premier lieu, les abeilles ne vont pas butiner avant le lever du soleil, et il paraît bien constaté que les rayons du soleil fondent le suc désigné sous le nom de manne, et qui s'est formé pendant la nuit sur les feuilles des mélèzes. En second lieu, ainsi que me l'a affirmé M. le docteur Chabran, il se passe parfois des années sans que la manne se forme sur les mélèzes, et cependant le miel excellent de Briançon a, tous les ans, les mêmes qualités. Ajoutons que le meilleur miel qu'on récolte dans les Hautes-Alpes est celui de Villard-d'Arène et surtout de la Grave, où il n'existe que des mélèzes peu nombreux, encore jeunes, situés au pied des glaciers ; que ce miel est d'une qualité bien supérieure, sans être toutefois aussi blanc, à celui de Briançon, où les mélèzes abondent. Il y a plus ; c'est que les habitants de Villard-d'Arène et de la Grave attribuent les qualités supérieures de leur miel à ce que les abeilles ne font pas leurs récoltes sur les mélèzes, mais bien sur les saules, et cette opinion, qu'ils m'ont exposée, est soutenue par Ladoucette (*Histoire des Hautes-Alpes,* pag. 17); de sorte que ce qui, pour de Saussure, est une cause de bonté, devient pour Ladoucette et les montagnards des Hautes-Alpes une cause d'infériorité. Il y a, du reste, bien des siècles qu'on a observé ce suc miellé qui se forme, pendant l'été, sur les feuilles de l'érable, du tilleul, du platane, du rosier, dont les abeilles sont très friandes, et qu'on a, précisément à cause de cela, désigné sous le nom de miellat (*Voir* cet article par M. Duméril, *Dictionnaire d'histoire naturelle*, XXXI, pag. 49). Aristote (*Hist. anim.*, v. 22) et Théophraste (*Hist. plant.*, III, 9) en ont déjà parlé. Mais il se forme partout. Les qualités excellentes du miel de Villard-d'Arène et de la Grave ne tiennent pas spécialement à ce suc, qu'on trouve partout; elles dépendent encore moins de la manne des mélèzes. Elles proviennent très probablement des étamines de ces fleurs rares et parfumées qui embaument, en juin, juillet et août, les magnifiques prairies du Lautaret, qui en sont voisines. C'est ce que M. Delacroix (pag. 555) a remarqué pour ce beau miel de Revest, qui provient de plusieurs communes situées au pied des prairies parfumées du Mont-Ventoux. Il doit en être de même du miel de Chamouni; il existe, sans doute, dans cette pittoresque vallée, quelques belles prairies non moins dignes que celles du Lautaret d'attirer l'attention des botanistes, et non moins recherchées par les abeilles, qui, au Lautaret, et nous ne l'avons que trop éprouvé, gênent singulièrement les amateurs d'herborisation. [*N. du T.*]

(29) *Mons-Seleucus* correspond à la petite ville actuelle de la Bastie-Mont-Saléon. En 1805, M. de Ladoucette, préfet du département des Hautes-Alpes, consacra, avec un zèle et un désintéressement trop rares, 10,000 fr. de son argent à faire des fouilles dans cette localité. Il y découvrit un vaste édifice, qui était peut-être la *curie* de la ville romaine, beaucoup de ruines diverses et variées, des inscriptions et des sculptures de marbre et de bronze, déposés par lui au musée de Gap. On peut en voir la description, ainsi que l'historique de ces fouilles, dans : Millin, *Voyage en France*, tom. IV, pag. 173 et 186; — Ladoucette, Rapport fait à l'Institut, inséré dans le *Magasin encyclopédique*, 1805, tom. II, pag. 18; — *Archéologie de Mons-Seleucus*, Gap, 1806, in-4º (par M. Héricart de Thury, qui avait présidé à ces fouilles). — M. de Ladoucette fit poursuivre ces fouilles jusqu'en 1809, et on a continué, depuis lors, de retrouver en ce lieu beaucoup d'objets antiques (*Voir* aussi La-

doucette, *Histoire des Hautes-Alpes*, 2ᵉ édition, pag. 412 et 641.)
— *Mons-Seleucus* paraît avoir été une station importante à l'époque romaine. Elle est citée dans l'*Itinéraire* d'Antonin, sur la route de Milan à Vienne, par les Alpes Cottiennes, entre Gap et Luc (édition Wesseling, pag. 357), et dans l'*Itinéraire de Bordeaux à Jérusalem* (*ib.*, pag. 355). C'est près de cette ville, au témoignage de Sozomène, que Constance battit l'usurpateur Magnence. [*N. du T.*]

(30) Voici le relevé exact de cette route, telle que la donne l'*Itinéraire* d'Antonin (édition Wesseling, pag. 357), avec les noms modernes d'après Wesseling lui-même et M. Walckenaër (tom. III, pag. 23 et 42). — Les chiffres romains indiquent les milles :

Taurini. Turin... *Ad fines.* Avigliana.	(Walck.)	*Taurini ad fines.*	Turin (Wess.) XVI
Segusione............		Suze............	XXIV
Ad Martis...........		Oulx............	XVI
Brigantione..........		Briançon.........	XIX
Rama...............		Casse-Rom (Walck.)..	XVIII
Ebrodunum..........		Embrun..........	XVII
Caturigas............		Chorges..........	XVI
Vapincum...........		Gap.............	XII
Mons-Seleucus.......		La Bastie-Mont-Saléon.	XXIV
Lucus...............		Luc.............	XXVI
Dea Vocontiorum.....		Die.............	XII
Augusta.............		Aouste-en-Diois.....	XXIII
Valentia............		Valence..........	XXII
Ursolis — Roussillon (Wess.).		Creure-Rossolin? (Walck.)	XXII
Vienna..............		Vienne...........	XXVI

Ici Aymar est exact, et il s'accorde, pour l'interprétation comme pour les distances, avec les savants modernes. — Toutefois, je ne puis laisser passer sans observation la fin de ce chapitre. Sans doute nous ne trouvons pas dans les Itinéraires de route par le Mont-Cenis; toutes celles qui conduisent en Gaule vont par le Grand-Saint-Bernard (Alpes Pennines), le Petit-Saint-Bernard (Alpes Grecques), le Mont-Genèvre (Alpes Cottiennes). Il n'est pas question de la vallée de l'Arc; c'est qu'elle avait cessé d'être une de ces grandes voies militaires qui, seules, sont décrites par les Itinéraires, tous composés, nous l'avons vu, à la fin du IV° siècle. Il serait tout-à-fait faux d'en conclure que cette route n'existait pas encore ; il faut dire, au contraire, qu'elle avait cessé d'être un des grands chemins de l'empire. {*N. du T.*]

CHAPITRE XXII.

Les Garucelles et la Maurienne.

Au témoignage de Marliani, dans son *Index aux Commentaires de César*, les Garucelles étaient situés non loin de l'Isère et habitaient cette partie des Alpes que l'on appelle Grecques, et dans lesquelles est le Mont-Cenis. Leur domination s'étendait entre l'Isère, l'extrémité du Drac, les collines en deçà du Drac supérieur, le Lautaret, les sommets des Alpes et les montagnes situées au-delà de la rivière de l'Arc et de la ville de Saint-Jean. Unis aux Caturiges et aux Centrons, les Garucelles combattirent contre l'armée que César conduisait d'Italie contre les Helvètes. Aujourd'hui encore, près de l'Isère, dans la vallée du Graisivaudan, existe la ville de Goncelin, dont le nom est corrompu de celui de Garoncelle, si je ne me trompe, et qui, avant la fondation de Cularo ou Grenoble et de Saint-Jean-de-Maurienne, était la capitale de toutes ces contrées ; et c'est du nom de cette ville, la plus célèbre de tout ce pays, que les habitants et les peuples soumis à sa domination reçurent le nom de Garucelles. Ce pays fut ensuite divisé en Graisivaudan, Oisans et Maurienne ([1]). Le Graisivaudan comprend la partie inférieure qui touche à l'Isère vers l'ouest, et celle qui s'étend depuis le confluent du Drac et de l'Isère jusqu'à Montmeillan, sur la rive gauche. Sur la rive droite, depuis les gorges de Voreppe jusqu'à la même ville de Montmeillan, est une autre partie du Graisivaudan, qui, autrefois, appartenait aux Allobroges. Dans les temps modernes, on a enlevé aux Voconces, pour l'attribuer au Graisivaudan, le pays qui s'étend depuis le pas de l'Échaillon jusqu'au confluent du Drac et de l'Isère, ainsi que le Trièves. Ces trois parties ont donc perdu leur ancien nom et sont aujourd'hui appelées Graisivaudan; la partie méridionale des Garucelles appartient aujourd'hui à l'Oisans. Depuis l'époque des dauphins, la vallée du Graisivaudan et l'Oisans ont pour capitale Grenoble, et Goncelin a perdu son ancienne autorité dans ces contrées. Cependant, elle conserve encore, de nos jours, quelques restes de son ancienne prospérité. Il se tient, chaque semaine, à Goncelin, un marché où les montagnards et les populations voisines se rendent pour acheter et vendre des marchandises et les objets nécessaires à la vie ; on y tue aussi un grand nombre de bœufs et d'autres animaux pour la consommation ; enfin elle sert d'entrepôt pour le sel qu'on transporte par l'Isère ([2]). Goncelin est à cinq lieues de Grenoble ([3]).

Puisque nous avons parlé du Graisivaudan dans notre article sur Grenoble, occupons-nous maintenant de l'Oisans. Ce pays est situé depuis le col du Lautaret, en suivant la pente des eaux, jusqu'au pont des Portes ou au défilé de Séchilienne. Au nord, il a pour bornes les ruisseaux de Bramant, Bruent et Claret; de l'autre côté est le col d'Ornon.

Il y a dans l'Oisans vingt-deux villages que les chrétiens

appellent paroisses. Au Lautaret deux rivières prennent leur source ; l'une, qui coule vers l'est, s'appelle la Guisane et va se jeter dans la Durance au-dessous de Briançon ; l'autre, nommée la Romanche, coule vers l'ouest par l'étroite vallée de l'Oisans que resserrent de toutes parts des montagnes, reçoit, au-dessus du Bourg-d'Oisans, une autre rivière presqu'aussi considérable qu'elle (4), et, augmentée de plusieurs autres ruisseaux qui descendent des montagnes de droite et de gauche, va se jeter dans le Drac, auprès de Champ, après avoir traversé les défilés de Vizille. Sur les bords de la Romanche est une route qui conduit de Grenoble à Briançon et en Italie, en traversant le Bourg-d'Oisans, Mont-de-Lans, la Grave et Villard-d'Arène (5). Dans la partie supérieure de l'Oisans, les montagnards, par suite du manque de bois, cuisent du pain seulement deux fois par an ; ce pain se conserve une année entière sans se gâter, et nous en avons souvent mangé en traversant ce pays pour nous rendre en Italie (6).

Au-delà des ruisseaux de Bramant, Bruent et Claret, jusqu'aux montagnes situées au-dessus de la rivière de l'Arc et de Saint-Jean ; d'un autre côté, depuis la vallée du Graisivaudan et ses monticules jusqu'aux points les plus élevés des Alpes, se trouve la Maurienne, qui appartient au duc de Savoie. Son nom de Maurienne *(Morienna)* lui vient de son caractère. En effet, comme par la loi Hortensia et d'autres, il n'était pas permis de frapper de mort un citoyen romain sans l'autorisation du sénat et du peuple (7), le sénat, au témoignage de Raymond Marliani, qui s'appuie sur Ovide *(de Ponto)*, reléguait à Vienne ceux des coupables qu'il désirait encore voir vivre joyeusement, mais envoyait les autres dans la Maurienne, où règnent des neiges et des ténèbres éternelles, pour y mourir plus tôt; c'est cette triste idée qu'emporte avec elle la Maurienne ; car *Morienna* vient de *mori*. C'est ainsi que, suivant Gaguin (⁸), les habitants désignent encore sous le nom de *Mortaria* le lieu de la sanglante bataille livrée par Charlemagne en Italie contre Didier, roi des Lombards. Au contraire, suivant le même Marliani, Viterbe fut ainsi appelée du mot *vita*, parce que cette ville servait de retraite aux soldats vétérans, invalides, qui avaient bien mérité de la patrie et reçu honorablement leur retraite; ils allaient s'y reposer et y vivre au milieu des bains nécessaires à la guérison de leurs blessures, à peu de distance de Rome et à proximité, par conséquent, de recevoir les conseils dont ils pouvaient avoir besoin. Selon le médecin Panthaléon (⁹), en-deçà du Mont-Cenis sont la vallée et le pays de la Maurienne, dont la longueur est de deux journées de marche ; à droite et à gauche cette vallée est fermée par des montagnes ; les unes stériles, les autres fertiles en grains, vins, bestiaux et troupeaux (¹⁰). On y fabrique aussi de bons fromages, petits et minces. Du Mont-Cenis descend la rivière de l'Arc, qui, augmentée de plusieurs ruisseaux, va, à travers la Maurienne et avec un cours très rapide, se jeter dans l'Isère entre Montmeillan et le château de Miolans. Dans cette vallée de la Maurienne, près de l'Arc, est la ville capitale de tout le pays; les habitants l'appellent Saint-Jean-de-Maurienne, parce que l'église cathédrale est dédiée à saint Jean-Baptiste, à cause de l'index de ce saint qui montre l'agneau de Dieu qu'on y a représenté (¹¹). Le roi Gontran d'abord, puis les comtes de Savoie ont accordé à l'évêché de Maurienne beaucoup de pouvoir et de richesses. Comme cette ville est la capitale de la Maurienne, on l'appelle quelquefois simplement Maurienne;

elle est située à la tête d'une profonde vallée dont Grenoble occupe le pied.

On se rend par la Maurienne à Suze et à Turin en traversant le Mont-Cenis, à la descente duquel on rencontre Planérie, la Ferriére et la Novalèze. Cette route était inconnue du temps des Romains (12). La descente en est assez facile pendant l'été ; mais on n'y passe, pendant l'hiver, qu'avec beaucoup de dangers, à cause des neiges qui, au moindre vent, au moindre bruit, même au son de la voix humaine, se précipitent, s'accumulent comme des montagnes, et roulent en entraînant tout ce qu'elles rencontrent, bêtes ou hommes. Les mêmes accidents arrivent, quoique plus rarement, à la descente du Mont-Genèvre, et, en y passant un jour, nous n'osions pas tousser de crainte d'ébranler les neiges (13).

Dans la Maurienne est le vicomté de la Chambre, possédé par une ancienne et illustre famille qui en prend le nom. On y trouve aussi le vicomté d'Arc, dont le château ne pourrait être pris de vive force et sans trahison. Dans la montagne de Cello (14) en Maurienne, on voit plusieurs lacs dont trois donnent naissance au Bréda, qui se réunit à l'Isère au-dessous d'Avallon. Le Bréda est très-utile, sur beaucoup de points, pour la fonte et la trempe du fer. Des autres lacs sortent des ruisseaux qui se jettent dans la Romanche, vers l'Oisans. Entre Saint-Jean-de-Maurienne et Chambéry, il y a seize lieues (15); entre la même ville et Moutiers en Tarantaise, il y en a dix, par la route la plus longue, mais la meilleure, qui traverse la vallée de Miolans à Conflans ; en ligne droite, en traversant les montagnes, il n'y en a que cinq. Saint-Jean-de-Maurienne est à quatorze lieues de Briançon.

NOTES DU CHAPITRE XXII.

(1) Dans les notes du premier chapitre de cet ouvrage, je me suis contenté de donner purement et simplement la correspondance établie par Aymar entre les noms des peuples anciens cités par lui et le nom actuel des pays que, suivant lui, ils occupaient. J'ai, alors, laissé de côté toute discussion, me réservant de traiter plus complètement et de reprendre *a priori* toutes ces questions, à mesure qu'elles se présenteraient. C'est ce que j'ai fait déjà pour les Cavares, les Tricastins, les Médulles, les Sigoriens ; c'est ce que je vais encore essayer ici pour les Garucelles. Suivant Aymar, les Garucelles occupaient l'Oisans, le Graisivaudan (ou du moins la partie méridionale de cette vallée dont l'autre partie était occupée par les Allobroges), enfin la Maurienne, et ils avaient pour capitale Goncelin, dont l'ancien nom aurait été *Garoncellum* (corrompu sans doute lui-même de *Garucellum*). Je n'ai pas besoin de dire que cette argumentation pèche par la base. Goncelin est un chef-lieu de canton de l'arrondissement de Grenoble, ayant une population de seize cent cinquante habitants, où l'on n'a trouvé aucun monument important, tout au plus quelques vestiges insignifiants d'antiquités, qu'indique, en passant, M. Pilot (*Statistique de l'Isère*, III, pag. 199.) En second lieu, dans tous les actes du moyen-âge, et notamment dans le Statut des franchises du Dauphiné, rédigé par Humbert II, et dans la concession de ce prince au fils aîné du roi de France de tous ses États, actes qui datent également de 1349, et qui sont publiés *in extenso* dans Valbonnais (II, pag. 586 et 594), Goncelin n'a jamais d'autre nom que *Goncelinum*, et c'est par une hypothèse purement gratuite qu'Aymar a inventé le nom de *Garoncellum*, pour lequel il n'aurait pu citer la moindre autorité. Par

conséquent, l'argument tiré de la similitude des noms est sans valeur. Goncelin ne fut certes pas la capitale des Garucelles. Reste à savoir ce que comprenait leur pays. Aymar le fait correspondre à l'Oisans, à la Maurienne, au Graisivaudan. Nous commencerons par en retrancher l'Oisans. Les anciens habitants de cette longue et étroite vallée furent les *Uceni*, que le Trophée des Alpes (Plin., III, 24. 4) énumère avec les Médulles, les Caturiges, etc. Tous les savants sont d'accord pour placer ce peuple dans l'Oisans, et c'est là aussi que le place M. Desjardins, avec un point d'interrogation, toutefois, qu'il aurait pu hardiment supprimer. On peut dire, en effet, que le mot *Oisans* n'est que la traduction du mot *Uceni*. — Restent donc le Graisivaudan et la Maurienne; est-ce dans ces contrées que nous placerons les Garucelles? D'Anville (pag. 540 et 541) a été, avant tout, frappé de l'analogie des mots *Ocellum* et *Garucelli*, qu'on trouve aussi écrit *Garocelli*, mais également *Graïoceli* dans plusieurs éditions de César. Pour lui, la leçon *Garocelli* a paru décisive, et voici pourquoi : César raconte (*de bello Gall.*, I, 10) comment ayant été lever ou rassembler cinq légions dans la Haute-Italie, il se dirigea vers la Gaule par le plus court chemin des Alpes (évidemment le Mont-Genèvre, plus tard les Alpes Cottiennes); comment il rencontra sur sa route trois peuples : les *Centrons*, les *Graïocèles* (ou *Garucelles* ou *Garocelles*), et les *Caturiges*; comment, enfin, ayant battu ces trois peuples en plusieurs rencontres, il put pénétrer, en sept journées, d'*Ocellum*, dernière place de la Gaule Cisalpine, au territoire des Voconces, d'où il arriva chez les Allobroges. Deux choses résultent de là : 1° que les *Graïocèles* ou *Garucelles* se trouvaient entre les Centrons et les Caturiges; 2° que César partit d'*Ocellum*, dans leur territoire, pour pénétrer dans la Gaule Transalpine. Je n'admettrais la première conclusion que sous bénéfice d'inventaire. Les Centrons correspondaient à la Tarantaise et au Haut-Faucigny; les Caturiges correspondaient au territoire de Chorges; c'est admis. Mais faut-il en conclure que les Garucelles étaient placés, sans intermédiaires, entre les uns et les autres? Ce serait faire dire à César ce qu'il n'a pas dit et assurément ce qu'il n'a pas voulu dire. Il ne fait pas une énumération complète des peuples; il ne parle que de ceux qui se confédérèrent contre lui. Que les *Garocelles* aient touché aux *Centrons*, je l'admets volontiers; mais qu'ils aient également été limitrophes des *Caturiges,* c'est ce qu'on ne peut admettre, puisqu'on trouve entre eux plusieurs nations, parmi lesquelles les *Brigantii,* les *Uceni,* etc. Ce serait donc trop conclure que de tirer du passage de César cette conclusion que les *Garocelles* ou *Graïocèles* occupaient tout le vaste territoire qui s'étend, sur l'un et l'autre versant des Alpes, entre les *Centrons* (habitants de la Tarantaise ou vallée de l'Isère) et les *Caturiges* (territoire de Chorges sur la Durance). — Quant à la seconde conséquence, elle nous semble bien plus admissible. Nous admettons volontiers qu'*Ocellum* ait été la capitale des *Graïoceli* de César, des *Garocelles* ou *Garucelles* d'autres écrivains. Maintenant qu'*Ocellum* soit *Exilles,* comme l'ont pensé Cluvier et de Valois, comme le croyait aussi Aymar du Rivail, ainsi que nous l'avons vu ; que ce soit *Oulx,* comme le pensent beaucoup d'autres savants ; que ce soit *Usseau,* comme le pense d'Anville, qui fait remarquer qu'*Exilles* se dit en latin *Exiliæ,* et *Oulx Ursium,* tandis que le mot *Ocellum* désigne *Usseau,* cela est peu important en ce qui nous concerne, puisque *Oulx* et *Exilles* sont également entre Suze et Cézane, qu'*Usseau* est dans la vallée de Pragelas, qui communique avec celle de Pignerol, et que chacune de ces localités peut également avoir conduit César de la Gaule Cisalpine dans la Gaule Transalpine, et avoir servi de frontière aux États du roi Cottius, comme le dit Strabon (IV, pag. 179) en parlant d'*Ocellum*. — Nous en concluons que les *Garucelles* ou *Garocelles* ne s'étendaient pas aussi loin vers le sud-ouest qu'on serait tenté de le croire d'après le texte de César mal interprété ; qu'ils renfermaient, comme ledit d'Anville, une partie des vallées au nord-est du Mont-Genèvre dans la direction de Suze. Seulement nous cessons ici d'être d'accord avec d'Anville. Comme il plaçait les Médulles dans la Maurienne, la place se trouvait prise pour d'autres peuples. Nous croyons avoir démontré que les Médulles doivent être transportés beaucoup plus dans l'intérieur de la Gaule, jusque sur les limites des départements actuels des Hautes-Alpes, de l'Isère et de la Drôme, dans ce que l'on a appelé, au moyen-âge, les Baronnies. La Maurienne se trouvant libre, nous croyons que c'est là qu'on doit aussi étendre les *Garocelles*. C'est l'avis des antiquaires de Savoie (Grillet, *Int. hist.* à son *Dictionnaire,* I, pag. 4, et *Dict.,* II, pag. 277), et ils ont raison. Mais comme nous ne trouvons mentionné aucun peuple ayant habité la partie méridionale du Graisivaudan, ou la rive gauche de l'Isère, depuis le confluent de l'Arc avec cette rivière jusqu'à la plaine de Grenoble, rien ne s'oppose, comme le conjecture Aymar du Rivail, à ce que cette contrée ait été également habitée par ce peuple qui, contournant les hautes chaînes, aurait occupé le versant oriental du Mont-Genèvre et du Mont-Cenis, la Maurienne et la partie méridionale du Graisivaudan. Seulement, du système d'Aymar nous supprimons ces deux points essentiels : les *Garucelles* n'avaient pas pour capitale Goncelin, localité sans importance ; ils ne possédaient pas l'Oisans, occupé par les *Uceni*, dont ils étaient séparés par les crêtes des montagnes d'Allevard, des Sept-Laux, des Grandes-Rousses et de Belledone. [*N. du T.*]

(2) Il ne se transporte plus ni sel, ni aucune autre marchandise, à Goncelin, ni ailleurs, par l'Isère, sur laquelle il ne se fait plus, comme je l'ai déjà dit, aucun commerce en amont de Grenoble, surtout à la remonte. Voilà deux fois qu'Aymar reproduit le même fait, à propos de Seyssel, et à propos de Goncelin. Il ne s'agit pas ici de questions d'archéologie sur lesquelles on peut le chicaner, il s'agit de faits dont il a été le témoin. Il n'est donc pas douteux que, au XVIe siècle, des batelets, chargés de sel, remontaient l'Isère et que Goncelin leur servait d'entrepôt, pas plus qu'on ne peut douter, comme Aymar le raconte plus haut, que le même commerce s'opérait par le Rhône jusqu'à Seyssel. Ce commerce continua même jusqu'à la Révolution pour Seyssel, où se déchargeait, dit M. le préfet Bossi (*Statistique du département de l'Ain*, pag. 146), le sel destiné à la Savoie, à la Suisse, à Genève et au Valais. Pour se rendre raison de ceci, il faudrait pouvoir entrer dans les détails de cette série d'absurdités et d'iniquités qu'on décorait, avant la Révolution, du nom de système des gabelles. Je ne puis que renvoyer à l'excellent ouvrage de mon prédécesseur, M. Dareste (*Histoire de l'Administration en France*, tom. II, pag. 93 et suiv.), et à l'introduction de M. Bresson à son *Histoire financière de la France* (tom. Ier, pag. 22 et suiv.). On y verra que, en ce qui concerne les sels, la France était divisée en plusieurs classes : les provinces de grandes gabelles ; les provinces de petites gabelles ; les provinces de salines ; les provinces rédimées ; les provinces franches ; les provinces de quart-bouillon. La Bresse, le Bugey et le Dauphiné étaient des provinces de petites gabelles où chaque habitant était tenu de dé-

penser environ douze livres de sel par an, à raison de 35 livres 10 sols le quintal. Cette provision devait être faite par quart tous les trois mois et cela dans des greniers à sel déterminés. C'est de ces greniers que parle Aymar du Rivail, et ils ne pouvaient s'approvisionner que des sels de la Méditerranée. [*N. du T.*]

(3) Goncelin est à trente kilomètres de Grenoble. [*N. du T.*]

(4) Le Vénéon, formé de deux torrents : le Vénéon proprement dit, qui prend sa source à la pointe de Chiare, le Lavet, qui sort de la pointe de la Muande, dans le mont Pelvoux, la plus haute montagne de France (4500 mètres). Après sa jonction avec le Lavet, le Vénéon arrose les vallées de Saint-Christophe et de Venosc en Oisans, et va enfin se jeter dans la Romanche un peu au-dessus du Bourg-d'Oisans. [*N. du T.*]

(5) Dans la note 6 du chapitre V, nous avons déjà discuté tout ce qui concerne la route romaine à travers l'Oisans, en la comparant avec la route du moyen-âge et la belle route moderne. [*N. du T.*]

(6) Pour cuire le pain, et par suite du manque de bois qu'Aymar a déjà signalé plus haut, on chauffe les fours avec de la fiente de vache desséchée. Cette coutume n'est pas, du reste, particulière à l'Oisans. Les mêmes besoins ont fait inventer les mêmes industries par des peuples fort éloignés et sans relations possibles les uns avec les autres. On pourrait la retrouver en Égypte; elle existe aujourd'hui dans deux des îles du Morbihan, entièrement dépourvues de bois, les îles d'Hœdic et de Houat. « Dans ces îles, dit un savant voya-
» geur, les *bouses* de bœufs et de vaches, ramassées sur le terrain,
» sont séchées sans autre manipulation et brûlées telles. Mais, en
» été, on en retire aussi des écuries; on les mélange avec la *balle*
» de froment; on les pétrit; on les façonne en gâteaux ronds et
» plats que l'on fait sécher contre les murs. Le feu en est meilleur ;
» mais on en fabrique à peine pour brûler pendant un mois ou deux. »
(*Voir* le très curieux mémoire de M. l'abbé Delalande sur *Hœdic* et *Houat* dans les *Annales de la Société académique de Nantes*, tom. XXII, pag. 262-380 et suiv., 1850.) — Quant au pain cuit pour un an, cet usage n'est pas particulier non plus aux habitants de la Grave, de Villard-d'Arène et du Lautaret. Entre Formazza et Domo-d'Ossola, de Saussure trouva, chez les montagnards, du pain cuit depuis six mois et qui devait durer encore autant et plus ; cependant

c'est un pays fertile et bien cultivé (*Voyages*, III, pag. 509). Il a retrouvé les mêmes usages dans les vallées, habitées par des Allemands, qui rayonnent autour du cirque du Mont-Rose, cette masse gigantesque des Alpes méridionales qui ne le cède que de quatre-vingts mètres au Mont-Blanc. (*ib.* IV, pag. 587). [*N. du T.*]

(7) L'appel au peuple fut, comme tout le monde le sait, sanctionné d'abord par la loi de Valerius Publicola, l'année même de l'établissement de la République en 510 avant J.-C.; on le renouvela lors de l'expulsion des Décemvirs en 449. Quant à la loi Hortensia, comme l'appelle Aymar, elle n'a rien à voir en ce qui concerne l'appel au peuple. Pline est le seul qui, incidemment (XVI, 15, 1), nous parle d'un dictateur Hortensius qui, probablement vers 287 avant J.-C., aurait rendu les plébiscites, c'est-à-dire les décrets émanés des comices par tribus, obligatoires pour les deux ordres. Mais cela existait déjà depuis les lois de Publilius Philo, en 339 ; la loi d'Hortensius n'en aurait été que la confirmation, comme le dit M. Duruy (*Histoire des Romains*, I, pag. 244 et 247). En tout cas, cette loi est étrangère à l'appel au peuple. M. Ortolan a examiné (*Histoire de la législation romaine*, I, pag. 68) les autres difficultés que soulève le texte de Pline à propos du dictateur Hortensius. [*N. du T.*]

(8) Robert Gaguin, mort en 1501, auteur d'une chronique depuis Pharamond jusqu'en 1491. [*N. du T.*]

(9) Le médecin Panthaléon, auteur de plusieurs traités sur le lait et les fromages, plusieurs fois cité par Aymar. [*N. du T.*]

(10) La distance de Lans-le-Bourg, au pied du Mont-Cenis, jusqu'à Montmeillan, où se termine la vallée de l'Arc, laquelle constitue réellement la Maurienne, est de dix-neuf postes, soit trente-huit lieues. [*N. du T.*]

(11) Voici le texte d'Aymar : *Ibi divo Joanni Baptistæ est pontificale templum dedicatum ob ipsius divi Joannis Baptistæ indicem quo agnum Dei ostendit ibi constitutum* (pag. 157). J'ai traduit littéralement, sans être sûr de bien comprendre, quoique les amis que j'ai consultés m'aient un peu rassuré. Qu'est devenue cette relique? C'est ce que personne n'a pu m'apprendre. A-t-elle été détruite comme tant d'autres dont Aymar parle à propos de Vienne, et dont les souvenirs ont entièrement disparu à l'époque des guerres

de religion? C'est peu probable pour la Maurienne ; à l'époque de la Révolution? C'est possible, mais je n'ai rien pu savoir à cet égard. [*N. du T.*]

(12) Je n'admets pas du tout, et j'en ai dit les raisons dans une note du chapitre précédent, que la route par le Mont-Cenis fût inconnue à l'époque des Romains. Elle était parfaitement frayée, même du temps des Gaulois, comme j'espère le prouver dans un des appendices qui terminent ce volume. C'est là aussi que je donne quelques détails, d'après M. Larauza et d'après mes recherches personnelles, sur l'ancienne et la nouvelle route par le Mont-Cenis. [*N. du T.*]

(13) Ce n'est pas ici une de ces fables si fréquentes chez notre auteur. Ces précautions sont indispensables dans beaucoup de parties des Alpes à cause de l'ébranlement des neiges et aussi des rochers. C'est ce qui arrive notamment dans une route aujourd'hui bien connue, celle de Chamouni au Montanvert. « On avertit ceux qui » passent en cet endroit de ne pas parler trop haut et de ne faire » aucun bruit, de peur que l'ébranlement de l'air ne fasse tomber » quelques fragments de rocher. J'ai essayé quelquefois de tirer là, » en l'air, un coup de pistolet, et j'ai toujours vu quelques frag- » ments tomber immédiatement après. On peut faire cette expérience » sans aucun danger, parce qu'on voit venir les pierres d'assez loin » pour avoir le temps de les éviter. » (De Saussure, *Voyages dans les Alpes*, tom. II, pag. 4). [*N. du T.*]

(14) J'ai traduit le texte : *in Cello Moriennæ monte*. C'est une singulière bévue de notre auteur. Tout le monde sait que dans les montagnes au-dessus d'Allevard, il y a sept lacs, et que, dans le patois du pays, on les appelle les *Sept laus*. Aymar a reproduit le son, sans se préoccuper du sens, et il a écrit *Cello* là où il aurait dû écrire *Sept laus*, c'est-à-dire *Sept lacs*. [*N. du T.*]

(15) De Saint-Jean-de-Maurienne à Chambéry il y a près de dix postes, soit vingt lieues à vol d'oiseau, sur la carte, les autres distances données par Aymar paraissent à peu de chose près exactes. Mais comme les routes qui conduisent de l'une de ces villes à une autre ne sont pas carrossables, les distances ne peuvent être évaluées qu'en lieues de pays, ou, comme l'on calcule toujours dans les montagnes, en heures de marche, ce qui est singulièrement élastique. [*N. du T.*]

CHAPITRE XXIII.

Les Alpes Grecques et les Centrons.

Les Alpes Grecques tirent leur nom du passage d'Hercule, qui les traversa avec les Grecs, comme nous le raconterons, d'après Pline, dans notre article sur Aoste et dans notre second livre. C'est dans cette partie des Alpes, entre les montagnes qui enserrent la Maurienne, l'Isère jusqu'à sa source, les sommets des Alpes et les Salasses, que s'étendait la domination des Centrons, ainsi appelés du village de Centron, jadis capitale de ce pays, lequel existe encore à deux lieues environ au-dessus de Moutiers, et qui a lui-même tiré son nom de ce qu'il est placé au centre du pays (¹). Si nous en croyons Pline (²), les Centrons jouissaient du droit latin ainsi que les Octoduriens, les habitants des Alpes Cottiennes et les Caturiges. Lorsque Jules César conduisit cinq légions d'Italie à travers les Alpes, les Centrons, les Garucelles et les Caturiges, ayant occupé les positions élevées, essayèrent d'empêcher le passage de son armée. Mais ils furent repoussés, et César, traversant le pays des Voconces et des Allobroges, conduisit son armée au-delà du Rhône dans le pays des Sébusiens. Car, à travers les défilés des Séquaniens, les Helvètes étaient déjà parvenus aux frontières des

Eduens, afin de pénétrer chez les Santons, peuple de la province romaine, comme nous le raconterons plus longuement dans notre troisième livre. — Au témoignage de Pline ([3]), on fabriquait chez les Centrons d'excellents fromages, entre autres ceux appelés *Vatusiques* et très estimés à Rome.

Il y a chez les Centrons beaucoup de bourgades et de petites villes sans importance, dont, au reste, nous avons parlé, en partie, en nous occupant de la Tarantaise. C'est qu'en effet, à l'époque d'Antonin, ce pays était également appelé Tarantaise, et de même, lorsque la partie supérieure du pays des Allobroges et les Centrons passèrent sous la domination d'un seul prince, les Allobroges eux-mêmes, qui touchaient à l'Isère, et les Centrons furent, dès lors, et jusqu'à nos jours, désignés sous un troisième nom, celui d'habitants de la Tarantaise; et même quelques-uns donnent le nom de Tarantaise à la ville de Moutiers, capitale de ce pays. L'*Itinéraire* d'Antonin place dans les Alpes Grecques la ville de Tarantaise ([4]), capitale des Centrons. Mais, comme d'anciens manuscrits de cet *Itinéraire* ne contiennent pas cette indication, quelques savants pensent qu'elle a été ajoutée plus tard. Quoi qu'il en soit, la Tarantaise a aujourd'hui un archevêque, comme nous l'avons dit précédemment, et s'il est vrai que la ville principale de ces contrées était anciennement appelée Tarantaise, c'est de là que, l'ancien nom de Centrons étant oublié, tout le pays s'est appelé Tarantaise. Au témoignage du médecin Panthaléon ([5]), on fabrique encore aujourd'hui des fromages délicats et excellents dans la Tarantaise et la Maurienne; mais ceux de la Tarantaise l'emportent, comme le dit Panthaléon lui-même, sur ceux de la Maurienne par la qualité et la quantité.

NOTES DU CHAPITRE XXIII.

(1) Au milieu des jouissances que donne l'étude et dont ceux-là seuls se rient qui n'ont jamais su les goûter, on serait trop heureux si l'on ne rencontrait jamais sur sa route que des questions comme celles que nous rencontrons en ce moment. La position occupée autrefois par les Centrons, dont parlent également César (1, 10), Strabon (IV, 2. 3), Pline (III, 24. 5 et *passim*), est parfaitement facile à déterminer. Ils étaient situés entre les Salasses (le val d'Aoste aujourd'hui) et les Octoduriens (le Valais en partie). Ils étaient séparés des Salasses par le Petit-Saint-Bernard, et des Octoduriens par les cols du Bon-Homme et de la Seigne, le Trient, les vallées de Val-Fernex, d'Orsières, etc. Ils comprenaient donc, non-seulement toute la Tarantaise moderne, mais encore les vallées de Beaufort, de Mégève, de Flumet, de Chamouni, et de Valorsine. Centron, qui conserve jusqu'à nos jours le nom de ce peuple, n'est plus qu'un petit village à peu de distance de Moutiers, détruit en partie par des éboulements et les érosions de l'Isère. Peut-être, comme le pense Grillet (*Dictionnaire*, II, pag. 13, et III, pag. 132), correspond-il plus réellement que Moutiers lui-même, dont il est, du reste, très voisin, à l'ancienne *Darantasia* ou *Civitas Centronum* dont parle la *Notice des Gaules*. Ce serait alors dans ce village que saint Honorat, évêque d'Arles, comme nous le lisons dans sa vie (Bollandistes, janvier 26, tom. II), aurait, vers 428, été établir son disciple saint Jacques, qui fut le premier évêque de la Tarantaise, évêché érigé en métropole à la fin du VIIIe siècle, supprimé en 1793, rétabli en 1825, mais seulement comme suffragant de l'archevêque de Chambéry (*Annuaire de la Société de l'histoire de France* pour 1849, pag. 138). [*N. du T.*]

(2) III, 24. 3. — Le même auteur parle ailleurs encore des Centrons, chez lesquels, dit-il, on exploitait ce minerai de cuivre auquel, en l'honneur de Salluste, ami d'Auguste, on donnait le nom de Sallustien. — XXXIV, 2. 2. [*N. du T.*]

(3) L. XI, 97. 1. [*N. du T.*]

(4) L'*Itinéraire* écrit *Darantasia*. [*N. du T.*]

(5) Panthaléon, de Conflans : *Summa lacticiniorum sive tractatus varii de butyro, de caseorum variarum gentium differentia et facultate. — Taurini*, 1477, in-f°.

CHAPITRE XXIV.

Les Sébusiens ou Ségusiens (¹).

Les peuples que César appelle Sébusiens sont appelés Ségusiens par Strabon et d'autres écrivains. Ils sont situés près des Nantuates et, comme le dit Strabon, entre le Rhône et le Doubs. Le Doubs est une rivière qui descend des Alpes (²), va se jeter dans la Saône et, par conséquent, quoiqu'en perdant son nom, porte ses eaux dans le Rhône au-dessous de Lyon, ville qui faisait partie du territoire des Ségusiens et en était la capitale à l'époque de Strabon. Les Ségusiens sont, en partie, appelés aujourd'hui Bressans, et ils sont séparés des Nantuates, ou du comté du Bugey, par la rivière de l'Ain, qui prend sa source dans cette partie du Jura où se trouvent le monastère et les reliques de saint Eugend-du-Jura et de saint Claude, et va se jeter dans le Rhône, en face d'Anthon, village du Dauphiné.

Il y a peu de temps encore les archevêques de Lyon, conservant quelque chose de leur ancienne autorité, avaient pour diocésains les Ségusiens ou Bressans, de même que les Ambarres, qui habitent près d'eux, au-dessous du confluent du Doubs et de la Saône (³). En effet, lors de l'établissement du christianisme, chaque nation eut, pour ainsi dire, son évêché, dont la juridiction religieuse comprend l'étendue de la nation elle-même ; le siége épiscopal et le tribunal sont généralement placés dans la ville la plus importante de chaque peuple. Mais récemment le pape Léon X a érigé, dans le pays des Ségusiens et dans la Bresse, un évêché à la tête duquel il a mis Louis de Gorrevod ; il en a placé le siége à Bourg et y a réuni l'abbaye d'Ambronay (4). Mais cet évêché a été peu de temps après supprimé et les choses sont revenues dans leur ancien état. Depuis plusieurs siècles l'autorité temporelle a été très variable chez les Ségusiens. En effet, Lyon et la partie supérieure du pays des Ségusiens qui touche au Doubs et qui est comprise dans le duché de Bourgogne, appartiennent aux rois Très-Chrétiens. L'autre partie supérieure du pays des Ségusiens, vers l'est, est comprise dans le comté de Bourgogne et appartient à l'empereur (5). Le duc de Savoie possède la Bresse, dont la capitale est Bourg, et c'est dans cette ville que, au nom de ce duc, on rend la justice aux Bressans. Le territoire de la Bresse est en plaine ; il renferme beaucoup de villes, de villages, de forteresses et d'étangs ; cependant ceux du pays des Allobroges l'emportent sur ceux-ci par l'excellence des poissons.

NOTES DU CHAPITRE XXIV.

(1) Aymar sort ici de l'Allobrogie, puisque l'Allobrogie se termine, vers le nord, à la rive gauche du Rhône, et que les Ségusiens étaient situés au nord de ce fleuve. En effet, la position des Ségusiens est nettement déterminée par César et par Strabon. Le texte de ce dernier est analysé par Aymar; quant à César, après avoir raconté cette lutte contre les Centrons et les Garucelles dont nous avons parlé précédemment, il nous dit qu'il pénétra du territoire des Allobroges dans celui des Ségusiens, le premier peuple hors de la province, au-delà du Rhône : *Ab Allobrogibus in Segusianos exercitum ducit. Hi sunt extra provinciam, trans Rhodanum, primi* (*de bel. Gall.* I, 10). Il dit ailleurs (I, 25) que le Rhône sépare les Ségusiens de la province romaine : *Præsertim cum Segusianos a provincia nostra Rhodanus divideret*. Les Ségusiens occupaient donc la partie ouest du département actuel de l'Ain, depuis cette rivière jusqu'à la Saône, c'est-à-dire les arrondissements de Bourg et de Trévoux; mais, de plus, ils correspondaient à une partie des départements du Rhône et de la Loire, comme cela résulte du passage de Strabon analysé par Aymar. Les habitants de Saint-Étienne se désignent encore sous le nom de Ségusiens. — Quant à la mauvaise leçon de *Sébusiani* au lieu de *Segusiani* dans le texte de César, elle est abandonnée par les meilleures éditions modernes. [*N. du T.*]

(2) Le Doubs prend sa source, non dans les Alpes, mais dans le Jura, au Mont-Rixou, à 952 mètres de hauteur, coule d'abord du sud-ouest au nord-est en arrosant Pontarlier, sert de frontière entre la Suisse et la France, qu'il quitte pendant quelques kilomètres, rentre en France en coulant dans la direction inverse de la première, c'est-à-dire du nord-est au sud-ouest, entoure Besançon, passe à Dôle et va

se jeter dans la Saône à cinq lieues au-dessus de Châlon, après un cours de 240 kilomètres [*N. du T.*]

(3) Ambérieux et Ambronay, au nord-ouest de Belley ; mais ces deux communes, Ambérieux, chef-lieu de canton, avec une population de trois mille habitants ; Ambronay, commune de ce canton, avec près de deux mille habitants, sont fort éloignées du Doubs et de la Saône. Elles sont même à l'ouest de l'Ain, par conséquent non chez les Ségusiens, mais chez les Nantuates. [*N. du T.*]

(4) Cet évêché, constitué en 1515, ne fut pas durable. Aujourd'hui tout ce pays fait partie de l'évêché de Belley, suffragant de l'archevêque de Besançon. Il en était ainsi au moyen-âge et jusqu'en 1790. Cependant, comme l'explique Aymar, quelques parties de la Bresse et du Bugey appartenaient directement aux archevêques de Lyon ; mais ce n'étaient que des enclaves. [*N. du T.*]

(5) La Franche-Comté, qui n'a été réunie à la France que sous Louis XIV, une première fois en 1668 ; définitivement, par le traité de Nimègue, en 1679. Elle forme les départements actuels du Doubs, du Jura et de la Haute-Saône. J'ai déjà dit que la Bresse avait été réunie par Henri IV, en 1601. [*N. du T.*]

CHAPITRE XXV.

Les Nantuates.

En venant d'Italie, dit Strabon, au-dessus des Salasses, on rencontre les Nantuates, de même que les Centrons, les Caturiges et les Véragres. Mais les Caturiges et les Nantuates sont très-éloignés des Salasses. Nous avons précédemment décrit le territoire des Caturiges. Les Nantuates sont beaucoup en-deçà des Véragres. Lorsque l'on vient, en effet, du pays des Véragres, après avoir passé le lac Léman et le Rhône, on arrive dans la plaine de Gex. De là on traverse le Pas-de-l'Écluse entre le Rhône et les hautes montagnes du Jura, où, même du temps de César, un seul char avait de la peine à passer (²) ; ensuite, tournant à droite, vers le nord, on arrive, par Crest-de-l'Hostie-d'Alpe, Saint-Germain, Chévry et les rives de plusieurs lacs, à Nantua, autrefois capitale de tout ce pays et qui avait donné son nom aux Nantuates, ainsi appelés par Strabon et Pline, mais que César, dans ses *Commentaires*, appelle les Antuates (³). Ce peuple possédait tout le pays voisin jusqu'à l'Ain et au Rhône. Voilà pourquoi César, dans le troisième livre de ses *Commentaires*, dit que les Antuates, les Véragres et les Séduniens s'étendaient depuis les fontières des Allobroges et le Rhône jusqu'aux sommets des Alpes. Nantua est à neuf lieues de Genève, dernière ville des Allobroges; au temps de César, le Pas-de-l'Écluse était à moitié chemin dans le pays des Séquaniens ([4]).

Auprès de Nantua est le village d'Izernore, remarquable par des édifices romains ([5]), et à peu de distance, la ville de Montréal; entre les deux est un grand lac qui touche à Nantua. On trouve ensuite Arbent et Dortans ([6]), par lesquels on se rend à Saint-Claude dans les montagnes du Jura; au-dessous de Nantua, Cerdon et beaucoup de villes et de villages qui entourent la ville principale. Après le Pas-de-l'Écluse, en-deçà de Nantua, à gauche, entre le Rhône et une montagne élevée, se trouve la plus grande partie de la ville de Seyssel, et à l'extrémité de cette montagne, déjà en plaine, on rencontre Culoz, qui, depuis plusieurs siècles, est un réceptacle de voleurs ([7]), Luirieux et Montvéran, qui y touchent. En ligne droite de Nantua, à une assez grande distance, on rencontre Belley, où siége aujourd'hui l'évêque de ces contrées, ville située en plaine, en-deçà de rochers qui pendent vers le Rhône, et enrichie par beaucoup d'édifices et d'inscriptions d'origine romaine. Au-delà de Belley, du côté de la Bresse, on rencontre Grolée, Rossillon, Saint-Germain-d'Ambérieux, Lagnieu et d'autres villes jusqu'à la rivière de l'Ain. Après Belley, sur la même rive, mais en se dirigeant au nord vers Nantua, on trouve des villes et des villages remarquables qui étaient sous la dépendance des Nantuates. De Belley à Nantua, en ligne droite, à travers les rochers, il y a huit ou neuf lieues ([8]); dans cet intervalle on trouve les villages de Bons, Viricu-le-Grand, Cormaranche, Lompnes, Corcelles. Entre Culoz et Belley, sur la route qui conduit à Nantua, on trouve Ceyséricu, Talissieu, Vieu, Champagne, Bassieu, Hotone, l'Albergement. De tous ces villages le plus remarquable est celui de Vieu, à cause de cette inscription qu'on y lit sur le mur d'une maison :

Nvm. Avg. Deo soli pro salvte C. Amandi fratris.

Vieu est situé dans une plaine et une vallée (⁹). De Culoz, qui appartient également au territoire des Nantuates, on se rend par Rochefort à Pierre-Châtel. A peu près à moitié chemin, près d'une forêt, est une pierre haute et large sur laquelle est creusé un lit pour deux personnes et qu'on appelle vulgairement le *Lit-du-Roi*. Il y a une inscription, mais très effacée, et qui ne permet plus de décider de qui cette pierre était le tombeau ou le lit. En revenant de Genève à Vienne par ce pays, nous essayâmes inutilement d'en lire l'inscription (¹⁰). Peut-être ce lit de pierre fut-il élevé par Gondebaud, roi de Bourgogne, qui, vaincu par un de ses frères, se cacha dans ces localités, et y resta quelques jours en souvenir de l'asile qu'il y avait trouvé. Nous parlerons de cette fuite dans notre quatrième livre (¹¹).

Pierre-Châtel est en-deçà de Belley, sur les bords du Rhône, sur un rocher où se trouve un magnifique monastère de Chartreux. A Pierre-Châtel on traverse le Rhône pour aller dans le pays des Allobroges; de là on se rend à Saint-Genis et à la rivière du Guiers par une vallée horrible par sa situation entre des rochers qui la surplombent de toutes parts et le Rhône qui coule à droite (¹²).

Après cette ville et cette rivière s'étendent, jusqu'à Vienne et à l'Isère, les vastes plaines des Allobroges. Par l'ordre de César, Galba soutint une guerre contre les Nantuates, les Véragres et les Séduniens; et plaça deux cohortes chez les Nantuates. Enfin, après avoir brûlé tous les édifices d'Octodurus des Véragres (13), il ramena son armée saine et sauve chez les Nantuates, puis chez les Allobroges.... Peut-être est-ce à Pierre-Châtel que Galba fit passer son armée du pays des Nantuates dans celui des Allobroges, et qu'il prit ses quartiers d'hiver dans le territoire de Yenne (14), où il existait une station des légions romaines. Aujourd'hui les Nantuates n'ont aucune autorité sur les pays voisins. Nantua n'est plus remarquable que par une abbaye d'hommes, que quelques-uns prétendent avoir été fondée par Charlemagne.

Dans ce pays a été fondé et érigé, il y a longtemps déjà, le comté du Bugey, dans lequel on a compris Nantua et les villes et villages que possédaient autrefois les Nantuates; il a, en effet, sous sa juridiction, tous les pays depuis Saint-Eugend-du-Jura et Saint-Claude et les autres frontières des Séquaniens, jusqu'à l'Ain, au Rhône et au Pas-de-l'Écluse. La justice, pour tout ce comté, est rendue à Belley; la souveraineté appartient au duc de Savoie (15). Beaucoup d'Allobroges se rendent, par le Pas-de-l'Écluse, Pierre-Châtel et les autres lieux indiqués, à Nantua; de là, ils se rendent à Saint-Claude par Arbent et Dortans. Ceux qui vont à Genève passent à Gex et traversent ensuite le Mont-Jura. Saint-Claude est à six lieues de Genève. La route la plus facile pour les habitants de l'Allobrogie inférieure est par la Bresse, Cerdon et Montréal.

NOTES DU CHAPITRE XXV.

(1) La question relative aux Nantuates n'est ni aussi facile ni aussi simple que celle relative aux Centrons et aux Ségusiens. Trois auteurs de l'antiquité ont parlé de ce peuple : César, Strabon, Pline. César (*de bel Gall.*, III, 1) en parle comme d'un peuple voisin des Véragres et des Séduniens, peuples du Valais, dont les premiers avaient pour capitale *Octodurus* (aujourd'hui Martigny), et les seconds *Sedunum* (Sion). Strabon donne des indications analogues et le *Trophée des Alpes*, rapporté par Pline (III, 24-4) les énumère dans le même ordre. Aussi le Père Monet s'est-il cru autorisé à affirmer que les Nantuates étaient les anciens habitants du Chablais en Savoie. Ce n'est pas l'opinion d'Abauzit (*OEuvres diverses*, II, pag. 101, édit. de 1773), qui a retrouvé à Saint-Maurice en Valais une inscription élevée par les Nantuates en l'honneur d'Auguste, et qui, par suite, place aussi les Nantuates dans le Valais. Toutefois, les deux opinions ne sont pas inconciliables. S'il s'agit du Chablais moderne, dont Thonon est la capitale, assurément les Nantuates ne l'habitaient pas ; mais avant 1536, époque où les Valaisans firent la conquête de Saint-Maurice ou Agaune, ce territoire faisait également partie du Chablais, et, dès lors, les anciens commentateurs pouvaient y comprendre les Nantuates (*Voir* Grillet. *Dictionnaire de Savoie*, III, pag. 164 et suiv.). Toutefois, la question soulevée par Aymar reste pendante. L'identité des noms de *Nantuates* et de *Nantua* ne prouve-t-elle pas que les Nantuates n'habitaient pas seulement une partie de la Savoie et de la Suisse, mais aussi une portion du département actuel de l'Ain ? On pourrait admettre, avec plusieurs savants, que les Nantuates proprement dits auraient envoyé dans ce pays une colonie à laquelle serait resté leur nom. Mais quant à ad-

mettre, avec Aymar, que ce soit leur pays lui-même, cela est tout-à-fait inconciliable avec les textes des auteurs anciens qui nous en ont parlé, et l'identité des noms ne suffit pas pour détruire l'autorité de textes aussi formels, surtout celle de César, qui faisait la guerre contre ces peuples et qui savait parfaitement à qui il avait eu affaire. [*N. du T*]

(2) Ce défilé, sur la route nationale de Lyon à Genève, non loin de la perte du Rhône, est commandé par le fort de l'Écluse, qui appartient à la France depuis 1601, et qui est situé à vingt-sept kilomètres de Gex, à vingt de Genève. [*N. du T.*]

(3) Cette divergence, signalée par Aymar, n'a plus de valeur aujourd'hui. Les éditions modernes de César ont adopté avec raison la leçon *Nantuates*. (*de bel Gall.*, III, 1.) [*N. du T.*]

(4) La distance réelle de Nantua à Genève, par Saint-Germain-de-Joux, Collonge et Saint-Genis, est le double de celle qu'indique Aymar du Rivail. [*N. du T.*]

(5) « Izernore, aujourd'hui simple village, était une ville du temps » des Ségunais et des Romains. Elle existait encore sous les pre- » miers rois Bourguignons, puisqu'elle avait un évêque et qu'on y » battait monnaie. » (Bossi, *Statistique du département de l'Ain*, pag. 349). L'auteur parle ensuite des découvertes qu'on a faites dans cette localité : les traces de l'enceinte ; trois colonnes d'un temple et son enceinte ; trois salles de bains pavées de marbre blanc ; une foule de fourneaux, de conduits, d'ustensiles, d'urnes, de médailles, etc. [*N. du T.*]

(6) Dortans est encore une localité riche en antiquités. On y a trouvé surtout beaucoup de médailles. Une seule urne en renfermait plus d'un boisseau, de toutes grandeurs, en argent et en bronze, toutes de la fin du IIIe ou du commencement du IVe siècle. [*N. du T.*]

(7) Culoz, habité par de fort honnêtes gens, traversé par la route de Belley à Genève, est une commune de onze cents âmes dans le canton de Seyssel. C'est le nom latin de cette localité (*Culus*) qui a fortifié Aymar dans sa bizarre étymologie de Cularo, comme nous l'avons vu au chapitre V. [*N. du T.*]

(8) La distance en ligne droite de Belley à Nantua est de quarante-quatre kilomètres. [*N. du T.*]

(9) M. Bossi (pag. 354) donne quelques détails sur les antiquités romaines : médailles, boulons, tombeaux, urnes, briques, tronçons et chapiteaux de colonnes, que l'on rencontre, à chaque pas, à Vieu et à Champagne en Valromey. On a supposé que tout cela provenait d'un temple d'Auguste : « Une inscription, ajoute M. Bossi, » confirme l'existence ancienne de ce temple. » L'inscription dont parle M. Bossi, mais qu'il ne donne pas, est très vraisemblablement celle que nous reproduisons d'après Aymar du Rivail. [*N. du T.*]

(10) Ces tombeaux d'une seule pierre, creusée suivant la forme du corps qu'ils devaient renfermer, et ressemblant à des étuis de momies, ne sont pas très rares. Ordinairement, ils sont creusés dans une pierre spongieuse, veinée de jaune, appartenant aux ponces, et que les Grecs appelaient *pierre assienne*, parce qu'ils la tiraient de la ville d'Asso en Asie, ou encore pierre de *sarcophage* (σάρξ, *chair*, φαγεῖν, *manger*), à cause de la vertu corrosive qu'ils lui attribuaient. On trouve un certain nombre de ces tombeaux dans les environs de la ville de Riez, si remarquable par ses ruines romaines (*Voir* les *Recherches sur la géographie et les antiquités du département des Basses-Alpes*, par M. Henry, pag. 204). Quant à celui qui a si fort intrigué Aymar, voici ce qu'en dit M. le préfet Bossi (*Statistique du département de l'Ain*, 1808, in-4º, pag. 355) : « Un des monuments qui intéressera le plus les antiquaires, est le » tombeau érigé à la mémoire d'une épouse par un *Silanus Lu-* » *ciolus*, dans un pré, sur le chemin de Belley à Seyssel. Il a près » de trois mètres de long sur un mètre et quart de large, et huit » décimètres de hauteur. Il était d'une seule pierre, dans laquelle » étaient creusées deux tombes, l'une pour recevoir la femme, » l'autre le mari. Ce monument est très détérioré et la partie du » recouvrement qui augmentait sa hauteur manque entièrement. On » le nomme de temps immémorial le Lit-du-Roi. Il est difficile de » rendre raison de cette dénomination vulgaire, qui a néanmoins » sa source dans quelque événement marquant postérieur à l'érection » du monument. » Que cette dénomination provienne, comme le suppose Aymar, de ce que ce monument aurait servi d'asile à Gondebaud, rien ne le prouve ; mais rien non plus ne démontre le contraire. En tout cas, si Gondebaud a baptisé ce monument, assurément il ne l'a pas construit. Il est très certainement d'origine romaine et sa destination est très claire. [*N. du T.*]

(11) Aymar a médiocrement tenu sa promesse. Au quatrième livre (pag. 333), il commence par une erreur, puisqu'il fait de Gondebaud, Godomar, Chilpéric et Godégisèle, les fils, et non les petits-fils, de Gondicaire. Puis il raconte brièvement comment Gondebaud et Godégisèle furent chassés par leurs deux frères Godomar et Chilpéric. « Gondebaud fut vaincu, ajoute-t-il, près des frontières des » Éduens, et, ayant dépouillé les insignes de la royauté, se retira » dans un asile si secret et si sûr qu'on le crut mort dans le combat. » Il en sortit lorsque, comme si la guerre était finie, les peuples » d'Outre-Rhin, qui l'avaient vaincu, furent retournés chez eux. » Alors Gondebaud reprend possession de Vienne, fait périr Chilpéric, brûler Godomar dans une tour, jeter la femme de Chilpéric dans le Rhône et tuer ses enfants mâles. Il ne garde auprès de lui qu'une fille de Chilpéric, Clotilde, qui devait épouser Clovis, etc. [*N. du T.*]

(12) Voilà deux fois qu'Aymar a parlé de ce défilé si effroyable. On voit, par l'ordre même qu'il suit, que ce lieu, qui lui faisait tant de peur, se trouve entre Saint-Genis et Yenne. (*Voir* ci-dessus chap. III, pag. 26 et 27.) [*N. du T.*]

(13) Martigny en Valais. [*N. du T.*]

(14) Le texte porte : *in agro Viennensi*. C'est évidemment une erreur, car Vienne est étrangère à ces pays. J'ai lu *Yennensi*, et tout indique en effet qu'il s'agit de Yenne, ville de Savoie, sur la rive gauche du Rhône, en face de Pierre-Châtel. [*N. du T.*]

(15) Jusqu'en 1601, comme je l'ai dit déjà plusieurs fois. [*N. du T.*]

CHAPITRE XXVI.

Les Alpes et leurs divisions. — Alpes Pennines. — Les Véragres. — Octodurus.

....

Après les Alpes Graiennes ou Grecques on trouve les Alpes Pennines, ainsi appelées du passage des Carthaginois (*Pœni*), conduits par Annibal, comme Pline nous dit que quelques-uns le pensent.... ou bien, comme le rapporte Tite-Live, d'une divinité que les montagnards adorent sur un point élevé de ces montagnes et qu'ils appellent *Pennin*; aujourd'hui encore, les habitants donnent le nom de *Pennine* à la vallée la plus voisine du Grand-Saint-Bernard (¹). C'est dans ces Alpes Pennines qu'habitent les Véragres, qui, avec les Séduniens et les Nantuates, s'étendent depuis les frontières des Allobroges, le lac Léman et le Rhône, jusqu'aux Alpes les plus élevées, comme nous le lisons dans le troisième livre des *Commentaires de César*. Les Séduniens ont conservé quelque chose de leur nom (²). Octodurus (³), dit également César, était une bourgade des Véragres, placée dans une vallée peu étendue, avec une petite plaine, entourée de toutes parts de très-hautes montagnes, divisée en deux parties par le Rhône. On lit dans l'*Itinéraire* d'Antonin qu'Octodurus est la capitale des Valaisans *(Valensium)* dans les Alpes Pennines. Par conséquent, César nous disant qu'Octodurus est une bourgade des Véragres, et l'*Itinéraire* d'Antonin que cette ville est la capitale des Valaisans, on en conclut naturellement que les Véragres sont le même peuple qui a été appelé plus tard les Valaisans. Mais je suis bien tenté de croire que ce passage n'appartient pas à l'*Itinéraire* et qu'il a été ajouté plus tard; on ne le trouve pas dans les anciens manuscrits (⁴). Les Valaisans n'ont pas d'autre cité que Sion ; or, les Véragres et les Séduniens [dont Sion était la capitale] étaient confondus sous le même nom. Quant aux Valaisans, ils commençaient autrefois à la Dranse près de Thonon, et, en remontant, se terminaient à la ville de Conches, qui est à trois ou quatre journées de marche de Sion, et d'où l'on descend vers Milan (⁵).

C'est à Octodurus que saint Maurice et ses compagnons moururent pour la foi chrétienne, sous le règne de Dioclétien et de Maximien. De là, la construction de la ville qui porte son nom, ou bien, comme d'autres le pensent, le changement du nom d'Octodurus en celui de Saint-Maurice (⁶). Dans les temps modernes on a désigné sous le nom de Valais le pays au-dessus de Sion jusqu'à Conches, et sous celui de Chablais la contrée qui s'étend depuis Conti, à une demi-lieue de Sion, jusqu'à la Dranse. Le Rhône prend sa source près de la montagne et de la ville de Brieg, à huit lieues d'Allemagne au-dessus de Sion, non loin des sources du Rhin et du Danube (⁷). Il coule au milieu du Valais, arrose Sion et va se jeter dans le lac Léman, ayant un cours incertain, ce qui fait que, au grand détriment des habitants, il corrode les terres voisines.

Charlemagne, roi et empereur, accorda à saint Théodule, évêque de Sion, la souveraineté temporelle sur tout le Valais, et lui donna son épée, que les évêques, jusqu'à ce jour, placent sur l'autel lorsqu'ils officient, qu'ils conservent parmi les reliques, et qu'ils portent comme un de leurs insignes avec la mitre et la crosse pastorale [8].

Autrefois le Chablais appartenait au duc de Savoie, avec le titre de duché. Mais, depuis soixante ans, les habitants ont renoncé à cette obéissance, et se gouvernent par leurs propres lois jusqu'à Montsion, Monthey, Chiave et la vallée de Saint-Jean. Ces localités ont été récemment occupées jusqu'à la Dranse, à une demi-lieue au-dessus de Thonon, par les Valaisans, qui augmentaient ainsi leur puissance, tandis que les Bernois s'emparaient d'une autre partie de la Savoie, près de Genève, depuis la Dranse jusqu'au Mont-Salève, à une demi-lieue de Salenove et à une lieue au-dessus de l'Éluiset [9].

Les habitants du Valais au-dessus de Sion parlent la langue allemande, ceux en deçà parlent un français très grossier. Les habitants de Sion ont un langage mêlé de l'une et de l'autre langue, parce que cette ville renferme des habitants de l'une et de l'autre partie du pays. Le français dont ils se servent est, jusqu'à nos jours, appelé par eux le roman, sans doute parce que les Romains possédèrent longtemps l'Allobrogie. La langue des deux peuples se mêla, et celle qui en résulta fut appelée romane. Je me rappelle que, tandis que, jeune encore, j'étudiais la grammaire à Romans, ville du Dauphiné, notre langage du Dauphiné était communément désigné sous le nom de langue romane, et que l'on donnait aux jeunes gens le roman à traduire en latin. S'il arrivait que l'un de nous s'exprimât en français, on le notait comme ayant parlé roman et non latin, et on le mettait à une amende, ou bien on lui donnait la férule. Aujourd'hui encore les Allobroges ont conservé beaucoup d'expressions romanes.

Saint-Maurice de Chablais est à quatorze lieues de Genève, à trois de Martigny; Sion est à neuf lieues de Saint-Maurice ; Aoste à vingt-quatre lieues de Sion, en passant par le Mont-Saint-Bernard, qui est à douze lieues de cette ville. Là est la vallée Pennine dans la direction d'Aoste. En effet, du Valais et de Sion, on se rend à Aoste, par le Grand-Saint-Bernard; et par le Petit-Saint-Bernard, de la vallée de la Tarantaise dans la même ville ; c'est par là qu'on se rend habituellement en Italie (10) ....

NOTES DU CHAPITRE XXVI.

(1) Il est très singulier que Pline ait persisté dans cette absurde étymologie (III, 21. 1). Tite-Live avait admirablement démontré que le nom d'*Alpe Pennine* ou de *Mont-Pennin (Mons Penninus)*, donné par les anciens à la montagne que nous appelons aujourd'hui le Grand-Saint-Bernard, ne venait pas du mot *Pœnus* (Carthaginois), mais bien d'une divinité nommée Pennin que les montagnards y adoraient : *Neque Hercule montibus his (si quem forte id movet) ab transitu Pœnorum ullo Veragri, incolæ jugi ejus, norunt nomen inditum; sed ab eo quem, in summo sacratum vertice, Penninum montani appellant.* (XXI, 38). Tite-Live aurait même pu ajouter que le mot *Pen* est celtique et signifie *élévation, montagne*. Cependant l'étymologie, combattue par Tite-Live et adoptée par Pline, conserva longtemps une grande faveur, comme nous le voyons par plusieurs inscriptions et *ex voto* que l'on a trouvés dans les ruines de l'ancien temple païen élevé sur ces montagnes. Voici une de ces inscriptions, rapportée par de Saussure (*Voyages dans les Alpes*, II, pag. 368) :

IOVI POENINO
Q. SILVIVS PEREN
NIS TABELL. COLON
SEQVANOR
V. S. L. M.

Ce temple jouit longtemps d'une grande réputation. Ainsi que l'a prouvé M. Beugnot, dans son *Histoire de la destruction du paganisme en occident*, ce fut un des derniers sanctuaires païens qui aient été renversés dans l'Europe occidentale. L'opinion ordinaire en attribue la destruction à Saint-Bernard de Menthon, qui vivait en 962, et dont le nom aurait été donné à cette montagne, où il aurait fondé cet hospice qui rend de si grands services aux voyageurs. Mais il est probable que Saint-Bernard de Menthon a été le restaurateur, plutôt que le fondateur, de ce couvent. Car dans un traité, que rapporte la chronique connue sous le nom d'*Annales de Saint-Bertin* et qui fait partie des collections de D. Bouquet et de M. Guizot, traité conclu, en 859, entre Lothaire II et son frère Louis II, la montagne qui nous occupe est déjà désignée sous le nom de Mont-Saint-Bernard, et il y est même fait mention de l'hospice. [*N. du T.*]

(2) Sion, en Valais.

(3) Martigny, en Valais.

(4) Il est certain, du moins, que dans la *Notice des provinces*, qui date probablement du IVe siècle, Octodurus porte le nom de *civitas Vallensium seu Valesianorum*. La conjecture d'Aymar n'en est pas moins juste; l'édition de Wesseling (pag. 351) contient tout simplement ceci : *Summo Pennino; — Octoduro; — Tarnaias* (c'est-à-dire Ternade au-delà des défilés d'Agaune, célèbre dans le massacre de la légion thébaine). Du reste, il ne serait pas étonnant de trouver dans l'*Itinéraire* qui porte le nom d'Antonin des expressions usitées au IVe siècle. La rédaction de cet Itinéraire est plus récente que cet empereur, comme le prouvent les noms de *Constantinopolis*, et tant d'autres, ainsi que nous l'avons déjà fait remarquer ci-dessus (chap. v, n. 6, pag. 59). [*N. du T.*]

(5) Aymar qui a, plus haut, reproché avec raison à Strabon de confondre les deux Doires, commet lui-même, ici, une confusion analogue. Il ne paraît pas distinguer les deux Dranses, l'une en Savoie, qui se jette dans le lac de Genève, à peu de distance de Thonon; l'autre, dans le Valais, qui se jette dans le Rhône à Martigny. Celle-ci, la seule importante, se compose elle-même de deux branches, qui se réunissent à Saint-Pierre : la Dranse du Saint-Bernard et la Dranse de Valsorey. [*N. du T.*]

(6) Le massacre de la légion thébaine n'eut pas lieu à Octodurus (aujourd'hui Martigny), mais, plus bas, sur le Rhône, dans les défilés d'Agaune, aujourd'hui Saint-Maurice en Valais. — (Cf. *Ruinart*, Act. sinc. martyr. 2. — *Bollandistes*, 22 septembre. —

Am. Thierry, Histoire de la Gaule sous l'Administration romaine, tom. III, chap. 1, pag. 6–18). [*N. du T.*]

(7) Il n'y a pas de montagne de ce nom. Brigg ou Brieg est un village du Valais, qui a acquis quelque importance depuis que Napoléon a fait ouvrir la célèbre et magnifique route du Simplon. Situé au pied septentrional de cette montagne, il est le point de départ des voyageurs qui se rendent, par le Simplon, à Domo-d'Ossola, au lac Majeur et à Milan. Mais Brieg est encore au moins à quarante-cinq kilomètres des sources du Rhône. — Ce fleuve naît dans un immense glacier au Mont-de-la-Fourche, comme nous l'avons déjà dit, dans une note précédente, au sujet de la Doire et de la Durance. Nous avons aussi, déjà, relevé l'erreur d'Aymar du Rivail au sujet du Rhin et du Danube. Le Rhin prend sa source au Saint-Gothard, du massif duquel, sans doute, la *Furca* ou Mont-de-la-Fourche fait partie, mais qui est plus à l'est. Les sources du Rhin sont au nombre de trois. La première, Rhin inférieur ou *Vorder Rhein*, formée par plusieurs filets d'eau qui proviennent de l'extrémité du lac d'Oberalp dans la montagne appelée Crispalt; la seconde, Rhin du milieu, qui vient de la vallée de Médula; la troisième, Haut-Rhin ou *Hinter Rhein*, qui vient du Mont-Avicula (*de Saussure*, IV, pag. 45). Ces trois sources laissent, ensuite, entre elles, un espace considérable jusqu'à leur réunion à Reichenau, village et château du canton des Grisons. — Le Tésin prend sa source dans plusieurs petits lacs de la plaine du Saint-Gothard, non loin de l'hospice, à 2150 mètres au-dessus de la mer (*ibid.*, pag. 28). — La Reuss, affluent si considérable du Rhin, a deux sources, l'une venant du Saint-Gothard, l'autre de la Furca. Elle se réunissent au village de l'Hôpital à la descente du Saint-Gothard vers la Suisse (*ibid.* pag. 59). — Pour ce qui concerne le Danube, la source de ce fleuve se trouve dans les montagnes de la Forêt-Noire, dans le grand duché de Bade, à plus de cinquante lieues, à vol d'oiseau, des sources du Rhin et du Rhône, dont elle est séparée par toute la largeur de la Suisse. Ce qu'il y a de vrai, c'est que l'Inn, un des principaux affluents du Danube, auquel il se réunit à Passaw, après un cours de quatre cent soixante kilomètres, prend sa source au Mont-Jule, à quinze lieues environ à l'est de la source du Haut-Rhin. Mais il n'est pas permis de confondre l'Inn avec le Danube. [*N. du T.*]

(8) La concession de Charlemagne aux évêques de Sion n'est pas douteuse, quoiqu'elle flotte entre les années 802 et 804. Mais Aymar se trompe tout-à-fait lorsqu'il nomme saint Théodule comme l'évêque auquel elle fut faite. Saint Théodule est le premier évêque de Sion, et il vivait à la fin du IVe siècle, quatre cents ans avant Charlemagne. L'évêque, auquel Charlemagne fit cette concession, est le dix-neuvième évêque de cette ville ; il se nommait Althée, et il paraît avoir siégé de 780 à 815. Du reste, jusqu'en 1798, les évêques de Sion restèrent souverains du Valais ; depuis lors, successivement république indépendante, département français, enfin, depuis 1815, un des cantons de la confédération helvétique, le Valais a perdu son antique caractère, et l'évêque de Sion n'est que l'un des suffragants de l'archevêque de Chambéry. — *Voir* la liste des évêques de Sion, avec une notice curieuse, dans l'*Annuaire de la société de l'histoire de France* pour 1849, pag. 142, avec un supplément dans l'*Annuaire* de 1851. [*N. du T.*]

(9) Ce passage doit être d'une époque plus récente que le reste de l'ouvrage d'Aymar, qui, comme nous l'avons dit plusieurs fois, s'arrête à l'année 1535. Les faits racontés dans ce paragraphe sont de 1536. Profitant des guerres entre le duc Charles III de Savoie et les habitants de Genève, les Bernois, sous la conduite de Farel, s'emparèrent du Chablais, qui, par édit du 31 mai 1536, fut déclaré réuni à leur république. Farel y fit alors prêcher le protestantisme. Les choses restèrent dans cet état jusqu'en 1564, époque où, par le traité de Lausanne, en date du 30 octobre, les Bernois rendirent au duc Emmanuel-Philibert, le Chablais et les autres conquêtes qu'ils avaient faites. De 1594 à 1596, par le zèle, la piété, la persuasion de saint François de Sales, et sans l'intervention du pouvoir civil, le protestantisme disparut du Chablais, qui retourna au catholicisme. (Grillet, *Dictionnaire*, art. *Chablais*, II, pag. 15 et suiv.). — Il n'est pas facile d'indiquer quelles sont les quatre localités désignées par Aymar : *Usque ad Montium et Montcolum, Chiavumque et vallem Sancti-Joannis* (pag. 167-168). J'avais d'abord supposé que la première indique Montriond, commune de huit cents âmes, près de Saint-Jean-d'Aulps ; la seconde, Monthoux près de Genève. Je ne sais pas ce que peut être Chiave, ne trouvant nulle part aucun nom semblable. Par Saint-Jean, il faut entendre Saint-

Jean-d'Aulps, mandement près de Thonon, commune de deux mille âmes, qui, sous l'Empire, était un chef-lieu de canton de l'arrondissement de Thonon et du département du Léman. *Salenovem* est Salenove, commune de deux cents habitants du mandement de Frangy ; j'avais traduit enfin *Leyluselum* par Lucinge, commune de quatre cents âmes du mandement de Chêne-Thonex. — Pour lever tous mes doutes, je me suis adressé à M. le curé de Thonon. Dans une lettre que m'écrit M. l'abbé Delesmillian, curé de cette ville, en date du 20 octobre, des interprétations différentes sont proposées à quelques noms, et, m'en référant à l'autorité d'un juge si compétent, je les ai fait passer dans ma traduction. Comme moi, M. le curé de Thonon ignore quelle est la localité qu'Aymar a voulu désigner par le nom de *Chiavum*, attendu qu'on ne connaît aucun lieu de Savoie portant un nom semblable ; comme moi, aussi, il n'hésite pas pour traduire *vallis Sancti-Joannis* par la *vallée de Saint-Jean-d'Aulps*. Mais il croit que *Monlium* est *Montsion*, près de l'Éluiset ; que *Monteolum* désigne *Monthey* en Valais, et *Leyluselum*, l'Éluiset, près de Viry, à trois lieues de Genève, mais non du côté du Chablais. Comme l'ajoute mon honorable correspondant, si cette interprétation est exacte, *Monteolum* et *vallis Sancti-Joannis* se rapporteraient à deux localités assez voisines ; *Leyluselum* et *Monlium*, voisins également l'un de l'autre, seraient dans une direction différente, et assez éloignés des deux premières localités. [*N. du T.*]

(10) De Saint-Maurice à Genève, il y a quatorze postes, soit vingt-huit lieues ; Martigny est à deux postes et quart de Saint-Maurice, soit quatre lieues et demie ; Sion est à neuf postes ou dix-huit lieues de Saint-Maurice ; d'Aoste à Sion par le Grand-Saint-Bernard et Martigny, la distance est de vingt-et-une postes, soit quarante-deux lieues. [*N. du T.*]

CHAPITRE XXVII ET DERNIER.

Les Salasses et Aoste.

Au-delà des Véragres, des Séduniens et des Centrons jusqu'en Italie se trouvaient les Salasses, dont le territoire, au témoignage de Strabon, était étendu. La vallée qu'ils habitaient est profonde, resserrée par des rochers, sur les sommets desquels ils s'étendaient en partie. Suivant Pline, les Salasses, qui ravageaient les campagnes situées au pied des Alpes, essayèrent de tirer parti du panic et du mil qui commençaient déjà à croître. Par ces ravages eux-mêmes, ils inventèrent dans l'Italie Cispadane une nouvelle méthode de culture; car ne pouvant rien retirer de ces blés en herbe, ils y passèrent la charrue (1). Les Salasses abondaient en mines d'or qu'ils exploitaient au moment de leur puissance ; pour l'extraction du cuivre et le lavage de l'or, la Doire, qui traverse leur pays, leur était d'une grande utilité. Mais dans beaucoup de lieux ils épuisaient, ainsi, les aqueducs qui devaient fournir de l'eau pour tous les usages ; dès lors, quelques-uns, pour trouver l'or, ruinaient les cultivateurs, dont les champs n'étaient plus arrosés, attendu que le fleuve devenait impuissant à fournir des eaux à tant de services; de là, au témoignage de Strabon, des guerres civiles très fréquentes entre ces peuples. Les Romains firent la guerre contre les Salasses et, quelquefois aussi, s'allièrent avec eux ; cependant ce fut toujours un peuple puissant. Sous le consulat d'Appius Claudius et de Quintus Cécilius Métellus (²), Appius Claudius combattit contre les Salasses-Gaulois, fut vaincu et perdit dix mille soldats. Mais ayant renouvelé le combat, il tua cinq mille hommes aux ennemis, comme nous le lisons dans Paul Orose, et ceux qui traversèrent les montagnes des Salasses éprouvèrent de la part de ce peuple de pillards beaucoup de désastres (³). Plus tard, tandis que Messala prenait ses quartiers d'hiver dans leur pays, ils obligèrent ce général à payer une indemnité pour du bois à brûler coupé et des ormes abattus par des recrues qui s'exerçaient à l'art de la guerre. Les Salasses s'emparèrent également du trésor de César, et, sous prétexte de construire des chaussées et de joindre les fleuves par des ponts, ils précipitèrent sur les légions des rocs immenses qui servirent au passage de leurs troupes. D. Brutus, fuyant de Modène, fut obligé de leur payer une rançon d'un denier par tête. Térentius Varron vendit à l'encan les Salasses défaits dans une grande bataille. Enfin Auguste détruisit complètement leur puissance, les vendit comme esclaves, et les déporta dans la colonie romaine d'Eporédia ; trente-six mille d'entre eux furent aussi massacrés (⁴). Lorsque les Salasses furent ainsi passés sous la domination romaine, ils perdirent tout à la fois et leurs mines d'or et leur territoire. Mais ceux d'entre eux qui occupaient les sommets des montagnes vendaient encore l'eau aux publicains et aux exploiteurs des mines, et, à cause de l'avarice des publicains, des procès avaient lieu continuellement contre eux. De cette façon les préteurs ou les préfets romains trouvaient des occasions continuelles de guerre. Enfin, Auguste, ayant envoyé dans ce pays trois mille Romains, fonda, dans le lieu même où déjà Terentius Varron avait campé, une ville qui, de son nom, fut appelée *Augusta* (Aoste). Tous ces faits ont été longuement racontés dans le quatrième livre de Strabon et dans d'autres auteurs. Selon Jacques Philippe de Bergame et beaucoup d'autres, cette nouvelle colonie, située dans la vallée des Salasses, fut appelée *Augusta Prætoria*, parce que, dans le lieu où Terentius Varron avait placé son camp contre ce peuple, Auguste fonda ou agrandit cette ville avec une grande masse de pierres, et y fonda un Prétoire, c'est-à-dire y envoya un préteur romain, trente ans avant Jésus-Christ (5). Dans la même ville existait un amphithéâtre où les chrétiens ont élevé plus tard une abbaye pour les religieuses de Sainte-Claire. Ce fut à Aoste, si l'on en croit Leblond dans ses *Illustrations d'Italie*, que l'on grava sur du marbre cette longue inscription qui énumérait tous les peuples qu'Auguste avait soumis dans les Alpes (6). Cette ville a un évêque suffragant de l'archevêque de la Tarantaise (7). Pline nous dit qu'Aoste est située dans la vallée même des Salasses, au double défilé des Alpes Grecques et Pennines, et il ajoute que celles-ci ont été ainsi appelées du passage des Carthaginois, les premières du passage d'Hercule.

.... En partant d'Yvrée et en montant par le val d'Aoste, on arrive au Mont-Jovet et, au-dessus d'Aoste, à une double cîme des Alpes. Les habitans appellent l'une le Mont de Jupiter, et c'est là que se trouve le monastère dédié à saint Bernard, l'autre la Colonne de Jupiter, et c'est par cette route qu'on descend dans la vallée de la

Tarantaise qu'arrose l'Isère. Dans ce lieu, on trouve encore, en effet, une colonne dédiée à Jupiter lors du passage de son fils Hercule. Chez nous, la route à travers les Alpes Pennines est appelée route du Grand-Saint-Bernard; celle qui traverse les Alpes Grecques est appelée route de la Colonne de Jupiter, ou du Petit-Saint-Bernard. Sur la première route, on trouve en effet, au sommet de la montagne, un grand temple, et sur la seconde un temple plus petit, tous les deux dédiés à saint Bernard, de manière que les routes des Alpes Pennines et Grecques ont reçu leur nouveau nom des temples qui y sont placés, et que les habitants, renonçant à un Jupiter fictif, ont pris saint Bernard pour patron. La vallée voisine du Grand-Saint-Bernard est encore aujourd'hui appelée Pennine. C'est par cette montagne qu'on se rend d'Aoste dans le Valais, dans le pays des Séduniens et à Genève. L'autre route, par le Petit-Saint-Bernard, conduit d'Aoste dans la Tarantaise.

Des Alpes Grecques sort la rivière de la Doire, qui arrose la vallée des Salasses et Aoste au midi; au-dessous d'Aoste, elle reçoit le ruisseau du Butier, qui provient, en partie, du Mont-Saint-Bernard, et en partie, de la vallée Pennine, arrose Aoste au nord et perd son nom en se jetant dans la Doire. De là, la Doire va se jeter dans le Tésin, en arrosant le reste de la vallée des Salasses [8].

Auprès d'Aoste est un arc de triomphe qui menace ruine, à cause de son antiquité, de l'insouciance des hommes de notre siècle et de l'érosion de la Doire [9].

Dans la cathédrale d'Aoste on voit une pierre avec cette inscription :

QVIETI GENTIVM HERCVLIS.

La vallée des Salasses, à partir d'Aoste, s'appelle aujourd'hui le Val-d'Aoste, et, suivant le médecin Panthaléon, cette vallée est tempérée et ses montagnes produisent beaucoup de fruits. Toutes les productions de cette vallée sont parfaites ; on y trouve d'excellents pâturages et il s'y fait de bons fromages. Dans le village de Septême, situé dans cette vallée, on fait un beurre excellent et très renommé, et supérieur, suivant le même médecin, à celui que produit tout le reste du pays des Insubriens. Enfin le fromage qu'on fabrique dans cette vallée est encore, dit Philippe de Bergame, connu sous le nom de Salasse. On trouve dans la vallée d'Aoste le comté de Chalant, possédé par la famille du même nom.

Pour terminer ce qui concerne les Alpes, Strabon, à la fin du quatrième livre, nous dit qu'on peut se rendre d'Italie en Gaule, à travers les Alpes, par quatre routes. Quant à moi, je compte dans les Alpes sept routes antiques. La première, voisine de la mer Tyrrhénienne, traverse le pays des Ligures ; c'est celle qu'Hercule, partant pour l'Espagne, fraya dans les Alpes Maritimes. La seconde, plus ancienne, traverse les Alpes Grecques et le pays des Salasses ; Hercule l'enseigna en revenant en Italie à travers la Gaule, ce qui fit donner à cette partie des Alpes le nom de Graïennes (ou Grecques). La troisième traverse les Alpes Pennines. Ces deux dernières proviennent d'une route unique établie dans le pays des Salasses, ou du moins de ceux d'entre eux qui allaient de l'Italie dans les montagnes. Suivant Strabon, il existe une route conduisant en Gaule, à travers la célèbre vallée des Salasses, jusqu'à Aoste. Là elle se sépare et se divise en deux branches : l'une, droite et abrégée, passant par les sommets des Alpes Pennines, impraticable au temps de Strabon pour les bêtes de somme ; l'autre, plus longue, mais praticable même pour les charriots, traversant le pays des Centrons. Toutes les deux conduisent à Vienne et à Lyon, l'une par Genève, l'autre par Chambéry. La route par les Centrons conduit aussi à Grenoble, dans toute la Narbonnaise et sur la mer d'Afrique. Si on laisse à gauche Lyon et son territoire, on se rapproche des Alpes Pennines, après avoir passé le Rhône et le lac Léman vers les champs des Helvètes, et l'on arrive dans le pays des Séquaniens et des Lingons par le Jura; de ces contrées on peut ensuite gagner l'Océan. De Milan, par les Alpes Grecques, à Vienne des Allobroges, il y a, suivant l'*Itinéraire* d'Antonin, trois cent huit milles, et l'on rencontre sur sa route les villes suivantes :

1. *Novaria;*
2. *Vercellæ;*
3. *Eporedia;*
4. *Victricium;*
5. *Augusta prætoria;*
6. *Arœbrigium;*
7. *Bergintrum;*
8. *Darantasia;*
9. *Oblimum;*
10. *Ad Publicanos;*
11. *Mantala;*
12. *Lemincum;*
13. *Labisco;*
14. *Augusta;*
15. *Bergusia* (10),

et enfin on arrive à Vienne.— Comme ces bourgades ont changé de nom, aujourd'hui, en allant de Milan à Vienne, on passe par Novarre, Verceil, Yvrée, Pont-Saint-Martin, Donato (ou Donax), Bard (11), Verrex, Mont-Jovet, Saint-Vincent, Châtillon, Nux, Villeneuve, Aoste, Saint-Pierre-de-Château-d'Argent, Livrogne, Morges, Saint-Didier, Tullie, le Mont-Saint-Bernard, Saint-Germain, Sexte, Saint-Maurice, Bélentre, Aymond, Moutiers, Aigueblanche, Conflans, Saint-Pierre-d'Albenc, Montmeillan, Chambéry, Aiguebelle, Pont-de-Beauvoisin, la Tour-du-Pin et Bourgoin. Le chemin de Milan, par les Alpes Grecques, à Argentoratum *(Strasbourg)* est le même jusqu'à Darantatasia *(Moutiers en Tarantaise)*. On trouve ensuite *Cennave, Colonia Equestris, le lac Losan*, le même avec le lac

Léman près de la ville de *Lausanne*, *Urba*, *Ariorica*, *Visontium*. On va de Milan à Mayence, par les Alpes Pennines, toujours suivant l'*Itinéraire* d'Antonin, par la même route jusqu'à Aoste; on trouve ensuite *Summus Penninus*, *Octodurus*, *Tarnaias*, *Pennelocus* et d'autres villes que l'*Itinéraire* énumère, mais que nous passerons sous silence parce qu'elles ne se rapportent pas à notre histoire, ni au but que nous nous proposons (12). La quatrième route part du pays des Tricastrins et conduit en Italie par les Alpes Juliennes ou le Mont-Genèvre (13); elle fut ouverte par Bellovèse d'abord, et ensuite par Brennus à la tête des Allobroges. La cinquième fut ouverte, dans les Alpes Maritimes, au-dessus de celle d'Hercule, par Annibal, qui se servit de la flamme et du vinaigre. En effet, en se rendant du pays des Allobroges et des Tricastrins, et en longeant les frontières des Voconces, Annibal, suivant Ammien Marcellin, passa par les défilés des Tricoriens et les gorges de la Durance; puis, ayant traversé ce fleuve, se fraya une route par des passages alors inaccessibles, plusieurs siècles s'étant écoulés depuis Hercule; ayant enfin, par la flamme et le vinaigre, dissous les rochers, il put aller s'emparer de l'Étrurie (14). C'est à tort que Volaterranus (15) dit qu'Hercule et Annibal passèrent par les Alpes au-dessus de Turin et qu'ils leur donnèrent les noms de Grecques et de Pennines. En effet, Turin ne se trouve pas au-dessous de cette partie des Alpes, comme nous l'avons démontré dans notre article sur les Sigoriens, et Hercule alla, non dans le pays des Taurini, mais dans celui des Salasses. Je ne nie pas cependant que les Alpes Grecques aient reçu leur nom d'Hercule. La sixième route est par le Mont-Cenis; elle fut ouverte dans les Alpes Cottiennes par le roi Cottius (16). La septième traverse l'Helvétie et la Rhétie. C'est par cette oute que les Dauphinois revinrent d'Italie dans leur pays, lorsque Milan ayant été enlevé par les Espagnols au roi de France François, ils ne pouvaient rentrer ni par le Mont-Genèvre, qui fait partie du Dauphiné, ni par le Mont-Cenis, ni par la vallée d'Aoste, qui obéissent au duc de Savoie. De nos jours, par suite des fréquents passages des Français en Italie, on a ouvert beaucoup de routes nouvelles, et l'on a rendu les routes anciennes plus praticables, comme nous l'avons écrit dans notre article sur Briançon.

NOTES DU CHAPITRE XXVII.

(1) Pour être clair, Aymar aurait dû citer la suite de ce passage. Pline ajoute qu'il résulta de là une moisson plus abondante, et que, dès lors, on apprit cette méthode que l'on appelle *artrare* ou *aratrare*, c'est-à-dire *labourer le blé en herbe* (Plin. XVIII, 49. 6). Il faut remarquer, en outre, qu'Aymar dit *in Cispadana Italia*, tandis que le texte de Pline porte : *in Transpadana Italia*. Aymar, écrivant en Gaule, considérait comme en-deçà du Pô, ce qui pour Pline, écrivant à Rome, était au-delà de ce fleuve. Ces licences bouleversent toutes les notions ordinaires de la géographie. [*N. du T.*]

(2) Le consulat d'Appius Claudius Pulcher et de Quintus Cecilius Metellus Macedonicus correspond à l'année 143 av. J.-C. [*N. du T.*]

(3) L'épitomé du 53e livre de Tite-Live ne nous a transmis qu'une ligne sur cette guerre : *App. Claudius consul, Salassos, Alpium gentem, subjicit.* — Orose, qui, presque partout, a abrégé Tite-Live et qui le remplace, jusqu'à un certain point, pour les parties du grand historien qui sont perdues, est le seul, en effet, qui raconte cette guerre avec quelques détails (v. 4.) — Valère-Maxime (l. v, chap. 4, § 6) ajoute cette circonstance restée célèbre : les tribuns veulent empêcher Appius Claudius de triompher, au retour de cette guerre. Sa fille, qui était vestale, se place sur son char à côté de lui, et, par sa piété filiale, triomphe de l'opposition des tribuns. Suétone (*In Tiber.* 2) raconte brièvement le même fait, mais en faisant de la vestale, qui décide le triomphe, la sœur et non la fille d'Appius Claudius. [*N. du T.*]

(4) *Eporedia*, Ivrée ou Yvrée. — Ces faits sont racontés dans Strabon (IV. 6. 5. *Tr. fr.* II, pag. 93), et Suétone (*In Aug.* 21). Dans la célèbre inscription en l'honneur d'Auguste, rapportée par Pline (III, 24.

4), on voit figurer les Salasses parmi les populations alpines soumises par l'empereur. Peu auparavant (III. 21. 2) Pline avait parlé de la colonie d'Eporedia, fondée, dit-il, sur l'ordre des livres sybillins, et ainsi appelée d'un mot gaulois qui veut dire *dompteur de chevaux*. On reconnaît, en effet, dans ce mot, dit M. Littré, la racine *Epe* ou *Epo*, cheval, qui se rattache au mot grec ἵππος; et au sanscrit *açva*. — Aymar a écrit, au sujet de la seconde guerre, une phrase inintelligible et dont nous avons tâché de tirer tout le parti possible : *Cæsaris quoque pecunias quandoque Salassi diripuerunt, et factis semitis aut junctis ponte fluviis præcipites rupes exercitibus commodas apponebant* (pag. 170). Quels sont ces chemins et ces ponts que construisent les Salasses? A quelles armées servent-ils? C'est ce que le texte d'Aymar ne fait pas du tout comprendre. Il a la prétention de traduire Strabon; or, voici ce que dit le géographe grec : καὶ ἐπέβαλον κρημνοῖς στρατοπέδοις, πρόφασιν ὡς ὁδοποιοῦντες, ἢ γεφυροῦντες ποταμοῖς (édit. de 1620, in f°, pag. 205, D.), ce que Laporte du Theil (*loc. cit.*) a très bien rendu ainsi : « Sous prétexte de travailler aux chemins et aux ponts des rivières, « ils firent rouler sur des armées entières d'énormes masses de « pierres. » Il faut remarquer, en outre, comme le dit également Laporte du Theil, qu'il ne s'agit pas de César, qui, dans ses *Commentaires*, ne parle pas de ces faits. L'argent volé par les Salasses, est celui de l'empereur Auguste. Il aurait suffi à Aymar, pour s'en convaincre, de lire deux phrases de plus; il aurait trouvé le nom de César-Auguste. Térentius Varron, qui avait vaincu les Salasses, les vendit à l'encan, au nombre de trente-six mille, sans compter huit mille personnes en état de porter les armes. Tous ces faits se rapportent à Auguste et ne concernent en rien César. [*N. du T.*]

(5) Il y a évidemment erreur de date. Le pouvoir souverain d'Auguste ne commence réellement qu'en l'année 29. La soumission définitive des Salasses est de l'année 25, et la fondation d'Aoste, en Piémont, ou *Augusta Prætoria*, paraît être de l'année suivante, 24 ans avant J.-C. [*N. du T.*]

(6) Les antiquaires ne sont pas d'accord sur le lieu où était placée cette célèbre inscription rapportée par Pline (III, 24. 4), et qui est si précieuse par l'énumération qu'elle contient des peuples qui ha-

bitaient les deux versants des Alpes. Les uns pensent que le monument qui la supportait et que Pline appelle les *Trophées des Alpes*, était placé près de Monaco ; d'autres pensent qu'on en retrouve les vestiges à la Turbie, près de Vintimille (province de Nice), dans l'ancienne Ligurie. Mais beaucoup d'autres sont de l'avis de l'auteur que cite Aymar du Rivail. Ils pensent que c'était l'arc-de-triomphe d'Aoste en Piémont, et leur principal motif c'est qu'un monument de cette nature dut être sur la voie militaire la plus centrale des Alpes et près d'une ville qu'Auguste venait de fonder, à laquelle il avait donné son nom et où il avait établi une colonie de gardes prétoriennes (*Voir* Grillet, *Dictionnaire de Savoie*, I, pag. 3, note 1). M. Egger (*Examen crit. des Hist. d'Aug.*, pag. 299) a savamment discuté les questions que soulève cet antique document. — Aymar a déjà indiqué plusieurs fois l'ouvrage sur lequel il s'appuie ici. En voici le titre exact : *Blondus (Flavius) Forliviensis. — Italiæ illustratæ lib.* VIII, *sive descriptio* XIV *regionum Italiæ, edente Gasp. Blondo filio. — Romæ*; MCCCCLXXV, in-f°. — Cette édition est rare et chère, suivant Brunet. Il en existe plusieurs autres, et la bibliothèque de Grenoble possède un exemplaire de cet ouvrage (édit. de Venise, in-f°, 1484), et un autre exemplaire (édit. de Bâle, 1531, in-f°). [*N. du T.*]

(7) L'évêché d'Aoste, fondé, suivant les auteurs du *Gallia christiana*, à la fin du IVe siècle, par saint Ambroise, fut suffragant de l'archevêché de Milan jusqu'à la fin du VIIIe siècle. A cette époque, il passa sous l'autorité des archevêques de la Tarantaise. Supprimé en 1803, rétabli en 1818, il dépend aujourd'hui de la nouvelle métropole de Chambéry (*Annuaire de la société de l'histoire de France* pour 1849, pag. 147). [*N. du T.*]

(8) Aymar du Rivail, qui, quelques chapitres plus haut, a très justement reproché à Strabon de confondre les deux Doires : la *Doria Riparia*, qui se jette dans le Pô à Turin, et la *Doria Baltea*, qui traverse le pays des Salasses, commet ici une erreur incroyable. La *Doria Baltea* est formée de deux torrents qui viennent du Mont-Blanc, séparent les cols du Grand et du Petit-Saint-Bernard, et se réunissent à Aoste. A partir de là, ils constituent la grande Doire, qui arrose toute la vallée des Salasses, où se trouvent aujourd'hui ces localités énumérées par Aymar lui-même : le Château-

de-Bard, Yvrée, etc...., et va se jeter directement dans le Pô entre Chivasso et Crescentino, à huit lieues environ au-dessous de Turin, mais à vingt lieues à peu près au-dessus du confluent du Tésin et du Pô, lequel s'opère un peu au-dessous de Pavie (*Ticinum* des anciens). Le Tésin sert de frontière entre les États-Sardes et le royaume Lombardo-Vénitien ; la *Doria Baltea,* comme la *Doria Riparia,* appartient entièrement aux États-Sardes. Que la géographie politique ait varié et qu'Aymar ait pu dès lors ne pas se trouver d'accord avec la situation actuelle, on le concevrait à la rigueur, quoique cela ne soit pas pour la question spéciale qui nous occupe ; mais que la géographie physique ait subi ces variations, que la Doire, au lieu de se jeter directement dans le Pô, ait pu jamais se jeter dans le Tésin, cela dépasse vraiment toutes les libertés qu'un auteur peut se donner et toutes les ignorances qu'il peut se permettre. Cependant nous avons traduit littéralement : *Inde per reliquam Salassorum regionem Durias in Ticinum defertur* (pag. 171).

(9) Cet arc-de-triomphe se voit encore à Aoste dans l'état que décrit Aymar du Rivail. Mais on voit de plus, dans cette ville, une porte magnifique à trois arcades, les restes d'un amphithéâtre, des débris de palais, de tours, de ponts, de routes, etc. — En résumé, nous voyons Auguste fonder dans les Alpes ou dans le voisinage des Alpes plusieurs villes importantes : *Eporœdia* (Yvrée) ; *Augusta Taurinorum* (Turin) ; *Augusta Prætoria* (Aoste en Piémont, dont nous nous occupons ici), et enfin deux autres villes portant aussi le nom d'Augusta, et dont l'une et l'autre nous ont occupés : *Augusta Allobrogum,* sur les bords du Guiers, aujourd'hui Aoste, arrondissement de la Tour-du-Pin, dans le département de l'Isère ; *Augusta Vocontiorum,* sur les bords de la Drôme, aujourd'hui Aouste-en-Diois, entre Saillans et Crest, arrondissement de Die, département de la Drôme. [*N. du T.*]

(10) *Itinerarium Antonini, edit. Wesselingii* (1735, in-4º) pag. 344-347. — Aymar a déjà placé ce tableau au chapitre VII (Chambéry, ci-dessus, pag. 75). Il n'y a de difficulté sérieuse que pour *Labisco* ou *Lavisco*. Des antiquaires savoisiens cités par Grillet (*Dictionnaire,* III, pag. 451), ne placent cette localité ni aux Échelles comme Chorier (*Hist. du Dauphiné,* II, pag. 7), ni au Pont-de-Beauvoisin, ainsi que nous l'avions conjecturé, ni comme d'Anville, au pied de

la montagne de l'Épine, à l'ouest du lac d'Aiguebelette. Mais, présumant, par des monuments antiques trouvés en grand nombre, que la voie romaine traversait le Mont-du-Chat, ils placent cette station au château de Choisel, à peu de distance d'Yenne et, par conséquent, du Rhône; ce qui, du reste, avant l'ouverture de la route des Échelles par Emmanuel II, était la grande route de France et de Suisse en Italie, comme le prouve plus haut Aymar du Rivail lui-même, lorsqu'il nous parle de l'horrible défilé entre Saint-Genis-d'Aoste et le Rhône, qui lui causait tant de terreur quand il allait de Vienne à Genève. M. Walckenaër (III, pag. 26) place cette station à Lannen, près de Yenne. [*N. du T.*]

(11) Nous sommes, ici, sur la route que suivit le premier consul Bonaparte, au mois de mai 1800, pour aller, le mois suivant, gagner la bataille de Marengo. Historiens, poètes et artistes, tous ont justement célébré cette hardie expédition. Nul ne l'a comprise et ne la fait comprendre comme M. Thiers (*Histoire du Consulat et de l'Empire*, l. IV, tom. I, pag. 187 et suiv. de l'édit. gr. in-8º), dont on doit lire le récit simple et éloquent à la fois. Les difficultés du passage du col du Grand-Saint-Bernard étaient assurément immenses, mais non pour les hommes, c'est, aux mois de mai et de juin, un passage facile, fréquenté, presque sans neiges. Il est d'ailleurs moins élevé que plusieurs autres passages des Alpes (l'Hospice est à 2428 mètres). Ce qui rendait ce passage difficile, c'était la nécessité de transporter l'artillerie et la cavalerie. C'est ce que fait bien comprendre le récit de M. Thiers. Le tableau de David, représentant Bonaparte sur un cheval fougueux qui se cabre sur un rocher, est de la poésie et de l'imagination. Le premier consul passa, prosaïquement, à dos de mulet, et par un chemin qui n'était ni plus ni moins difficile que ceux que nous parcourons en faisant nos excursions dans les Alpes. Ce qu'il y a de beau, c'est la force de volonté qui transporta l'artillerie sur le sommet du col, et surtout l'adresse et la hardiesse avec lesquelles l'armée passa sous le feu même du fort de Bard, qui défend l'extrémité de la vallée d'Aoste vers l'Italie. Voilà ce qu'on n'admirera jamais assez. Le marquis de Pézay, dans son petit et précieux ouvrage sur les gorges, les cols, les passages et les vallées des Alpes (Turin et Grenoble, 1793, pag. 55), déclarait, après avoir décrit le fort de Bard, qu'un incendie seul pourrait en déloger l'ennemi. Il ne soup-

çonnait pas ce qu'un homme de génie pouvait faire avec des soldats incomparables comme lui. [*N. du T.*]

(12) Ici encore, malgré la bizarrerie des expressions, j'ai traduit littéralement. Voici le texte d'Aymar (pag. 175) : *Lacus Losannus, idem cum Lemanno a Lausana civitate*, etc. Pour comprendre ceci, il faut remarquer, d'abord, que l'on écrivait indifféremment *Losanne* et *Lausanne*, à une époque où l'orthographe n'était pas encore arrêtée, comme on le voit, en comparant la carte de Savoie (pl. 24), et celle de Suisse (pl. 60), dans l'*Atlas* d'Ortelius, auteur presque contemporain d'Aymar du Rivail (*Abrahami Ortelii; theatrum orbis terrarum*, édition de Michel Coignet, Amsterdam, 1601, in-8° oblong), et, en second lieu, que les géographes du moyen-âge distinguaient dans le lac Léman deux parties : la partie orientale à laquelle ils donnaient les noms de *lac de Lausanne, lac Lausan* et *Losan*, et la partie occidentale à laquelle ils réservaient le nom de *lac Léman* ou de *lac de Genève*. C'est ainsi que l'un des biographes de saint Bernard, Geoffroy de Clairvaux, voulant montrer combien l'abbé de Clairvaux, absorbé en lui-même et dans la contemplation des choses célestes, était étranger aux choses extérieures, nous dit qu'il marcha un jour entier *sur les bords du lac de Lausanne*, sans le voir ou sans s'apercevoir qu'il l'avait vu : *juxta lacum Lausanensem totius diei itinere pergens, penitus eum non vidit, aut se videre non vidit* (III. 2. — *sancti Bernardi opera, edit. Mabillonii*, 1690, tom. II, pag. 1118 E). Par conséquent, dans le passage qui nous occupe, Aymar, en copiant à peu près l'*Itinéraire* d'Antonin, a voulu tout simplement désigner, par les mots *lacus Losannus*, la partie *nord-est* du lac de Genève où est située la ville de Lausanne, et, par les mots *idem cum Lemanno a Lausana civitate*, la partie occidentale du même lac, depuis Lausanne jusqu'à Genève. — Cette première difficulté levée, il en reste quelques autres. A quelles localités actuelles correspondent les noms qu'Aymar nous donne d'après l'itinéraire de Milan à Strasbourg et celui de Milan à Mayence ? Il n'a pas donné ces deux itinéraires d'une manière complète, et il en avertit. On les trouve complètement dans l'édition de l'*Itinéraire* d'Antonin, par Wesseling (1735, in-4°, pag. 346 et 350), et dans la *Géographie des Gaules Transalpine et Cisalpine*, par M. Walckenaër (tom. III, par 29 et

54). Nous nous bornons ici à donner la signification la plus probable des noms cités par Aymar : *Cennava, Cenava* ou *Cennave*, correspond à Genève ; *Colonia equestris* comme écrit Aymar, *Equestribus* comme on lit dans l'*Itinéraire*, correspond à Nyon, ville du canton de Vaud, sur le lac de Genève, à dix-neuf kilomètres de cette ville ; nous venons de dire ce que c'était que le lac *Losan*; *Urba* est la ville d'Orbe, dans le canton de Vaud, sur la rivière d'Orbe, qui se jette dans le lac de Neuchâtel, ville que J.-J. Rousseau a rendue célèbre dans sa *Nouvelle Héloïse*; enfin Wesseling me paraît avoir eu raison de traduire *Ariorica*, par Pontarlier (Doubs); M. Walckenaër substitue à cette ville *Arc-sous-Cicon*, petite commune du même arrondissement, à seize kilomètres environ de cette ville. *Visontium* ou *Visontione*, comme porte l'*Itinéraire*, est Besançon. — Quant à la seconde route (celle de Milan à Mayence), nous en avons déjà trouvé ailleurs les points principaux : *Summus Penninus* est le grand Saint-Bernard ; *Octodurus*, Martigny ; *Tarnaias* est Ternade, près de Saint-Maurice, en Valais ; enfin *Pennelocus*, suivant Wesseling, est peut-être Neustad, sur le lac de Genève, plus probablement, comme le pense M. Walckenaër, Villeneuve, dans le Valais. [*N. du T.*]

(13) Presque partout, sauf au chapitre XXI (ci-dessus, pag. 241), Aymar du Rivail se sert de la véritable expression pour désigner le Mont-Genèvre : *Alpis Cottia*. Le nom d'*Alpis Julia* est à peine connu ; il lui fut donné, parce que c'est par là que César pénétra en Gaule lors de sa première campagne, ainsi que nous l'avons dit à propos de la résistance que le conquérant trouva de la part des Caturiges, des Garucelles et des Centrons. [*N. du T.*]

(14) La longueur et l'importance de cette note m'obligent à la rejeter au premier appendice. [*N. du T.*]

(15) Raphaël Maffei, surnommé *Volaterranus*, né à Volterre, en Toscane, en 1452, auteur d'une volumineuse compilation dont nous avons déjà parlé. [*N. du T.*]

(16) Cette note est rejetée au second appendice [*N. du T.*]

APPENDICES.

I.

DES DIVERS SYSTÈMES SUR LE PASSAGE DES ALPES PAR ANNIBAL.

(*Voir* pag. 305, note 14).

Aymar du Rivail a varié trois ou quatre fois au sujet de l'expédition d'Annibal. Nous n'aurions pas songé à relever ces contradictions si, d'abord, le passage de notre auteur, dont il s'agit en ce moment, ne renfermait pas des erreurs graves; si, en second lieu, nous ne trouvions pas ici l'occasion de dire quelques mots de cette expédition des Carthaginois *au sujet de laquelle*, dit Napoléon, *les commentateurs déraisonnent depuis des siècles* (Mém. de Napoléon, cités dans l'ouvrage qui a pour titre : *Napoléon; ses opinions et ses jugements sur les hommes et sur les choses... par M. Damas-Hinard*, tom. 1er, p. 79). D'abord Aymar du Rivail s'exagère les difficultés du passage des Alpes par l'armée carthaginoise ; il a cela de commun avec les historiens de l'antiquité, toujours un peu poètes et qui se sont plu, comme les poètes et les artistes modernes, au sujet du passage de Bonaparte par le Grand-Saint-Bernard, ainsi que je l'ai déjà dit, à inventer des circonstances merveilleuses et des difficultés imaginaires, ce que Polybe (III, 9) reprochait déjà à ceux qui l'avaient précédé, en leur disant de ne pas imiter les poètes tragiques, et de ne pas gâter des faits grands et beaux par eux-mêmes en y mêlant des fictions. La grande difficulté pour l'armée française, en 1800, ce fut le transport de l'artillerie par des routes praticables seulement aux mulets, et, plus tard, à la descente, la prise du fort de Bard. Triompher de ces deux obstacles, telle fut l'œuvre du génie du premier consul et du courage de l'armée qu'il enthousiasmait et à laquelle il inspirait quelque chose de son génie. C'est assez grand et assez beau, sans qu'on doive y ajouter des fables ou des légendes. Il en fut ainsi pour Annibal. Comme le dit Polybe, et comme le répète aussi Napoléon dans l'ouvrage déjà cité, les Alpes étaient occupées et franchies par les Gaulois, depuis 400 ans, lors de l'expédition d'Annibal; il n'avait donc pas à en découvrir les passages, ils étaient parfaitement connus; ni à se frayer une route, les routes étaient frayées et parcourues depuis quatre siècles. Mais il eut à lutter contre des populations hostiles, et ses éléphants lui causèrent des embarras analogues à ceux que le premier consul rencontra pour son artillerie. Avoir vaincu ou tourné ces obstacles, voilà la gloire qui lui revient en réalité et elle n'est pas minime.

Outre cette exagération, notre auteur commet des erreurs de faits beaucoup moins contestables et certes moins excusables que son appréciation. Avec la plus légère connaissance de la géographie, on voit bien que, à la descente des Alpes, Annibal ne se trouva pas en Étrurie, mais dans la Gaule Cisalpine. On sait, par les magnifiques récits de Tite-Live, qui sont dans toutes les mémoires (l. XXI, 38 et suiv.; XXII, 1-7), que le général carthaginois, avant de passer en Étrurie, eut à s'emparer de Turin, à vaincre les Romains sur les bords du Tésin, à traverser le Pô, à remporter une nouvelle victoire sur les bords de la Trébie, à franchir l'Apennin, enfin, à pénétrer, au milieu de difficultés admirablement retracées par l'historien latin, à travers les Maremnes de l'Étrurie pour aller livrer et gagner la bataille du lac de Trasimène.

Ces erreurs rectifiées, disons quelques mots des nombreux systèmes auxquels le passage des Alpes par Annibal a donné lieu. Le point où Annibal a franchi ces montagnes, pour passer de Gaule en Italie, soulevait déjà dans l'antiquité de grandes discussions. Tite-Live, qui est artiste, et grand artiste avant tout, marche droit devant lui, raconte et ne discute pas; il sort cependant, à cette occasion, de ses habitudes et de son système (xxi, 38), pour réfuter un vieil historien nommé Célius, qui faisant passer les Carthaginois *(Pœni)* par le pays des Salasses et des Véragres (c'est-à-dire par le Grand-Saint-Bernard), prétendait que c'était de là que cette partie des Alpes avait reçu le nom d'*Alpes Pennines*, étymologie qui, quoique combattue avec raison par Tive-Live, a été reproduite, comme nous l'avons vu dans Aymar lui-même, par des écrivains anciens et par beaucoup de savants modernes. Mais Tive-Live avoue son ignorance sur la partie des Alpes que traversa Annibal, (*miror ambigi quanam Alpes transierit*), et de là un vaste champ ouvert aux conjectures. Je n'entreprendrai pas de dresser une bibliographie des dissertations composées sur ce point d'érudition; elles formeraient, pour ainsi dire, à elles seules, une bibliothèque, et, quoique j'en aie lu plus de cinquante, il est très-vraisemblable qu'il en reste peut-être plus encore qui me sont inconnues. Dans une assez longue dissertation que l'on trouve plus haut (pag. 224 et suiv., chap. xix, *les Sigoriens et Gap*), Aymar du Rivail essaie de démontrer qu'Annibal a passé par Tallard (Hautes-Alpes), Miolans et

Barcelonnette (Basses-Alpes), ce qui semble avoir pour conséquence de le conduire en Italie par le col de Roburent (3,040 mètres!), si l'on consulte seulement les cartes de France et d'Italie dans l'atlas de Tardieu pour la dernière édition de Malte-Brun; de là Annibal serait arrivé, par un col qu'Aymar se contente de désigner sous le nom de Roche-Coupée ou de Pierre-Scise *(per Rupem-Scissam)*, à la Stura qu'il aurait suivie jusqu'à Coni, d'où, en prenant la vallée de la Maira, puis celle du Pô, il serait arrivé à Turin. Je n'ai trouvé dans aucun traité ni dans aucune des anciennes cartes spéciales de cette partie des Alpes (les *Mémoires* du marquis de Pézay, ceux du général Bourcet, la *Géographie physique* de Lavallée, etc., les excellentes cartes de Bourcet, l'*Atlas topographique et militaire des Alpes*, par Raymond, 1820, in-f°, carte n° 7), le col de Roburent élevé de 1,520 toises (3,040 mètres environ) que m'indiquaient les cartes de Tardieu; mais il est marqué sur la carte publiée en 1844 par Langlois, d'après Cassini et le dépôt de la guerre. Toutefois, il est à remarquer qu'on ne l'y fait figurer que comme un col secondaire, sans route indiquée; que, placé un peu au nord du col de l'Argentière, un peu au midi du col de la Maira, c'est à celui-ci et non au col de Roburent que se rapporte l'indication de 3,040 mètres. En réalité, pour se rendre de Barcelonnette à Coni, comme on le voit sur les cartes de Bourcet et de Raymond, il y a trois passages principaux : 1° plus au midi, le col d'Allos sur la frontière, d'où l'on descend par Allos, dans la vallée de la Stura, affluent considérable du Tanaro; 2° presque en ligne droite, en passant par Rousse-Villard, le col du Lautaret qui se trouve à la frontière; de là on descend à Saint-Étienne, où l'on reprend, vers le nord, la vallée de la Stura; 3° plus au nord, en passant par la vallée de l'Oronaye, un des affluents de l'Ubaye qui arrose la charmante vallée de Barcelonnette, par les villages de la Murette, de Jauzier, de Mailbois, on arrive au col de l'Argentière, où se trouve la source de la Stura, dont on suit la vallée par l'Argentière, Ber, Ponte-Bernardo, Vinadio, Demonte et Coni. C'est ce dernier passage qu'Aymar avait en vue, d'abord, parce qu'il est le plus facile et le plus fréquenté des trois, ensuite parce que, au moment où Aymar du Rivail écrivait, en 1535, il ne s'était écoulé que vingt ans depuis qu'une armée française avait passé par ce col, sous la conduite de François I*er*, comme le raconte Aymar du Rivail lui-même (*per collem Argentariæ, Rupem-Scissam, Vallem Bresieriam, Intermontium et Cunium, in Italiam Franciscus cum equitatus mole et tormentis pervenit*; l. IX, p. 560), passage hardi et difficile, mais que Gaillard (*Histoire de François I*er, l. I) a cru célébrer bien plus encore en ajoutant des détails de pure imagination aux renseignements très simples et, par cela même, très-croyables, que nous ont transmis à ce sujet le *Loyal serviteur* (ch. 59 et 60); Marillac (*Vie du connétable de Bourbon*, Panth. Litt. pag. 156); Fleuranges (*ibid.* pag. 261); Du Bellay (pag. 328), dont plusieurs font observer, du reste, que, tandis que le roi passait par le col de l'Argentière, l'artillerie prenait la route du Mont-Genèvre. Par conséquent, en conduisant Annibal par cette route qu'une armée française avait inaugurée, (car, dit Du Bellay, *c'estoit un lieu où jamais armée n'avoit passé*), Aymar du Rivail était encore sous l'impression, et de la prise de Prosper Colonna à Villefranche par l'incroyable hardiesse de Bayard, et de la glorieuse victoire remportée, à la suite du passage du roi, à Marignan. Mais son allégation est dénuée de toute preuve et de tout fondement historiques et ne mérite pas de nous occuper davantage, si nous ajoutons, toutefois, que l'armée sarde franchit ce même col, avec de l'artillerie, en 1692 et en 1710.

Un savant de la fin du xv⁰ et de la première moitié du xvi⁰ siècle, Marliani *(Marlianus)*, que cite Aymar du Rivail (ci-dessus, pag. 226), avait émis une autre opinion qu'Aymar n'adopte pas : il faisait aller Annibal par le Mont-Cenis. Sa principale raison c'est que cette montagne fut ainsi appelée *(Mons-Cinesius* ou *Mons-Cinerum)*, parce qu'Annibal l'avait réduite en cendres, sans doute en faisant dissoudre les rochers avec du vinaigre ! Marliani est bien heureux de nous avoir rendu l'immense service d'éditer quelques-uns des chefs-d'œuvre de l'antiquité, et surtout d'avoir publié, le premier, les *Fastes consulaires!*

A partir du xvi⁰ siècle, nous voyons les traditions et les systèmes abonder au sujet du passage d'Annibal. Tous les montagnards des Alpes veulent qu'il ait passé chez eux et ils en ont tous des preuves à vous donner. Dans la vallée d'Aoste, on vous montre l'escalier d'Annibal au-dessous du fort de Bard ; la porte romaine dont il reste, ainsi que je l'ai dit, un beau débris entre la Rivoire et Mont-de-Lans, en Oisans, s'appelle la porte d'Annibal ; à Loriol et dans d'autres localités du département de la Drôme, on montre des camps d'Annibal ; à la montagne de l'Abessée, au-dessous de Briançon, une muraille flanquée de trois tours rondes est la défense improvisée par les Romains contre Annibal ; si l'on s'en rapporte à la tradition briançonnaise, l'ancienne percée du Pertuis-Rostang, entre Embrun et Briançon, est l'œuvre d'Annibal ; il en est de même de ce tunnel grandiose que François I⁰ʳ fit réparer, qu'on rouvrit un instant sous l'Empire, et qui se trouve au col de la Traversette au Mont-Viso, etc., etc. S'appuyer sur les traditions, c'est donc prendre une base bien fragile puisque l'on trouve les souvenirs d'Annibal dans presque tous les cols des Alpes. Vaut-il mieux s'appuyer sur les travaux des savants? Hélas ! je le voudrais ; mais comment se reconnaître dans ce pêle-mêle de systèmes contradictoires, souvent ingénieux, mais plus souvent encore soutenus sans une étude sérieuse des deux historiens de l'antiquité qu'ils corrigent, modifient, gourmandent et déclarent inconciliables, laissant à choisir de déclarer absurde et ignorant l'un des deux, Polybe ou Tite-Live, quelquefois l'un et l'autre? Un écrivain, cité par M. Delacroix (*Statistique du département de la Drôme*, 2ᵉ édit. in-4°, 1835, pag. 22), a classé les divers systèmes émis dans quatre-vingt-dix dissertations qu'il connaissait ; si on s'en rapporte à cette classification, la moins possible de toutes les routes attribuées à Annibal (celle du Petit-Saint-Bernard), est celle qui a réuni le plus de suffrages (33 sur 90); celle du Mont-Genèvre et celle du Grand-Saint-Bernard, la première inconciliable, comme je le dirai tout à l'heure, avec un texte formel de Tite-Live et de Polybe, la seconde condamnée par Tive-Live lui-même, sont soutenues, la première par vingt-quatre savants, la seconde par dix-neuf ; les deux seules routes entre lesquelles on puisse, sans parti pris et avec une étude sérieuse des textes, hésiter un instant à se prononcer, celle du Mont-Cenis et celle du Mont-Viso, n'ont, la première, que onze voix et la seconde seulement trois !

Il faudrait y ajouter une autre opinion émise par Doujat, dans son *Commentaire au XXIᵉ livre de Tite-Live*, lequel admet que le *Cremonis Jugum* de Célius était situé entre le Petit et le Grand-Saint-Bernard et conduisait à Courmayeur dans la vallée d'Aoste. En admettant ce système, Annibal aurait passé, non-seulement le col du Bonhomme, par lequel on va du Faucigny et de la vallée de l'Arve, par Bionnay et Bionnassey, au pied du

Mont-Blanc, soit dans la Tarantaise et la vallée de l'Isère, soit dans la vallée d'Aoste, c'est-à-dire sur la Doire, mais en passant le col des Fours, celui de la Seigne, et enfin en longeant le vallon de l'Allée-Blanche pour tomber à Courmayeur. Or, le premier de ces trois cols est élevé de 1,255 toises ou 2,510 mètres au-dessus de la mer, suivant de Saussure, et lorsqu'on lit, dans l'illustre savant genevois (*Voyages dans les Alpes*, II, pag. 149 et 369), les difficultés qu'il rencontra pour traverser ces trois cols au mois de juillet, on fait bon marché de l'opinion de Doujat et l'on ne peut admettre qu'une armée ait jamais suivi cette route, surtout au mois d'octobre. Il est vrai qu'on pourrait également, dans ce cas, supposer qu'Annibal, en suivant la vallée de l'Arve, aurait franchi la *montagne du Tacul* ou le *col du Géant*, comme l'appelle de Saussure, qui y passa, en observations scientifiques, dix-sept jours et dix-sept nuits, au mois de juillet, au milieu de difficultés et de dangers qu'il a racontés (*Voyages dans les Alpes*, IV, pag. 217 et suiv.). Ce col conduit de la vallée de l'Arve dans celle de la Doire, à Courmayeur, comme ceux dont nous avons parlé, et, de quelques parties, on aperçoit l'Italie. Mais, d'abord, il y avait peu de temps qu'on avait découvert ce passage lorsque de Saussure s'y rendit; en second lieu, il est, à la montée surtout, d'une difficulté considérable; enfin, il se trouve à 3,500 mètres au-dessus du niveau de la mer! Cela suffit pour rejeter la possibilité du passage d'une armée par ce col.

Parmi les savants qui, malgré Tite-Live, ont fait passer Annibal par le Grand-Saint-Bernard, je me contenterai de signaler le célèbre géographe Cluvier, le P. Ménétrier dans son *Histoire de Lyon*, le voyageur genevois, Bourrit, plus sentimental que savant, l'anglais Witaker, etc. Une simple réflexion détruit tout ce système: pour aller au Mont-

Saint-Bernard, il aurait fallu qu'Annibal traversât l'Isère, remontât le Rhône jusqu'au confluent de ce fleuve et de la Saône, où serait, alors, ce que Polybe (III. 10) appelle l'Ile. Or, Polybe indique les journées de marche et il en compte quatre depuis l'endroit où Annibal traversa le Rhône jusqu'à l'Ile. Une armée a-t-elle jamais pu se rendre, en quatre jours, de Roquemaure (entre Avignon et Pont-Saint-Esprit), à Lyon? La question n'a pas besoin d'être discutée. Dès lors, toutes ces hypothèses tombent d'elles-mêmes, puisqu'Annibal n'aurait pu parvenir au Grand-Saint-Bernard que par Lyon, pour entrer plus tard dans le Valais.

La même fin de non-recevoir peut être opposée aux PP. Catrou et Rouillé, aux anglais Fergusson, Melville, Wickham et Cramer, à M. de la Renaudière, et à Deluc, le plus savant et le plus ingénieux de tous, qui adoptent la route par le Petit-Saint-Bernard. Ils doivent encore conduire leur héros à Lyon, comme ils le font presque tous, ou bien, comme Deluc, le faire aller par Bourgoin, Yenne, le Mont-du-Chat et Chambéry; mais, en corrigeant Polybe, en faisant passer à Annibal des rivières, l'Isère par exemple, que ni l'historien grec, ni Tite-Live ne disent qu'il a passées. Les distances ne concordent pas avec les campements que Polybe indique et, dès lors, la question est résolue négativement.

A ces partisans du Petit-Saint-Bernard, je dois joindre l'auteur du magnifique ouvrage intitulé: *Théâtre des États du duc de Savoie, traduit du latin (de Jean Blaeu) en français, (par J. Bernard).* — (2 vol. grand in-f° avec cartes, plans, vues, portraits, etc. La Haye, 1700), ouvrage aussi beau que peu scientifique. Suivant l'auteur, Annibal s'est rendu à Turin par la vallée d'Aoste, et c'est sur sa route qu'il jeta les fondations du fort de Bard, que notre écrivain appelle *le rempart imprenable de tout le val d'Aoste* (pag. 54), juste un siècle avant l'époque où une armée française devait le tourner comme en se jouant !

Ainsi que je le disais tout-à-l'heure, les Alpes Cottiennes, c'est-à-dire le Mont-Genèvre, ont de très-nombreux partisans, et, si l'on appréciait les témoignages par l'autorité scientifique des hommes qui ont développé et soutenu ce système, on serait réduit au silence. Nous comptons, en effet, avec des variantes dans les détails secondaires et des différences pour les vallées, parmi les partisans du Mont-Genèvre, le célèbre commentateur de Polybe, le chevalier Folard, qui conduit le général carthaginois par l'Oisans, le Lautaret, la vallée de la Guisane, Briançon et enfin le Mont-Genèvre ; l'historien de la Provence, Bouche ; d'Anville ; Gibbon ; de nos jours, l'auteur de la *Statistique de la Drôme*, M. Delacroix ; l'auteur de l'*Histoire des Hautes-Alpes*, l'honorable ex-préfet de ce département, M. Ladoucette ; Fortia d'Urban, le fécond écrivain ; et enfin, un homme devant l'autorité duquel, nous ses humbles disciples, nous avons coutume de nous incliner, l'excellent et regrettable M. Letronne (*Journal des Savants de* 1819). Ajouterai-je le général Saint-Cyr Nugues, dont la dissertation, imprimée en 1837, se lit avec intérêt, parce qu'elle est écrite avec une verve toute militaire et un laisser-aller de grand seigneur, mais qui, malheureusement, manque totalement de critique ? Je n'opposerai pas à tous ces savants les divergences qui existent entre eux, suivant qu'ils connaissent plus ou moins profondément les localités, en ce qui concerne les vallées par lesquelles l'armée carthaginoise dut se rendre au Mont-Genèvre. Tous admettent enfin qu'elle parvint à ce col, le moins élevé et le plus facile à traverser de tous les passages de la chaîne centrale des Alpes. Je ne leur dirai même pas que, suivant tous les auteurs, le *Mons-Matrona,* aujourd'hui le Mont-Genèvre, ne fut frayé et ne devint accessible que grâce à la route qu'y ouvrit, à l'époque d'Auguste, le roi Cottius qui régnait sur les deux versants de cette partie des Alpes. Je ne veux diminuer en rien la gloire du roi Cottius; je suis convaincu qu'il rendit un très grand service en ouvrant cette route entre la vallée de la Doire et celle de la Durance; mais j'admets volontiers qu'il perfectionna et améliora, en la rectifiant, une route déjà connue et fréquentée, comme le prouvent les nombreuses émigrations des Gaulois en Italie. Ce ne sont pas là mes motifs pour rejeter la conclusion des savants que je viens de nommer ; j'ai une autre raison qui me paraît sans réplique. Tite-Live nous dit très positivement (XXI, 35) que, « parvenu au sommet » des Alpes, Annibal fit faire halte à ses troupes, et que, » de là, il leur montra l'Italie et les plaines baignées par le » Pô au pied des Alpes; » *consistere jussis militibus Italiam ostentat, subjectosque Alpinis montibus circumpadanos campos.* Il n'y a pas là d'ambiguïté possible; Tite-Live ne dit pas, comme quelques-uns des savants dont je parle le lui font dire, qu'Annibal montra, *en quelque sorte, pour ainsi dire, par la pensée*, les plaines de l'Italie à ses soldats; ce n'est pas par les yeux de l'esprit, c'est par les yeux du corps, qu'il les leur fait voir. Qu'on ne vienne pas me dire que c'est là un tableau poétique inventé par Tive-Live; qu'il a voulu embellir son récit, de même que Polybe a commis une grosse erreur et qui saute aux yeux en représentant les montagnards des Alpes, pour mieux tromper Annibal, venant au-devant de lui avec des rameaux d'olivier. Tout le monde sait parfaitement que l'olivier ne croît pas dans les Alpes septentrionales, et Polybe, qui avait vu nos montagnes, ne l'ignorait pas; il y avait vu des sapins, des mélèzes, des saules, des buis, des genévriers, mais pas d'oliviers. Aussi n'a-t-il pas, à ce que je crois, commis cette erreur, qu'on ne doit imputer qu'aux traducteurs. Il a écrit (édit. de Casaubon, 1609, in-f°, pag. 205 D) que les montagnards vinrent au-devant d'Annibal, θαλλοὺς ἔχοντες καὶ στεφάνους. On a traduit θαλλοὺς par branches d'olivier, très gratuitement. Car θαλλία, θάλος, θαλλός signifient des branches d'arbre, des rameaux verts en général, et, dans quelques cas seulement, des rameaux d'olivier. Il aurait fallu ici donner la signification la plus générale et non le sens particulier. N'attribuons donc pas à Polybe une bévue qui n'appartient qu'à ses traducteurs (1). En ce qui con-

(1) Le point de départ de cette fausse interprétation se trouve peut-être dans le *Thesaurus linguæ grecæ* de Henri Étienne, qui, au mot θαλλός, après avoir indiqué le sens général de *branche verte*, donne le sens spécial de *branche d'olivier*, en citant précisément le passage de Polybe qui nous occupe. De là, sans doute, la traduction latine de Casaubon : *cum virentis olivæ ramis et coronis* (édit. de 1619, pag. 205). L'addition des mots *virentis olivæ* peut paraître très gratuite et fort hasardée ; mais les traducteurs n'y regardent pas de si près. Aussi un des plus anciens traducteurs français de Polybe, P. Du Ryer (édit. de 1655, in-f°, p. 173, et édit. de 1670, in-18, I, pag. 344), dit-il : « Ils vinrent au-devant avec des branches d'olives et des couronnes de fleurs, » ajoutant le mot de *couronnes de fleurs* et celui de *branches d'olives*, qui est très curieux, c'est-à-dire employant quatorze mots français pour traduire quatre mots grecs. Il est vrai qu'on peut s'attendre à tout de la part d'un traducteur, qui nous parle continuellement de la *gendarmerie d'Annibal* et d'autres choses semblables. D. Thuillier (édit. in-4° de 1727 à 1731, et édit. grand in-8° ou *Panthéon littéraire*, pag. 101) n'a pas manqué, comme je l'ai dit, de reproduire les *branches d'olivier*. Larauza lui-même a donné cette mauvaise interprétation, et enfin le dernier traducteur français de Polybe, mon excellent camarade et ami, M. Bouchot (collect. Charpentier, 1845, liv. III, ch. 52), l'a également reproduite, tant il est vrai qu'une mauvaise leçon, une fois introduite dans la science, est presque indestructible ! — Je regrette de n'avoir pu consulter la traduction latine de l'édition de Schweighæuser ; elle n'existe pas à la Bibliothèque de Grenoble. Toutefois, je dois dire que les traducteurs antérieurs à la publication du *Thesaurus* de Henri Étienne, c'est-à-dire à l'année 1572, n'ont pas commis cette faute. Ainsi le plus ancien traducteur français de Polybe, *Loys Maigret* (1542, in-f°, feuillet XXI, v°) embarrassé, à ce qu'il semble, par le mot θαλλοὺς, trouve plus simple de ne pas le rendre. Il se contente de dire : « les montagnards s'en » vont au-devant d'Annibal, *portant en leurs testes des chappeaulx de fleurs.* » J'aime encore mieux les *chappeaulx de fleurs*, portés *en la teste*, et les anachronismes de

cerne la vue des vallées du Pô, les deux historiens s'accordent. En effet, Polybe dit (III, 11), comme Tite-Live, que, pendant la halte de deux jours qu'Annibal fit au sommet des montagnes, il montra à ses soldats, pour relever leur courage, les vastes plaines arrosées par le Pô. Les deux historiens sont donc parfaitement d'accord. Eh bien! j'en appelle à tous ceux qui ont été au Mont-Genèvre et je leur demande si jamais, de ce col, œil humain a pu voir les plaines de l'Italie? Le col du Mont-Genèvre présente, en effet, ce caractère remarquable qu'il débouche dans les vallées de Cézane, d'Oulx, de Fénestrelle, de Pignerol, de Bardonenche, de Chaumont et de Suze, mais non directement en Piémont, où l'on n'arrive, quelle que soit celle de ces vallées que l'on choisisse, qu'après une marche encore longue. Du col du Mont-Genèvre on n'aperçoit que des sommets de montagnes, pas une plaine, pas même une vallée. Sans doute, en descendant pendant quelque temps, au-dessous du petit village des Clavières, on aperçoit Cézane et la vallée arrosée par la Doire; mais

---

Maigret, *François, Savoisiens*, etc., que les oliviers dans les Alpes. Il en est de même du premier traducteur latin de l'historien grec, Nicolas Perrotti (Rome, 1473; Haguenau, 1530; Lyon, 1554, pag. 233). Il se contente de dire : *advenienti igitur Annibali obviam procedunt, florentes capiti corollas gestantes*, ce qui n'est pas bon, assurément, mais ce qui ne contient pas de sottises. — Enfin le premier traducteur italien de Polybe, Ludovico Domenichi (Ferrare, 1545, in-12, f° 145, v°), qui ne craint pas plus que Maigret les anachronismes d'expressions, et qui se sert, à tout instant, des mots *Francesi, Savoia, Toscana*, etc., dit aussi très simplement : *arrivando dunque Annibale gli andarono incontra portando in testa corone di fiori*. — Il résulte de là, que les traducteurs antérieurs à Henri Étienne passaient le mot θαλλούς, qu'ils ne comprenaient pas, à ce qu'il semble, et que les traducteurs, depuis la fin du XVIe siècle, s'appuyant sur l'autorité du *Thesaurus*, ont donné à ce mot un sens restreint et particulier, qui devient une absurdité quand on l'applique aux montagnards des Alpes du Dauphiné. Tout au plus serait-il tolérable si Annibal était allé à Digne; mais, quoiqu'on l'ait fait singulièrement voyager, personne, sauf Aymar du Rivail, qui encore ne le conduit qu'à Barcelonnette, n'a eu l'idée de l'envoyer chercher les Romains dans les Basses-Alpes, même avec la chance d'y trouver des oliviers! [*N. du T.*]

ce n'est pas la vallée du Pô; ce ne sont pas, il s'en faut de beaucoup, les plaines arrosées par le Pô. Donc, puisque du Mont-Genèvre on ne peut apercevoir les plaines de l'Italie, *puisque, d'autre part, Polybe et Tite-Live nous affirment qu'Annibal, arrivé au sommet des Alpes, montra ces plaines à ses soldats*, nous en conclurons, quelle que soit l'autorité des écrivains modernes qui ont soutenu cette opinion, qu'Annibal ne passa pas par le Mont-Genèvre.

Par où passa-t-il donc? Nécessairement par une montagne d'où il pouvait voir et montrer les plaines de l'Italie à ses soldats. Or, deux passages seulement remplissent cette condition : celui du Mont-Viso, celui du Mont-Cenis. Examinons lequel des deux présente le plus de probabilités.

Le système suivant lequel Annibal aurait passé le Mont-Viso, n'a pas beaucoup de partisans; je n'en connais que trois : Le marquis de St-Simon *(Histoire de la guerre des Alpes ou Campagne de 1744)*; Denina *(Mémoires de l'Académie de Berlin*, 1790 et 1792, *et Tableau historique de l'Italie*, 1805*)*; enfin, notre honorable confrère de l'Académie delphinale, M. Imbert-Desgranges, conseiller à la cour d'appel, dont la dissertation, lue à notre Académie, le 7 août 1840, a été insérée en partie dans notre *Bulletin* (tom. 1er, pag. 122), et reproduite, par fragments aussi, par M. Lebas, dans sa traduction de Tive-Live de la collection de M. Nisard (Notes au l. XXI, tom. 1er, pag. 884). Il existe, dans le massif compris sous le nom de Mont-Viso, trois cols ou passages pour conduire du département des Hautes-Alpes en Italie. Le premier, à partir du nord, est connu sous le nom de *Col de la Croix*; c'est un passage étroit, praticable seulement aux bêtes de somme, offrant de nombreux précipices, surtout du côté du Piémont, mais cependant très fréquenté et par lequel les habitants de la vallée du Queyras communiquent avec Pignerol, Saluces, etc... Pour y arriver, on remonte, à partir de son confluent avec la Durance au-dessous de Mont-Dauphin, la rivière du Guil, puis passant par Guillestre, Château-Queyras, Aiguilles, Abriès, Ristolas, la Monta, on cesse, à cet endroit, de suivre le Guil qu'on laisse à droite, pour suivre un de ses affluents qui conduit au col de la Croix, et après avoir franchi ce col, on entre dans une petite vallée dominée à gauche par le Plan du Col ou le rocher de la Coche, et l'on passe près du fortin de Mirebouc, pour descendre dans l'ancien marquisat de Saluces. C'est cette route que M. Imbert-Desgranges, avec une connaissance parfaite de toutes les localités, fait suivre à Annibal, mais les objections se pressent en foule contre ce système. Sans doute, comme le dit M. Desgranges, en descendant du col de la Croix, on peut apercevoir, à gauche, dans le lointain, les plaines du Pô et, par cela même, une circonstance importante des récits de Polybe et de Tite-Live se trouve remplie. Mais, 1° pour arriver du Rhône jusquelà, il y a, par la route de Gap et d'Embrun, beaucoup plus que les huit cents stades que Polybe indique, ainsi que l'a remarqué d'Anville (*Notice des Gaules*, édit. in-4°, pag. 657.). M. Desgranges n'échappe à la difficulté qu'en substituant l'Eygue à l'Isère pour la rivière dont le confluent avec le Rhône forme l'Ile de Polybe; c'est une substitution bien plus arbitraire que celle de la leçon *Isara* à la leçon *Scoras* des premières éditions, ainsi que nous le dirons tout-à-l'heure. 2° Si Annibal a remonté le cours de l'Eygue, pour s'engager ensuite dans la vallée de la Durance, comment a-t-il pu, ainsi que le racontent également Polybe et Tite-Live, aller chez les Allobroges, pacifier leurs différends, remettre leur roi sur son trône?

Pour qu'Annibal ait pu aller chez les Allobroges, il faut qu'il soit parvenu à l'Isère ; or, il est allé dans ou près de leur pays; donc la rivière dont le confluent avec le Rhône forme l'Ile ne peut être l'Eygue et ne peut être que l'Isère. M. Desgranges ne dit pas un mot de cette circonstance, qui est capitale et ruine tout son système. 3° Au jugement de tous ceux qui ont décrit cette partie des Alpes, le col de la Croix est très pénible, surtout à la descente, principalement parce qu'il est très étroit. Pourquoi Annibal, qu'était venu trouver, comme nous le raconte Polybe, un roi gaulois des bords du Pô, pour lui indiquer les passages; qui eut pour lui une partie des Allobroges; qui avait à conduire des éléphants, serait-il allé choisir précisément un des passages les plus difficiles des Alpes, passage tellement difficile, en effet, que, d'après ce que rapporte le général Bourcet, le lieutenant-général de La Para tenta inutilement, en 1704, de faire descendre du canon du sommet du col de la Croix au fortin de Mirebouc (*Mémoires militaires*, édit. de 1802, pag. 97) ? 4° J'ajouterai que, même aujourd'hui, pour se rendre de Mont-Dauphin au col de la Croix, on passe, neuf fois au moins, de la rive gauche à la rive droite et de la rive droite à la rive gauche du Guil. Les ponts et les routes ont reçu de nombreuses améliorations, et le général Bourcet nous dit qu'avant 1727, on traversait vingt-deux fois ce torrent ! Qu'était-ce en 218 avant J.-C. ? Jamais armée régulière a-t-elle pu passer là ? L'état de ces lieux, que M. Imbert-Desgranges connaît si bien, aurait dû lui faire voir qu'il détruisait tout son système. 5° Enfin, M. Desgranges, faisant passer le Rhône à Annibal le 10 et le 11 octobre, le fait arriver au sommet des Alpes le 11 novembre. Donc Annibal, suivant lui, aurait consacré un mois à traverser la Gaule depuis le Rhône jusqu'aux Alpes. C'est en contradiction formelle avec Polybe (III, 10), qui compte dix jours depuis le passage du Rhône jusqu'au moment où l'armée commença à gravir les Alpes et neuf jours pour cette partie de l'expédition, c'est-à-dire dix-neuf jours en tout ; et avec Tite-Live (XXI, 28) qui, quoi qu'on en ait dit, est parfaitement d'accord avec Polybe, puisqu'il compte quinze jours depuis l'Ile jusqu'au sommet des Alpes, ce qui donne également dix-neuf jours depuis le Rhône, attendu qu'Annibal avait mis quatre jours à se rendre du point où il avait traversé ce fleuve jusqu'à l'Ile.

Le Mont-Viso offre deux autres passages pour se rendre en Italie. L'un, plus au midi que le col de la Croix, est désigné sous le nom de col de la Traversette. Il conduit de Ristolas à Grisolo dans la vallée du Pô, par la source du Guil, au-dessous du vrai sommet du Mont-Viso. C'est là que se trouve cette percée de soixante-douze mètres de longueur sur une largeur de deux mètres quarante-sept centimètres, à deux mille quatre cent mètres au-dessus de la mer, que François Ier fit déblayer et qu'il rendit accessible par un chemin en terrassement de trois mètres de largeur, et que M. Ladoucette, en 1805, rendit de nouveau praticable (*Histoire des Hautes-Alpes*, 2e édit., pag. 343). Mais cette percée, qu'on appelle le *Trou-de-la-Traversette*, n'existait pas à l'époque d'Annibal, ni même sous la domination romaine ; il est très vraisemblable qu'elle ne date que du moyen-âge. Aussi, ne peut-on songer à conduire Annibal par ce col, quoiqu'il offre cette circonstance très remarquable que le Mont-Viso, qui a des contreforts nombreux du côté de la France, présente un escarpement abrupte du côté du Piémont, et que, parvenu au col de la Traversette, on embrasse, d'un coup-d'œil, à ses pieds, toutes les plaines de l'Italie septentrionale.

Le troisième col est encore plus au midi ; on le désigne

sous le nom de col de l'Agnel. On s'y rend par Guillestre, Ceillac, Saint-Véran, qui est, dit-on, le village le plus élevé de l'Europe et qui se trouve à deux mille quatre-vingt-quatorze mètres, suivant Ladoucette, à deux mille quarante mètres, suivant l'*Annuaire du bureau des longitudes*, au-dessus du niveau de la mer. Dans une heure, suivant Bourcet, on parvient de Saint-Véran au sommet du col. Mais ce col aboutit à Château-Dauphin, c'est-à-dire beaucoup au midi de Turin. Annibal se trouvait donc, s'il avait pris ce passage, obligé de traverser le Pô pour aller à Turin, et de remonter longtemps et péniblement vers le nord.

En réunissant toutes les objections que nous venons de présenter sommairement; en nous rappelant que, s'il était allé au Mont-Viso, Annibal n'aurait pu avoir rien de commun avec les Allobroges; qu'il aurait dû, s'il était allé d'abord chez les Allobroges, pour revenir ensuite vers le midi au Mont-Viso, consacrer bien plus des dix journées et faire bien plus des huit cents stades dont parle Polybe; qu'enfin des trois cols de cette montagne, l'un, celui de la Traversette, était impraticable alors, que le second, celui de la Croix par la vallée du Queyras ou du Guil, était presque impossible; que le troisième enfin, par le col de l'Agnel, l'aurait éloigné de son but, nous en conclurons, malgré les respectables autorités que nous avons rencontrées, qu'Annibal n'a pris aucun de ces trois cols et qu'il n'est pas allé par le Mont-Viso.

Il ne reste donc que le Mont-Cenis; voyons si, sur ce point, nous serons plus heureux. Le Mont-Cenis a pour lui d'imposantes autorités. Albanis Beaumont, dont on connaît les excellents travaux sur les Alpes; le comte de Stolberg; le célèbre érudit et voyageur Millin; Abauzit, ce sage que J.-J. Rousseau a appelé le Socrate genevois, et qui était tellement convaincu qu'Annibal avait suivi la vallée de l'Arc, qu'il a cru reconnaître, dans les étroits défilés qui existent entre Aiguebelle et Saint-Jean-de-Maurienne, le lieu où une partie de l'arrière-garde carthaginoise fut détruite par les Allobroges; l'illustre genevois de Saussure; c'est-à-dire tous ceux qui ne connaissent pas seulement une partie spéciale des Alpes, mais qui ont fait de l'ensemble de cette chaîne une étude approfondie; enfin, et, comme aurait dit Molière, *la caution n'est pas bourgeoise*, l'homme assurément le plus compétent en semblable matière, Napoléon qui, dans les Mémoires publiés par le général Montholon (tom. II, pag. 156-162, édit. de 1823), déclare formellement, au nom des principes stratégiques et de l'art de la guerre, qu'Annibal a dû prendre la route du Mont-Cenis. Pour que l'on adopte cette opinion, il faut cependant que les conclusions de la science soient d'accord avec la décision *a priori* de Napoléon. C'est précisément ce qui a lieu. De toutes les dissertations que j'ai lues sur le passage des Alpes par Annibal, il n'y en a qu'une qui m'ait pleinement satisfait et convaincu; c'est l'Histoire Critique de ce passage par LARAUZA, professeur à l'École normale, publiée en 1826, après sa mort, par les soins de son ancien camarade et collègue, M. Viguier (brochure in-8° de 219 pages avec une carte). M. Larauza avait, je n'ai pas besoin de le dire, une connaissance approfondie des langues grecque et latine; il y joignit, par de nombreux voyages, la connaissance des divers passages de France en Italie par les Alpes, et le résultat de ces études fut la dissertation, trop peu connue peut-être, surtout dans nos provinces, dont il s'agit maintenant. C'est un chef-d'œuvre d'érudition, de critique solide et de bon goût, écrite de bonne foi, sans esprit de système et sans parti arrêté.

Je ne puis songer ici, dans un appendice déjà trop étendu, à analyser en détail cette dissertation, qui honore l'esprit français et surtout l'École normale supérieure, dont M. Larauza fut un des élèves et, trop peu de temps, hélas! un des maîtres les plus distingués. Je renverrai les lecteurs à cette dissertation elle-même dont je me contenterai de donner ici les conclusions. Suivant Larauza, Annibal traversa le Rhône en face de Montfaucon, entre Avignon et Pont-Saint-Esprit, un peu au-dessus de Roquemaure, à un endroit où, conformément à ce que dit Polybe (III, 8), le Rhône n'a pas d'îles et n'a que la largeur de son lit. L'armée carthaginoise, remontant la rive gauche du Rhône pendant quatre jours, arriva au delta que décrit Polybe et qui est formé par le confluent du Rhône et de l'Isère, qui, l'un et l'autre, en effet, comme le dit Tite-Live, descendent des Alpes, mais de deux points différents des Alpes. Ces quatre campements sont, en effet, comme dit M. Delacroix (pag. 21, note), faciles à déterminer : le premier jour, l'armée va de Roquemaure dans la plaine de Saint-Paul-Trois-Châteaux; le second jour à Montélimar; le troisième à Loriol; le quatrième à l'Isère. Là Annibal pacifie les différends des Allobroges et replace sur le trône l'aîné des deux frères qui se le disputaient; puis, inclinant vers le pays des Tricastins (mais sans y entrer, comme cela résulte du texte de Tite-Live), il remonte la rive gauche de l'Isère, ayant cette rivière à sa gauche, et à droite les montagnes du Royannais, alors occupées par les Voconces (*per extremam oram Vocontiorum*), et l'extrémité du pays des Tricoriens, que d'Anville place, en effet, depuis le Champsaur jusqu'au confluent du Drac, sur les deux rives de ce torrent. C'est, suivant Larauza, le Drac qu'Annibal traverse avec tant de peines et de difficultés, admirablement racontées par Tite-Live, qui lui donne le nom de Druentia. Il s'engage ensuite dans ce pays de plaines (*campestre iter*) dont parle Tite-Live, c'est-à-dire dans la belle et fertile vallée du Graisivaudan, qu'il suit jusqu'à Montmeillan. Ici Annibal cesse de suivre l'Isère, qu'il laisse à sa gauche, pour commencer à monter, en entrant dans la vallée arrosée par l'Arc, c'est-à-dire dans la Maurienne. C'est alors que l'on rencontre les premières difficultés de l'ascension, que se présentent et les dangers et les ennemis. Là se terminent et les dix journées de marche et les huit cents stades dont parle Polybe. Tite-Live, Polybe et leur commentateur, tout se concilie admirablement. Alors commencent neuf autres journées de marches et de combats que Larauza suit également, Polybe et Tite-Live à la main, et au terme desquelles Annibal parvient au sommet du Mont-Cenis. Sur ce plateau, il campe pendant deux jours pour laisser reposer ses soldats; et, en effet, ce plateau est susceptible de recevoir une armée, comme le prouve, non-seulement la vue des lieux, mais ce fait que, en 1692, le duc de Savoie, Victor-Amédée II, en guerre avec Louis XIV, et essayant de passer en France, y campa avec ses troupes. De là, après quatre jours de travaux et de luttes, non contre des ennemis, mais contre les frimas et les obstacles naturels, Annibal peut descendre dans la plaine et s'avancer vers Turin.

Tel est le résumé succinct de la marche tracée par Larauza. Or, je le répète, dans les notes dictées à ses généraux pendant sa captivité, et que nous a transmises le général Montholon, Napoléon indiquait à l'avance, en quelques mots, tous les grands faits de ce système : la traversée du Rhône entre Avignon et Orange, l'Ile au confluent du Rhône et de l'Isère, la traversée du Drac près de Grenoble, la route par le Graisivaudan, Montmeillan, la Maurienne, enfin l'ascension du Mont-Cenis. A deux mille ans de distance, Napoléon comprenait Annibal comme s'il l'avait vu agir. Toutefois, même avec l'appui et l'autorité de Napoléon, le système de M. Larauza a donné lieu à des difficultés et suscite des objections que nous ne devons pas laisser sans réponse.

Elles nous paraissent être au nombre de cinq : 1° la localité que Polybe appelle l'Ile, est-elle bien le confluent du Rhône et de l'Isère? 2° en supposant qu'il en soit ainsi, Annibal a-t-il pu suivre, en la remontant, la rive gauche de l'Isère? 3° la rivière que Tite-Live appelle *Druentia* est-elle le Drac? 4° comment concilier avec ce système l'affirmation de Tite-Live nous disant qu'Annibal passa par le pays des Triscastins, des Voconces et des Tricoriens? 5° est-il possible d'apercevoir, du col du Mont-Cenis, les plaines arrosées par le Pô?

Je reprends chacun de ces points en essayant de les traiter, avec moins de succès sans doute, avec plus de netteté peut-être, pour quelques-uns au moins, que ne l'a fait Larauza lui-même. — 1° La solution de la première question est capitale ; de là dépend le système tout entier. Or, quand nous disons, ou quand nous faisons dire à Polybe et à Tite-Live que le delta qu'ils appellent l'Ile est formé par le confluent du Rhône et de l'Isère, nous substituons une leçon moderne, *Isara*, au mot *Arar* qu'on lit dans les vieilles éditions de Tite-Live, et aux leçons que donnent les manuscrits de Polybe : τῇ δὲ Σκάρας — τῇ δὲ Σκόρας — τῇ δὲ Σκώρας, leçons conservées par les éditions jusqu'à Schweighœuser, qui, donnant, en 1792 (Leipzig, 8 vol. in-8°), une excellente édition de l'historien grec, et voyant qu'aucun géographe ou historien de l'antiquité n'avait connu ce prétendu fleuve *Scoras*, *Scaras* ou *Scôras*, proposa de substituer le nom de l'Isère à ces diverses leçons. Cette correction a été admise par tous les savants depuis cette époque; d'Anville (*Notice*, etc., pag. 657) en avait même donné l'idée; M. Larauza, M. Walckenaër (I, pag. 133), Schweighœuser avant eux, expliquent parfaitement comment ces confusions de lettres Σκάρας pour Ἴσαρας dans le texte de Polybe, *Arar* ou *Araris* pour *Isara* dans le chapitre correspondant de Tite-Live, ont pu s'opérer. Aussi cette leçon est-elle admise aujourd'hui par tous les savants ; c'est une question tranchée. Il y a plus : c'est que quelques savants, Deluc notamment, ont affirmé que cette heureuse correction, simple conjecture de Schweighœuser, était appuyée de l'autorité d'un manuscrit que le général anglais Melville avait consulté à Rome, dans la bibliothèque du Vatican. M. Larauza a la bonne foi d'avouer qu'il consulta, à cet égard, en 1823, le savant cardinal Angelo Mai, qui lui déclara qu'il n'existait au Vatican aucun manuscrit de Polybe avec cette variante essentielle. Mais cela n'empêche pas qu'on ne doive adopter la leçon d'*Isara* et dans Polybe et dans Tite-Live. Le *Scoras* est un fleuve imaginaire; l'*Arar* ou la Saône ne peut concorder avec les distances déterminées par les auteurs anciens. D'ailleurs, Tite-Live nous dit lui-même que les deux fleuves qui forment l'Ile prennent leur source dans les Alpes ; or, la Saône ne prend pas sa source dans les Alpes. Donc le sens général et les heureuses modifications apportées aux textes anciens par les savants modernes, tout concourt pour démontrer qu'Annibal remonta le Rhône jusqu'au confluent de ce fleuve avec l'Isère, qu'il n'alla pas plus loin vers le nord ; que c'est la jonction de ces deux rivières qui formait l'Ile, et que ce fut à partir de là qu'Annibal, abondonnant la direction vers le nord qu'il avait suivie jusqu'à ce moment, prit la direction de l'est, en remontant le cours de l'Isère, dont la vallée devait naturellement le conduire vers les Alpes. — 2° Ceci admis, Annibal a-t-il pu suivre la rive gauche de l'Isère? L'objection est très sérieuse et elle a été faite au mémoire de M. Larauza, surtout par M. Letronne. Nous, qui nous trouvons sur les lieux, nous sommes plus à même que personne de juger combien, au fond, cette objection peut sembler grave. En effet, en remontant le cours de l'Isère par la rive gauche, on rencontre, au-dessus de Saint-Quentin, et avant d'arriver à Veurey, à vingt kilomètres de Grenoble, une sorte de promontoire formé par la prolongation, vers la rivière, de cette montagne d'où s'extrait la magnifique pierre à bâtir désignée sous le nom de pierre de l'Échaillon. C'est là, en effet, ce *pas de l'Échaillon* dont Aymar du Rivail parle à plusieurs reprises. La route départementale de Grenoble à Romans, construite il y a quelques années à peine, n'a, en cet endroit, que l'espace strictement nécessaire pour passer entre le pied du rocher et le lit de l'Isère. Puis, en continuant de s'avancer vers Grenoble, on rencontre des terrains marécageux, inondés, *noyés,* comme l'indique le nom d'un des villages situés entre Veurey et Sassenage, celui de *Noyarey.* Aujourd'hui, grâce aux digues construites le long de l'Isère et qui servent en même temps de route, le desséchement s'opère; d'excellents terrains ont été enlevés aux eaux; peu à peu ces pays deviendront sains et fertiles. Mais enfin Annibal a-t-il pu franchir ces obstacles avec une armée? C'est une objection contre les conclusions de M. Larauza, à laquelle, suivant beaucoup de personnes, il n'y a rien à répondre. J'y réponds cependant d'une manière bien simple. Avant la confection de cette belle route départementale dont j'ai parlé; les habitants d'Iseron, de Saint-Gervais, de Saint-Quentin, correspondaient avec ceux de Veurey, de Noyarey, de Sassenage et de Grenoble, en tournant les marais, en suivant les montagnes à quelque élévation, par un chemin qui assurément ne vaut pas la route moderne, mais qui, tout en étant plus long, n'est pas du tout mauvais et qui est encore très fréquenté. Quant au passage de l'Échaillon, en supposant qu'à l'époque d'Annibal ce rocher allât jusqu'à l'Isère, quelques heures de travail auraient pu ouvrir une route très praticable pour l'armée. Cette objection si formidable, tirée d'une connaissance superficielle des lieux, tombe d'elle-même quand on a un peu plus sérieusement étudié les localités. — 3º Du pays des Allobroges à l'entrée des Alpes, Polybe n'indique aucun fait remarquable dans la marche d'Annibal ; Tite-Live décrit, au contraire, avec des couleurs très poétiques, un grand obstacle, le passage d'une rivière torrentueuse, roulant avec fracas, dans plusieurs lits à la fois, ses eaux qui entraînaient des cailloux, rivière qu'il appelle *Druentia*. Tous les commentateurs ont admis qu'il s'agissait là de la Durance. Mais pour aller chercher la Durance, soit à Tallard, comme le veut Aymar du Rivail, soit à Embrun, comme le disent presque tous les commentateurs, il faut qu'Annibal revienne sur ses pas, qu'il retourne vers le midi au risque de rencontrer les Romains qu'il évite avec tant de soin ; il faut qu'ensuite, toujours sans motifs, il aille s'amuser à traverser la Durance, et tout cela pourquoi ? Assurément personne ne pourrait le dire. Annibal est sur les frontières des Allobroges ; il est au mieux avec ce peuple qui lui a fourni des vivres, des vêtements pour ses soldats, des guides ; il n'a qu'à suivre l'Isère pour arriver aux Alpes. Eh bien ! pas du tout ; il tourne le dos aux Allobroges et à l'Isère, et va courir par des pays inconnus vers la Durance où il n'a que faire ! Est-ce raisonnable ? La seule route raisonnable est celle qui le conduit par la vallée en aval de Grenoble au confluent de l'Isère et du Drac. Plusieurs motifs justifient la substitution du Drac à la Durance, et surtout, le caractère même que Tite-Live donne à la rivière traversée. Sans doute la Durance est une rivière terrible, semblant rouler plus de cailloux encore que d'eau, dans un lit fort large et très difficile à traverser. Tout cela est vrai depuis Sisteron jusqu'au confluent de cette rivière avec le Rhône au-dessous d'Avignon. Mais dans la partie supérieure de son cours, au Mont-Genèvre, à Briançon, à Mont-Dauphin, à Embrun, à Tallard, ce n'est d'abord qu'un ruisseau, puis une rivière profondément encaissée, n'offrant nulle part le caractère torrentueux qu'elle présente plus bas, là où personne n'a songé à faire aller Annibal. Le Drac, au contraire, présente tous ces caractères que Tite-Live nous a dépeints, et, assurément, à une époque où il n'était pas resserré entre des digues et où il se jetait impétueusement, non pas, comme l'a admis trop légèrement M. Larauza, depuis Échirolles jusqu'à Gières et à la Tronche, mais enfin dans une grande partie de la plaine de Grenoble, la traversée de ce torrent dut être considérée comme une des grandes difficultés de la marche d'Annibal. De là la description de Tite-Live, qui, toutefois, connaissant mal la vraie position du Drac, et connaissant, de nom, les caractères analogues de la Durance dans la partie inférieure de son cours, a substitué le nom de *Druentia* à celui de *Dracus*, substitutions fréquentes chez les anciens, comme on le voit notamment dans Strabon, qui donne à cette rivière le nom de *Durio*. Du reste, ces confusions s'expliquent facilement, comme le dit très bien Larauza, si l'on réfléchit que dans tous ces noms de fleuves : *Rhodanus, Dravus, Dracus, Droma, Druna, Durio, Druentia, Doria, etc.*, nous trouvons toujours le même radical ῥέω, *couler*. — 4° En remontant l'Isère jusqu'au confluent du Drac, Annibal longe le pays des Voconces ; il est *per extremam oram Vocontiorum ;* il n'y a donc là aucune difficulté. Mais comment peut-il atteindre le pays des Tricastins et des Tricoriens? Cela a beaucoup embarrassé M. Larauza, qui ne me paraît pas avoir été ici aussi heureux que partout ailleurs. Tite-Live dit : *Ad lœvam in Tricastinos flexit :* Annibal tourna à gauche vers les Tricastins. M. Larauza n'a pas voulu admettre, avec M. Letronne, que *ad lœvam* voulût dire *à gauche relativement à Tite-Live*, mais bien *à la gauche d'Annibal*, ce qui l'oblige à placer les Tricastins beaucoup plus au nord que ne les placent tous les géographes. Cependant il me semble qu'on peut parfaitement les laisser dans les environs d'Aouste-en-Diois, c'est-à-dire de la Drôme ; Annibal ne va pas chez eux. Tout ce que veut dire Tite-Live, c'est ceci : Après être arrivé au confluent de l'Isère et du Rhône, Annibal cesse d'aller au nord, il se rabat *à gauche* (relativement à l'historien écrivant à Rome), un peu vers le midi, dans la direction du pays des Tricastins, afin de suivre la vallée de l'Isère. Quant aux Tricoriens, si l'on admet, avec d'Anville, qu'ils occupaient la vallée du Drac, naturellement, comme le dit Tive-Live, Annibal a traversé leur pays. — 5° En ce qui concerne le Mont-Cenis, Larauza a parfaitement démontré qu'il remplissait toutes les conditions voulues. On sait qu'au sommet du col se trouve, en face de l'hospice, un lac, et de ce lac à la maison de poste un plateau que de Saussure (*Voyages dans les Alpes*, tom. III, § 1236) évalue à une lieue et demie de longueur, un quart de lieue de largeur. Or, il s'agit de lieues de Savoie, qui sont le double des nôtres.

Donc Annibal a très bien pu faire camper son armée sur ce plateau, où d'ailleurs, comme je l'ai déjà dit, l'armée sarde campa en 1692. Ajoutons que, ni au Grand, ni au Petit-Saint-Bernard, ni au Mont-Genèvre, ni au Mont-Viso, on ne trouve un plateau assez étendu pour le campement d'une armée. Mais, nous dira-t-on, aperçoit-on de là les plaines de l'Italie? Assurément non; je dirai plus, c'est qu'on ne peut pas les apercevoir davantage lorsqu'on descend, ensuite, par les magnifiques rampes de la route construite par Napoléon, c'est-à-dire par Bard, le Molaret, Saint-Martin et Jaillon. Mais cette route n'existe que depuis quarante ans; l'ancienne route, que les piétons préfèrent encore parce qu'elle est plus courte, passait, à gauche, par Saint-Nicolas, la Ferrière et la Novalèze. Or, lady Morgan, Grosley, Larauza, ont constaté que de la montagne de Saint-Martin, dans le Petit-Mont-Cenis, au-dessus de la Novalèze, on aperçoit parfaitement les plaines arrosées par le Pô; qu'on les voit continuellement, pendant trois heures de marche, à la descente, et que, moins d'une heure encore, avant d'arriver à Suze, où l'ancienne et la nouvelle route se rejoignent, on voit parfaitement le dôme de la Superga qui domine Turin.

Qu'est-il besoin d'insister davantage? N'est-il pas évident que le système adopté et soutenu avec tant de bonne foi et de science par M. Larauza, est le seul qui concilie Tite-Live et Polybe; qui s'accorde avec les distances données par les auteurs anciens; qui remplisse toutes les conditions exigées : séjour d'Annibal sur les frontières des Allobroges, vue des plaines de l'Italie du sommet des Alpes, etc...? Aussi croyons-nous que, désormais, on pourra continuer à promener Annibal partout où l'on voudra; ce sont des jeux d'esprit qui ne font tort à personne, mais aussi, je crois, qui ne peuvent convaincre personne; l'ouvrage de Larauza ne sera pas surpassé, et ses conclusions resteront intactes dans la science. Car, sans affirmer que, dans des questions semblables, on puisse arriver à une certitude absolue, au moins peut-on dire que, lorsque tant de probabilités et de preuves sont réunies dans un ouvrage, il approche, autant qu'il est possible d'en approcher, de la certitude. [*N. du T.*]

II.

DES ROUTES ACTUELLES DANS LES ALPES.

La route ouverte par Cottius est celle du Mont-Genèvre, route facile : d'abord parce que le col du Mont-Genèvre ne s'élève pas à deux mille mètres, et qu'il est le moins élevé de la chaine centrale des Alpes ; ensuite parce que l'escarpement du côté de la France peut être facilement tourné par quelques rampes. Les seuls inconvénients de ce passage sont, pour une armée qui entre en France, l'étranglement de la vallée de la Durance depuis l'extrémité de la descente à la Vachette jusqu'à Briançon, et surtout les obstacles infranchissables qu'offrent les fortifications de cette ville ; puis, pour une armée qui pénètre de France en Italie, la nécessité d'occuper, soit, à droite, les difficiles et longues vallées de Fenestrelle et de Pignerol, soit, à gauche, la vallée de Cézane, Oulx, etc., jusqu'à Suze où commence réellement le Piémont, c'est-à-dire la vallée arrosée par la *Doria Riparia*, dont l'une des sources est au Mont-Genèvre et qui va se jeter dans le Pô à Turin. Aussi, avons-nous perdu un de nos plus puissants moyens d'intervenir en Italie lorsque, par le traité d'Utrecht, nous avons dû abandonner les *vallées cédées*, comme on les appelle encore aujourd'hui sur les lieux, et qui sont restées françaises de cœur, de mœurs et de langage. Le passage par le Mont-Cenis et celui par le Mont-Viso présentent, celui-ci surtout, beaucoup plus de difficultés ; mais ils ont l'avantage de conduire directement, et sans vallée intermédiaire, dans les plaines du Piémont. Toutefois, le col du Mont-Genèvre a été plus souvent franchi par les armées : César, au commencement de ses campagnes; Constantin, Julien, Théodose, en marchant contre Arbogaste; Charles VIII en 1494 : Louis XIII en 1629 ; l'armée austro-sarde en 1815, etc. Aujourd'hui, grâce aux travaux exécutés sous l'empire par l'influence du préfet M. Ladoucette, dont le souvenir est impérissable dans les Hautes-Alpes, la route du Mont-Genèvre, sans être aussi grandiose que celle du Mont-Cenis et surtout que celle du Simplon, est une des routes les plus belles et les plus commodes qu'on puisse parcourir. Aussi, comprend-on que l'on ait placé ces inscriptions en quatre langues sur les quatre côtés du piédestal de l'obélisque qui se trouve presque à la frontière de France et d'Italie, au sommet du col, après le village du Mont-Genèvre, à l'endroit où l'on commence à descendre vers la vallée de Cézane et l'Italie :

Inscription de la face de l'ouest.

A NAPOLEON

EMPERADOR AUGUSTO Y REY DE ITALIA

QUE DESPUES DE HAVER CON SU ESFUERZO Y

PRUDENCIA RESTAURADO LA FRANCIA

Y DILITADO SUS LIMITES

PARAQUE IL REGRESSO AL IMPERIO
FUESSE MAS SEGURO A LOS VIAJEROS
Y MAS CONVENIENTE AL COMMERCIO
HA MANDADO TRAZAR, ABRIR Y
CONSTRUIR ESTE CAMINO
POR LOS ALPES
Y LAS SIERRAS DE MONT GENEVRE,
EL CONSEJO Y LOS PUEBLOS
DEL PARTIDO DE LOS ALPES ALTOS
RECONOCIDOS A SU SOBERANA PROVIDENCIA
HAN CONSACRADO ESTA MEMORIA
EL ANNO DE 1807
ADMINISTRANDO LE J. C. F. LADOUCETTE PREFECTO.

Face du nord.

NAPOLEONI IMP. AUG.
ITALIÆ REGI
QUOD, GALLIIS VIRTUTE SUA RESTITUTIS,
EARUMQUE FINIBUS PROPAGATIS
UT IMPERII ACCESSUM
VIATORIBUS FACILIOREM REDDERET
VIAM PER MONTES TRICORIORUM
ET ALPES COTTIAS
APERUERIT, MUNIVERIT, STRAVERIT,

ORDO ET POPULUS

PROVINCIÆ ALPINÆ SUPERIORIS

PROVIDENTISSIMO PRINCIPI.

A MDCCCVII. CURANTE J. C. F. LADOUCETTE, PRÆFECTO.

Face de l'est.

IN ONORE

DI NAPOLEONE

IMPERATORE DI FRANCESI E RE D'ITALIA.

PER AVERE APERTA UNA VIA

A TRAVERSO DELLE MONTANE DI QUESTA PROVINCIA

E AVER RESO IL PASSAGIO DALLA FRANCIA IN ITALIA

PIU COMMODO E PIU SICURO

L'ASSEMBLEA ELETTORALE RADANATA A GAP

E TUTTO IL POPULO DELLA PREFETTURA DELLE ALPI SUPERIORI

HANNO ERETTO QUESTO MONUMENTO DELLA LOR GRATITUDINE

INVERSO LA PROVIDENZA DEL L'OTTIMO PRINCIPE.

L'ANNO MDCCCVII.

J. C. F. LADOUCETTE ESSENDO PREFETTO.

Face du midi.

NAPOLÉON LE GRAND

EMPEREUR ET ROI,

RESTAURATEUR DE LA FRANCE,

A FAIT OUVRIR CETTE ROUTE

AU TRAVERS DU MONT-GENÈVRE,

PENDANT QU'IL TRIOMPHAIT DE SES ENNEMIS

SUR LA VISTULE ET SUR L'ODER.

———

J. C. F. LADOUCETTE, PRÉFET,

ET LE CONSEIL GÉNÉRAL DU DÉPARTEMENT

ONT CONSACRÉ CE TÉMOIGNAGE DE LEUR RECONNAISSANCE.

1807.

RESTAURÉ EN 1835.

———

Ces inscriptions, gravées sur marbre, furent détruites par l'armée austro-sarde en 1815. Celles qui existent aujourd'hui sont sur des plaques de bronze fondues à Vienne. La copie que j'en donne présente quelques variantes avec celle qu'en ont donnée M. Ladoucette (*Histoire des Hautes-Alpes*, 2ᵉ édit., pag. 329 et 633), et, d'après lui, M. Delacroix (*Statistique de la Drôme*, pag. 263). Je puis garantir l'exactitude de la mienne que j'ai prise sur les lieux, et qui a été collationnée, en outre, sur ma demande, par diverses personnes. L'inscription italienne est de Visconti, l'espagnole de Corréa. Dacier a, par ses remarques, que transcrit M. Ladoucette, indiqué le texte latin qui a été adopté.

J'ajouterai, en ce qui concerne les routes actuelles par les Alpes, qu'on peut les distinguer en deux grandes classes : 1° celles qui ne sont accessibles qu'aux mulets, aux chevaux, tout au plus aux charrettes de paysans ; 2° celles qui sont carrossables et desservies par des relais de poste. Les premières sont innombrables, et Aymar en a indiqué beaucoup : le col de l'Argentière, les divers cols du Mont-Viso, celles par le Petit et le Grand-Saint-Bernard, etc., sans compter une foule de cols et de passages intermédiaires, dans le Queyras, au Lautaret, dans la Maurienne, dans la Savoie, le Tyrol, etc. La plupart de ces passages ne sont connus que des habitants du pays. Cependant on conçoit que, au point de vue militaire, ils ont, soit pour l'offensive, soit pour la défensive, une très grande importance stratégique. Aussi les trouve-t-on, en général, indiqués, pour la partie méridionale et occidentale, dans la carte du général Bourcet, pour l'ensemble, dans la carte de Raymond, et enfin dans le petit traité, que j'ai déjà cité plusieurs fois, du marquis de Pezay, sur les cols et les passages des Alpes. La plupart de ces cols ne sont accessibles que pendant quelques mois, plusieurs même pendant quelques jours seulement de chaque année. Les routes carrossables, et surtout celles qui sont desservies par des relais de poste, peuvent être facilement comptées. Voici les plus importantes, à partir de la Méditerranée : 1° la route de Marseille et de Toulon à Gênes, en suivant le littoral de la Méditerranée, traversant le Var et passant par Nice, Menton, Oneglia, Albenga, Finale, Savone. On l'appelle la *route de la Corniche*; elle date de l'empire, et avant que Napoléon l'eût fait arranger dans son état actuel, c'était, comme on le voit dans de Saussure, qui la suivit en 1792, une des routes les plus pittoresques assurément, mais les plus dangereuses qui existassent ; 2° la route de Nice à Turin par Coni. Cette route traverse le col de Tende (1800 mètres), qui sépare le bassin de la Roya, petit fleuve parallèle au

Var et qui se jette directement dans la Méditerranée à Vintimiglia, du bassin de la Stura, affluent du Tanaro, qui lui-même est un des affluents du Pô; 3° la route de Briançon à Turin par le Mont-Genèvre, Cézane, Oulx, Suze. Nous avons décrit cette route ouverte par Napoléon. 4° la route de Chambéry à Turin par la vallée de la Maurienne, le Mont-Cenis et Suze. Elle date également de l'Empire et nous en avons plusieurs fois parlé; 5° la route de Genève à Milan par le Valais, Briegg, le Simplon et Domo-d'Ossola, le plus admirable travail que les hommes aient jamais exécuté, construite aussi par les soins de Napoléon de 1801 à 1807; 6° de Milan à Coire, dans le canton des Grisons en Suisse par le Mont-Splugen, que Macdonald franchit avec des difficultés inouïes en 1800, et le lac de Côme. Cette belle route est également moderne. 7° d'Inspruck, capitale du Tyrol, à Milan, par le Mont-Stelvio, Condrio et le lac de Côme; 8° d'Inspruck à Vérone par l'Isel-Berg dans les Alpes Rhétiennes, Trente, Roveredo; 9° de Rastadt à Venise par Villach, Udine et Trévise; 10° de Venise à Vienne par Trévise, Bellune, le Mont-Marmoluta, Lienz, Bruck. — Tous les guides des voyageurs en Italie, surtout celui d'Artaria, de Milan, et les excellents ouvrages de M. Valéry, indiquent les relais de poste et les distances de chaque localité de ces routes, que notre seul but était de faire connaître dans leur ensemble. [*N. du T.*]

ADDITIONS ET CORRECTIONS.

(Pag. 61.) Depuis l'impression, j'ai appris que l'auteur anonyme de l'excellent article sur l'Oisans dans l'*Album du Dauphiné*, était M. Michal-Ladichère, avocat distingué de Grenoble. C'est vraiment trop de modestie que de n'oser signer un travail remarquable à tant de titres. [*N. du T.*]

(Pag. 250, notes 5 et 6.) Ladoucette (pag. 242) cite beaucoup d'autres localités portant un nom analogue à celui de Briançon. Le lac de Constance était appelé *Brigantium* par les habitants de la Rhétie ; Brieg, en Valais, est un diminutif de *Brigantium*; il y avait un *Brigantium* et une *Briganconia* en Provence et des *Brigantes* dans la Bretagne et l'Hibernie ; deux *Brigantium* (Compostelle et Betanços) en Espagne ; *Brigantia* (Bragance en Lusitanie). — Ladoucette, sans citer aucune autorité, est tenté de croire que ces noms sont dus aux Ambrons qui, à la suite des Cimbres et des Teutons, occupèrent toutes les contrées depuis la Suisse jusqu'à l'intérieur de l'Espagne. Mais les Ambrons ravagèrent et détruisirent plus qu'ils ne fondèrent, et d'ailleurs ils ne pénétrèrent ni dans l'Hibernie, ni dans la Grande-Bretagne. — Il n'en est pas moins très curieux de voir ce nom donné dans l'antiquité à un si grand nombre de localités fort éloignées les unes des autres. [*N. du T.*]

TABLE

ALPHABÉTIQUE ET COMPARATIVE

DES

NOMS FRANÇAIS ET LATINS

DES PEUPLES ET DES PAYS DÉCRITS OU CITÉS DANS CET OUVRAGE (1).

(1) Les chiffres romains indiquent les chapitres.

AVIS

CONCERNANT CETTE TABLE.

Pour la traduction des noms latins des lieux cités par Aymar, dans cette table comme dans tout l'ouvrage, je me suis servi : 1º des notes précieuses placées par M. de Terrebasse au bas des pages du texte d'Aymar du Rivail ; — quand ces ressources me manquaient : 2º de l'excellent Dictionnaire universel de M. Bouillet ; 3º des notes de Gosselin à la traduction française de Strabon par Laporte du Theil, Coray et Letronne ; 4º des notes de M. Littré à sa traduction de Pline ; 5º du savant ouvrage de M. Walckenaër sur la géographie des Gaules cisalpine et transalpine, 3 vol. in-8º avec atlas in-fº, 1839 ; 6º de la carte et de la table que Valbonnais a placées en tête de son *Histoire du Dauphiné* (1722, 2 vol. in-fº). Cette table, très utile, est cependant difficile à consulter, parce que Valbonnais a suivi la division par comtés, baronnies, etc., et qu'il faut quelquefois la parcourir en entier pour retrouver un nom. L'ordre alphabétique que nous avons adopté fait disparaître cet inconvénient ; et d'ailleurs notre table contient dix fois plus de noms que celle de Valbonnais.

Il ne nous reste qu'une remarque à faire. Les noms latins que nous donnons diffèrent souvent de ceux que l'on trouve dans Valbonnais. Assurément, s'il y avait lieu de choisir, il ne faudrait pas hésiter. Valbonnais, comme tout son ouvrage le prouve, connaissait admirablement les chartes et les vieux titres de l'histoire du Dauphiné ; par conséquent, les noms latins qu'il donne sont incontestablement ceux qui étaient usités au moyen-âge. Mais tout en nous méfiant des noms latins que donne Aymar du Rivail, quand ils diffèrent de la liste de Valbonnais, nous avons dû les reproduire tels que nous les trouvions dans l'auteur que nous avons entrepris de traduire. [*N. du T.*]

TABLE

ALPHABÉTIQUE ET COMPARATIVE

DES

NOMS FRANÇAIS ET LATINS

DES PEUPLES ET DES PAYS DÉCRITS OU CITÉS DANS CET OUVRAGE.

A.

AD PUBLICANOS, poste de douanes près de Conflans, Savoie, VII; XXVII.
AIGUEBELLE, Savoie, *Aquabella*, VI.
AIGUEBELLE, Drôme, *Aquabella*, XV.
AIGUEBELETTE (ville, lac, montagne), Savoie, *Aquabelletta*, III; VII.
AIGUEBLANCHE, Savoie, *Aquablanchia*, VIII.
AIN, rivière, *Indis*, XXV.
AIX, Bouches-du-Rhône, *Aquæ Sextiæ*, XV.
AIX-LES-BAINS, Savoie, *Aquæ* et *Aquæ Gratianæ*, VII.
AIXME, Savoie, *Aymo*, VIII.
ALAN, Drôme, *Alundum*, XV.
ALBERGEMENT (l'), Ain, *Albergamenta*, XXV.
ALIXAN, Drôme, *Alexianum*, X.
ALBANE (l'), rivière de Savoie, *Albana*, VII.
ALBON (comté d'), Drôme, *Albonensis comitatus*, I.
ALBIENSES et ALBIÆCI, anciens peuples d'une partie du département des Basses-Alpes, XVIII et notes.
ALLÉBÉCÈRES et APOLLINAIRES, anciens peuples d'une partie du département des Basses-Alpes et de Vaucluse, *Allebeceri* et *Apollinares*, XVIII et notes.
ALLEVARD, Isère, *Alavardum*, VI.
ALLEX, Drôme, *Alexium*, X.

ALLOBROGES (pays des), Savoie et Dauphiné, *Allobrogia*, I et *passim*.
ALPES GRECQUES, Petit-Saint-Bernard, *Alpes Graiæ*, I; XXIII.
ALPES PENNINES, Grand-Saint-Bernard, *Alpes Penninæ*, IX.
AMBÉRIEUX et AMBRONAY, Ain, *Ambarri*, XXIV.
ANNECY, Savoie, *Amnicium*, VII.
ANTÈNE, Ain, *Antena*, XXV.
ANTHON, Isère, *Anto*, III; XXIV.
ANTIBES, Var, *Antipolis*, XVII.
AOSTE, Piémont, *Augusta prætoria*, I; XXVII.
AOSTE, Isère, *Augusta*, I; V.
AOUSTE-EN-DIOIS, Drôme, *Augusta* ou *Augusta Tricastinorum*, XV; XVI.
APT, Vaucluse, *Apta Julia*, XVIII.
ARBENT, Ain, *Albencum*, XXV.
ARC (rivière de l'), Savoie, *Arcus*, XXII.
ARCHE (l'), Hautes-Alpes, *Arca*, XXI.
ARGENTAINE, (la combe d'), commune de Murinais, Isère, *Vallis Argentina*, III.
ARGENTINE, ancien nom de Gap, Hautes-Alpes, *Argentina*, XIX.
ARLES, Bouches-du-Rhône, *Arelate*, IX.
ARLY (l'), rivière de Savoie, *Arlius*, VIII.
ARMIEU, Isère, *Armeium*, XVI.
ARS, ville détruite au XIIᵉ siècle, Isère, *Ars*, III.
ARVE (l'), rivière de Savoie et de Suisse, *Arva* et *Araris*, IX.
ASPREMONT, Hautes-Alpes, *Asper-Mons*, VI; XVI.

A.

Aspres, Hautes-Alpes, *Asper*, XVI.
Auberive, Isère, *Alba-Ripa*, III.
Auron (l'), rivière du département de l'Isère, *Orion*, III.
Auron (la vallée d'), Isère, *Convallis aurea*, III
Autrans, Isère, *Austrans*, XVI.
Auvergne (habitants de l'), *Arverni*, I.
Avalon, Isère, *Avalo*, I; XXII.
Avantiques, peuples des Basses-Alpes, *Avantici*, XX.
Avignon, Vaucluse, *Avenio*, X; XIV.
Avisan, Drôme, *Avisanum*, XV.
Ayes (les), Isère, *Ayæ*, VI.
Ayes (les), Hautes-Alpes, *Ayæ*, XXI.

B.

Bancel (le), rivière du département de l'Isère, *Bancellus*, III.
Barcelonnette, Basses-Alpes, *Barcelona*, XVII; XIX.
Bard (le château de), val d'Aoste, *Barrum*, XXVII.
Bardonenche, Piémont, *Bardoneschia*, XXI.
Bassieu, Ain, *Bassenum*, XXV.
Bastie-Conflans (la), Drôme, *Bastia Conflelica*, X.
Bastie-Gonian (la), Drôme, *Bastia Goniana*, X.
Bastie-Mont-Saléon (la), Hautes-Alpes, *Mons-Seleucus*, XXI.
Baume Cornillanne (la), Drôme, *Balma*, X.
Baume-des-Arnauds (la), Drôme, *Balma Arnaudorum*, XVI.
Baume-de-Transit (la), Drôme, *Balma*, XV.
Baumes, Vaucluse, *Balma*, XIV.
Baux (la principauté de), Vaucluse, *Baucii principatus*, XIII.
Beaucaire, Gard, *Ugernum*, XVII.
Beaucroissant, Isère, *Bellum crescens*, III.
Beaufort, Savoie, *Bellum forte*, VIII.
Beaumont, Drôme, *Bellus-Mons*, X.
Beaurepaire, Isère, *Bellus riparius*, III.
Beauvoir, Isère, *Bellus visus*, XVI.
Bédarrides, Vaucluse, *Bedarrida*, XIV; XVII.
Bélentre, Piémont, *Bergentrum*, VII.
Bellecombe, Isère, *Bellacomba*, I.
Belley, Ain, *Bellisium*, XXV.
Bernois (les), Suisse, *Bernenses*, XXVI.
Berre (la), rivière du département de la Drôme, *Berra*, XII.
Besançon, Doubs, *Bisontium*, X; *Visontium*, XXVII.

Beyssin (le), rivière du département de l'Isère, *Beyssinum*, III.
Bezaudun (Drôme), *Besodunum*, X.
Bollène, Vaucluse, *Abolena*, XII; XV.
Bonne, Savoie, *Bona*, VII.
Bonne (la), rivière du département de l'Isère, *Bona*, XIX.
Bonnefamille, Isère, *Bona familia*, III.
Bonnevaux, Isère, *Bonæ valles*, III.
Bonneville, Savoie, *Bonavilla*, VII.
Bons, Ain, *Bons*, XXV.
Boscodon (abbaye de), Hautes-Alpes, *Biscodonum cœnobium*, XX.
Bosse (le), rivière de Savoie, *Bossius*, VIII.
Bouchet, Drôme, *Bochetum*, XII; XIV; XV.
Bourdeaux, Drôme, *Bordelli*, X.
Bourg, Ain, *Burgus*, XXIV.
Bourg-d'Oisans (le), Isère, *Burgus Oysenci* et *Burgus Oisencii*, VI, XXII.
Bourg-Saint-Maurice, Savoie, *Burgus Sancti-Mauricii*, VIII.
Bourget (le), Savoie, *Borgetus*, VII.
Bourgogne (la), *Burgundiæ ducatus*, XXIV.
Bourgoin, Isère, *Bergusia*, *Bergusio*, *Bergusium*, III; VII; XXVII.
Bourne (la), rivière, affluent de l'Isère, *Burna*, XVI.
Bouvante (la chartreuse de), Drôme, *Boventiæ*, XVI.
Bramant (le), rivière de l'Oisans, *Bramans*, XXII.
Bréda (le), rivière, affluent de l'Isère, *Breda*, VI; XXII.
Bréole ou Bréoule (la), Basses-Alpes, *Bredula*, XVII; XIX.
Bresse (la), Ain, *Bricia*, I; XXIV.
Briançon, Hautes-Alpes, *Brigantio* et *Brigantium*, XXI.
Briançon, Savoie, *Briansonium*, VIII.
Briançonnais (le), Hautes-Alpes, *Brigantes* et *Briansonesii*, I.
Bruent (le), rivière de l'Oisans, *Bruens*, XXII.
Buescu (le), rivière, affluent de la Durance, *Boschius*, XVI; XVII.
Bugey (le), Ain, *Beugesius comitatus*, *Bugesii* et *Beugesii*, I; XXIV.
Buis (le), Drôme, *Buxum*, XVII.
Burg de la Duila, Italie, *Arebrigium*, VII.
Butier (le), torrent du val d'Aoste, *Butierum*, XXVII.

C.

Cabrières, Vaucluse, *Cabreriæ*, XIV.
Cadenet, Basses-Alpes, *Cadanetum*, XVIII.

TABLE ALPHABÉTIQUE, ETC.   355

CADEROUSSE, Vaucluse, *Caderassa* et *Caderossa*, XIII; XVII.

CALAVON (le), rivière du département de Vaucluse, *Calo*, XVIII.

CAROMB, Vaucluse, *Carumbum* et *Carum*, XIV.

CARPENTRAS, Vaucluse, *Carpentoracte*, XIV; XVII.

CAUSANS, Vaucluse, *Causanum*, XIII.

CAVAILLON, Vaucluse, *Cabellio*, XIV; XVII.

CAVARES, Drôme et Vaucluse, *Cavari*, *Cavæ* et *Cari*, I; X.

CELLUM, lieu imaginaire, XXII et la note.

CENTRON, Savoie, *Centronius*, XXIII.

CENTRONS (les), peuples de la Tarantaise, *Centrones*, I; XXIII.

CERDON, Ain, *Cerdonum*, XXV.

CÉRESTE ou CEYRESTE, Bouches-du-Rhône, *Cesarista*, XVIII.

CÉUSE (montagne de), Hautes-Alpes, *Cerasule*, XIX.

CÉVENNES (les), *Mons Gebenna* ou mieux *Cebenna* ou *Commenus mons*, I; IX.

CEYZÉRIEU, Ain, *Seserium*, XXV.

CÉZANE, Piémont, *Sesana* et *Scingomagus*, I; XVII; XXI.

CHABEUIL, Drôme, *Cabeolum*, XI; XVI.

CHABLAIS (le), Savoie, *Chablesii* et *Chablesienses*, I; XXVI.

CHALAME, Savoie, *Chalami*, I.

CHALANT (le comté de), Piémont, *Comitatus Chalanus*, XXVII.

CHAMARET-LE-MAIGRE, canton de Grignon, Drôme, *Camaretum*, XV.

CHAMBARAN (forêt de), *Chambarancum*, III.

CHAMBÉRY, Savoie, *Chamberiacum*, II, VII; XXVII, etc.

CHAMBRE (la vallée de la), Maurienne (Savoie), *Camera*, I; XXII.

CHAMOUSSE, montagne du département de la Drôme, *Chamuntia*, XVII.

CHAMP, Isère, *Campus*, VI, XIX.

CHAMPAGNE, Ain, *Champanium*, XXV.

CHAMPIER, Isère, *Cheppia*, III.

CHAMPOLÉON, Hautes-Alpes, *Campolinum*, XIX.

CHAMPSAUR (le), vallée des Hautes-Alpes, *Campus saurus*, I; XIX.

CHANTEMERLE, Drôme, *Canta-Merulum*, XV.

CHAPAREILLAN, Isère, *Chapparuliacus* et *Chapariliascum*, I; V.

CHARMES, Drôme, *Charmiæ*, IV.

CHASSELAY, Isère, *Chassilaium*, III.

CHASTAGNIE, hameau de la commune de Rumilly, Savoie, *Chastagnia*, VII.

CHATEAU-DAUPHIN, Piémont, *Castrum Delphini*, XXI.

CHATEAU-DOUBLE, Drôme, *Castrum-Duplex*, XVI.

CHATEAU-DE-CRÉDOZ, Savoie, *Castellum-Credentiarum*, VII.

CHATEAUNEUF-D'ALBENC, Drôme, *Castrum novum Albencum*, IV.

CHATEAUNEUF-DE-BORDETTE, Drôme, *Castrum novum*, XVII.

CHATEAUNEUF-DE-CHABRE, Hautes-Alpes, *Castrum novum Capræ*, XVII.

CHATEAUNEUF-DE-GADAGNE, Vaucluse, *Castrum Giraudi*, XIV.

CHATEAUNEUF-D'ISÈRE, Drôme, *Castellum novum*, X.

CHATEAUNEUF-DU-RHÔNE, Drôme, *Castrum novum ad Rhodanum*, XII.

CHATILLON, Drôme, *Castillio*, X.

CHATILLON, Savoie, *Chastillo*, VII.

CHATILLON, Valais, *Castillio*, XXVII.

CHATILLON-DE-CHAUTAGNE, Savoie, *Castillio*, VII.

CHATONAY, Isère, *Chatonasiacum*, III.

CHATTE, Isère, *Casta*, III.

CHAUMONT, Piémont, *Chomuncium*, *Chaumuntium* et *Chaumonciun*, VI; XVII; XXI.

CHAUVAC, Hautes-Alpes, *Chauvacum*, XVII.

CHÉRAN (le), rivière de Savoie, *Cherius* et *Chérium*, VII; IX.

CHEVRIÈRES, Isère, *Caprilianus*, III.

CHERUIS ou CHARUIS (le), rivière du département de l'Isère, *Charusius*, III.

CHEVRY, Ain, *Capra*, XXV.

CHIAVE (?), *Chiavum*, XXVI et notes.

CHIVRON, Savoie, *Chivro* et *Civaro vicus*, VII.

CHORGES, Hautes-Alpes, *Caturiges*, I; XX et passim.

CITELLES, Drôme, *Citellæ*, XV.

CLAIX, Isère, *Clesius*, XIX.

CLANSAYES, Drôme, *Clansayæ*, XV.

CLARET (le), rivière de l'Oisans, *Claretum*, XXII.

CLAYE (forêt de), Isère, *Silva Claria*, XVI.

CLELLES, Isère, *Clelæ*, VI.

CLÉRIEUX, Isère, *Cleriacum*, IV.

CLUSES, Savoie, *Clausa*, VII.

COGNIN, Isère, *Cogninum*, III; XVI.

COL DE L'AGNEL, Hautes-Alpes, *Collis agni*, XXI.

COL DE GRESSE, Isère, *Collum grassum*, XVI.

COL DE LA CROIX, Hautes-Alpes, *Collis crucis*, XXI.

COL DE LA CROIX-HAUTE, Drôme, *Crux alta*, XVI.

COL DU LAUTARET, Hautes-Alpes, *Collis altareti*, XXI.

COL DE MENÉE, *Collum minutum*, XVI.

COMTAT-VENAISSIN, *Comitatus Venascinus*, XIV.

CONCHE, Savoie, *Conchium*, XXVI.

CONFLANS-EN-TARANTAISE (?), *Obilumum*, *Oblimum* et *Confletum*, VII; XXVII.

CONI, Piémont, *Cunum*, XVII; XIX.

Cope (le) (?), *Coperium*, X.
Corcelles, Ain, *Corcella*, XXV.
Cormaranche, Ain, *Cormarenchia*, XXV.
Corps, Isère, *Corvus*, VI, XIX.
Côte-Saint-André (la), Isère, *Costa*, III.
Courtéson, Vaucluse, *Cortedunum*, XIII.
Crau (la), Bouches-du-Rhône, *Campus lapideus*, IX.
Crémieu, Isère, *Crimiacum*, III.
Crest, Drôme, *Castrum Cristæ*, X, et *Crista*, XVI.
Crest de l'Hostie-d'Alpe, *Cristæ Hostiæ alpis*, XXV.
Crillon, Drôme, *Crilio*, XV.
Crotte (la), village près des Échelles en Savoie, *Crotæ*, VII.
Crupie, Drôme, *Crupiæ*, X.
Crussol, château dans l'Ardèche, *Crusolium* et *Cursolium*, X.
Culoz, Ain, *Culus*, V; XXV.
Cumane (torrent de), Isère, *Comena*, III.

D.

Dauphiné et Dauphinois, *Delphinatus, Delphinates* et *Delphinenses*, I et passim.
Die, Drôme, *Dia et Dea Vocontiorum*, XVI.
Die (comté et territoire de), Drôme, *Diensis comitatus*, I; X.
Diémoz, village près de Vienne, Isère, *Decimus*, II.
Dieu-le-Fit, Drôme, *Deus fecit*, XII.
Digne, Basses-Alpes, *Dinia*, XX.
Doire (la grande), Piémont, *Duria*, XXVII.
Doires (les deux), Piémont, *Durias*, XXI.
Donato, val d'Aoste, *Donatum*, XXVII.
Donzère, Drôme, *Dusera*, XII.
Doron (le), rivière de Savoie, *Doro*, VIII.
Dortans, Ain, *Dortanum*, XXV.
Doubs (le), rivière, *Dubis*, IX; XXIV.
Drac (le), rivière, Hautes-Alpes et Isère, *Dravus*, V; XIX.
Drance (la), rivière du Valais, *Drancia*, XXVI.
Dranse (la), rivière de Savoie, *Drancia*, XXVI.
Drôme (la), rivière, *Droma*, XI; XVI.
Durance (la), *Druentia* et *Durio*, VIII; X; XXI.
Durbon (la chartreuse de), Hautes-Alpes, *Durbonis cænobium*, XVI.

E.

Ebron (l'), rivière, affluent du Drac, *Ebron*, XVI.

Echaillon (l'), Isère, *Echallonium*, V.
Echelles (les), Savoie, *Scala* et *Schalæ*, III; VII.
Ecouges (les), Isère, *Escubiæ*, III.
Eluiset (l'), Savoie, *Leylusetum*, XXVI.
Embrun et Embrunois, Hautes-Alpes, *Ebredunum, Ebredunenses*, I; XX.
Entraigues, Vaucluse, *Inter aquas*, XIV.
Entremont, Hautes-Alpes, *Intermontium*, XXI.
Entremont, près d'Annecy en Savoie, *Intermontium*, I.
Epine (montagne de l'), Savoie, *Spinæ mons*, VII.
Espeluche, Drôme, *Speluchia*, XV.
Etoile, Hautes-Alpes, *Stella*, XVII.
Etoile, Drôme, *Stella*, XI.
Eygues (l') ou l'Aigues, rivière du département de Vaucluse, *Icarius, Equa* et *Iquarius*, XIII; XVII.
Exilles, Piémont, *Exilliæ* ou *Ocellum*, XVII; XXI.

F.

Faucigny (le), Savoie, *Baronia Fausciniani*, ou *Fauciquiacum* et *Fulcigniacum*, I; VII.
Faurie (la), Hautes-Alpes, *Fabricæ*, XVI.
Fauries (les), Hautes-Alpes, *Fauriæ*, VI.
Faventines (les), près de Valence, Drôme, *Faventii fontes*, X.
Faverges, Isère, *Fabricæ*, III.
Ferrière (la), Piémont, *Ferreria*, XXII.
Fianley, Drôme, *Finciacium*, X.
Fier (le), rivière de Savoie, *Firtius*, IX.
Flassan, Vaucluse, *Flassanum*, XIV; XVIII.
Flumet, Savoie, *Flumetum* et *Flacciacum*, VII.
Forcalquier, Basses-Alpes, *Falcaquerium*, XVIII.
Forcalquier (le comté de), Basses-Alpes, *Forcalquerius comitatus*, XIV.
Fossæ Marianæ, canal près de l'embouchure du Rhône, IX.
Frandinerie, Isère, *Frandineria*, III.
Furan, Isère, *Furana*, III.
Furon (le) et Fure (la), torrent du département de l'Isère, *Furonius*, III.

G.

Galaure (la), rivière des départements de l'Isère et de la Drôme, *Galaber*, III.
Gap, Hautes-Alpes, *Vapincum* et *Vapingum*, I; VI; XVII; XIX.
Garde-Adhémar (la), Drôme, *Garda*, XII.

GARUCELLI, peuples du Graisivaudan, de la Maurienne et du Piémont, I; XXII et notes.
GENÈVE, *Gebenna*, IX. *Cenava, Cennova*, XXVII.
GENÈVE (territoire de), *Gebenna*, *Gebennensis Comitatus*, I.
GÈRE (la), rivière qui coule à Vienne, *Geria*, II.
GEX, Ain, *Gaium* et *Gaii*, I; XXV.
GIETTAZ (la), Savoie, *Eugena*, VII.
GIGONDAS, Vaucluse, *Gigundæ*, XIII.
GONCELIN, Isère, *Goncellinum*, I; XXII.
GRAISIVAUDAN (la vallée du), Isère, *Graisivaudanus* et *Graisivaudana vallis*, I; XXII.
GRANDE-CHARTREUSE (la), Isère, *Cartusiensium cœnobium*, V.
GRAND-SAINT-BERNARD, *Summus Penninus*, XXVII.
GRAVE (la), Hautes-Alpes, *Grava*, VI; XXII.
GRAVESON, Vaucluse, *Graveso*, XIV.
GRENOBLE, *Gratianopolis* et *Cularo*, V.
GRESSE (village et rivière de), Isère, *Gressa*, XVI.
GRIGNAN, Drôme, *Grignianum*, XII.
GROLÉE, Ain, *Grolea*, XXV.
GUIERS-MORT et GUIERS-VIF, affluents du Rhône, *Guerius*, I; V.
GUILLESTRE, Hautes-Alpes, *Guillestra*, XX.
GUISANNE (la), rivière des Hautes-Alpes, *Gusana*, XXI et XXII.

H.

HAUTE-COMBE (abbaye de), Savoie. *Altacomba*, VII.
HELVII, habitants du Vivarais, Ardèche, I.
HERBASSE (l'), Drôme, *Herbatia*, IV.
HOSTUN, Drôme, *Augustodunum*, X.

I.

ILE SAINTE, Drôme, *Insula sacrata*, XI.
ILLINS, Isère, *Illinum*, XIII.
ISERON, Isère, *Iscro*, XVI.
ISLE (l'), Vaucluse, *Insula*, XIV.
ISÈRE (l'), *Isara*, I; III; V *et passim*.
ISERNORE, Ain, *Isarnorum*, XXV.

J.

JARJATTE (la), Drôme, *Jariata*, XVI.
JONCHÈRES, Drôme, *Juncheria*, X.

JONQUIÈRES, Vaucluse, *Juncheria* XIII.
JOYEUSE (la), torrent, près de Romans, Drôme, *Joieusa*, IV.
JURA (le), *Mons Jura*, IX.

L.

LADISCO et LAVISCO, peut-être Yenne ou un lieu voisin, Savoie, VII et XXVII.
LABOREL, Hautes-Alpes, *Laborellum*, XVII.
LAGNIEU, Ain, *Lagniacum*, XXV.
LANGUEDOC (le), *Lingua occitana*, XIII.
LANS, Isère, *Lantium*, XVI.
LAUZANNE, canton de Vaud (Suisse), *Lausanna civitas*, XXVII.
LAUZET (le), Basses-Alpes, *Lausetum*, XIX.
LÉMAN (le lac) ou de Genève, *Lemannus lacus*, I; IX. *Lacus Losannus*, XXVII.
LEMENS et LEMENC, près de Chambéry, *Lemincum*, VII.
LÉONCEL (abbaye de), Drôme, *Leoncellum*, XVI.
LERS (château de), Vaucluse, *Laertium castrum*, XIII. *Aeria* (?), X.
LÉTRON (le), ruisseau du département de la Drôme, *Letron*, XI.
LEYSSE (la), rivière de Savoie, *Lissias*, VII.
LEZ (le), rivière de la Drôme et de Vaucluse, *Lissius*, XII.
LIEU-DIEU, Isère, *Locus Dei*, III.
LIVRON, Drôme, *Libero* et *Aëria* (?) X.
LIVRON, Valais, *Libronia*, XXVII.
LOMPNES, Ain, *Luna*, XXV.
LORIOL, Drôme, *Aureolum*, X.
LOURMARIN, Vaucluse, *Laurus-Marinus*, XVIII.
LUC, Drôme, *Lucus Augusti*, XVI.
LURIEUX, Ain, *Luriacum*, XXV.
LUNEL (le), affluent du Buesch, *Lunellus*, XVI.
LUZERNE, vallée du Piémont, *Vallis Lucerna*, XXI.
LUZ-LA-CROIX-HAUTE, Drôme, *Lunæ*, et *Crux Alta*, VI; XVI.
LYON, *Lugdunum*, I.

M.

MAINE (la), rivière du département de Vaucluse, *Medena*, XIII.
MALAUCÈNE, Vaucluse, *Malossana*, XVII.
MALIJAY, Vaucluse, *Maligaium*, XIII.
MANOSQUE, Basses-Alpes, *Manoscha*, XVIII.
MARSANNE, Drôme, *Marsana*, XII.

MARTIGNY-EN-VALAIS, *Octodurus*, IX; XXVI.
MAURIENNE (vallée de), Savoie, *Moriana*, *Morianenses*, *Morienna*, I; XXII.
MAZAN, Vaucluse, *Masanum*, XIV.
MÉAUDRE, Isère, *Meaudre*, XVI.
MÉGÈVE, Savoie, *Megeva*, VII.
MENS, Isère, *Mentium*, XVI.
MENUFAMILLE, Isère, *Minuta-Familia*, III.
MERCUROL, Drôme, *Mercuriolum*, IV.
MESSINS, Isère, *Messinum*, III.
MEUILLON ou MÉVOILLON ou MÉVOUILLON, Drôme, *Medullio*, *Medulli*, *Medulio*, I; XVII; XVIII.
MIOLANS ou MÉOLANS, Basses-Alpes, *Meolanum*, XIX.
MIOLANS, Savoie, *Meolanum* et *Miolanum Castrum*, VIII; XXII. *Mantala*, VII.
MIRABEL, Drôme, *Mirabellum*, X.
MIRIBEL, Isère, *Mirabellum*, XVI.
MIRMANDE, Drôme, *Miramanda*, X.
MIZON, Basses-Alpes, *Miso*, VI.
MOIRANS, Isère, *Moirencum*, III.
MOLLANS, Drôme, *Molanum*, XVII.
MONESTIER-DE-BRIANÇON (le), Hautes-Alpes, *Monasterium*, VI.
MONESTIER-DE-CLERMONT (le), Isère, *Monasterium clari montis*, VI; XVI.
MONT-AIGUILLE ou MONT-INACCESSIBLE, Isère, *Mons Inascensibilis*, XVI.
MONTAUBAN, Drôme, *Mons Albanus*, I; XVII.
MONTBRUN, Drôme, *Mons Brunus*, XVIII.
MONT-CENIS (le), *Mons Cinesius*, VI; XXII.
MONT-CLUET, Savoie, *Mons Clueti*, VIII.
MONT-DE-LANS, Isère, *Lentum* et *Lens*, VI; XXII.
MONTDRAGON, Vaucluse, *Mons Draco*, XII.
MONT-DU-CHAT, Savoie, *Mons Cattus*, VII.
MONTÉLÉGER, Drôme, *Mons Lagerius*, X.
MONTÉLIER, Drôme, *Castrum Montillii*, X.
MONTÉLIMAR, Drôme, *Montilium Ademari*, XII.
MONTFLEURY, Isère, *Mons floritus*, VI.
MONT-GENÈVRE (le), *Mons Genua*, XXI.
MONTHYON, près de Conflans, Savoie, *Montesio*, I.
MONTJOUX, Drôme, *Mons Jovis*, XII.
MONT-JOYE, Savoie, *Mons Joyet*, VII.
MONT-LAYA (le), Drôme, *Mons Laya*, XI.
MONTMAUR, Drôme, *Mons Major*, X.
MONTMEILLAN, Savoie, *Mons Melianus*, VI; VII; XXII.
MONTPENSIER, Auvergne, *Mons Penserius*, XIV.
MONTRÉAL, Ain, *Mons Regalis*, XXV.
MONTROND, près de Saint-Jean-de-Maurienne, Savoie, *Rotundus Mons*, I.
MONT-SALÈVE, Savoie, *Mons Seyolus*, XXVI.

MONTSÉGUR, Drôme, *Monssecurus*, IV; XV.
MONTSION (?), Savoie, *Montium*, XXVI.
MONTVENDRE, Drôme, *Mons Veneris*, X.
MONT-VENTOUX (le), Vaucluse, *Mons Ventosus*, XVI.
MONTVÉRAN, Ain, *Mons Veranus*, XXV.
MORGE (la), rivière du département de l'Isère, *Morgia*, III.
MORGES, Valais, *Morgia*, XXVII.
MORNAS, Vaucluse, *Mornacum*, XII; XIV.
MOURMOIRON, Vaucluse, *Mormoiro*, XIII; *Murmuro*, XIV; XVIII.
MONTHEY (?), Valais, *Monteolum*, XXVI.
MOUTIERS EN TARANTAISE, Savoie, *Darantasia*, *Musterium* et *Musterium Tarantasiæ*, VII; VIII; XXII.
MURE (la), Isère, *Mura*, VI; XIX.
MURINAIS, Isère, *Murinesium*, III.
MURS, Vaucluse, *Murus vicus*, XVIII.
MYANS, Savoie, *Amianum*, VII; VIII; IX.

N.

NANTUA, Ain, *Antuates* et *Nantuates*, I; XXV.
NANTUATÉS, peuples du Valais et du Chablais, peut-être d'une partie du département de l'Ain; XXV *et notes*.
NEVACHE, Hautes-Alpes, *Novachium* et *Nevaschia*, XXI.
NIMES, Gard, *Nemausus*, XIII et XVII.
NOVALÈZE (la), Piémont, *Novalesium*, VI; XXI et XXII.
NOVARRE, Italie, *Novaria*, VII; XXVII.
NUX, Valais, *Nuca*, XXVII.
NYON, canton de Vaud, Suisse, *Colonia Equestris* et *Equestribus*, XXVII.
NYONS, Drôme, *Nyonæ*, XVII.

O.

OISANS (l'), Hautes-Alpes et Isère, *Oysencum* et *Oisencum*, VI; XXI et XXII.
ORANGE, Vaucluse, *Arausio*, X; XIII.
ORANGE (habitants d'), *Auraicenses*, I.
ORBE, canton de Vaud (Suisse), *Urba*, XXVII.
ORCO (l'), rivière d'Italie, *Orgum*, XXI.
ORPIERRE, Hautes-Alpes, *Auripetra* et *Vallis petra*, XVII.
OULX (?) EXILLE (?) USSEAUX (?), Piémont, *Ocellus*, *Ocellum*, *Urcium*, VI; XVII; XX; XXI.
OUVÈZE (l'), affluent du Rhône, *Ovidia*, XVII.
OZON (l'), rivière du département de l'Isère, *Auso*, III.
OYEU, Isère, *Auditus*, III.

P.

PALADRU (lac de), Isère, *Paladrutus lacus*, III.
PALUD (la), Vaucluse, *Palus*, XII; XIV.
PAS-DE-L'ECLUSE (le), Ain, *Clausæ Augustiæ*, XXV.
PASSY, Savoie, *Passium*, VII.
PELLAFOL (?), *Pellafolum*, X.
PELLEAUTIER, Hautes-Alpes, *Pelluterium*, XIX.
PÉNOL, Isère, *Penopolis*, III.
PERNES, Vaucluse, *Paterniacum* et *Paternæ*, XIV.
PEROGES, Hautes-Alpes (?), *Perogium*, XVII.
PERTUIS, Vaucluse, *Pertusium*, XVIII.
PERTUIS-ROSTANG (le), Hautes-Alpes, *Foramen Rostagni*, XX.
PIERRELATTE, Drôme, *Petralata*, XII.
PIERRE-CHATEL, Ain, *Petra Castellum*, XXV.
PIGNEROL, Piémont, *Pignerolium*, XXI.
PILLES (les), Hautes-Alpes, *Pilæ*, XVII.
PIOLENC, Vaucluse, *Podiolenum*, XII.
PISANÇON, Drôme, *Pisantianum* et *Pisansonum*, IV.
PLAN (Notre-Dame du) ou peut-être Notre-Dame-de-Parménie, Isère, *Beata Maria in planis*, XV.
PLANS (Notre-Dame des), Vaucluse, *Virgo Maria de planis*, XII.
PLANAISE ou PLANÉSIE (forêt de), Isère, *Planesia*, III.
PLANÉRIE, Piémont, *Planerium*, XXII.
PO (le), *Padus*, XXI.
POMET, Hautes-Alpes, *Pometum*, XVII.
PONTARLIER, Doubs, *Ariorica*, XXVII.
PONT-DE-BEAUVOISIN (le), Isère et Savoie, *Pons belli vicini*, III; V.
PONT-EN-ROYANS (le), Isère, *Pons in Royannis* ou *Pons Royannus*, III; XVI.
PONT-SAINT-ESPRIT (le), Gard, *Sanctus spiritus*, XVII.
PONT-SAINT-MARTIN, val d'Aoste, *Pons sancti Martini*, XXVII.
PORTES, Drôme, *Portæ*, XV.
PRÉMOL, Isère, *Pratum molle*, VI.
PUY-SAINT-MARTIN, Drôme, *Podiolum*, X, et *Podium sancti Martini*, XII.

Q.

QUEYRAS (le), Hautes-Alpes, *Quadratium*, XXI.

R.

RACHAIS (le mont), à Grenoble, *Essonus mons*, V.
RAME ou CASSEROME, Hautes-Alpes, *Rama*, XX.
RÉAUMONT, Isère, *Mons Regalis*, III.
RÉAUVILLE, Drôme, *Regalis villa*, XV.
RECULAIS, Drôme, *Hercules*, IV.
RENCUREL, Isère, *Rancurellum*, XVI.
REVENTIN, Isère, *Repentinum*, III.
RHONE (le), *Rhodanus*, I.
RIBIERS, Hautes-Alpes, *Riperiæ*, XVII.
RIPAILLE-EN-CHABLAIS, Savoie, *Rappaliæ*, IX.
RISTOLAS, Hautes-Alpes, *Rostalanum*, XXI.
RIVES, Isère, *Ripa*, III.
RIVES (le pont de), Isère, *Ripanus pons*, III.
ROCHEFORT, Ain, *Rupes fortis*, XXV.
ROCHEFORT, Drôme, *Rupes fortis*, XV.
ROGNEX, Savoie, *Rupes*, VIII.
ROMANCHE (la), rivière de l'Oisans, *Romanchia*, VI; XIX; XXI.
ROMANS, Drôme, *Romani*, IV.
ROSSILLON, Ain, *Rossilio*, XXV.
ROUBION (le), rivière du département de la Drôme, *Rubium*, XII.
ROUSSAS, Drôme, *Rossassium*, XV.
ROUSSILLON, Isère, *Rossilonensis comitatus*, I, et *Ursolum*, XXI.
ROZANS, Hautes-Alpes, *Rosana*, XVII.
RUMILLY, Savoie, *Romiliacum*, VII.

S.

SAILLANS, Drôme, *Saliens*, X.
ST-ANDRÉ, Hautes-Alpes, *Sanctus-Andreas*, XVI.
ST-ANTOINE, près de Saint-Marcellin, Isère, *Sanctus-Antonius*, III; IV; XV.
ST-AUPRE, Isère, *Divus aper*, III.
ST-AUBAN, Drôme, *Sanctus Albanus*, XVII.
ST-BERNARD (le GRAND), *Mons Jovectus* ou *Sancti-Bernardi Jovis*, XXVII.
ST-BERNARD (le PETIT), *Mons columnæ Jovis* ou *Mons parvus Sancti-Bernardi* ou *Jovis columnæ*, VIII; XXVII.
ST-BONNET, Hautes-Alpes, *Sanctus-Bonetus*, VI; XIX.
ST-CLAUDE, Jura, *Sanctus-Claudius*, XXIV.
ST-CLÉMENT, Hautes-Alpes, *Sanctus-Clemens*, XX.

Ste-Colombe, Hautes-Alpes, *Sancta-Columna*, XVII.
St-Crépin, Hautes-Alpes, *Sanctus-Crispinus*, VI ; XX.
St-Donat, Drôme, *Sanctus-Donatus*, IV.
St-Fons, Isère, *Sanguis fusus*, II.
St-Genis-d'Aoste, Savoie, *Sanctus-Genisius Augustæ*, III ; V.
St-Geoire, Isère, *Sanctus-Joerius*, III.
St-Germain, Ain, *Sanctus-Germanus*. XXV.
St-Germain, Savoie, *Sanctus-Germanus*, VIII.
St-Jean-de-Maurienne, Savoie, *Sanctus-Joannes Morianæ* ou *Moriennæ* ou *Sanctus-Joannes*, VI ; XXII.
St-Jean-d'Aulps (vallée de), Chablais, *Vallis Sancti-Joannis*, XXVI et notes.
St-Jean-en-Royans, Drôme, *Sanctus-Joannes*, XVI.
St-Julien-en-Beauchêne, Hautes-Alpes, *Sanctus-Julianus*, XVI.
St-Just-en-Royans, Isère, *Sanctus-Justus*, XVI.
St-Lattier, Isère, *Heulaterius*, III.
St-Marcellin, Isère, *Sanctus-Marcellinus*, III ; XV.
St-Martin-de-Queyrière, Hautes-Alpes, *Sanctus-Martinus*, VI.
St-Maurice-Lalley, Isère, *Sanctus-Mauricius*, VI.
St-Maurice-en-Valais, *Sanctus-Mauricius Chablesii*, IX.
St-Nazaire-en-Royans, Drôme, *Sanctus-Nazarius*, XVI.
St-Paul, Hautes-Alpes, *Sanctus-Paulus*, XXI.
St-Paul-d'Iseaux, Isère, *Sanctus-Paulus*, III.
St-Paul-lès-Romans, Drôme, *Sanctus-Paulus*, IV.
St-Paul-trois-chateaux, Drôme, *Tricastrini*, I ; XV.
St-Pierre-d'Argenson, Hautes-Alpes, *Argenso*, XVI.
St-Pierre-de-Saou, Drôme, *Saonis cœnobium*, XVI.
St-Pons, Basses-Alpes, *Sanctus-Pontius*, XIX.
St-Quentin, Isère, *Sanctus-Quintinus*, XVI.
St-Rambert, Drôme, *Divus Rambertus*, III.
St-Restitut, Drôme, *Sanctus Restitutus*, XV.
St-Symphorien-d'Ozon, Isère, *Sanctus-Symphorianus*, II.
St-Torquat, Drôme, *Sanctus-Torquatus*, X.
St-Vallier, Isère, *Valeria* ou *Sanctus-Valerius*, III.
St-Vincent, Valais, *Sanctus-Vincentius*, XXVII.
Ste-Euphémie, Drôme, *Sancta-Euphemia*, XVII.
Ste-Jalle, Hautes-Alpes, *Sancta-Galla*, XVII.
Salabertrand, Piémont, *Salabertranum*, VI ; XXI.
Salasses (les), peuples de la vallée d'Aoste, Piémont, *Salassi*, I ; XXVII.
Saléon, Hautes-Alpes, *Saleon*, XVII.
Salenove, Savoie, *Salenovem*, XXVI.
Salettes (ancienne chartreuse), canton de Crémieu, Isère, *Saleta*, III.
Salins, Tarantaise, *Salinæ*, VIII.
Salon, Bouches-du-Rhône, *Salo*, IX.
Sallanches, Savoie, *Sallanchiæ*, VII.
Saluces, Piémont, *Salutiæ*, XXI.
Salyes (les), Bouches-du-Rhône, *Salyi*, III ; XIII.
Samoens, Savoie, *Samoynum*, VII.
Saone (la), *Arar*, II et *passim*.
Saou, Drôme, *Sao*, X.
Sassenage, Isère, *Cassenaticum*, XVI.
Saulce (la), Hautes-Alpes, *Sausa*, VI ; XVII.
Sault (la vallée de), sur les limites des départements de la Drôme et de Vaucluse, *Vallis Saltus*, XVIII.
Savoie (la), *Sabaudia*, I et *passim*.
Savasse (la), Drôme, *Savatia*, IV.
Sebusiani ou mieux Segusiani et Segusii, peuples du Forez et du Lyonnais, I ; IX ; XXIV.
Séchilienne, Isère, *Sechilina*, VI ; XXII.
Séduns (les), peuples d'une partie du Valais, *Seduni*, I ; XXVI.
Séez, Savoie, *Sextus*, VIII.
Ségalauniens, Drôme, *Segalauni*, X.
Septème, près de Vienne, Isère, II ; XXVII.
Sequani, peuples de la Franche-Comté, I.
Sérignan, Vaucluse, *Scrianum*, XIV.
Serre, Hautes-Alpes, *Serrum*, VI ; XVI.
Sessités (le) ou Sesia, rivière d'Italie, *Seyssites*, XXI.
Seyne, Basses-Alpes, *Sena*, *Seduna*, XIX.
Seyssel, Ain et Savoie, *Seycellum*, VII ; XXV.
Seyssinet, Isère, *Seycinum*, XVI.
Seyssins, Isère, *Seycinum*, XVI.
Seyssuel, près de Vienne, Isère, *Seyseola*, II.
Sigoriens (les), peuple placé par Aymar dans les Hautes-Alpes, *Sigorii*, XIX et notes.
Sigoyer, Basses-Alpes, *Sigoerium*, XIX.
Sigoyer, Hautes-Alpes, *Sigoerium* et *Sigorii*, I ; XIX.
Silve-Bénite, Isère, *Silva Benedicta*, III.
Sion, en Valais, *Sedunum*, XXVI.

Sisteron, Basses-Alpes, *Sestero* et *Sistero*, VI ; XVI.
Sol (le), Isère, *Sol*, III.
Sone (la), Isère, *Sonna*, III.
Sorgues (la), rivière du département de Vaucluse, *Surga* et *Surgas*, X; XVII.
Soyons, Ardèche, *Sadio*, X.
Stamée (le col de), Savoie, *Stamedei collis*, VIII.
Sture (la), rivière d'Italie, *Stura*, XXI.
Suisses (les), *Helvetii*, IX.
Suze, Piémont, *Segusio*, I ; XVII ; XX.
Suze-la-Rousse, Drôme, *Suza* et *Suza Ruffa*, XII ; XV.

Tullie, Valais, *Tullia*, XXVII.
Tullins, Isère, *Tullinus*, III.

U.

Ubaye (l'), rivière du département des Basses-Alpes, *Ubias*, XIX.
Uriage, Isère, *Uriaticum*, VI.
Urre ou Eurre, Drôme, *Urrum*, XI.
Usses (la rivière des), affluent du Rhône, *Ussias*, IX.
Uxeaux, Piémont, *Ursium* (?). (Voir *Exilles* et *Oulx*.)

T.

Talissieu, Ain, *Taluchium*, XXV.
Tallard, Hautes-Alpes, *Tallardus*, XVII.
Tarantaise (la vallée de), Savoie, *Tarantasia*, I ; XXIII.
Tarascon, Bouches-du-Rhône, *Tarasco*, XVII.
Taulignan, Drôme, *Taulignanum* et *Tolligniacum*, XII ; XVII.
Terrasse (la), Isère, *Terratia*, VI.
Terres-Froides (les), Isère, *Terra-Frigida*, III.
Teyssières (la montagne de), Drôme, *Mons Teisseriarum*, XII.
Thioux (le), rivière de Savoie, *Tertius* et *Tirtius*, VII ; IX.
Thonon, capitale du Chablais, en Savoie, *Tono* et *Tonetum*, IX ; XXVI.
Thor (le), Vaucluse, *Taurum*, XIV.
Troulourenc (le), rivière du département de la Drôme, *Torencus*, XVIII.
Thuiles, Basses-Alpes, *Tiolæ*, XIX.
Toulouse (le comté de), *Tholosanus ager*, XIII.
Tour (baronnie de la), Drôme, *Turris terra*, I.
Tour-d'Aigues (la), Vaucluse, *Turris aquesia*, XVIII.
Tour-du-Pin (la), Isère, *Terra turris*, III.
Tour-sans-Venin ou de Pariset (la), Isère, *Pariseti turris*, XVI.
Tournon, Ardèche, *Turno*, XI.
Tricastini, partie du département de la Drôme, XVI.
Tricoriens, vallée du Drac, *Tricorii*, XIX et notes.
Trièves (le), Isère, Hautes-Alpes et Drôme, *Trivia* et *Trivii*, XVI ; XXII.
Trou de la Traversette (le), Hautes-Alpes, *Foramen montis Vesuli*, XXI.
Tulette, Drôme, *Tuleta*, XIV ; XV ; XVII.

V.

Vache (la), Drôme, *Vacha*, XI.
Vaison, Vaucluse, *Vasio*, I ; XIV ; XVII.
Valais (le), Suisse, *Valesii*, I et *passim*.
Valaisans (les), Suisse, *Valesii*, *Valenses* et *Veragri*, I ; XXVI.
Valaurie, Drôme, *Vallis aurea*, XV.
Valbonnais, Isère, *Vallis bona*, I.
Valcroissant, Drôme, *Vallis crescens*, XVI.
Valdrôme, Drôme, *Vallis Dromæ*, X.
Valence, Drôme, *Valentia*, X, ou *Valentia Cavarum*, I.
Valloire (la), Isère et Drôme, *Vallis aurea*, III.
Vallouise (la), Hautes-Alpes, *Loysia* et *Ludovica vallis*, XXI.
Valréas, Vaucluse, *Valriacum*, XIV ; et *Varriacum*, XVII.
Vamppe (?), *Vamppium* XV et la note.
Vaqueiras, Vaucluse, *Vacheria*, XIII.
Var (le), fleuve, *Varus*, XVII.
Varacieu, Isère, *Varacenum*, V.
Varèse (la), Isère, *Varesias*, III.
Vars, Hautes-Alpes, *Varsium*, XXI.
Vatilieu, Isère, *Vatileum*, III.
Vaucluse, *Vallis clusa*, XIV.
Vaulserre, Isère, *Vallis serra*, III.
Velleron, Vaucluse, *Vellero*, XIV.
Ventoux (le mont), Vaucluse, *Ventosus mons*, VII ; XIV.
Verceil, Italie, *Vercellæ*, XXVII.
Vercors (le), Drôme, *Vecortium* ou *Vecorcium*, X ; XVI.
Vercors (habitants du), *Vertacomacori*, XVI.
Vereggio, Italie, *Victricium*, VII.
Vernaison, Drôme, *Cænobium vernesonis*, XI.
Verrex, val d'Aoste, *Verrecium*, XXVII.
Vesc, Drôme, *Vescum*, X.

VEYNES, Hautes-Alpes, *Venetum*, XVI; XVII.
VIENNE, Isère, *Vienna*, I; II; III et passim.
VIEU, Ain, *Viomus*, XXV.
VIF, Isère, *Vivum*, XVI.
VILLARD-D'ARÈNE, Hautes-Alpes, *Arenæ*, XXII.
VILLARD-DE-LANS, Isère, *Villarium*, XVI.
VILLENEUVE, Valais, *Villa nova*, XXVII.
VILLENEUVE, canton de Vaud (Suisse), *Pennelocus*, XXVII.
VILLES, Vaucluse, *Villæ*, XIV.
VILLEURBANNE, Rhône, *Villa urbana*, III.
VINDALIE (le pont de Sorgues?), (Vedine?), Vaucluse, *Vindalium* et *Vindalum*, X; XIV.
VIRIEU-LE-GRAND, Ain, *Viriacus magnus*, XXV.
VISAN, Vaucluse, *Visanum*, XIV.

VISO (le mont), *Vesulus mons*, XXI.
VIZILLE, Isère, *Vigilia*, VI; *Visilia*, XIX.
VOCONCES (les), partie des départements de l'Isère et de la Drôme, *Vocontii*, I; XVI.
VOLCI, habitants du Languedoc, I.
VOLKES ARÉCOMIQUES, *Volcæ arecomici*, XIII.
VOREPPE, Isère, *Vorappium*, III; V.
VULGIENTES, anciens peuples d'une partie des Basses-Alpes, XVIII.

Y.

YENNE, Savoie, *Yenna* ou *Hyenna*, III; XXV.
YVRÉE, Piémont, *Eporedia*, VII; XXVII.

TABLE DES MATIÈRES.

	Pages.
Avant-Propos du traducteur............................	v
INTRODUCTION. — Rapport lu à l'Académie delphinale sur l'histoire des Allobroges d'Aymar du Rivail.................	XVII
DESCRIPTION DU DAUPHINÉ, DE LA SAVOIE, DE LA BRESSE, DU COMTAT-VENAISSIN, ETC., AU XVIe SIÈCLE.................	1
CHAPITRE Ier. — Bornes et divisions du pays des Allobroges (Savoie et Dauphiné)................................	1
Notes du chapitre I................................	5
CHAPITRE II. — Description de Vienne...................	9
Notes du chapitre II...............................	19
CHAPITRE III. — Territoire de Vienne....................	24
Notes du chapitre III..............................	33
CHAPITRE IV. — Romans................................	38
Notes du chapitre IV..............................	44
CHAPITRE V. — Grenoble................................	49
Notes du chapitre V...............................	58
CHAPITRE VI. — Environs de Grenoble....................	68
Notes du chapitre VI..............................	72
CHAPITRE VII. — Chambéry..............................	74
Notes du chapitre VII.............................	82
CHAPITRE VIII. — La Tarantaise et Moutiers..............	89
Notes du chapitre VIII............................	93
CHAPITRE IX. — Genève.................................	94
Notes du chapitre IX..............................	99
CHAPITRE X. — Les Cavares et Valence...................	103
Notes du chapitre X...............................	109
CHAPITRE XI. — Environs de Valence.....................	116
Notes du chapitre XI..............................	120
CHAPITRE XII. — Montélimar.............................	125
Notes du chapitre XII.............................	130
CHAPITRE XIII. — Orange...............................	135
Notes du chapitre XIII............................	141

	Pages.
Chapitre XIV. — Avignon et le Comtat-Venaissin..........	143
Notes du chapitre XIV...........................	161
Chapitre XV. — Les Tricastrins........................	169
Notes du chapitre XV...........................	174
Chapitre XVI. — Les Voconces et Die..................	179
Notes du chapitre XVI...........................	190
Chapitre XVII. — Vaison, le Buis, Nyons...............	204
Notes du chapitre XVII..........................	210
Chapitre XVIII. — Meuillon, les Baronnies, la vallée de Sault, etc..	215
Notes du chapitre XVIII..........................	219
Chapitre XIX. — Les Sigoriens et Gap.................	225
Notes du chapitre XIX...........................	230
Chapitre XX. — Les Alpes maritimes ; Chorges et Embrun.	234
Notes du chapitre XX............................	238
Chapitre XXI. — Les Alpes Cottiennes ; Briançon........	241
Notes du chapitre XXI...........................	250
Chapitre XXII. — Les Garucelles et la Maurienne.........	262
Notes du chapitre XXII...........................	267
Chapitre XXIII. — Les Alpes Grecques et les Centrons.....	274
Notes du chapitre XXIII..........................	276
Chapitre XXIV. — Les Sébusiens ; la Bresse et Bourg......	278
Notes du chapitre XXIV..........................	280
Chapitre XXV. — Les Nantuates et le Bugey.............	282
Notes du chapitre XXV...........................	286
Chapitre XXVI. — Les Véragres; Saint-Maurice et Martigny en Valais...	290
Notes du chapitre XXVI..........................	294
Chapitre XXVII et dernier. — Les Salasses et le val d'Aoste.	299
Notes du chapitre XXVII.........................	307
Appendices.....................................	314
I. — Des divers systèmes sur le passage des Alpes par Annibal..	314
II. — Des routes actuelles dans les Alpes...............	343
Table alphabétique et comparative des noms français et latins des pays et des peuples décrits ou cités dans cet ouvrage.	351
Table des matières................................	363

FIN DE LA TABLE DES MATIÈRES.

www.ingramcontent.com/pod-product-compliance
Lightning Source LLC
Chambersburg PA
CBHW050419170426
43201CB00008B/460